"十三五"江苏省高等学校重点教材
教材编号：2020-2-155

市场营销

品牌管理
塑造、提升与维护

主　编　黄永春　李光明
副主编　张　钰　张　娟　严　翔

Brand
Management

Building, Promoting and Maintaining

机械工业出版社
China Machine Press

图书在版编目（CIP）数据

品牌管理：塑造、提升与维护 / 黄永春，李光明主编 . -- 北京：机械工业出版社，2021.11（2025.7 重印）

高等院校市场营销系列教材

ISBN 978-7-111-69321-5

I.①品… Ⅱ.①黄…②李… Ⅲ.①品牌–企业管理–高等学校–教材 Ⅳ.①F273.2

中国版本图书馆 CIP 数据核字（2021）第 205516 号

    品牌管理是市场营销专业的核心课程，也是工商管理类本科生学习的重要内容。现有教材多从消费者视角或者市场营销角度来看待品牌管理，简单地将品牌管理等同于品牌营销。本教材以品牌资产的塑造、提升与维护为整体架构来编写。全书共 16 章，系统地阐述了品牌、品牌管理、品牌资产及其管理的相关概念、基本理论和基本方法。为了让读者更清晰地理解品牌管理的基本理论和方法，本教材采纳国内最新案例，并充分吸收国内外品牌管理研究的新成果。

    本书是河海大学知识产权研究所近几年研究结果的阶段性总结，既可作为本科生教材，也可作为国内品牌管理相关领域研究人员的参考书。

出版发行：机械工业出版社（北京市西城区百万庄大街 22 号　邮政编码：100037）

责任编辑：李晓敏　　　　　　　　　　　　责任校对：殷　虹

印　　刷：北京机工印刷厂有限公司　　　　版　　次：2025 年 7 月第 1 版第 8 次印刷

开　　本：185mm×260mm　1/16　　　　　印　　张：18.75

书　　号：ISBN 978-7-111-69321-5　　　　定　　价：55.00 元

客服电话：(010) 88361066　68326294

版权所有・侵权必究
封底无防伪标均为盗版

前 言

2014年5月10日，习近平总书记提出"推动中国制造向中国创造转变、中国速度向中国质量转变、中国产品向中国品牌转变"。2021年5月10日，李克强总理对中国品牌日活动做出重要批示：加强品牌建设、提升我国品牌影响力和竞争力，是优化供给、扩大需求、推动高质量发展的重要举措。品牌建设已经上升到国家战略层面，受到了党和国家领导人的高度重视。本教材以中国品牌发展历史为依托，探讨典型本土品牌案例，旨在融入课程思政，贯彻落实党的十八届三中全会精神，创新对外传播方式，探索对外话语体系，着力打造融通中外的中国表述，讲好中国故事，传播好中国声音。

在品牌竞争时代，市场竞争的焦点已由传统的价格竞争、质量竞争转向品牌竞争。学界、业界有关企业品牌创造与运营的理念尚局限于营销策划认知阶段，将品牌的运营管理等同于品牌的营销管理，使得诸多企业仅依赖于营销推广宣传能力的提升来打造品牌，而忽视了以产品开发的创意、概念、品质及资产运营管理来支撑品牌的持久性，以至于"品牌缺钙""品牌低值""品牌短寿"等现象屡见不鲜，甚至影响到产业发展，使不少中国企业陷入"有产值、无品牌、无利润"的边缘化困境，这不仅影响了国家核心竞争力的提升，而且危及国家的经济安全。根据新文科建设的整体指导与要求，本书以"一带一路"倡议、疫情防控常态化，以及我国双循环经济发展背景下对品牌管理人才提出的新要求来指导框架搭建和内容编写，创新性地以"品牌的塑造—提升—维护"为主体来构建教材结构框架，既强调了品牌资产的核心性，同时也完整并清晰地阐明了具有中国特色的品牌管理运作流程，尤其重视中国特色社会主义市场经济环境下我国企业品牌管理经验的总结和提炼。

本书以品牌价值的创造与增值为主导思想，在撰写过程中，不仅提炼了中国的前沿理论研究成果，还引入了新近的企业品牌管理实践案例，以帮助学生更好地理解中国情境下的品牌管理理论，提升学生的创新创业实践能力。

本书是黄永春、李光明、张娟等编者在主持完成教育部社科基金项目"资源与环境双约束下中小企业自主品牌成长机制与路径"和江苏省社科基金项目"加快中小企业自主品牌成长问题研究"的基础上,将理论成果、实践研究和创新成果融入基础教学的结晶,实现了教学与科研双轮驱动。同时,编写中力求语句清晰、直观;理论紧密联系实际,既有理论学术价值,又有较强的实用价值;努力形成风格鲜明的学科方向和理论体系,以提升读者的学术研究兴趣。我们企盼本书能为中国创新主体有效实施自主品牌运营与培育战略提供强有力的支持。

本书编写分工如下:黄永春策划、研究并确定了各章的主题及基本研究内容和结构框架,与李光明、严翔共同对全书进行统稿、润色;第 1 章,由黄永春执笔;第 2 章,由李光明参与研究,黄永春执笔;第 3 章,由李光明、黄永春、张钰参与研究,张娟执笔;第 4 章,由张娟、严翔、黄永春参与研究,李光明执笔;第 5 章,由张钰、黄永春、李光明参与研究,张钰执笔;第 6 章,由严翔、李光明参与研究,张钰执笔;第 7 章,由张娟、李光明、黄永春参与研究,张娟执笔;第 8 章,由李光明、张钰、严翔参与研究,张娟执笔;第 9、10 章,由黄永春、李光明参与研究,李光明执笔;第 11、12 章,由张娟、张钰参与研究,严翔执笔;第 13~16 章,由李光明、张娟、张钰参与研究,黄永春执笔。全书的案例和实践设计由今世缘酒业副总经理、营销总监倪从春先生以及 ABB 中国有限公司高级副总裁杨刚先生参与采编和指导撰写。

在本书出版之际,我们谨向为本书付出辛勤劳动、支持知识产权研究所成长的团队成员深表衷心的感谢!衷心地感谢对品牌管理研究做出贡献的研究者及关心品牌管理研究的朋友们!感谢机械工业出版社为本书出版付出辛劳的各位编辑!

目 录

前 言

第1章 品牌概述 ... 1
- 学习目标 ... 1
- 引导案例 茅台的品牌价值 ... 1
- 1.1 品牌的概念及分类 ... 2
- 1.2 品牌的特征与功能 ... 7
- 1.3 品牌与相关概念的关系 ... 11
- 关键术语 ... 14
- 思考与练习 ... 14
- 思政融入点 ... 14
- 模拟实训 ... 14
- 案例分析 同仁堂荣获2019"中国好品牌",老字号再创辉煌 ... 14

第2章 品牌管理 ... 16
- 学习目标 ... 16
- 引导案例 三只松鼠的品牌管理之路 ... 16
- 2.1 品牌管理概述 ... 17
- 2.2 品牌管理的组织形式 ... 19
- 2.3 品牌管理的流程 ... 23
- 2.4 品牌管理的原则 ... 26
- 关键术语 ... 28
- 思考与练习 ... 28
- 思政融入点 ... 28

模拟实训 ··· 28
　　案例分析　东航食品：从品牌突围到品牌进阶 ··· 28

第3章　品牌资产 ·· 31
　　学习目标 ··· 31
　　引导案例　网红营销背景下，华为如何提升品牌资产 ····································· 31
　　3.1　品牌资产概述 ··· 32
　　3.2　品牌资产的构成 ·· 36
　　3.3　品牌资产提升四部曲 ·· 40
　　3.4　品牌资产评估 ··· 46
　　关键术语 ··· 47
　　思考与练习 ·· 48
　　思政融入点 ·· 48
　　模拟实训 ··· 48
　　案例分析　品牌资产管理探析：以"三只松鼠"为例 ····································· 48

第4章　品牌定位 ·· 50
　　学习目标 ··· 50
　　引导案例　复盘李宁30年4次定位调整 ·· 50
　　4.1　品牌定位概述 ··· 51
　　4.2　品牌定位流程与战略 ·· 54
　　4.3　品牌定位策略 ··· 58
　　关键术语 ··· 65
　　思考与练习 ·· 65
　　思政融入点 ·· 66
　　模拟实训 ··· 66
　　案例分析　江中健胃消食片的品牌定位"侧翼战" ······································· 66

第5章　品牌个性 ·· 68
　　学习目标 ··· 68
　　引导案例　江小白的品牌个性 ·· 68
　　5.1　品牌个性概述 ··· 69
　　5.2　品牌个性测量 ··· 73
　　5.3　品牌个性的塑造 ·· 76

关键术语 ··· 85
　　思考与练习 ··· 85
　　思政融入点 ··· 85
　　模拟实训 ··· 85
　　案例分析　传承与创新："百雀羚"的回春之路 ··································· 86

第6章　品牌识别设计 ··· 87
　　学习目标 ··· 87
　　引导案例　扁平化设计的大众全新Logo ··· 87
　　6.1　品牌识别概述 ·· 88
　　6.2　品牌名称设计 ·· 89
　　6.3　品牌标志设计 ·· 95
　　6.4　品牌包装设计 ·· 99
　　6.5　品牌口号设计 ··· 102
　　6.6　品牌广告曲设计 ··· 104
　　6.7　品牌象征物设计 ··· 104
　　6.8　品牌识别基本要素设计 ··· 106
　　6.9　品牌识别要素的整合 ··· 107
　　关键术语 ·· 108
　　思考与练习 ·· 108
　　思政融入点 ·· 108
　　模拟实训 ·· 108
　　案例分析　阿里巴巴的品牌"动物园" ·· 108

第7章　品牌渠道 ·· 110
　　学习目标 ·· 110
　　引导案例　海澜之家：渠道助力品牌 ·· 110
　　7.1　品牌渠道概述 ··· 111
　　7.2　品牌终端 ··· 113
　　7.3　品牌经销商 ··· 117
　　7.4　品牌渠道变革 ··· 120
　　关键术语 ·· 124
　　思考与练习 ·· 124
　　思政融入点 ·· 125

模拟实训 125
　　案例分析　网红经济时代，流量即渠道 125

第8章　品牌传播 127
　　学习目标 127
　　引导案例　完美日记：国产美妆品牌养成 127
　　8.1　品牌传播概述 128
　　8.2　品牌传播策略 130
　　8.3　品牌传播效果评估 137
　　关键术语 142
　　思考与练习 142
　　思政融入点 142
　　模拟实训 142
　　案例分析　华为公关圣战 142

第9章　品牌杠杆 144
　　学习目标 144
　　引导案例　王一博成百雀羚代言人，百年国潮品牌与顶级明星强强联手 144
　　9.1　品牌杠杆概述 145
　　9.2　区域产业品牌 147
　　9.3　名人代言 151
　　9.4　赞助营销 155
　　9.5　品牌联合 158
　　关键术语 162
　　思考与练习 162
　　思政融入点 163
　　模拟实训 163
　　案例分析　农夫山泉：被饮用水耽误的广告公司 163

第10章　品牌组合 165
　　学习目标 165
　　引导案例　"多品牌多产业"战略优势凸显，达利食品集团未来增长可期 165
　　10.1　品牌组合概述 166
　　10.2　品牌组合的建立 171

10.3　品牌组合的优化	173
关键术语	179
思考与练习	179
思政融入点	179
模拟实训	179
案例分析　华为的1+8+N全场景战略	180

第11章　品牌延伸 ················ 181

学习目标	181
引导案例　小米集团的品牌延伸	181
11.1　品牌延伸概述	182
11.2　品牌延伸的作用	186
11.3　品牌延伸原则	189
11.4　品牌延伸步骤	193
11.5　品牌延伸风险	196
关键术语	198
思考与练习	198
思政融入点	198
模拟实训	198
案例分析　发力中低端市场，喜茶上线"喜小茶"	199

第12章　品牌特许经营 ················ 200

学习目标	200
引导案例　如家酒店的品牌特许经营	200
12.1　品牌特许经营概述	201
12.2　品牌特许经营模式	205
12.3　品牌特许经营体系及运作	207
12.4　品牌特许经营的优势与劣势	210
关键术语	215
思考与练习	215
思政融入点	215
模拟实训	215
案例分析　名创优品："投资型加盟"模式	215

第13章 品牌国际化 ··· 217

- 学习目标 ··· 217
- 引导案例　小米：成为真正的全球化企业 ·· 217
- 13.1　品牌国际化概述 ·· 218
- 13.2　品牌国际化的模式选择 ··· 221
- 13.3　品牌国际化策略与战略 ··· 224
- 关键术语 ··· 230
- 思考与练习 ·· 230
- 思政融入点 ·· 231
- 模拟实训 ··· 231
- 案例分析　破茧成蝶："中国李宁"登上国际舞台 ································ 231

第14章 品牌评估 ··· 233

- 学习目标 ··· 233
- 引导案例　瑞幸咖啡品牌价值几何 ·· 233
- 14.1　品牌评估概述 ·· 234
- 14.2　消费者视角的品牌评估 ··· 238
- 14.3　商品市场视角的品牌评估 ·· 242
- 14.4　资本市场视角的品牌评估 ·· 247
- 关键术语 ··· 249
- 思考与练习 ·· 249
- 思政融入点 ·· 249
- 模拟实训 ··· 250
- 案例分析　2019胡润品牌榜发布，贵州茅台蝉联榜首 ··························· 250

第15章 品牌危机管理 ··· 252

- 学习目标 ··· 252
- 引导案例　双汇瘦肉精事件 ·· 252
- 15.1　品牌危机概述 ·· 253
- 15.2　品牌危机的影响和成因 ··· 258
- 15.3　品牌危机的防范 ·· 261
- 15.4　品牌危机的处理 ·· 263
- 关键术语 ··· 267
- 思考与练习 ·· 267

思政融入点	267
模拟实训	267
案例分析　星巴克致癌事件	267

第16章　品牌更新 269

学习目标	269
引导案例　老牌书店浴火重生	269
16.1　品牌生命周期	270
16.2　品牌更新概述	271
16.3　品牌更新策略	275
16.4　品牌更新的步骤与困难	280
关键术语	282
思考与练习	282
思政融入点	282
模拟实训	282
案例分析　百事可乐更新品牌定位，刷新品牌年轻化程度	282

参考文献 284

第1章
品牌概述

学习目标

品牌作为企业的一种无形资产越来越受到企业的重视。正如品牌专家切纳瑞（Chernatory）和麦克唐纳（McDonald）所说："一个企业的品牌是其竞争优势的主要源泉和富有价值的战略财富，在未来，谁拥有了品牌，谁就拥有了市场；谁拥有了强大的品牌，谁就能成为市场的主导者。"随着市场竞争变得越来越激烈，品牌在现代市场竞争中也发挥着越来越重要的作用。

通过本章的学习，应达到如下要求：
1. 理解什么是品牌；
2. 掌握品牌的构成要素；
3. 理解品牌的特征与功能；
4. 了解品牌与相关概念之间的关系。

引导案例

茅台的品牌价值

2021年5月10日是中国品牌日，"2021中国上市公司品牌价值榜"发布会正式举行。当天，贵州茅台上榜"2021中国上市公司品牌价值榜"总榜TOP100，排名第四，品牌价值为4 816亿元，较上一年增长39.6%。统计榜单整体情况可以发现，贵州茅台延续前几年的迅猛势头，再次夺得中国酒类行业桂冠。近年来，贵州茅台持续走高质量发展之路，通过对品质的严苛打造和匠心坚守，对消费者的持续培育，大力实施品牌战略、文化战略，使其品牌价值进入爆发式增长通道，从中国知名品牌迅速成为具有世界影响力的国际知名品牌。

在市场上，茅台集团推出的几乎每一款酒都受到了"茅粉"的青睐，"抢购一空""一瓶难求""酒市场沸腾"无疑是为茅台酒量身定制的标签。茅台在它的顾客群体中已经成了"信仰"，具有排他性。圈内也达成了共识，这种共识包括对口感、自我标榜、品位的多重认可。因此，消费市场上茅台酒一瓶难求，它不需要广义上的销售，都是经销商跪求拿货。茅台的价格锚定点支撑力极强，从来不存在打折，原价卖都会被顾客疯抢。在同行业的白酒类竞争中，五粮液虽仅次于茅台排名第二，但其品牌价值只有 2 093 亿元，存在如此大的差距，可见茅台确实一骑绝尘。长久以来融入民族感情的"茅台热"历久弥新，餐桌上人们看到茅台酒时面露喜色；资本市场上，茅台股价长期飘红，甚至一股难求。

资料来源：沈帅波《别把品牌资产，搞丢了》，https://36kr.com/p/724662858238086。

1.1　品牌的概念及分类

1.1.1　品牌的概念

随着人们对品牌认识的逐渐深化，关于品牌定义的描述也在不断发展。纵观国内外品牌界对品牌定义的不同解释，可以从品牌符号说、资产说、关系说和综合说四个假说出发对品牌的定义进行理解。

1. 品牌符号说

品牌最原始的定义是区隔的工具。按照荷兰学者里克·莱兹伯斯（Rik Riezebos）的观点，英语中"brand"（品牌）一词很可能起源于中世纪古挪威词语"brandr"，含义是"烙印"，原指烙在动物身上以区分所有权的标记。1960 年，美国市场营销协会（American marketing association，AMA）在《营销术语词典》中提出，品牌是一种名称、术语、标记、符号或设计，或是它们的组合运用，其目的是借以辨认某个销售者或某群销售者的产品或服务，令其同竞争对手的产品或服务区别开来。这一定义可以从三个方面来理解：第一，品牌与符号有关。品牌的外部显示是符号，符号代表了品牌。第二，品牌有区分的作用。品牌存在的意义在于辨认或区别，其存在的前提是有同类产品或服务的竞争。第三，品牌的界定有消费者和企业两个视角。消费者根据品牌来分辨产品或服务，而企业利用品牌来区分自己的产品与竞争者的产品。

从符号的角度理解品牌是基于品牌最原始、最直观的含义。它从朴素而现实的视角将品牌当作体现个性、区别于其他的特殊符号。将品牌视为识别和区分的符号，是品牌应该具备的基本且必要的条件，但并不是全部和充分的条件，因此仅仅将品牌等同于符号并不能揭示品牌的全部内涵。

2. 品牌资产说

"品牌是自身形象的象征，用以积累无形资产。"美国品牌学家亚历山大·比尔（Alexander L. Biel）表示："品牌资产是超越生产、商品及所有有形资产的价值体现。"品牌对于公司而言代表了一份颇具价值的合法财产，这份财产能够引导消费者的行为，并且在它被购买和出售的过程中，确保它的主人能获得收入。美国著名的广告代理商 BMP 的执行董事费尔德·维克（P. Field Wick）也对品牌做过这样的解释："品牌是由保证性徽章创造的无形资产。"

品牌资产说将品牌视为资产，着眼于品牌的价值功能，重点关注品牌在市场运营中的作用。它主要是站在经济学、会计学的立场，从品牌的外延、品牌资产等方面进行理解，强调品牌作为一种无形财产可以给企业带来多大的财富和利润以及可以给社会带来什么样的文化和时尚等价值。这种观点认为品牌是一种价值，在一定程度上是脱离产品而存在的，它可以买卖，体现出一种获利能力，侧重于品牌对企业的增值功能。

3. 品牌关系说

一个品牌的建立实际上是企业和消费者共同努力的结果。"品牌管家"奥美广告公司（Ogilvy & Mather）认为，品牌是消费者与产品之间的关系。《关系营销》一书的作者瑞吉斯·麦肯纳（Regis McKenna）也提出，"一个成功的关系就是一个成功的品牌"。亚马逊（Amazon）公司的创始人及首席执行官杰夫·贝佐斯（Jeff-Bezos）说："品牌就是指你与客户之间的关系，换句话来讲，起作用的不是你在广告或其他的宣传中向他们承诺了什么，而是他们反馈了什么以及你又如何对此做出反应。"加拿大学者巴纳斯（Barnes）认为，建立品牌与消费者之间的关系是创建品牌的目标。一个品牌肩负了消费者与企业和产品互动后所产生的全部感受，包括对品牌相关知识的认知、对品牌的情感以及对品牌的行为意向。

将品牌看作关系集合，就是充分肯定了消费领域对品牌创建所产生的关键性作用。该观点的一个重要贡献是将消费者纳入品牌定义中，传达了企业与消费者以及产品与消费者之间的交流，强调品牌的最后实现是由消费者来决定的。

品牌案例 1-1

苹果与"果粉"

Apple（苹果）是世界著名品牌，在计算机、个人数码领域处于世界领先地位。苹果产品以出色的产品设计、开创性的创新理念、优秀的用户体验获得全球数亿用户的青睐。苹果手机、苹果笔记本是现代很多年轻人热衷追捧的对象。全球有数量相当可观的忠实"果粉"，对"苹果"品牌存在深厚感情，在苹果推出新品时会争相购买，只为获得最新体验。2019年，在《福布斯》一年一度的全球品牌价值100强榜单上，苹果公司连续9年夺冠，除"苹果"自身产品优秀外，其忠实粉丝的支持也是功不可没的。

资料来源：《苹果Apple品牌故事》，https://www.chinapp.com/gushi/51462。

---

4. 品牌综合说

"品牌是生产、营销与时空的结合。"世界著名广告学家大卫·奥格威（David Ogilvy）早在1955年就提出，品牌是一种错综复杂的象征，是产品（或服务）的属性、名称、包装、价格、历史、声誉、广告风格的无形组合。1978年，莱维（Levy）教授表示，品牌是存在于人们内心中的图像和概念的集合，是关于品牌知识和对品牌主要态度的总和。1989年，伦敦商界一个名为"永恒的品牌"的研讨会中就有专家提出，品牌是消费者意识感觉的集合。菲利普·科特勒（Philip Kotler）认为，一个品牌往往是一个复杂的符号标志，至少有六个方面的含义，包括属性、利益、价值观、文化、个性和使用者。

"综合说"定义将品牌置于一种更广阔的社会环境中，加入了时间维度和空间因素，并指出与品牌密不可分的要素，如历史、声誉、法律、经济、社会文化、人文心理等。除了"品牌就是产品"外，品牌的基础概念还必须包括"品牌就是企业""品牌就是人""品牌就是符号"等。品牌实际上是由其自身通过整合诸多的信息而产生的。

1.1.2　品牌的构成要素

品牌名称和品牌标志是最基本的**品牌要素**（brand elements），但现代品牌已超越了识别的功能，成为企业形象和文化的象征。戴维森（Davidson）曾将品牌形容成一座冰山，如图1-1所示。他认为冰山15%的部分露出了水面（指人们可见的部分，如品牌名称、视觉标志和品牌口号等），而剩余85%的部分潜藏在水下（指组织内部不可见的因素，如品牌承诺、品牌个性和品牌体验等）。该比喻形象地刻画了品牌的本质，借此模型可以解析品牌的构成要素。

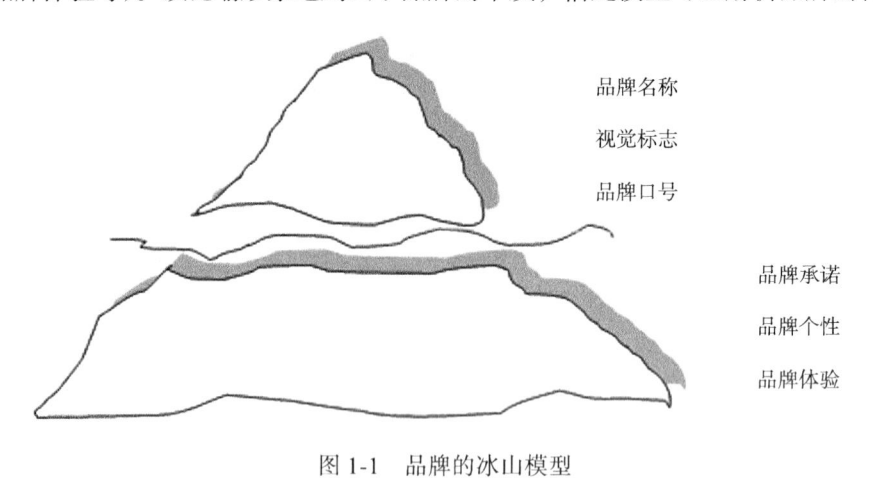

图1-1　品牌的冰山模型

1. 显性要素

品牌冰山模型图中露出水面的部分代表了品牌的**显性要素**（dominant elements），即品牌外在的、具体的要素，可直接给予消费者较强的感觉冲击，例如，品牌名称、视觉标志、品牌口号和品牌音乐等。其中，品牌名称是品牌内容的概括和体现，它不仅将产品自身的内容加以概括，还反映了企业的经营理念、价值观念、文化信念等，在整个品牌中起着提纲挈领的作用，是消费者记住品牌和传播品牌的主要依据。视觉标志是用以激发视觉感知的一种识别体系，能使人们产生更具体、更易感的形象记忆，可以帮助消费者更好地识别和记忆品牌。品牌口号是用来传递有关品牌的描述性或说服性信息的短语，能够起到宣传品牌精神、反映品牌定位、丰富品牌联想的作用。

> **品牌案例 1-2**
>
> **新浪微博 Logo 寓意**
>
> 微博是基于用户关系的社交媒体平台。用户可以通过计算机、手机等多种移动终端接入，以文字、图片、视频等多媒体形式，实现信息的即时分享、传播互动。新浪微博 Logo 为一只眼睛，源于新浪网 Logo，向人们传达了"世界在你眼中"的理念，卡通化的眼睛被放大，寓意关注每个人，体现了微博自由发布、自由分享的寓意；两条橘黄色的半弧线，代表着向外传递信息、随时随地沟通的理念。
>
> 资料来源：新浪微博官网，https://weibo.com。

2. 隐性要素

品牌冰山模型图中潜藏在水下的部分代表了品牌的**隐性要素**（invisible elements），即品牌内涵的要素。虽然这些隐性要素不易直接被人们感知，但它们存在于品牌的整个形成过程中，是品牌的核心，例如，品牌承诺、品牌个性、品牌体验和品牌文化。品牌承诺是指企业在产品和服务的定位、利益、个性等方面传达给消费者的许诺，许诺方是生产者，接受方则是消费者。品牌个性是指品牌都有其独特的风格。戴维·阿克（David A. Aaker）在《品牌经营法则》中提出，品牌有纯真、刺激、称职、教养、强壮五大个性。品牌体验是指消费者对品牌产品（服务）的主观体验，包括对品牌的信任、满意、肯定等正面情感以及对品牌的厌恶、怀疑、拒绝等负面感受。品牌文化是指品牌的拥有者、购买者、使用者或向往者共同拥有的、与此品牌相关的独特信念、价值观、仪式、规范和传统的综合。

1.1.3　品牌的分类

为了加深人们对品牌的认识，需要进行**品牌分类**（brand classification）。根据不同的标准，品牌可以划分为不同的种类。常见的品牌分类标准有：根据品牌的影响力分类，根据品牌化的对象分类，根据品牌之间的关联分类，等等。

1. 根据品牌的影响力分类

根据品牌的影响力，品牌可以分为区域性品牌、全国性品牌和全球性品牌。

第一，区域性品牌，是指影响力局限在某一较小的区域内的品牌。以地区性生产和销售为特色的品牌，最常见的有酒类、纯净水或饮食行业的一些区域性品牌，例如，东北地区的"秋林格瓦斯"、哈尔滨红肠，西南地区的昆明过桥米线等。这些品牌的产品往往受产品特性、地理条件及文化特性的影响，大部分集中在一定的范围内生产和销售。

第二，全国性品牌，是指在国内知名度较高并在全国范围内销售的品牌。例如，家电行业中的 TCL、啤酒行业中的雪花、餐饮行业中的小肥羊，等等。全国性品牌的产生往往是由于一个区域内的市场容量已经无法支撑企业的发展，从而将产品销售拓展到全国范围内。

第三,全球性品牌,是指影响力扩散至全球的品牌,其营销组合更加标准化。例如,微软、英特尔、麦当劳、丰田、索尼等都是全球性品牌。不过,大部分企业采取的是"思维全球化,行动本地化"的战略,因此全球性品牌进入各国的方式都有所调整。

2. 根据品牌化的对象分类

由于产品可以是实体商品、服务、组织、个人、事件、地点、信息、理念等,因此,根据品牌化的对象,品牌可以分为产品品牌、服务品牌、组织品牌、个人品牌、事件品牌、地点品牌、信息品牌、理念品牌等。这里主要对产品品牌、服务品牌、组织品牌、个人品牌、事件品牌、地点品牌进行简单的介绍。

第一,产品品牌,是指为有形产品所赋予的品牌。例如,康师傅方便面、梅赛德斯-奔驰、海尔洗衣机、娃哈哈矿泉水、哈尔滨红肠等。产品品牌是人们在现实生活中最经常看到的一类品牌,这类品牌通常与某种特定的产品联系紧密,并且只与这一产品相联系。例如,当人们提到洗发水时,首先联想到潘婷、海飞丝、飘柔等。具体来看,产品品牌又可以分为消费品品牌和工业品品牌。例如,软饮料行业的美汁源橙汁、涂料行业的立邦漆等。

第二,服务品牌,是指以服务为主要特征的品牌,如麦当劳、肯德基、联邦快递、西南航空、汉庭快捷酒店等。相对于有形产品,服务是无形的,并且在质量上可能会有所变化,这取决于提供服务的人。因此,在处理无形、多变的服务时,品牌化显得尤为重要。因为它有助于将抽象的服务有形化,帮助人们识别企业所提供的各种服务并赋予它们一定的意义。值得说明的是,服务通常以有形产品为基础,并往往与有形产品共同形成品牌的要件。大部分企业在提供有形产品的同时,也在提供服务,即使在制造业中,越来越多的企业也在通过提升服务水平来树立自己的形象。

第三,组织品牌,是指以企业或非营利性组织为整体而赋予的品牌。对于企业来说,一些企业采用了与产品一致的品牌,如联想、三星、索尼、海尔等;另一些企业采用了与产品不一致的品牌,如宝洁、联合利华等。因此,就一个企业来讲,可以同时存在企业品牌和产品品牌,企业品牌之下可以有一个或多个产品品牌,从而组成一个品牌家族。不过,不管是企业品牌还是产品品牌,都必须遵循一个基本的准则,即核心利益承诺和行为的一致性,如丰田公司的汽车有"丰田皇冠""丰田凯美瑞""丰田卡罗拉""丰田花冠"等。使用企业品牌的优势在于可以在消费者心目中建立起专业的、可信的、有实力的企业形象,以使所推出的产品"师出名门",更容易被消费者信赖。另外,一些非营利性组织也开始打造品牌,如国际奥委会、红十字会、联合国儿童基金会等。

第四,个人品牌,是指将个人作为品牌化对象的品牌。如今,对个人进行营销并建立个人品牌逐渐被大众接受。目前,常见的被品牌化的个人对象主要是一些公众人物,如政客、企业领导者、专业运动员或娱乐界人士等。这些名人的个人影响力已被一些专业化的品牌机构量化为品牌价值。例如,《福布斯》2019年颁布的中国30位30岁以下精英榜中,樊振东、春夏等体育、影视明星赫然在列,显示了不俗的个人品牌价值。正如汤姆·彼得斯（Tom Peters）所说："建立个人品牌是21世纪的工作生存法则。"在当今社会中，个人品牌的经济价值和商业价值尤为突出。

第五，事件品牌，是指以事件为载体的品牌。事件可以包括体育、会展、节庆、演出等，如奥运会、世博会、F1方程式锦标赛、达喀尔汽车拉力赛、环法自行车赛等。注意力已经成为当下经济的一种稀缺资源，并且越来越多的事件希望获得更多的参与者。因此，打造事件品牌就成为必然。事件品牌往往在获得社会价值的同时，也在收获经济价值。例如，奥运会不仅获得了全世界体育迷的疯狂拥护，而且获得了丰厚的收入，包括电视转播收入、TOP计划收入、赞助收入、标志许可使用收入、正式供货商收入、纪念币收入等。

第六，地点品牌，是指将地理位置作为对象的品牌。凯文·莱恩·凯勒（Kevin Lane Keller）曾指出："如同产品和人一样，地理位置也可以成为品牌……它的功能就是让人们认识和了解这个地方，并对它产生一些好的联想。"城市、地区和国家可以通过广告、邮件和其他传播方式向外界推销自己，以提高自己的知名度，塑造积极的品牌形象，从而吸引个人或商业机构来此参观、定居或投资。目前我国的成都、杭州、大连、青岛、西安、哈尔滨等城市都在以不同的形式为自己的城市品牌进行定位，挖掘竞争优势，打造自身的特色经济和品牌形象。在国际上，一些城市也在通过各种手段推销自己，例如，"音乐之都"维也纳、"时尚之都"巴黎等。

3. 根据品牌之间的关联分类

根据品牌之间的关联，品牌可以分为主品牌（母品牌）和副品牌（子品牌）。一些企业针对不同产品的属性，在品牌名称不变的情况下，往往会为自己的产品起一个优美动听的小名，这个小名就叫作副品牌。所谓副品牌就是企业在为自己的多种产品冠以统一品牌的同时，也为每种产品取一个符合其特点的名字。副品牌的作用主要是凸显产品的个性，为品牌延伸留下空间，引发消费者的美好联想等。副品牌在不少行业被广泛使用。例如，格力电器旗下的大松、晶弘、格力三大品牌，宝洁旗下的飘柔、舒肤佳、玉兰油、帮宝适、汰渍及吉列等品牌。

1.2 品牌的特征与功能

1.2.1 品牌的特征

品牌特征（brand character）主要体现在表象性、集合性、资产性、双重性和专有性五个方面，具体含义如下。

第一，表象性。表象性是品牌最基本的特征。虽然品牌不具有独立的实体，不占有空间，但它有物质载体。它通过一系列的物质载体来表现自己，从而使自己有形化。品牌的直接载体有图形、图案、符号、文字、声音等，间接载体有产品的价格、质量、服务、市场占有率、知名度、亲和度、美誉度等。离开物质载体,品牌就无法表现出来,更不可能达到预期的整体传播效果。因此,企业都是通过整体规划来设计品牌标识,以使其具有独特的个性和强烈的视觉冲击力,从而达到帮助消费者区别本企业产品的目的。

第二,集合性。品牌是一种沟通代码的集合体。它是一种象征,把各种元素,如商标、符号、包装、价格、广告风格、文化内涵等集于一身,形成完整的品牌概念。品牌以自身内涵的丰富性和元素的多样性向受众传递多样化的信息。企业把品牌作为区别于其他企业产品的标识,以吸引消费者和潜在消费者对本企业产品的注意。从消费者的角度来看,品牌作为综合元素和信息的载体一同存储于消费者的意识中,从而成为他们搜寻的线索和记忆的对象。例如,华为公司八瓣花瓣由聚拢到散开的标识寓意着华为事业发展上的兴盛,图案和网线线匣以及水晶头十分相似,代表着华为公司的业务范围为网络及网络设备相关领域。同时,花瓣的聚拢和散开还代表了更加聚焦、创新、稳健、和谐,更加国际化、职业化。正是借助这一独特的品牌标识,华为公司向消费者传达了多种信息。

第三,资产性。品牌是企业的一种无形资产。品牌所代表的意义、品质和它的个性特征具有某种价值。这种价值并不像物质资产那样能够用实物的形式来体现,是人们看不到、摸不着的,虽然在企业的资产负债表上难以体现出来,但它却能够使企业的资产迅速增加,为企业创造出大量的超额利润,并且品牌可以作为商品在市场上进行交易。根据"BrandZ™ 2019最具价值中国品牌100强"排行榜,阿里巴巴位居榜首,品牌价值达到1 409.53亿美元;腾讯排名第二,品牌价值为1 381.58亿美元;中国工商银行排名第三,品牌价值为407.25亿美元。

第四,双重性。品牌具有两种属性:自然属性和社会文化属性。自然属性是产品的价值,包括质量、服务等,能给消费者带来实际使用价值。这部分属性是由产品赋予的,是看得见、摸得着的。社会文化属性是消费者在自然属性之外,通过购买和使用产品而产生的社会文化层面的感受,如品位、自信等。这部分属性是由品牌文化赋予的,能为消费者带来想象的空间,是一种无法看见的属性。例如,中国著名的珠宝首饰品牌老凤祥是跨越了三个世纪的百年民族品牌,在漫长的时间积淀之下,品牌自身带有浓厚的中国传统文化色彩,为消费者平添了许多想象。

第五,专有性。品牌属于知识产权的范畴,具有明显的排他性。企业可以通过法律、专利申请,在相关国家或有关部门采取登记注册等方式维护自己的品牌权益,防止品牌被侵权。在借助法律保护的同时,企业还应以良好的产品质量和在长期经营活动中形成的信誉赢得社会的认可。品牌拥有者经过法律程序的认定,享有品牌的专有权,有权要求其他企业或个人不能仿冒、伪造,这一点即品牌的排他性。品牌专有性的保护手段主要有注册商标、申请专利、授权经营等。

1.2.2　品牌的功能

品牌作为企业的一种无形资产正在不断受到各界的关注,只有充分了解**品牌功能**

(brand function),才能在市场中占据主导地位。下面主要从消费者和企业两个角度来说明品牌的功能。

1. 品牌对于消费者的功能

品牌是企业产品的符号,对于消费者有识别产品来源、减少检索成本、降低购买风险、满足自我表达的功能。

首先,品牌对于消费者有识别产品来源的功能。为什么消费者能在许多同质化的产品中快速找到自己最喜爱的品牌?为什么消费者对模仿自己钟爱品牌的仿造品能够一眼认出?这些体现的就是品牌的识别功能。品牌可以帮助消费者辨认、识别产品,从而在众多相似产品中选择自己真正所需的产品。例如,喜茶通过独特的品牌设计,将奶盖与时令水果创新融合,以"茶饮的年轻化"为目标,融入潮流元素,吸引了众多追求时尚的消费者;喜茶还为每一款产品取"艺名",用清新脱俗的产品名称帮助消费者识别自家产品,不断引领新的消费潮流,因此它在众多奶茶店中脱颖而出。

品牌案例 1-3

海底捞"好火锅自己会说话"

"海底捞"中的"海"表面上指大海的无穷无尽,实际上指海底捞在全国已经打响的品牌。"底"是指海底捞的用人原则,即员工都必须从底层做起。"捞"是指员工只有提升自己的综合素质,才能用双手改变命运。此外,"海底捞"还含有人们在吃火锅时"捞菜"的意味。总之,"海底捞"这个名称与中国传统文化相契合,暗含海底捞的理念,得到了人们的广泛认同。海底捞深知品牌的重要性——它是消费者识别产品、形成良好企业印象的最重要的符号。因此,为满足不同地区消费者的口味差异,"海底捞"推出了与当地风俗相结合的极具特色的菜品,满足了广大消费者的个性化需求,让"好火锅自己会说话"的品牌理念深入人心。

资料来源:财经豹社《由海底捞成功案例分析餐饮行业发展之道》,https://zhuanlan.zhihu.com/p/49734072。

其次,品牌对于消费者有减少检索成本的功能。消费者在购买产品之前,对品牌的比较、鉴别通常需要花费大量的时间。如果消费者知道并了解某个品牌,那么他们在选择产品时就不用再做深入的思考或是细致分析有关信息。从品牌的角度讲,知名品牌可以帮助消费者减少选择的过程与环节,方便消费者迅速找到所需产品,减少消费者在搜寻过程中所花费的时间和精力。凯勒从两个方面说明了品牌降低消费者搜寻产品成本的功能:一是内在方面,即消费者不必深思熟虑;二是外在方面,即消费者无须四处搜寻。

再次,品牌对于消费者有降低购买风险的功能。假如你要购置一台计算机,那么你会选择哪个品牌?你肯定会从你所知道的品牌选起。每个消费者都想买到自己称心如意的产品，也希望得到周围人的认可和称赞。因此，选择知名度高、信誉好的品牌，可以帮助消费者降低购买产品时面临的风险。消费者在购买过程中可能会遇到以下风险：第一，产品使用的风险，即产品的性能不能满足消费者的期望；第二，人身安全的风险，即产品对消费者及其他人的身体健康产生危害；第三，金钱上的风险，即"买亏了"，产品并非物有所值；第四，时间上的风险，即产品不能发挥其功能，进而导致消费者不得不重新购买或寻找其他更令人满意的产品所花费的时间成本。

最后，品牌对于消费者有满足自我表达的功能。品牌可以满足消费者进行自我表达的意愿。这是由于品牌可以不断积累独特的个性和丰富的内涵，反映出多样的价值观和特质，完美地满足人类物质与精神的需要。消费者可以根据自己的个性、气质购买适合自己的品牌，以展现不同的自我。例如，海澜之家以"男人的衣柜"为口号，代表了追求时尚、帅气的男子汉气概的形象，吸引了喜爱、欣赏和追求这种气概的消费者。人们逐渐意识到用心来感受品牌，并根据自我形象与个性来选择合适的品牌。

2. 品牌对于企业的功能

品牌是企业的一种无形资产，代表着企业形象。品牌对于企业有塑造企业良好形象、增加超额经济效益、创造领域竞争优势以及拓宽企业销售渠道的功能。

首先，品牌有塑造企业良好形象的功能。对于企业来说，品牌是一种无形资产，是超越企业实体和有形产品的资产，代表着企业的形象。在消费者心目中，总是会把品牌实力与企业的形象紧密联系在一起。品牌有利于塑造企业形象，提高企业知名度，并使消费者、社会媒体等受众对企业产生良好印象，从而为企业的多元化发展和品牌延伸打下坚实的基础。例如，海底捞火锅店把"绿色、健康、营养、特色"作为自己的品牌理念，在继承川、渝饮食文化特色的基础上，不断进行产品创新，以口味鲜美和营养健康的产品，在消费者心目中留下了"好火锅自己会说话"的良好口碑。

其次，品牌有增加超额经济效益的功能。品牌是一种无形资产，它本身可以作为商品被买卖，因此，能为企业带来巨大的经济效益。随着品牌的知名度、美誉度的不断提高，品牌的自身价值也会不断提高。对企业来说，品牌带给企业的价值并不仅是产品自身的价值，还有品牌文化、品质、价值等所带来的高附加值。对于同质量的产品，名牌产品的价格要比非名牌产品高出很多，这些高出的部分就是品牌带给企业的超额利润。例如，一件普通运动鞋的成本可能是100元，如果贴上"李宁"的品牌，售价可能达到600元；海尔品牌的电器售价总比一般国产电器高出10%~20%。这些都体现了品牌增加超额经济效益的功能。

再次，品牌有创造领域竞争优势的功能。品牌代表了一种"偏见"。例如，在消费者眼中，"华为"的产品就是好产品，甚至从来没有使用过"华为"产品的人也会给出高评价。这就是说，消费者可以在不管产品具体属性的情况下，对"华为"品牌代表的整体产品品质做出独立评价。竞争者可以通过抄袭产品的实物特征进行模仿再造，但是对品牌的个性和形象却难以模仿。哪怕竞争者品牌声称在该领域具备同等或更高的优势，也难以让消费者信服。对于新进入者而言，如果想在消费者心目中获得知晓、认同方面的平等，势必要投入更多。因此，从这个角度来说，品牌实际上是企业获取竞争优势的一种强有力的手段。

最后，品牌有拓宽企业销售渠道的功能。品牌是消费者对一个公司及其产品的识别与认同，拥有了良好的品牌就等于拥有了市场。在有限的货架资源约束下，零售商当然会选择那些被消费者追捧的品牌，以获得持续高额的利润。相反，如果品牌知名度不够，那么要想进入大润发、国美之类的强势零售渠道会异常困难。例如，在日常生活中，我们经常可以看到超市各个分区货架上的最佳位置摆放的商品都是蒙牛、三只松鼠、宝洁等大品牌，而许多知名度不高的小品牌要么被挤出了大卖场，要么被放置在货架上最差的位置。因此，品牌实际上增强了企业的渠道谈判力，铺平了顺利进入理想销售渠道的道路。

1.3 品牌与相关概念的关系

1.3.1 品牌与产品

品牌与**产品**（product）虽然紧密相关，但并不相同，每一个品牌都代表了产品，但不是每一个产品都会变成品牌。因此，在考虑市场营销与品牌营销的不同时，需要弄清楚产品与品牌的区别。

由科特勒的定义可知，产品是指能够提供给市场的以满足消费者需要和欲望的任何东西。产品可以是实体商品、服务、组织、个人、事件、地点、信息、理念等。凯勒认为，品牌的含义比产品的含义更广泛，因为品牌具有不同的维度，这些维度使它能很好地区别于产品。产品与品牌的区别主要有以下几个方面。

第一，产品是由工厂生产出来的，而品牌则形成于整个企业文化中；第二，产品可以被竞争者模仿，但品牌是难以被模仿的；第三，产品容易被时间淘汰，但成功的品牌却能经久不衰；第四，产品重在质量与服务，而品牌则贵在传播；第五，产品是有形的，能够看得见、摸得着，具有一定的功能特征，有外在属性、风格、式样、价值，能够满足消费者的各种期望，而品牌则是无形的，是对产品全方位的体验，包含个性、信誉、友好、地位、乐趣、喜爱、共享等特征。除此以外，产品与品牌还在其他方面具有差异性，具体参见表 1-1。

表 1-1 产品与品牌的区别

差异点	产品	品牌
定义	能够提供给市场的以满足消费者需要和欲望的任何东西	是销售者向购买者长期提供的一组利益和服务
主要依赖	制造商、中间商、服务商	消费者
表现	具体的（包含有形的商品、服务、个人、组织、创意等）	是具体的，也是抽象的、综合性的

(续)

差异点	产品	品牌
作用	是实现交换的物品	是与消费者沟通的工具
要素	五个层次：核心利益、基础产品、期望产品、附加产品、潜在产品	除了产品识别要素外，还包括其他非产品识别要素
功能和效用	对应特定的功能和效用	除了提供功能利益外，更多的是提供自我表现利益和情感利益
意义	具有功能意义	兼有象征意义
形象	实实在在的	具有个性、活生生的
关注点	注重价格	注重价值，高附加值
有形或无形	有形的	无形的
模仿性	可以仿造，容易模仿	仿造侵权，独一无二
生命周期	有一定的生命周期	可以经久不衰，世代相传
可扩展性	只从事某一类型	可以扩展、兼并、延伸
可积累和传承性	随消费而消逝	可以积累品牌资产
战略性	是营销策略工具	具有战略价值

1.3.2　品牌与商标

在现实生活中，人们经常会提到如牌子、标识、商标等与品牌有关的概念。那么，这些概念与品牌到底有什么关系呢？下面介绍商标与品牌的关系。

《中华人民共和国商标法（2019年修正）》第八条规定："任何能够将自然人、法人或者其他组织的商品与他人的商品区别开的标志，包括文字、图形、字母、数字、三维标志、颜色组合和声音等，以及上述要素的组合，均可以作为商标申请注册。"**商标**（trademark）是用来区别某一工业或商业企业或这种企业集团的商品的标记。当人们熟知商标后，就能以商标分辨产品或服务由哪个企业生产或销售。我们平时说的"海尔冰箱"中，"海尔"就是商标，"冰箱"则是商品的名称，人们可以由"海尔"商标联想到生产厂家、产品性能等。

商标与品牌关系紧密，人们很容易将二者混淆并当作一个概念。其实品牌与商标的区别很大。第一，商标是一个法律概念，是公司、产品或服务向工商管理部门申请法律保护的工具，而品牌则是一个营销和战略方面的概念，是产品或服务在消费者头脑中形成的一种烙印；第二，商标是一种知识产权，是有形的，其拥有者是企业，而品牌是企业满足消费者需求、进行市场竞争的战略性工具，其拥有者是消费者，是无形的；第三，商标不等于品牌，商标是法律符号，而品牌是利益符号，是由物质利益和情感利益构成的，法律保护的是商标，而市场接受的则是品牌。

1.3.3　品牌与名牌

企业拥有了品牌，是不是就是名牌企业了呢？事实上，品牌并不是名牌，它们之间既有联系又有区别。

名牌（famous brand），就是指著名的品牌。它享有较高的知名度、美誉度和市场占有率，因而也获得了较高的附加值，为企业带来超高的经济利润。名牌通常是由权威机构评定的，例如，我国的名牌战略推进委员会就是为推进名牌战略的实施、规范我国名牌产品的评价而成立的，是负责统一组织实施我国名牌产品评价、管理工作的协调推进机构。品牌与名牌的主要区别在于：首先，名牌只代表知名度，而品牌的内涵更为广泛；其次，名牌一定是品牌，但品牌不一定是名牌；最后，名牌是评选出来的，而品牌难以评选，需要企业长期用心打造才能形成。

> **品牌案例1-4**
>
> ### 波司登：老字号"民牌"变"名牌"
>
> 波司登作为本土品牌成功晋升为国际品牌，主要源于自身不断开发适应大众消费水平的市场化产品，提高波司登品牌的知名度和美誉度。在波司登的羽绒服板块，波司登、雪中飞、康博、冰洁四大品牌几乎覆盖了高中低端各个消费阶层。最为可贵的是，作为纺织服装业的一面旗帜，波司登始终宣扬自己与生俱来的品牌意识，以自主品牌、原创设计、质量把关和创新发展成功地在发达国家树立了中高端精品的良好形象。
>
> 波司登为尚未走出价值洼地的中国服装乃至中国制造业走向世界，探索出了一条可借鉴的成功路径，实现了从"民牌"向"名牌"的转变。
>
> 资料来源：波司登官网，http://www.bosideng.com/brand/story.html。

值得注意的是，目前一些学者对"名牌"一词的说法提出了异议，认为"名牌"的说法并不妥当，如中山大学的卢泰宏教授指出，名牌更多强调的是品牌的知名度，可能会误导企业家，认为企业只要想尽办法出名就能成为强势品牌。正是由于很多企业把名牌当作品牌，所以造成当前中国企业界盛行炒作造势以及广告轰炸并以此追逐名牌效应的局面。这种短期的繁荣是泡沫，不能持久。企业家要清晰地认识到，名牌绝非一朝一夕形成的，它需要长期的努力培育和用心经营。后来有一些学者指出，尽管"名牌"从字面上的确只强调了知名度，但并不专指知名度，还包括美誉度。所以，名牌是指具有一定知名度和美誉度的品牌，并因此获得高价位。即便如此，名牌的叫法是否可取仍有争议，这有两点原因：一是知名度和美誉度只是从名气和质量的角度来描述品牌，缺少了诸如品牌联想、品牌个性、品牌关系等丰富的品牌内涵，从而使品牌的内涵过于苍白；二是名牌的提法会使企业误认为创建品牌就是改善产品质量和加大广告宣传，从而在创建品牌的策略和手法上显得单一。

关键术语

品牌（brand）　　　　　　　　　品牌特征（brand character）
品牌要素（brand elements）　　　品牌功能（brand function）
显性要素（dominant elements）　 产品（product）
隐性要素（invisible elements）　 商标（trademark）
品牌分类（brand classification）　名牌（famous brand）

思考与练习

1. 简述品牌的相关概念。
2. 品牌的构成要素有哪些？如何区分？
3. 我们应从哪几个方面对品牌进行分类？
4. 简述品牌的特征。
5. 品牌的功能主要从哪两个层面进行分析？简述相关内容。
6. 辨析品牌与产品、商标、名牌的关系。

思政融入点

进一步丰富和挖掘茅台、波司登等国内知名品牌案例内容，理解我国成功品牌的价值，提升对我国品牌的认同感和文化自信。

模拟实训

1. 寻找一个你平时关注的品牌，根据本章所学知识，向你的同学介绍、分析该品牌的优势和劣势。
2. 创建一个你感兴趣的产品品牌（食品、饮料、运动装备、电子产品等），并详细介绍它的特征、功能及发展前景。

案例分析

同仁堂荣获 2019 "中国好品牌"，老字号再创辉煌

2019 年 12 月 26 日，2019 "中国好品牌" 的 100 个上榜品牌在 2019 界面·财联社财经年会上揭晓，同仁堂名列其中，成为 2019 "中国好品牌" 唯一上榜的医药品牌。据悉，"中国好品牌" 评选活动由上海报业集团界面新闻发起，旨在寻找传承优秀文化、讲好品牌故事、提供优质产品与服务的 "好" 品牌。

同仁堂是我国知名老字号，距今已有 350 多年的历史。历史上，同仁堂也曾开过一些分号，至清末，先后在全国大中城市开设分号 34 家，但名称并不统一，如上海分号叫 "达仁堂" "宏仁堂" 等，很多人并不清楚这些品牌跟同仁堂的关系。所以，要想弘扬 "同

仁堂"这一老字号品牌，必须顺应现代品牌经营理念和按照现代市场的要求去发展。

1669年，乐显扬在北京创办了同仁堂。1723年，同仁堂被钦定为供奉清宫御药房用药，采用最高标准的宫廷制药技术，使医药文化具有"配方独特，选料上乘，工艺精湛，疗效显著"的特色。经过几百年不断地发展，同仁堂始终朝着国际品牌的方向迈进，但对老百姓来说，可以最直接触及的还是存在于大街小巷中的同仁堂药店。正是因为具有这一传统特色，同仁堂必须在保持和传承的前提下，参与到医药零售市场的激烈竞争中。随着零售服务市场的对外开放，国家允许外资药店进驻，这无疑对国内医药零售业造成巨大冲击。在这样的时代背景下，同仁堂既要保持老字号的传统品牌特色，又要在现代商业竞争中立于不败之地，无疑是一个不小的挑战。

为了在商业竞争的激流中存活，同仁堂进行了几项重要改革，最重要的一项就是专注于品牌核心价值的凝聚和传播。作为拥有350多年历史积淀的中华老字号品牌，同仁堂的品牌具有深厚的文化底蕴。这种文化底蕴赋予了产品深厚的文化内涵，不但使消费者加深对产品的记忆，而且使他们易于对产品进行定位，与其他产品进行区分。与此同时，同仁堂非常注重突出产品特色。同仁堂的中医药产品及服务具有鲜明的特色和强大的影响力：在国内范围，产品以其悠久的历史、良好的口碑吸引着消费者，与同类产品具有较大的差异；在国际范围，产品以其独特的"中草药"核心元素吸引着消费者，满足消费者诉求，与其他产品具有明显的区分度。同仁堂通过正确选择和成功实施连锁经营战略，为自己有效应对激烈的市场竞争、实现品牌影响力的提升带来了源源不断的动力。

资料来源：同仁堂官网，https://www.tongrentang.com/menu51/newsDetail/2645.html。

问题：

1. 根据案例以及本章内容，分析同仁堂如何借助品牌优势入选2019"中国好品牌"。
2. 同仁堂作为中国老字号如何在当今激烈的竞争环境中立于不败之地？围绕"品牌"谈谈你的看法。

第2章 品牌管理

学习目标

品牌管理是管理者为培育品牌资产而开展的以消费者为中心的塑造、提升和维护等一系列战略决策和策略执行活动，能使品牌运营在企业管理过程中发挥良好的驱动效应，提升品牌的核心竞争力，为品牌的长期发展奠定基础。当前，品牌竞争日益激烈，品牌所面临的市场环境急剧动荡，因而品牌管理的重要性日益凸显。

通过本章的学习，应达到如下要求：

1. 掌握品牌管理的内涵及特征；
2. 了解品牌管理的五种组织形式；
3. 熟悉品牌管理的四个流程；
4. 理解品牌管理的四个原则。

引导案例

三只松鼠的品牌管理之路

三只松鼠自创建9年以来，可谓是战功显赫。创建不到一个月实现A轮融资150万美元，在天猫上线仅65天就获得坚果类的销售冠军，自2014年起连续5年达到10多亿元人民币的营业额，牢牢霸占着天猫零食、坚果、特产类的"龙椅"，这都与高效有序的品牌管理战略带动产品销售密不可分。

首先，三只松鼠聚焦于"80后""90后"群体，这群人爱网购，相对于价格更加追求产品的质量和新鲜刺激的消费体验。同时，三只松鼠打着"丰富、美味、保质保量的'森林食品'"的标签，通过品名"三只松鼠"以宠物身份自居，与顾客形成软萌温暖的相互依恋关系，因此赢得年轻群体的青睐。其次，三只松鼠通过数据收集和分析，在线下需求相对集中的人群附近开设线下店，同时对线上的数据进行分析，不仅保证了零库存，节约了大量的企业运营成本，也确保了食物的新鲜健康。顾客甚至随时可以追溯每款零食的生产过程，这就节省了顾客搜集信息的时间和精力。再次，不管是售前还是售中、售后，三只松鼠都希望顾客能享受到便利。他们的高效物流体系能保障顾客在 3～5 天内收到货。而且他们的产品内外包装具有很多附加值，可为顾客提供一站式服务，如方便顾客开箱的"鼠小开"，吃零食前后需要的湿纸巾、果皮袋。最后，他们还在发票上附着退货指南。

在互联网时代，比的不是价格而是价值。三只松鼠很好地实现了品牌管理，其成功对于其他互联网食品品牌管理有重要意义。

资料来源：《三只松鼠的品牌管理与营销》，http://www.domilore.com/-445-1177.html。

2.1 品牌管理概述

2.1.1 品牌管理的内涵

品牌管理（brand management）是管理者为培育品牌资产而开展的以消费者为中心的塑造、提升和维护等一系列战略决策和策略执行活动。品牌管理可以使品牌运营在企业管理过程中发挥良好的驱动效应，不断提高企业的核心价值和品牌资产，进而为品牌的长期发展奠定基础。下面从几个方面介绍品牌管理的内涵：

第一，品牌管理的主体是品牌管理者，因此必须明确品牌的管理者；

第二，品牌管理的目的是培育品牌资产，包含感知质量、品牌忠诚度、品牌知名度、品牌联想和其他资产；

第三，品牌管理的中心是消费者，所有品牌管理活动都必须围绕消费者来开展；

第四，品牌管理的内容是战略决策和策略执行，具体包括品牌的塑造、提升和维护等一系列工作。

2.1.2 品牌管理的特征

品牌管理具有战略性、长期性和系统性三大特征。

第一，战略性。传统的品牌管理过于强调企业的某一品牌给顾客带来的价值与利益，而不能反映企业其他品牌的价值主张和诉求。随着市场竞争日趋激烈，企业管理者越来越主张将品牌运营上升到公司战略，即将品牌作为企业的核心竞争力，以获得差异化的利润和价值。从品牌管理的战略性地位来说，强势品牌都把品牌管理上升到战略管理高度，设立专门的战略性品牌管理部门。其主要职责包括：制定品牌管理的战略性文件，规定品牌管理与识别运用一致性策略方面的最高原则；建立母品牌的核心价值与定位，使之适应公司文化及发展需要；定义品牌架构与组织的整体关系，并规划整个品牌系统，使公司的每一个品牌都有明确的角色定位；解决品牌延伸、提升等方面的战略性问题；进行品牌检验、品牌传播监控和品牌资产评估等。

第二，长期性。品牌管理不是一个短期工程，要进行品牌塑造、品牌提升与品牌维护，则需要做长期的规划并付出不懈的努力，这涉及计划、组织、协调等多方面，是一个长期的、永续的过程；作为企业发展战略之一的品牌战略，更是一场持久战，往往需要经过几代人的努力。只有以完善品牌美誉度和提高品牌忠诚度为标准，扎扎实实地塑造、提升和维护品牌，才能使品牌健康、稳定、快速发展，实现品牌价值的最大化。品牌管理作为一项长期工程，需要企业科学严谨地遵循品牌的创建及其发展规律，从价值链的角度出发，持之以恒地进行品牌塑造、品牌提升与品牌维护，以提升企业品牌的核心竞争力。

第三，系统性。品牌管理是一项系统工程，与所有品牌利益相关者紧密关联，需要企业采购、生产、营销、财务、人力资源等各环节的有力支撑。从品牌关系来说，它是涉及所有品牌利益相关者的关系系统；从品牌**价值链**（value chain）来说，它涉及品牌塑造、品牌提升与品牌维护等价值链的各个环节；从品牌管理的范围来说，它从最初的原材料选择一直延伸至最终的用户管理服务，涉及企业的整体业务规划；从管理参与者的广度来说，它涉及品牌组织管理机构各个部门的所有人员，是一个庞大的系统。作为一项系统工程，品牌管理需要有效协同整合价值链的各个环节，以保证各个部门协调高效有序运转。

品牌案例 2-1

又一服饰巨头没落：1 500 家门店倒闭，美邦这几年是怎么了

1995 年，美特斯邦威（以下简称"美邦"）创始人周成建在浙江温州开了第一家美邦的专卖店。短短几年内，美邦遍及城市里的大街小巷，并成为小镇青年心里数一数二的名牌。年轻时尚的款式，加上大规模的广告营销，直到 2012 年，美邦门店数高达 5 220 家。周成建更是豪言，要做世界级裁缝。接连而来的是各种电商广告、明星代言，铺天盖地地宣传品牌。

2008 年北京奥运会后，海外品牌大量涌入。当时的美邦大概并没意识到国际品牌大举进入将给国内服装行业带来怎样的冲击。再加上互联网的发展，服装行业逐渐电商化。3 年后，美邦遭遇了前所未有的库存危机，一度积压 25.6 亿元人民币的库存。主打休闲时尚的美邦，款式一成不变。美邦解决巨额库存的方式是打折，这在无形中一次次地消耗了美邦的品位。

到了 2015 年，美邦的亏损额高达 1.31 亿元人民币。面对业绩的急速下滑，周成建也在奋力挽救。但美邦的下坡路已经是无可避免了。美邦推出 ME & City 时尚品牌，却因为款式老旧、装修古板，没能改变连年亏损的颓势。此外，周成建还推出自己的电商平台"有范"App，并大出血地赞助《奇葩说》，却没掀起多大水花。根据美邦财报，2019 年和 2020 年，美邦服饰净亏损分别为 8.26 亿元人民币、8.59 亿元人民币，两年亏损达 16.85 亿元人民币。这位曾经的服装巨头仍处于濒临倒闭的边缘。

资料来源：《又一服饰巨头没落！1 500 家门店倒闭，美邦这几年是怎么了？》，https://www.sohu.com/a/206087010_100041334。

2.2 品牌管理的组织形式

美国市场营销专家拉里·莱特（Larry Light）指出："拥有市场比拥有工厂更为重要，而拥有市场的关键在于拥有占统治地位的品牌。"在产品日益同质化的今天，品牌已经成为支撑企业成长与发展的一种新竞争力，因而品牌管理成为国内外企业创新管理的焦点。从历史发展的脉络看，品牌管理相继出现了业主负责制、职能管理制、品牌经理制、品类经理制和品牌管理委员会五种组织形式。每种组织形式在特定的历史阶段都发挥着巨大的作用，同时也存在一定的局限性。

2.2.1 业主负责制

业主负责制（the system of owner responsibility）是指品牌的决策乃至实施完全由企业的高层领导者承担，具体的执行工作授权给下属完成的一种高度集权的品牌管理模式。在 20 世纪 20 年代以前，这种制度是西方企业进行品牌管理的主流模式。之所以采用业主亲自全权管理的模式，是因为当时品牌经营还比较简单，高层管理者自己可以应付，而且品牌与产品直接捆绑在一起，一个品牌就是指一种产品，因此品牌管理与产品管理两者之间并无区别。

业主负责制模式的优点：第一，决策迅速，有利于整个组织资源的协同整合；第二，能为品牌注入企业家精神和个性，每个品牌都带有鲜明的创始人个性，因此，品牌的个性特色非常突出，各个企业品牌之间的差异性比较强。该模式的不足之处主要是：一旦企业规模扩大，管理者个人没有精力处理所有品牌的相关事宜，则不利于品牌价值的进一步提升和品牌的成长发展。

2.2.2 职能管理制

职能管理制（the system of function management）是指将品牌管理的职责分散到各个职能部门并由它们分头进行管理的一种品牌管理模式。例如，市场部门主要负责品牌的调研工作，宣传部门承担品牌的传播工作，等等。在 20 世纪 20 ~ 50 年代，这种管理模式非常普遍。

职能管理制模式的优点：第一，高层管理者摆脱了品牌建设与维护过程中具体事务的纠缠，集中精力于整个企业的长远战略规划；第二，职能分工提高了品牌管理的专业化水平，使品牌在日益复杂的动态市场环境中得以成长。该模式的不足之处主要是：第一，各个职能部门职权相等，各自为政，缺乏沟通、协调，难以以一个共同的诉求和声音对外展示品牌的形象、定位和特色；第二，容易出现推诿、扯皮等现象，使品牌管理最终陷入无人负责的"三不管"窘境。

2.2.3 品牌经理制

品牌经理制（the system of brand manager）是指公司为每一个品牌专门设置一个品

牌经理，全面负责该品牌的策划、生产、创建、维护和提升等各项事宜。在品牌经理制模式下，每个品牌除了有一名品牌经理负责，在他手下还配备了几个品牌助理，再加上来自财务、研发制造、市场推广、销售等企业各个职能部门的人员，共同组成了一个品牌管理小组，全面管理该品牌的全部工作。这实际上是一种矩阵型的组织结构，如图 2-1 所示。

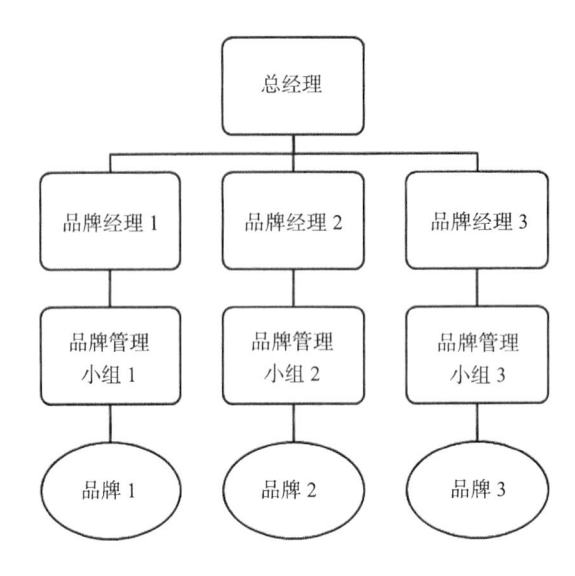

图 2-1　品牌经理制的组织结构

品牌经理制模式的优点：第一，每一个品牌都设有一个专职的管理者，负责品牌分析、规划等活动的全过程，从而为品牌的成长提供组织上的保障；第二，加剧了公司里各个品牌之间的竞争，使品牌更具有活力；第三，品牌经理负责统筹管理由公司各个职能部门人员组成的品牌管理小组，小组成员既各司其职，又由品牌经理统一指挥，保证了品牌管理各项工作齐头并进、统一协调、有条不紊；第四，为公司培养了具有综合管理能力的高级管理人才。每个品牌经理都是独当一面的管理者，必须全面负责品牌的策划、生产、推广、维护等全部决策执行过程，而且能够充分调度某一品牌所有职能部门的管理人员和管理工作，进而成为一个总经理式的综合管理人员。品牌经理制模式的不足之处如下。第一，对品牌管理人员的素质要求比较高。每个品牌经理实际上是一个独当一面的综合管理人员，而一个公司具备足够多的综合性管理人才比较难。一旦某个品牌的品牌经理能力不足，则会直接影响到该品牌的创立与发展。第二，品牌管理的成本比较高。每个品牌管理小组里都包含企业各个职能部门的管理人员，这就导致组织机构重叠、人员众多、品牌管理成本高昂。第三，公司内部各个品牌之间是一种竞争关系，优胜劣汰，因而会出现公司内部各个品牌之间自相残杀、内斗等问题。第四，各个品牌由不同的品牌经理自主规划与管理，导致整个公司的品牌形象杂乱无章，虽然整个公司的品牌数量很多，但多而不强，不能树立统一的品牌形象，发出一致的品牌声音，没有一个真正能够对外一击制胜的超强品牌。

> **品牌案例 2-2**
>
> ### 宝洁的品牌经理制
>
> 宝洁（P&G）是全球最大的日用消费品公司之一。根据 2019 财年（2018 年 7 月 1 日～2019 年 6 月 30 日）的财务报告，宝洁全球营业收入达到 676.84 亿美元（折合人民币 4 658 亿元）。每天，宝洁公司的产品与 160 多个国家和地区的消费者发生 30 亿次的亲密接触。品牌经理制是美国宝洁公司在 1931 年首创的品牌管理模式，当时一经采用就迅速获得巨大成功，成为品牌管理的经典模式，也开创了真正意义上的现代品牌管理。宝洁公司以品牌为中心运作，根据市场细分为洗发、护肤、口腔等几大类。在宝洁，每个品牌就像一个小公司，品牌经理就如同公司的总经理，他决定品牌的市场定位，做品牌的三年规划、五年规划甚至十年规划，从近期的市场策略，到推出什么产品，打什么广告，做什么促销，都全权负责，即一个品牌经理必须承担产品的全部销售过程。实行一品多牌、类别经营的经营策略，在自身产品内部形成竞争，使宝洁产品在日化行业中占据绝对的领导地位。
>
> 资料来源：《创业公司如何学习宝洁的"品牌经理制度"》，https://www.sohu.com/a/117913224_501012。

2.2.4 品类经理制

1994 年，英国《经济学人》杂志发表了《品牌经理制的终结》一文，对品牌经理制的弊端进行了尖锐的批评。早在 1990 年年初，宝洁公司也在思考是否有一种更好的品牌管理模式，由此诞生了**品类经理制**（the system of category manger）。品类经理制也被称为"品牌事业部制"，是指设置一名经理管理多个品牌构成的一个产品类别，负责该品类的管理和盈利。品类经理制和品牌经理制本质上是一样的，都是设置专职的管理人员来管理品牌，并且都是通过由各职能部门人员共同组成的品牌管理小组进行管理，是一种矩阵型的组织结构模式，如图 2-2 所示。相比之下，品牌经理仅负责管理一个品牌，而品类经理负责管理该品类的所有品牌，对该品类里所有品牌的成长都肩负责任。

品类经理制的优点：第一，协调品类内各个品牌之间的关系，因为一个品类的目标客户主要是同一个群体，由一个经理来统一负责管理品类里所有的品牌，可以有效协调各品牌之间的关系，避免自相残杀；第二，一个品类由一个经理负责管理，既可以减少机构重叠、降低管理成本，又可以提高品牌管理的专业化水平，提升企业在该产品行业中的影响力和地位。该模式的不足之处仍然是品牌经理制的老问题，即企业整体品牌形象规划不统一，各个品类之间的竞争大于整合协调，但是这种情况比起品牌经理制的严重程度下降了很多。

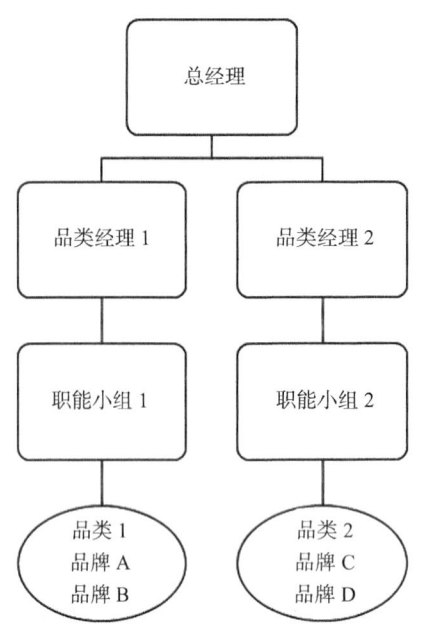

图 2-2 品类经理制的组织结构

2.2.5 品牌管理委员会

21 世纪初，一些跨国公司的品牌管理又出现一种新的模式，即**品牌管理委员会**（the committee of brand management）。这种模式是由企业高层管理者直接负责管理品牌，各职能部门和各品类的负责人担任委员，负责各品类以及各职能部门的统一协调。这种管理模式更加看重品牌管理在企业管理中的战略地位，弥补了上述品牌管理制度下企业管理策略层面的不足。因而品牌不再隶属于某个职能部门管理，而是直接由最高管理层负责。一些企业甚至设立首席品牌官来主持品牌管理委员会的工作。进入 21 世纪后，品牌管理已经从企业管理的战术层面上升到战略层面，成为凯文·莱恩·凯勒（Kevin Lane Keller）等营销领域专家所倡导的战略品牌管理。

品牌管理委员会管理模式的优点：第一，能够有效协调各个品类以及各个品牌之间的关系，统一企业的整体形象；第二，能够有效协调各个职能部门之间的关系，因为公司每一个职能部门的主管都是品牌管理委员会的成员；第三，有助于确立品牌在整个企业发展中的战略地位，形成以品牌为中心的导向，因为品牌管理委员会处于公司最高管理层级，该委员会做出的决策能对整个公司产生重大影响。品牌管理委员会同样存在不足之处：第一，高层管理者身居高位，远离市场，对各品牌、品类以及竞争对手品牌的发展情况不够了解，有时难免做出一些过于主观、脱离实际的品牌管理决策；第二，品牌管理不同于一般的企业管理，专业性比较强，有时高层管理者不具备丰富的品牌管理专业知识与经验，容易做出一些错误决策。

2.3 品牌管理的流程

本书遵循品牌成长的自然规律，基于价值链视角，把**品牌管理流程**（the procedure of brand management）具体分为四个主要步骤，包括**品牌规划**（brand planning）、**品牌塑造**（brand building）、**品牌提升**（brand advancing）和**品牌维护**（brand maintaining）（见图2-3）。

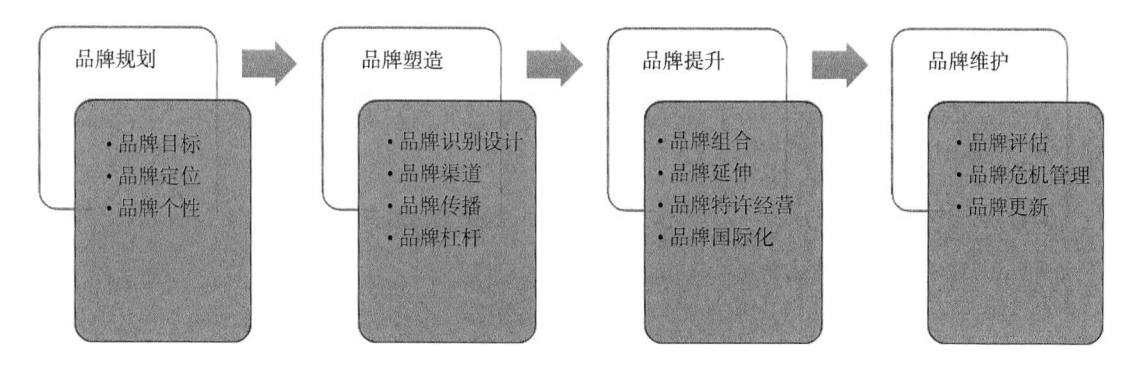

```
品牌规划 → 品牌塑造 → 品牌提升 → 品牌维护
• 品牌目标    • 品牌识别设计    • 品牌组合     • 品牌评估
• 品牌定位    • 品牌渠道        • 品牌延伸     • 品牌危机管理
• 品牌个性    • 品牌传播        • 品牌特许经营 • 品牌更新
              • 品牌杠杆        • 品牌国际化
```

图2-3 品牌管理的流程

2.3.1 品牌规划

本阶段的目的在于描绘出品牌应该在消费者心中呈现的图景。

首先，要明确品牌目标。品牌目标是管理者按照企业的经营方向，在推出品牌时所要达到的理想状态，是品牌战略方向的具体化与定量化，如市场占有率、市场影响力、品牌美誉度等，进而指导具体的品牌实践过程。品牌目标分为长期目标和短期目标，长期目标指导短期目标的制定，短期目标是为了实现长期目标。

其次，进行品牌定位。品牌定位是指企业为了在目标消费者心里占据独特的地位而对企业的产品、服务及形象进行设计，从而确立品牌独特的卖点，是品牌向消费者传播的方向选择，具有指向性、差异性和相关性等特点。品牌定位的目的是占据消费者心中的位置，强调把特定品牌置于市场竞争中的独特位置，以便消费者处理大量的商品信息。好的品牌定位能使本品牌从诸多竞争品牌中脱颖而出，能正确引导品牌发展的方向，使得企业具有市场竞争力，实现潜在利润最大化。例如，湾仔码头的广告语"每颗水饺都是妈妈的用心"，将湾仔码头水饺定位于"妈妈的味道"，更加契合消费者的消费情怀。

最后，突出品牌个性。品牌个性是指一系列与品牌相关的人格特征，是消费者认知中品牌所具有的特质，是消费者通过与品牌互动而产生的认知。塑造品牌个性之所以重要，原因在于消费者与品牌建立关系时往往会把品牌看作一个形象、一个伙伴或一个人，甚至会把自我的形象投射到品牌上。品牌个性与消费者个性或期望个性越匹配，消费者就越会对该品牌产生偏好。当今个性化消费趋势日益明显，品牌个性对品牌吸引力的重要性更加突出，因而打造适应不同消费者个性的品牌个性成为必然。

| 品牌案例 2-3 |

服装老板集体失眠，波司登为何能实现净利润 22.6% 的增长

2018 年 3 月，波司登官宣将要全面升级品牌形象。

首先，升级门店形象。为了给消费者带来更加专业的购物体验，波司登还请法国顶级设计师 Thomas Clement 重新设计终端形象，优化门店的陈列。

其次，打造整个国际时尚界的立体品牌。2019 年，波司登受邀进入米兰时装周，成为奥斯卡影后妮可·基德曼、超模肯豆等众多名人的选择。

最后，在 2020 年国内疫情遇上倒春寒之际，波司登第一时间宣布向一线的抗疫英雄捐赠 15 万件总价值 3 亿元的高品质羽绒服，并积极调动 9 大仓库的物流体系，直达抗疫一线。

种种事迹之后，外界对波司登品牌有了更深刻的认知。市场调研机构 Ipsos 统计显示，波司登在中国消费者心中的认知度高达 97%。与此同时，CBNData 数据表明，波司登于 2019 年成为在美国最畅销中国羽绒服品牌。

品牌定位的本质是占领消费者的心智资源，成为"第一""唯一"，波司登已成功地把"波司登＝羽绒服"的认知植入广大消费者心中。

资料来源：首席品牌官《服装老板集体失眠，波司登为何能实现净利 22.6% 的增长？》，https://www.163.com/dy/article/FFUSVICN051993MA.html。

2.3.2 品牌塑造

本阶段的目的在于围绕规划好的品牌目标定位进行具体的品牌识别设计，通过各种传播工具和渠道，在消费者心目中塑造一个良好的品牌形象。

首先，进行品牌识别设计。品牌识别设计是在企业自身正确定位的基础上，基于正确品牌定义下的视觉沟通，是一个协助企业发展的形象实体，不仅能够协助企业把握正确的品牌方向，而且能够使人们正确、快速地对企业形象进行有效且深刻的记忆。品牌应该与众不同，拥有自己的独特性，要让人们在众多品牌中快速识别出来。一个强势品牌必然有特色鲜明的品牌识别设计。

其次，完善品牌渠道。品牌渠道是品牌价值实现的重要路径，在品牌从企业到达消费者心智的过程中，渠道中的任何一个环节都将影响品牌价值的实现。因此，品牌的渠道战略，就是建立与品牌相匹配的渠道网络，通过渠道网络成员相互之间的合作，完成品牌价值的传递、实现和增值过程。利用渠道和终端消费者的"零距离"接触，可以更好地完成市场调研、产品研发、消费者沟通等一系列对建设与维护品牌有利的工作，从而了解消费者真正的需求，使得品牌营销的诉求和消费者的需求产生高度共鸣。

再次，加强品牌传播。品牌传播是企业向消费者告知品牌信息、劝说购买品牌以及维持品牌记忆的各种直接及间接的方法，是品牌营销的重要环节，也是企业满足消费者的需要、培养消费者忠诚度的有效手段。品牌通过策划多种传播活动来传达品牌声音，与消费者进行对话，建立情感共鸣甚至长期维持良好的关系，以帮助企业积累品牌资产、提高品牌知名度及塑造品牌形象。

最后，借助品牌杠杆。品牌杠杆是指通过整合品牌的外部资源，采用借力、省力的方式来达到创建品牌资产的效果，是品牌战略的新模式。传统的品牌资产创建模式主要依赖公司的内部资源，坚持内部导向，而品牌杠杆战略则通过与外部实体建立联系，将人们对外部实体的态度、印象、评价等转移到品牌上，以增强品牌实力。对于品牌来说，如果能找到一个好的支点，高效有序地借助外部资源，就可以事半功倍地创建强势品牌。

2.3.3　品牌提升

本阶段的目的在于对已经建立起来的品牌进行进一步的调整和经营，以不断提升品牌的价值。

首先，完善品牌组合。品牌组合是指企业出售的每一特定品类所包含的所有品牌和品牌线的集合，是一个市场组合、资源组合、盈利组合。通过品牌组合，可以使品牌在数量上的组合能够适应企业的资源状况，对有限资源的合理分配，有利于优化企业内外部资源配置，进而使其品牌合力产生的价值最大化，产生规模效应，提升管理效率，推动业务创新，提升企业整体的市场竞争力。

其次，强化品牌延伸。品牌延伸是指企业借助原有的已建立的品牌地位，将已有的品牌应用到新推出的产品中。它不只是借用表面上的品牌名称，还包括整个品牌资产的策略性移用，能够实现以较低的成本推出新产品，以更低的营销成本占领更大市场份额的目的。强化品牌延伸有利于企业降低消费者的感知风险，提高对延伸产品的质量认知，提高企业营销活动的效率。

再次，进行品牌特许经营。品牌特许经营是指拥有注册商标、企业标志、专利等经营资源的企业，以合同形式将其拥有的经营资源许可给其他经营者使用，被特许人按照合同约定在统一的经营模式下经营，并向特许人支付特许经营费用的经营活动。企业通过品牌特许经营的方式，既可以提高企业品牌的知名度，又可以为企业品牌的成长获取资金支持，从而实现品牌资产价值的增值。

最后，加强品牌国际化。品牌国际化是指将同一品牌，以相同名称（标志）、相同包装、相同广告策划等向不同国家或区域进行延伸扩张的一种品牌经营策略，是使品牌成为国际品牌，并在国际上有较大影响力的行为过程。随着经济全球化的迅猛发展，国际竞争日趋激烈，国内外的企业都已经将品牌国际化作为企业发展的核心。品牌国际化可以提升企业的国际竞争力，提高企业在国际大市场上的地位，实现全方位的扩张。

2.3.4 品牌维护

本阶段的目的在于掌握品牌资产的现状，检验品牌管理的效果，并采取措施对已形成的品牌资产进行保护。

首先，加强品牌评估。品牌评估是指通过定性、定量的方法，对品牌资产及其财务价值进行评价和估算，并综合判断品牌的盈利能力和持续经营能力的市场营销行为。其目的是通过在各类新闻媒体上发布品牌评估及评价资料，展示企业品牌形象，向上级主管部门、投资者、消费者展现企业实力和企业发展能力，为促进企业全面发展提供价值参考，并通过细分公允价值评估方案达到资产—股权—资本运作目的。完整的品牌评估可以通过各类指标的核定，量化品牌的市场价值，使企业对自身品牌有一个全面、科学的认知，同时可以提高企业的声誉。

其次，管理品牌危机。品牌危机管理贯穿于品牌打造与品牌认知的每一个环节，是指企业经营者在具体的经营活动中所采取的一系列维护品牌形象、保持品牌市场地位的活动，可以防范来自各方面的侵害和侵权行为。市场变幻莫测，危机时时存在，企业外部环境的变化会致使品牌形象受损和品牌价值降低，其后果甚至危及企业的生存，因此需要全面的品牌危机管理。

最后，强化品牌更新。品牌更新是指随着经营环境和消费者需求的变化，品牌的内涵和表现形式不断变化发展，以适应社会经济发展需要的过程。品牌更新是拯救品牌的良方妙药，是品牌创建与发展过程中的必然要求，也是品牌自身、市场、消费者、宏观环境等方面变化带来的产物。如果不对品牌勤加保养，就可能会出现老化现象。一个成功品牌或老品牌只有不断创新、不断更新，才能不被消费者抛弃，长远发展下去，维护品牌价值的稳定。

2.4 品牌管理的原则

2.4.1 品牌规划要明确清晰

品牌规划是指通过品牌目标、品牌定位和品牌个性等规划品牌，描绘出品牌应该在消费者心中呈现的图景，以指导品牌管理的具体实践活动。明确清晰的品牌规划可以正确引导品牌发展的方向，确立品牌独特的卖点，建立消费者认知中品牌所具有的特质，使得本品牌从诸多竞争品牌中脱颖而出，保持品牌的吸引力和竞争力。例如，心相印纸巾定位为给予人们温馨又浪漫的关爱，因而它的产品研发、产品包装都是以打造高品质及营造温馨浪漫氛围，用心关爱与守护每个人的健康快乐生活为主题的。

2.4.2 品牌塑造要恰当准确

品牌塑造是指通过品牌识别设计、品牌渠道、品牌传播和品牌杠杆等塑造品牌形象，演绎其核心价值，建立顾客能够充分感知，且产生强有力的、偏好的、独特品牌联想的品牌，使之与顾客思想相符或接近，进而融入目标顾客的世界观、人生观和价值观之中，占据顾客的思想"空间"，从而提升品牌的知名度、忠诚度和美誉度。定位准确、恰当的品牌，会吸引目标顾客的注意力，并能在其脑海中占据特别的位置。品牌塑造的实质是通过塑造品牌形象，让顾客在思想上认同公司的品牌理念。

2.4.3 品牌提升要与时俱进

品牌提升是指企业通过品牌组合、品牌延伸、品牌特许、品牌国际化等方式来提高大众消费者对品牌及企业的认知度，增加其对品牌的忠诚度，以不断提升品牌的价值。消费者追求新奇的特性和复杂多变的需求，使其对某一品牌难以保持始终如一的忠诚。当消费环境发生变化，新的竞争对手、新的革命性技术等对市场环境的影响过于激烈时，品牌资产所依赖的根基将会动摇。品牌管理者需要加强品牌效应，赋予品牌新的生命力，避免品牌效应随着时间的推移而减弱，保持品牌提升与时俱进。例如，娃哈哈最初靠营养液起家，随着市场的需要，又推出了娃哈哈矿泉水、八宝粥等系列产品。

品牌案例2-4

今世缘的品牌竞争压力

今世缘的"参与头部竞争"应该理解为全国化和高端化的战略，但从其目前的发展情况来看，仍很难参与到这场竞争中去。根据公开资料，2019年8月，今世缘推出的国缘V9的售价超过2 000元，直接杀入茅台和五粮液盘踞的价格带。

但国缘系列在市场上反响平平，就连早些时候发布的1 088元V3、1 788元V6两款白酒，其网上销售额也是寥寥无几。在高端白酒市场上，茅台和五粮液占据八成市场份额，即便是白酒业第三的洋河股份也很难多分一杯羹，更别说品牌效应并不强的二、三梯队的白酒企业。

今世缘所处的位置决定了它的尴尬处境。推出高端白酒，企业却无法提供足够的品牌效应支持，线上线下的销售不佳，进军高端市场的道路必然受阻。

资料来源：《今世缘有两个烦恼：增速放缓、市场竞争压力大》，http://finance.ifeng.com/c/7s9P2TcGKJ7。

2.4.4 品牌维护要面面俱到

品牌维护是指企业针对外部环境的变化，通过品牌评估、品牌危机管理和品牌更新等，维护品牌形象，保持品牌市场地位和品牌价值。市场风云变幻，消费者的维权意识也在不断增高，品牌面临来自各方面的威胁。一旦企业没有预测到危机的来临，或者没有及时应对危机的策略，那么品牌就将面临极大的危险。在残酷的市场竞争面前，没有一家企业愿意让自己苦心经营的品牌被市场无情地淘汰,因而经营者千方百计、想方设法地全面维护品牌形象,维持品牌的市场地位,防范来自各方的侵害和侵权行为,努力使品牌保值和增值。

关键术语

品牌管理(brand management)
价值链(value chain)
业主负责制(the system of owner responsibility)
职能管理制(the system of function management)
品牌经理制(the system of brand manager)
品类经理制(the system of category manager)

品牌管理委员会(the committee of brand management)
品牌管理流程(the procedure of brand management)
品牌规划(brand planning)
品牌塑造(brand building)
品牌提升(brand advancing)
品牌维护(brand maintaining)

思考与练习

1. 品牌管理的内涵是什么?
2. 品牌管理具有哪些特征?
3. 品牌管理有哪几种组织形式?试列出其优缺点。
4. 基于价值链视角,品牌管理的流程包括哪些步骤?
5. 品牌管理的原则包括哪些?

思政融入点

运用科学的品牌管理手段进行品牌管理是增加品牌资产的重要基础。通过学习品牌管理理论,并结合我国现实进行本土化实践,我国企业在40多年的改革开放时期内就摸索出了适合自己的道路,并取得了成功。通过三只松鼠等互联网企业品牌管理的案例分析,提升学生坚定中国特色社会主义的道路自信、理论自信、制度自信、文化自信。

模拟实训

1. 选择一个品牌,基于价值链视角分析其品牌管理流程,并指出其优点和不足。
2. 选择一个品牌,基于品牌管理的四大原则,为其品牌管理发展提出合理化的建议。

案例分析

东航食品:从品牌突围到品牌进阶

新时代,人们对高质量的航空旅途有更强烈的需求。航空食品作为影响人们旅途体验的一大关注点，也成为一些航空企业通过改革实现品牌进阶的着力点，其中就包括东方航空食品投资有限公司（以下简称东航食品）。

东航食品以改革为助力、以市场为导向发展品牌，经历了一个长期的积累过程。近年来，在东航集团"1232"战略发展思路指引下，东航食品以市场为导向进行改革，通过逐步落实重点品牌计划，在品牌进阶的道路上坚定前行。

早在2015年，东航食品各下属公司全面承接属地的东航贵宾厅餐饮服务工作，希望通过为贵宾厅旅客提供具有中国文化和地域特色的饮食，开启自主品牌突围和品牌进阶的高质量发展之路。

从"用心做好一碗面"开启品牌突围

"出门的饺子，回家的面"，这句俗语引起了东航食品管理团队的高度关注：如果通过饮食能让顾客有家的感觉，那么顾客是不是就会牢牢记住这个品牌？

2017年年初，东航食品以市场为导向开始改革，成立了品牌管理委员会，以品牌为平台拓展业务，制订推出系列口碑产品、重点打造"东航那碗面"的品牌计划。

东航食品制定了统一的服务标准，并形成了一本39页的《东航那碗面服务手册》，涵盖了品牌标识和定位、工作标准及程序、产品规范、情景应对、产品研发等具体的服务标准内容，具有较强的可操作性，可以让一个新进员工很快掌握要领，与公司达成共识。

为了打造"东航那碗面"统一的服务标准和品牌形象，东航集团旗下的服务全链条提供全面支持。从地面服务部在贵宾厅的执行推广，到客舱服务部配合机上服务模式创新，从品牌管理委员会重点打造"东航那碗面"的品牌计划到党委宣传部的媒体宣传，各方合力推动了品牌的传播。

近两年，"东航那碗面"完成"上天、入地、下海"式的推广。除了航空方面，还跟随中国南极科考团"远征"南极，2019年还首次登上旗舰邮轮，成为餐饮亮点，在获得旅客青睐和业界关注的同时，也斩获多个国际大奖。

在2018年位列全球最具影响力的10大飞机餐榜首之后，2019年9月5日，"2019世界航空旅游指南——最佳航空膳食榜"公布，"东航那碗面"获得航空食品领域的"奥斯卡"，成为2019世界最佳航空美食，并作为中国首个地域航空膳食作品在世界舞台亮相。

从品牌突围到品牌进阶

除了"东航那碗面"，东航食品逐步开发新产品，着力打造"珍膳""妈妈的味道"等东航配餐系列品牌，使得品牌更加系统和完善。

东航食品在充分考虑旅客需求、饮食安全、食材搭配、地域文化等因素的基础上，讨论、调整、优化、创新每一套餐食。餐食融合北京地区特有的饮食文化理念，从"色、香、味、形、情"的角度出发，用心打造、倾心制作，旨在提供最能满足旅客需求的差异化、特色化餐食服务。东航食品在创新的同时，确保满足环保新要求，实现蓝天与美食缺一不可。

截至2018年，东航食品已申请注册了"东航食品"商标，"心翼""EAC咖啡"等品牌，下属公司还拥有"东航美心""云通食品"等糕点品牌，形成了较为完善的子品牌架构体系。当前,东航食品已成为以航空配餐为主,集半成品制作、餐食供应、饮料和休闲食品制造于一体的综合性食品企业。20家子公司中,有16家为航空配餐公司,4家为非航空食品公司,分布在全国17个大中型城市。东航食品在空中和地面齐头并进,通过不断提升航空食品的品牌价值,不断总结品牌经营模式,形成了一套可复制推广的业务拓展机制和盈利模式,实现了高质量发展。

资料来源:任腾飞《东航食品:从品牌突围到品牌进阶》,《国资报告》2020年1月总第61期。

问题:

1. 结合东航食品从品牌突围到品牌进阶的历程,谈谈对品牌管理内涵的认知。
2. 结合东航食品的品牌发展之路,总结品牌管理的成功经验。

第3章
品牌资产

学习目标

品牌是企业重要的无形资产。品牌资产通过多个方面向消费者和企业提供价值。合理地管理品牌资产能够极大地降低企业市场活动的成本，提高企业产品的溢价。培育良好的品牌资产能够帮助企业增强竞争能力，强化产品溢价的能力，提高品牌延伸的能力，塑造良好的品牌形象，使企业在竞争中脱颖而出。

通过本章的学习，应达到如下要求：
1. 理解品牌资产的内涵；
2. 掌握品牌资产价值链；
3. 理解品牌资产提升的基本含义；
4. 熟悉品牌资产评估的步骤。

引导案例

网红营销背景下，华为如何提升品牌资产

华为在新产品发布时最常用的营销方式就是让专注于数码科技领域的影响者进行真机产品体验并发布体验视频，给出自己对新产品的直观评价和使用感受。这些视频一般采用对话的方式，通过拍摄者与观众进行交流的方式让观众了解华为新产品的特点。巴赫金认为生活的本质就是对话，人与人之间是一种"我与你"的关系，摒弃了之前的"我与他"的关系。这一关系转变的实质是提升了"他者"的地位，将"我"之外的"他者"视为与"我"具有同等地位的主体。华为不再是一个"他者"语境下的产品，而是一个用户自我叙述着"更高科技、更优体验"的主体。

在"沙特土豪"YouTube影响者EMKWANREVIEWS体验华为Mate X的视频中，用短短几分钟的时间介绍了折叠手机的使用方法、硬件条件、屏幕尺寸等基本信息，然后阐述了此款手机可操作性强、质量好的个人感受，实现了430多万的播放量。另一位拥有287万粉丝的科技影响者Mrwhosetheboss关于P30的体验视频"A Day in the Life"则从更加切身的

第一视角，记录了使用 P30 手机的一天：他清晨从家出发前往伦敦，到达伦敦后与好友会面，一路上体验了华为 P30 手机的 4k 视频拍摄功能，10 倍放大、自拍功能，AI 模式以及超广角，非常直观地展现了华为手机出色的相机性能和电池的持久续航功能。

资料来源：金灿、刘彦宏《"对话与狂欢"理论视域下的华为品牌之影响者营销》，http://www.c-gbi.com/v6/7796.html。

3.1 品牌资产概述

品牌资产的概念最早起源于 20 世纪 80 年代的美国广告界，随后得到不断推广，成为 20 世纪最重要的营销概念之一。对品牌资产的学术研究最早起源于一些有影响力的企业并购案例中，这些并购案例的特点是成交价远高于被并购企业的有形资产价值。对一部分企业来说，品牌名称及其意义是企业最重要的无形资产，是企业的一种竞争优势。品牌除了自身具有的价值外，还能够给企业带来稳定的超额收益，是企业创造经济价值必不可少的来源。

3.1.1 品牌资产的内涵

品牌资产（brand equity）是指相对于无品牌名的相同产品，一个有品牌名的产品在市场营销效用或产出上的增量。品牌资产的内涵可以从三个视角来理解。

第一，基于财务的品牌资产是指品牌在金融市场的产出增量或净收益。品牌资产的概念起源于 20 世纪 80 年代全球范围内的商业并购风潮，品牌作为一种无形资产能够为企业创造财务价值，使并购的价格常常远超被并购企业的账目资产，因此财务视角的品牌资产概念首先引起关注。与没有形成品牌的企业相比，成功的品牌塑造能够为企业带来超额现金流，成功的品牌管理活动能够为股东创造价值。但是，随着对财务导向的品牌资产研究的逐渐深入，财务视角下的品牌资产的弊端也逐渐暴露。首先，过度强调财务业绩可能导致管理层的决策短视。其次，财务指标只能反映品牌资产的一个维度，并不能完整地展现品牌资产的多维度价值。最后，财务视角对于品牌经理创建和维护品牌资产而言没有提供太多信息。

第二，基于市场的品牌资产是指品牌为其产品在商品市场交换活动中带来的产出或利益增量。为了克服因财务指标而导致的管理层的短视行为，学者们从更长期的市场角度对品牌资产展开研究。市场角度主要包括市场增长率、市场占有率、消费者购买意愿和价格溢价等方面。财务指标的一个重大缺陷就是只能面向过去，并不能提供创造未来价值的动因，而市场指标则相反。这些指标能够反映管理层的持续努力结果。这些指标的改善预示着公司财务业绩的改善。因此，市场角度的品牌资产管理能够促使管理者注重公司绩效的全面提升。

第三，基于顾客的品牌资产是指从顾客态度层面的信息反映出的品牌实力。财务视角和市场视角分别从短期和长期反映了品牌资产的产出，但是只关注了结果，并不能帮助管理层了解品牌资产的形成过程，进而对品牌资产进行有效的管理。为了解决这一问题，研究者提出了顾客视角的品牌资产概念。组织的盈利是由顾客驱动的，品牌资产为企业带来价值的根源在于顾客对品牌的品质认知、忠诚等行为，只有从顾客的角度研究品牌资产，才能帮助品牌经理进行品牌建设。

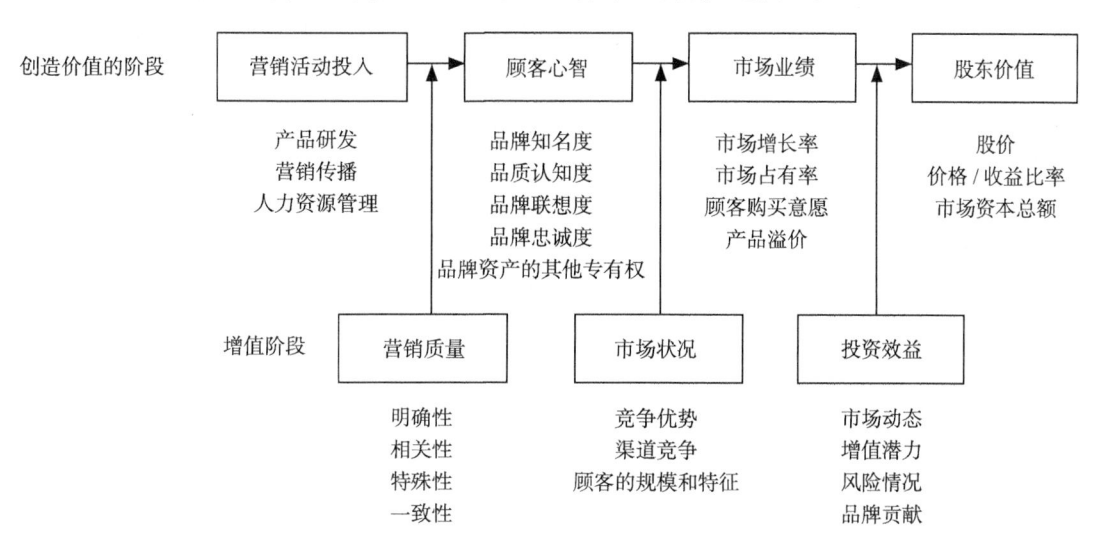

3.1.2 品牌资产的价值链模型

品牌资产的价值链模型能够对营销活动所创造的品牌价值以及对品牌资产的来源和结果进行结构化。品牌资产的价值链模型表明品牌资产受很多因素的影响，并且形成与此相关的品牌效应，进而为不同的品牌营销人员提供支持信息，从而帮助他们制定不同的品牌决策。

从理解品牌资产内涵的三个角度进行分析可以发现，从不同视角研究品牌资产既有优势，也有劣势。凯勒通过**品牌价值链**（brand value chain）模型将这三个不同视角的品牌资产梳理了一个循序渐进的逻辑关系：企业的品牌价值根源于顾客，产生于企业的品牌营销活动，并在市场上形成品牌业绩，进而影响资本市场上投资者对企业估值的评估。首先，它假设品牌价值最终源于顾客。基于这个假设，模型的第二个假设是企业要进行大量的营销活动。当顾客不断接触到这些营销活动时，他们开始在心理上产生反应，进而与品牌的关系逐步升级。一旦品牌在顾客心智中的地位越来越重要，品牌购买行为就可能发生，相应带来的就是市场业绩的改善。最后，投资者通过考虑市场业绩和其他因素来实现对品牌资产价值的评估。图 3-1 是品牌资产的价值链模型。

创造价值的阶段	营销活动投入	顾客心智	市场业绩	股东价值
	产品研发 营销传播 人力资源管理	品牌知名度 品质认知度 品牌联想度 品牌忠诚度 品牌资产的其他专有权	市场增长率 市场占有率 顾客购买意愿 产品溢价	股价 价格/收益比率 市场资本总额
增值阶段	营销质量	市场状况		投资效益
	明确性 相关性 特殊性 一致性	竞争优势 渠道竞争 顾客的规模和特征		市场动态 增值潜力 风险情况 品牌贡献

图 3-1 品牌资产的价值链模型

品牌价值创造始于企业所采取的营销活动。企业通过产品研发和设计、营销传播、人力资源投入等方面的营销活动来培育品牌资产，从而在品牌价值链的顾客心智阶段，使顾客与品牌之间建立一种稳定的关系，进而培育良好的顾客心智。培育良好的顾客心智也就是培育顾客视角下的品牌知名度、品质认知度、品牌联想度和品牌忠诚度,当这几个维度在顾客心智中产生时,品牌价值就产生了。当一种商品的品牌被确立并得到顾客认可时,顾客心智便建立起来了,这时就进入了品牌价值链的第三个阶段——市场业绩阶段。价格溢出、价格弹性和市场占有率会决定品牌的直接收入流,品牌价值会由于更高的市场份额、更大的价格溢价,以及对价格下降更富有弹性和对价格上升更缺乏弹性而得以创造。品牌延伸的高成功率可以增强品牌提高收入流的能力,成本结构的优化可以减少营销项目的支出,这些因素共同起作用,从而增强了品牌的盈利性,改善了企业未来的盈利预期。基于一个品牌可利用、可预测的信息以及其他相关因素,金融市场能够形成意见并做出对品牌价值有直接财务意义的各种评估,其主要指标包括公司的股价、价格/收益比率,以及公司的整个市场资本总额。品牌能够为股东带来丰厚的回报,同时使风险更小。

这个模型同时假设了介于这些阶段当中的一些相关因素。这些相关因素决定了某一阶段创造的价值能够转移或是增值到下一阶段的程度。三个增值过程调节着营销活动和接下来的几个价值阶段,这三个增值阶段分别是:营销活动增值阶段、顾客增值阶段和市场增值阶段。在营销活动增值阶段,营销活动影响顾客心智的效果取决于营销活动投资的质量,只有经过仔细设计并实施的、与顾客高度相关的、具有独特性的营销活动才有可能提高品牌资产。在顾客增值阶段,顾客心智所创造的价值影响市场业绩的程度取决于顾客外部的各种市场情况,当竞争对手没能产生明显的威胁,营销渠道成员和其他中间商提供了强有力的支持,一定数量的可盈利顾客被吸引到这个品牌中时,顾客心智创造的价值将会被转化为有利的市场业绩。在市场增值阶段,品牌市场业绩所能产生的价值体现在品牌价值中的程度取决于这个品牌外部的不同因素。如果一个公司在一个非常健康的行业中发展,没有过大的环境阻力,该品牌为公司的收入做出了巨大贡献,并且有非常广阔的前景,那么这个品牌在市场中所创造的价值就有可能完全反映在品牌价值中。

3.1.3 品牌资产的特征

品牌资产作为特殊资产,具有以下基本特征。

1. 品牌资产的无形性

品牌资产是一种无形资产。品牌资产的所有权一般由品牌的使用人申请注册,注册机关按法定程序确定其所有权。品牌资产的使用价值不具有重复性,即不会出现相同的品牌资产。一个企业对品牌资产的价值是独占的,其他企业只有通过品牌资产所有权的转让或合作,才能占有或者使用该品牌资产的使用价值。同时,由于品牌资产具有无形性,所以它必须依附于某一个实体才能发挥作用,只有当品牌与企业的产品和服务相结合的时候,品牌资产才能将自己的使用价值依附于产品和服务中,从而实现经济价值。

2. 品牌资产价值难以计量

品牌资产价值很难精确计量。首先，品牌资产价值作为一种无形资产是由脑力劳动者所创造的，它的价值很难被准确计量。其次，品牌资产由品牌知名度、品牌资产度、品牌认知度等要素组成，这些要素本身就难以准确测量，而且各个要素之间也有交叉。品牌潜在的获利能力受品牌影响力、所在市场体量、市场竞争激烈程度等多个要素的影响，均难以衡量，这给品牌资产价值的估计增加了不小的难度。

3. 品牌资产投资与利用的交叉性

品牌资产在投资与利用方面具有明显的交叉性。就一般有形资产而言，投资即会增加资产存量，利用就会减少资产存量，品牌资产则不同。作为一种无形资产，品牌资产的投资与利用常常融合在一起，难以明确区分。总体而言，品牌资产的投资能增加品牌资产的存量，而品牌利用往往会减少品牌资产的存量。但是品牌资产的利用并不一定导致品牌资产减少，如果品牌管理恰当，则品牌资产的价值非但不会减少，反而可能在这个过程中增加。

4. 品牌资产价值的波动性

品牌资产价值不是一成不变的或者简单的直线上升，而是随着时间的变化不断上下波动。一方面，由品牌资产的构成可知，无论是品牌知名度的提高还是品牌忠诚度的提高，或者品牌认知度的提高都不是一蹴而就的，都需要一个长期积累的过程，这就导致品牌资产价值不断变化；另一方面，品牌资产价值也会由于一些诸如市场竞争失败、品牌宣传不到位、品牌延伸不成功等因素而有所降低。同时品牌资产价值也受空间因素的影响，即品牌在一定的空间范围内具有价值，脱离了某个空间，这种价值可能就难以实现。

3.1.4 品牌资产的作用

品牌资产一方面要能够对顾客产生价值，另一方面要能够给企业带来价值，所以品牌资产的作用需要从顾客和企业两个视角展开分析。

从顾客的视角看，品牌资产往往可以为顾客带来超越其功能的附加价值，能够帮助顾客理解、处理大量的产品信息和品牌信息。当顾客购买、使用过产品，熟悉品牌及其特征以后，品牌资产还可以影响顾客再次购买产品的信心，同时，感知质量和品牌联想能够增加顾客对产品使用的满意程度。

从企业的视角看，品牌资产同样能够给企业创造巨大的价值。首先，品牌资产可以提高营销计划的效果。如果顾客对某一个品牌比较熟悉，信任该品牌的质量，那么这个品牌的新产品就容易吸引顾客尝试，从而能够使新产品的推广更加成功。其次，品牌资产通常都具有较高的边际收益。拥有良好品牌资产的企业一般都拥有品牌的高价优势。

同时，有了品牌资产，企业可以通过品牌拓宽自身的发展道路，扩大企业的经营范围。

> **品牌案例 3-1**
>
> ### 王老吉和加多宝红罐装潢案
>
> 王老吉和加多宝红罐装潢案是指王老吉和加多宝之间发生的关于红罐特有包装装潢纠纷案件。一直以绿盒示人的广药集团在得到"王老吉"商标后，随即推出红罐王老吉，市场上出现了加多宝红罐凉茶和广药生产的红罐凉茶两种包装十分相似的产品同时销售的局面，由此引发了广药集团与加多宝关于商品"包装装潢"的法律争端。
>
> 2017年8月16日，最高人民法院终审判决认为，广药集团与加多宝公司对涉案"红罐王老吉凉茶"包装装潢权益的形成均做出了重要贡献，双方可在不损害他人合法利益的前提下，共同享有"红罐王老吉凉茶"包装装潢的权益。2018年2月1日，案件入选"2017年推动法治进程十大案件"。2018年9月7日，最高人民法院正式驳回了广药集团所提出的红罐包装装潢案再审申请。2019年7月1日，加多宝在其官网发布《加多宝关于最高人民法院就"王老吉"商标侵权纠纷案裁定的公告》称，收到最高人民法院就加多宝与广药集团"王老吉"商标侵权纠纷案裁定。最高人民法院裁定书认定，一审判决采信的证据在内容与形式上均存在重大缺陷，不能作为认定本案事实的依据。裁定如下：一、决定撤销广东省高级人民法院（2014）粤高法民三初字第1号民事判决；二、本案发回广东省高级人民法院重审。
>
> 资料来源：《加多宝就王老吉商标侵权案声明：已发回广东高院重审》，http://finance.sina.com.cn/chanjing/gsnews/2019-07-01/doc-ihytcerm0625435.shtml。

3.2 品牌资产的构成

品牌资产的构成要素是指构成品牌资产的消费者心理要素及其相互关系。在顾客视角下，品牌资产由品牌知名度、品质认知度、品牌联想度、品牌忠诚度以及品牌资产的其他专有权构成。这些要素对品牌资产的价值具有极大的影响。要想提高品牌资产价值，必须首先了解这些要素的特征以及它们的资产价值。

3.2.1 品牌知名度

品牌知名度（brand awareness）是指潜在的消费者认识或回忆该品牌的程度，也就是说一个品牌在市场中被多大比例或者多大数量的消费者知晓。

我们一般根据品牌知名度将品牌分为无知名度、提示知名度、未提示知名度和第一提及知名度四个层级。这四个层级呈金字塔型结构（见图3-2），越往金字塔上端越难实现。

```
        第一提及知名度
       未提示知名度
      提示知名度
     无知名度
```

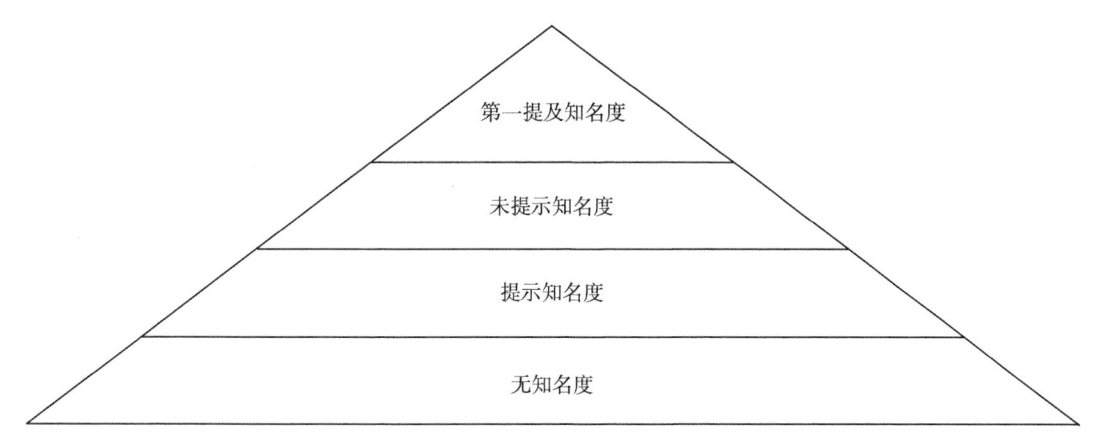

图 3-2　品牌知名度层级

无知名度指由于消费者未接触过该品牌或者该品牌自身缺乏辨识度，而导致消费者对该品牌没有任何印象，不会主动购买该品牌的产品。提示知名度指消费者在经过某种提示以后，能够说出品牌名称。例如，当提起国产新能源汽车品牌的时候，我们可能第一时间说不上来，但是一经提醒"比亚迪"，就会给出肯定的答案，那么"比亚迪"就具有提示知名度。未提示知名度是指消费者在不需要任何提示的情况下就可以想起某个品牌甚至一串品牌。例如，提起中国的互联网企业，首先进入脑海的一定是阿里巴巴、腾讯、百度和字节跳动等企业。第一提及知名度是指消费者在没有任何提示的情况下所想到的某一类产品的第一品牌。例如，提到碳酸饮料，可口可乐是首选；提到篮球，NBA是首选。

品牌知名度的资产价值体现在以下几个方面。首先，品牌知名度是品牌资产形成的前提，消费者给予品牌资产价值的首要条件。消费者总是倾向于购买自己熟悉的品牌，这代表着品牌与消费者之间的距离被拉近了。当消费者决定消费某种商品时，他们所熟悉的品牌会首先进入他们的选择范围。如果消费者不熟悉某类商品，便会向相关人员进行咨询。消费者一般会希望被推荐知名度最高的品牌，而被咨询者也会优先推荐自己最熟悉或者知名度最高的品牌给对方。所以，到最后只有真正进入消费者的产品信息库里面的产品，才有可能成为消费者最终的选择。在各个行业，品牌的知名度都至关重要，直接关系到消费者的选择。纵览各大品牌，资产价值高的品牌没有一个不具有高知名度。其次，品牌知名度可弱化竞争品牌的影响力。品牌知名度是一个相对的概念，是同一类品牌相互比较后得出的结果。消费者的偏好和对商品信息的储存总是有限的。只有那些能够真正满足消费者需求或者具有特殊意义的品牌才会被消费者选择，并使消费者形成深刻的印象。这种印象越深，同类的竞争品牌被消费者选择的可能性也就越小。

3.2.2　品质认知度

品质认知度（perceived quality degree）是指消费者根据特定目的对某一品牌产品的整体印象，对该品牌产品或服务的质量、优越程度的感知状况。品质认知度能够反映消费者对产品功能、特点、可信度等方面的评价。它为消费者购买商品提供了理由，是产品差异化定位的基础。

品质认知度的资产价值体现在以下几个方面。首先，品质认知度为消费者提供购买理由。产品的使用价值是消费者选择某个商品的基本理由，产品品质的高低会直接影响消费者从产品的消费过程中获得的收益。品质认知度高的商品一般都具有较好的产品品质，这也是为什么消费者选择购买大品牌商品。其次，品质认知度能够使企业的产品产生溢价。消费者愿意为他们所认可的品牌或者高质量的商品支付更高的价格。再次，品质认知度提高了企业在产业链上的谈判能力。具有高品质产品品牌的企业在与代理商、分销商、零售商等成员谈判时，拥有很大的优势。多数代理商偏好消费者喜爱的品牌的原因：一是产品的销售有保障；二是可以减少交易的费用；三是能提高自身的品牌定位。最后，品质认知度能够帮助企业进行品牌延伸。产品的品质高低是品牌延伸能否被消费者接受的基础。只有高品质的品牌所做的品牌延伸才能成功。消费者对延伸品牌产生认同的主要原因就是消费者认为延伸品牌的产品与原来的产品同样拥有很高的质量。

3.2.3　品牌联想度

品牌联想度（brand association）是指在提到某一个品牌时，消费者所能够产生的对该品牌的联想和意义的总和，比如产品的特点、品牌所代表的个性和品牌形象等。品牌联想大致可分为：品牌属性联想、品牌利益联想和品牌态度。

品牌联想度的资产价值体现在以下几个方面。首先，品牌联想度有利于消费者加深品牌的认知、扩大品牌的知名度。企业通过展示品牌自身的产品种类、产品质量等方面的特征，引发消费者的认同，从而赢得消费者的认可。其次，品牌联想度使产品产生差异化。在各个品牌提供的产品相似度越来越高的背景下，只有形象差异才能够吸引消费者，有区别的联想能够为竞争者制造一个难以跨越的障碍。品牌的名称、定位、广告等方面的与众不同都能够创造出差异化的品牌联想。再次，品牌联想度提供购买理由。不论是品牌属性联想、品牌利益联想，还是品牌态度，都直接与消费者的效用有关，若通过一个品牌能够产生丰富的联想，会让消费者产生购买的冲动或者购买行为。很多时候，消费者就是在这样的丰富联想下去购买某个品牌的商品的。最后，品牌联想度奠定了品牌延伸的基础。品牌所有的联想可以延伸适用于整个品牌的所有产品，它们可以使消费者产生同一种联想。

3.2.4　品牌忠诚度

品牌忠诚度（brand loyalty）是指消费者在购买决策中表现出地对某个品牌有偏向性的行为反应，并对该品牌产生的信任感、情感维系乃至情感依赖。品牌忠诚度是一种行为过程，也是一种心理决策及认同过程。品牌忠诚度的形成不完全依赖于产品的品质、知名度、品牌联想及传播，也依赖于消费者对品牌产品使用的体验。根据品牌忠诚度的形成过程，品牌忠诚度可以分为认知性忠诚、情感性忠诚、意向性忠诚和行为性忠诚四个类型。

品牌忠诚度的资产价值体现在以下几个方面。首先，品牌忠诚度降低企业的营销成本。如果企业能够提高消费者对品牌的忠诚度，那么企业将减少用于广告等营销活动的大量开支。另外，吸引具有品牌忠诚度的消费者比吸引新的消费者相对容易得多，相关沟通的人工成本、广告和营销费用都会大量减少。其次，品牌忠诚度增强企业渠道上的谈判力。当每个经销商拥有大量具有品牌忠诚度的消费者时，能够影响到经销商的行为，尤其是当企业推出新的产品或者产品延伸时，更能够凸显这样的作用。再次，品牌忠诚度为企业吸引新的消费者。拥有大量的有品牌忠诚度的消费者相对于有了一大批移动的广告，品牌忠诚度使这些消费者成为品牌的宣传者，将自身的体验更加直接地传递给潜在的消费者。最后，品牌忠诚度降低竞争者的威胁程度。如果一个品牌拥有大量的有品牌忠诚度的消费者，会使竞争对手很难进入市场，即使进入市场也很难实现盈利。同时，如果竞争对手研发了优秀的产品，则品牌忠诚度会为品牌留下改进自身产品或开发新产品的缓冲时间。

3.2.5 品牌资产的其他专有权

品牌资产的其他专有权指的是对专利权、商标和渠道关系等品牌资产的其他专有权。如果品牌资产能够抑制竞争对手降低本品牌的忠诚度，那么就会凸显其品牌价值。例如，商标可以阻止竞争对手使用类似的名称、标志或者包装而使消费者产生混淆，起到保护品牌资产的作用；如果专利独树一帜，并且符合消费者的需求，那么就能够降低竞争对手的威胁程度；品牌以往的优秀业绩也能够控制分销渠道。

资产与品牌相关才是有关的资产。如果分销渠道是品牌资产的基础，那么分销渠道必须建立在品牌基础上，而不是企业之上。如果这些专门资产很容易就能转到其他产品或品牌上去，则它们对增加品牌资产所做的贡献就微乎其微，反之，就成了品牌资产的有机构成。

|品牌案例 3-2|

奇瑞汽车的品牌升级之路

奇瑞汽车诞生于 20 世纪 90 年代末，是一家起步较晚的大型汽车生产制造公司。奇瑞在奋力赶超中国国内已存在的知名汽车企业的同时，它的品牌价值链也相应地发生了深刻的变化。第一个时期，奇瑞坚持自主研发，将主要的精力都放在了企业的生产加工上，没有过多地考虑如何抢占市场，而是要生产出奇瑞人自己的车。第二个时期，以先进的生产加工技术为基础的低价营销成为奇瑞最初的价值链战略环节，奇瑞利用为实现引进车型国产化而发展起来的体系，凭借优越的生产技术和低廉的价格迅速打开市场，赢得了第一桶金。第三个时期，奇瑞抓住价值链的优势环节，创造出更多中国人自己的汽车品牌。奇瑞在 2003 年一口气推出了 QQ、东方之子和旗云三款新车型，进一步巩固了自己的市场

> 地位，在市场中树立了良好的自主研发的品牌形象，得到了消费者的青睐。第四个时期，奇瑞重视人才吸纳，将人力资源管理的作用发挥得淋漓尽致。从最开始引进尹同跃到后来吸纳二汽的精锐部队，奇瑞都在关键时刻抓住机遇，将中国自己的汽车人才收至麾下，不仅拥有了市场，而且拥有了不断推出新产品、拓展新市场的能力。第五个时期，奇瑞关注价值链中客户服务地位的迅速提升。奇瑞致力于打造"快乐体验"的服务品牌，实施"技能升级、管理升级、硬件升级"三大服务升级战略后获得快速发展。
>
> 资料来源：中国管理案例共享中心 https://www.cmcc-dut.cn/。

3.3 品牌资产提升四部曲

品牌资产提升四部曲既是指创建强势品牌需要实现的四个步骤，又是指品牌资产的四要素。这是提升品牌资产"四部曲"的两层含义。即是说，创建强势品牌四步骤和品牌资产四要素是品牌资产提升四部曲的内涵部分（见图3-3）。品牌创建的四步骤包括：品牌识别、品牌含义、品牌响应、品牌关系。品牌创建的四步骤体现了消费者主要关心的一些问题，包括：品牌是什么？（品牌识别）；该品牌下产品的用途有什么？（品牌含义）；消费者对该品牌产品的体验感觉是什么？（品牌响应）；品牌产品与消费者之间的关系是什么？（品牌关系）。

在提升品牌资产的过程中要注意四个步骤的"品牌阶梯性"，换句话说，只有在建立品牌识别之后，才可考虑品牌含义；而只有在确定正确的品牌含义之后，才可能有品牌响应；也只有在引导适当的品牌响应之后，才可能建立品牌关系。品牌资产四要素包括：品牌知名度、品质认知度、品牌联想度、品牌忠诚度。品牌创建四步骤是品牌资产四要素的外化表现与实现路径。品牌资产四要素是品牌创建四步骤的内在体现与本质凝练。品牌创建四步骤为我们提供了一个清晰的结构，我们可以采用一座品牌金字塔来表示品牌创建的步骤（见图3-3）。只有当品牌处于金字塔塔尖时，才能产生具有深远价值的品牌资产。图3-3列出了品牌创建的步骤，其中的每一步与相关的品牌资产要素将在之后阐述。金字塔左侧倾向于建立品牌的"理性路径"，右侧则代表建立品牌的"感性路径"。绝大多数强势品牌的创建是通过这两条路径"双管齐下"的。

品牌资产的提升步骤与达到的效果是从金字塔底端由下至上开始的。最底端是提升品牌显著度，即品牌识别是什么，打造品牌知名度，这是品牌资产提升的第一步；第二步是金字塔第二层的提升品牌的功效和形象，即品牌含义、产品用途是什么，树立品质认知度；第三步是金字塔第三层的提升品牌判断和感受，即品牌响应、品牌感觉如何，建立品牌联想度；第四步是金字塔的顶端，即品牌提升的最终目标是实现品牌共鸣，品牌关系的实质是你和我的关系，两者关系如何，决定是否可以实现品牌共鸣，这也是品牌忠诚度的问题。

```
品牌创建四步骤                                              品牌四要素

4.品牌关系，即          ╱  共鸣  ╲              品牌忠诚度
你和我的关系         ╱───────────╲
如何？              ╱  判断   感受  ╲            品牌联想度
3.品牌响应、品       ╱───────────────╲
牌感觉如何？        ╱                 ╲           品质认知度
2.品牌含义、产品   ╱   功效     形象    ╲
用途是什么？      ╱─────────────────────╲        品牌知名度
1.品牌识别是    ╱        显著度           ╲
什么？        ╱───────────────────────────╲
```

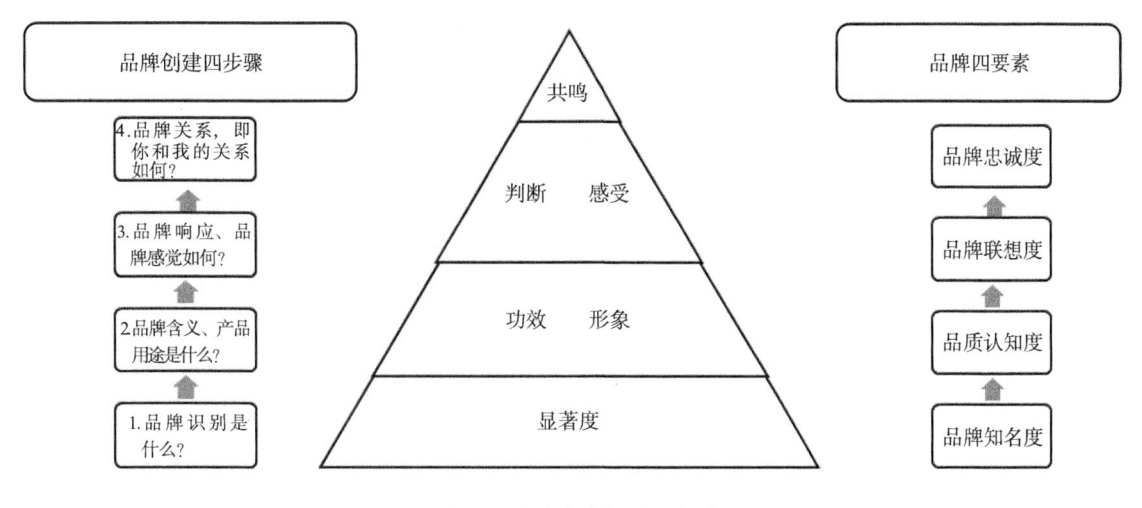

图 3-3　品牌资产提升四部曲

3.3.1　打造品牌知名度

如何打造品牌知名度？我们说，要获得品牌知名度，达到品牌识别和品牌回想状态，需要做到提高品牌名称的身份、将品牌与产品类别相关联这两点。具体实践中，可以通过以下具体途径打造品牌知名度：制造品牌差异、保证品牌标语押韵、制作与品牌紧密联系的标志、注重公共关系、赞助比赛、考虑品牌延伸问题、使用提示、不断重复等。

制造品牌差异，在众多产品类别中，品牌与产品联系的方式过于类似，因此制造差别可以脱颖而出。如会说话的 Parkay 人造黄油盒，将 Parkay 的名字与人造黄油关联，与其他品牌名称的联系方式全然不同。一位广告客户将可口可乐电视商业广告的技术用于七喜广告，效果也出奇的好。保证品牌标语押韵，标语能够凸显产品的特征，押韵是创建品牌知名度的强有力的工具，因此与标语关联能够强化品牌形象，标语押韵易于人们记忆。与品牌紧密联系的标志包括视觉形象，而视觉形象比文字更易于为人们所理解与记忆，品牌知名度中，标志能够发挥很重要的作用。注重公共关系，公共关系不但比媒体广告的成本低，而且比媒体广告的效果好。要利用公共关系提高知名度，关键是要"制造"有新闻价值的事件或比赛。赞助比赛，百威（Budweiser）、米勒（Miller）、库斯（Coors）等啤酒品牌纷纷与上百场比赛建立了紧密联系。

考虑品牌延伸问题，获得品牌回想、凸显品牌名称的方法之一就是在其他产品上使用该名称。在展示其他商品以及消费者使用的附加产品时，这些品牌名称也得以展示。最典型的是许多知名的日本企业在其所有的产品上都使用相同的品牌，如本田、马自达、三菱以及雅马哈等。使用提示，产品类别、品牌或二者兼而有之的提示通常有助于提升知名度。例如，Morton 盐或瘦身特餐 Lean Cuisine 的包装是对产品的提示。不断重复有助于建立品牌回想，这就要求品牌名称更为突出，品牌与产品类别的联系更强。例如，百威要维持其让消费者铭记在心的状态，就需要无限期地进行相对较高频率的重复活动。通过不断展示产品来维持强有力的、让人铭记在心的知名度水平，通常能够创建品牌知

名度，而且，品牌越突出就越能够抑制消费者回想其他品牌。

> **品牌案例3-3**
>
> ### 百度：发挥品牌优势，助力荟聚中心深化品牌形象
>
> 都说一入宜家深似海，除了让人流连忘返的家居卖场之外，宜家还在全球15个国家和地区拥有45家购物中心以及20余个零售街区。中国已经开放的就有包括北京在内的三家名为"荟聚"的购物中心，英文品牌名为"LIVAT"，瑞典语意为"快乐的聚会"。
>
> 百度使用Omni Marketing全意识整合营销平台和AR技术，为北京荟聚中心制定了集精准性、差异性和趣味性于一体的营销策略。采用AR技术，巧妙地将北京荟聚中心的场景+童话元素+节日气氛融入其中，通过小游戏互动，加深用户对荟聚的品牌认知度。打造"荟聚童话镇"是北京荟聚中心首次尝试以AR形式进行营销推广，也是与百度AR的首次合作。在创意方面巧妙融合了"购物中心场景+童话元素+节日气氛"，利用虚拟摇杆，消费者可以亲自操控匹诺曹进行游戏，并在此过程中发现荟聚的特色，极大地提升了趣味性和互动性，并且引导消费者产生前往北京荟聚中心亲自体验的渴望。
>
> 在购物中心竞争日益激烈的情况下，如何吸引消费者，提升其在消费者心中的认知度和独特性变得尤为重要。在此次荟聚中心品牌推广的合作中，百度充分利用Omni精准定向+差异化沟通+趣味AR互动，在荟聚四周年来临之际，最大化地在目标人群中深化其品牌形象，发挥品牌优势，提升品牌认知度。
>
> 资料来源：李迪卿《今年冬天你不能错过的童话梦》，https://www.meihua.info/a/73043?from=groupmessage。

3.3.2 树立品质认知度

在不同情景下，品质出现的频率是怎样的？品质是不是很容易被回忆或识别出来？品质认知需要哪些必需的暗示或提醒？认知程度有多高？建立品质认知能帮助顾客了解品质竞争的范围和类别，从而让顾客相信该品质能够满足他们的需求，换句话说，就是此品牌所含有的品质能够为顾客提供的基本功能有哪些。

品质认知给予产品具体的品质识别，将品质元素与产品类别、品牌联想、消费和使用情境联系起来。品质认知深度是指品质元素在人们头脑中出现的可能性与难易度，如一个很容易被回想起的品牌和一个只有在呈现后才能被识别的品牌相较而言，前者的品质认知深度更深。品质认知广度是指品质购买与使用情境的范围，品质元素能否呈现在人们头脑中在一定程度上取决于记忆中产品、品质知识的组织情况。

品质认知度是一种顾客对品牌无形的、全面的感知程度。其通常建立在与品牌相联系的产品特征等基础因素上，如可靠性、性能等。品质认知度通过购买的理由、差异化

或定位、溢价、渠道成员的利益以及品牌延伸等途径创造价值（见图3-4）。

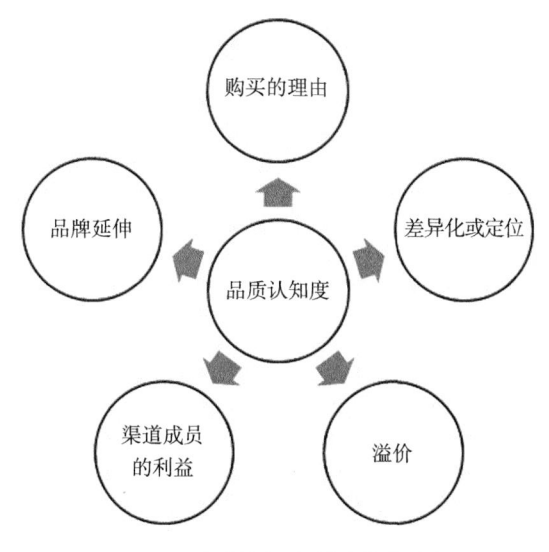

图 3-4 品质认知度创造价值途径

购买的理由，品牌的品质认知度是促使人们购买的重要理由，关系到哪些是消费者考虑购买的，哪些不是消费者考虑购买的以及消费者最终选定何种品牌。在现实中，由于信息不对称等，消费者通常缺乏获得与挑选能够客观确定质量信息的动机，使得品质认知度成为消费者购买理由的核心因素。因此，对于营销者而言，提升品牌的品质认知度更有利于获取顾客的购买偏好，品牌的广告工作和促销工作也会更为有效，从而达到提升品牌资产的目的。差异化或定位，品牌定位的首要特征就是根据品质认知度因素进行定位。差异化或定位过程要求企业判断出该品牌是高溢价、溢价、平价、还是位于经济类商品之列。同时，从品质认知度角度看，该品牌是排名第一的品牌，还是只在与同类其他商品相比时具有竞争力，品牌差异究竟如何，准确判断出这些，更有助于提升品牌认知度。溢价，品质认知度优势为企业提供了收取溢价的特权。溢价不仅可以提高利润、提供对品牌进行再投资的资源，还能够巩固品质认知度。企业可以利用这些资源从事创建品牌的活动或提高产品质量，而对于难以获得客观信息的产品与服务来说，"物有所值"成为消费者购买的重要理由。渠道成员的利益，品质认知度有助于分销产品，也就是说，在产品线生产、零售等环节中，"高质量的产品"可以帮助渠道成员树立优秀的形象，因此从渠道成员的利益角度来看，品质认知度地树立不可或缺。品牌延伸，品质认知度能够进行品牌延伸，利用品牌名称进入新的产品领域。品牌的品质认知度越高，品牌延伸的领域越广，成功的可能性也就越大。

3.3.3 建立品牌联想度

品牌联想按照品牌定位搭建的原则可以划分为差异点联想与共同点联想两种。差异点的一般定义为消费者与品牌相关联的利益与属性，消费者对这些利益与属性有积极的评价，同时认为竞争者品牌无法达到相同的程度。即使很多不同种类的品牌联想都可能是差异点，品牌联想也能够从功能、与性能相关或者其他抽象的品牌形象的角度进行大致类别的划分。差异点一般包括性能利益或性能属性，常常是根据消费者利益进行定义的，这些利益在很大程度上具有重要的潜在"利益点"，从而根据差异点的品牌联想更好地进行相关品牌的定位。共同点联想是那些不一定为品牌所独占而客观上也许和其他品牌共享的联想。这种联想有三种基本形式：品类、竞争性和相关性。差异点联想与共同点联想一起为品牌定位奠定了良好的基础。

为了打造顾客的品牌资产，需要形成顾客的差异化反应。营销者应该确认的品牌联想不仅是正面积极的，还应是独特的、竞争品牌所不包含的。独特的品牌联想让顾客更愿意选择该品牌。要使消费者产生好的、独特的、与品牌强烈相关的联想，需要认真分析消费者和竞争者，以此确认这一品牌的准确定位。品牌联想的强度、偏好性和独特性等因素是影响品牌联想度的关键因素。

品牌联想的强度是指如果顾客能够认真考虑品牌信息并把这些信息关联到已有的产品知识上，则会让品牌联想变得更强有力。让品牌联想不断增强的因素有两个：其一，个人对产品信息的关注程度；其二，产品信息宣传的密度。有些特定的品牌联想不仅依靠联想的强度，还与品牌现有的暗示和选择品牌的情境有关。品牌联想的偏好性是指要搭建消费者偏好的品牌联想，需要让消费者确信品牌所包含的属性和利益能满足他的需求，从而使消费者形成正面的整体品牌评价。消费者不会把全部的品牌联想等同视之，也不会在不同购买情境下一概而论。消费者是正确的。品牌联想会受购买场合或情境的影响，同时依照消费者的购买动机而产生变动。某项品牌联想在某一种场合价值不菲，换一个场合也许就会一文不值。品牌联想的独特性是指品牌定位的根本在于，此品牌具有连续的竞争优势或"独特的销售主张"，这是消费者购买此品牌产品的重要原因。通过与竞争对手直接对比的方式，品牌产品营销者能够清晰地表达出这种独特的差异，他们也可以间接地将其传达出来。这种差异可以和产品属性及利益相关。虽然独特的品牌联想是一个品牌成功的至关重要的因素之一，但不可否认某品牌很有可能共享其他品牌的联想，除非这一品牌没有竞争者。共享的品牌联想将有助于建立品类成员、定义与其他产品和服务之间的竞争边界。

产品或服务的品类可以共同拥有一系列品牌联想，包括品类中任何品牌的特定信念，以及品类中全部成员的共同态度。这些信念可以含有与产品相关的属性，也可以含有与产品或服务质量没有必然联系的描述性特征，如产品颜色（红色的番茄酱）等。品牌与品类联系紧密，有些品类的品牌联想会与品牌相关，可能是具体的品牌信念，也可能是总体的品牌态度。对品类的态度是决定消费者反应的重要因素。例如，假设消费者认为所有经纪人代理的房子都很昂贵，同时经纪人只考虑自己的利益，消费者就有可能对经纪人代理的房子这一品类的产品都持有类似的负面态度。所以，许多情况下，某些品类的品牌联想会影响到该品类中的所有品牌。需要关注的是，品牌的品类联想强度是决定品牌认知的重要因素。

> **品牌案例 3-4**
>
> ## 大白兔：打造超强品牌联想度
>
> 在竞争激烈的消费时代，大白兔活出了自己的风采，通过建立强烈的品牌联想度，走出了一条网红之路。2012 年，推出诙谐的巨型白兔奶糖，在包装图案不变的情况下，将其等比例放大，掀起一阵热潮；2015 年，大白兔首次尝试跨界，与法国时尚轻奢品牌"Agnesb"跨界合作，推出限量版糖果礼盒；2017 年，大白兔与太平洋咖啡联手，推出大白兔拿铁，实现两个老字号食品品牌之间的联合；2018 年，"她经济"发展迅速，女性消费能力不断提升，大白兔与美加净联名，推出奶糖味润唇膏，一时间，大白兔强势回归，进入消费者视线中。2019 年，在品牌成立 60 周年之际，大白兔采用快闪店形式进行全国巡展。一个老字号品牌运用这种新潮方式，碰撞出了不一样的火花：对于年长一辈而言，快闪店带领他们打开记忆的闸门，重拾旧日的温情；对于新一代青年而言，大白兔自带形象的 IP 延伸品，如帆布袋和抱枕等，在保留了经典的同时，又极具青春活力。时间无缝衔接，全国巡展让大白兔热度居高不下。
>
> 现在的大白兔正从主观上尝试构建一个完整的品牌轮廓，无论是跨界营销，还是突破次元壁，大白兔都有意迎合年轻人市场。品牌固化会被消费者遗忘，大白兔通过各种方式来保持品牌的新鲜感，增强新生一代年轻人对于品牌的认同感，增强用户与品牌间的黏性。
>
> 资料来源：《网红大白兔跨界到底》，http://www.c-gbi.com/v6/7962.html。

3.3.4 维持品牌忠诚度

品牌忠诚度表现为一种品牌共鸣。品牌共鸣着眼在顾客与品牌建立的终极关系和认可水平。这里说的是这种关系的本质和顾客感受到与品牌同步的程度。具有高度品牌共鸣（忠诚度）的品牌有 Apple、Harley Davidson 和 eBay 等。

品牌忠诚度可以通过重复购买率、顾客查找品牌信息程度，以及其他忠诚的客户群等方面进行创建。其一，品牌重复购买率。品牌忠诚度可以表现为一种行为忠诚（behavioral loyalty），其可以用重复购买同一品类的数量或份额来衡量。这里的品类份额是指顾客购买一个品牌的频率和数量。从财务角度来看，品牌必须包含足够的购买频率和数量。行为忠诚度高的顾客有着极高的终身价值。例如，一名 Apple 的忠实顾客在他的一生中能为公司创造巨大数额的财富，包括直接购买 Apple 产品、间接地把 Apple 产品推荐给亲朋好友等。或者看看一个有小孩的家庭，若每月花在奶粉上的钱是 500 元，以 24～30 个月计，则仅一个小孩的终身价值就高达 15 000 元。研究表明，一些消费者并不是出于必需而购买，而是因为只剩下该品牌的产品，还有可能是消费者只买得起这种品牌，或者出于其他原因。这就表示，在品牌忠诚度下，不仅要考虑顾客的满足感、积极的品牌态度，还要考虑顾客强烈的个人依附感。同样地，顾客忠诚度专家 Frederick Reichheld 指出，超过 90% 的汽车购买者在把车开出展厅后是满意的，或者说是非常满意的，但是只有不到 1/2 的人会再次购买同样品牌的汽车。因此，要创造出更高的品牌忠诚度，需要使顾客产生更强烈的情感依附，这可以通过满足顾客需求的营销战略、产品和服务来实现。

其二，顾客查找品牌信息程度。最显著的品牌忠诚度，也许可以表现为消费者自愿投入时间、精力以及其他超越购买该品牌所必需的花费。比如说，消费者往往会选择加入和该品牌有关的俱乐部，通过这种方式接收产品的更新信息，和其他产品使用者或该品牌正式的或非正式的代表交换产品信息，时刻了解品牌产品信息走向。此时，作为品牌公司，应该不断致力于让消费者更容易买到更多的品牌，只有如此消费者才能真正地表达其忠诚度。

3.4 品牌资产评估

3.4.1 品牌资产评估和品牌资产评估系统

品牌资产评估（brand equity assessment）是品牌兼并、收购和合资的需要。品牌通过评估，能够告诉人们品牌值多少钱，从而可以显示自己这个品牌在市场上的优越地位。此外，品牌资产评估的结果能够激励投资者树立信心。品牌资产评估通常可以通过品牌资产评估系统来实现。

品牌资产评估系统（brand equity assessment system）是指为经营经理提供有关品牌资产的及时、准确和可行信息的研究过程，使得经营经理制定最佳的短期战术决策和最佳的长期战略决策。开发品牌资产评估系统的目标是尽可能全面理解品牌资产的来源和结果，以及二者之间的关系。

3.4.2 品牌资产评估步骤

理想的品牌资产评估系统将会为品牌组织内有关决策者在最为合适的时间段内提供完整的、最新的、与自己及竞争对手相关的所有品牌信息，以便其做出最佳决策。管理品牌审计、设计品牌追踪研究和建立品牌资产管理系统是常见的品牌资产评估的三个关键步骤（见图 3-5）。

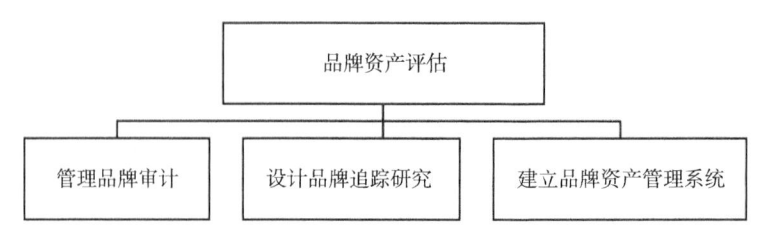

图 3-5　品牌资产评估三步骤

1. 品牌审计

品牌审计（brand audit）着眼于消费者，其目的包含评估品牌的健康程度、发现品牌资产的来源，以及提出改革品牌资产的建议。在品牌审计的过程中需要从公司和消费者两方面来理解品牌资产。品牌审计包含品牌复查和品牌探索这两个步骤。

就公司所售产品和服务如何进行营销和品牌推广提供一个完整的、及时的轮廓描述，这便是品牌复查的作用。只有识别相关的品牌元素和营销支持方案，才能对每个产品或服务给出恰当的描述。品牌探索则是一项研究活动，目的在于理解消费者如何感知品牌，以及识别品牌资产的来源。

2. 品牌追踪研究

品牌追踪（brand tracking）研究包含在一段时间内按惯例从消费者那里搜集的信息，同时为营销项目和活动的短期有效性提供重要的经验。品牌审计与追踪研究的区别在于，品牌审计评估的是"品牌曾经在哪里"；品牌追踪研究评估的是"品牌现在在哪里"，以及营销项目是否达到预期的效果。

3. 品牌资产管理系统

品牌资产管理（brand equity management）系统包括三个主要措施。首先，公司将品牌资产正式形成文件，即品牌宪章。该文件具有记载公司对品牌资产的总体哲学、总结品牌审计与品牌追踪研究等活动和结果、指导品牌战略和战术原则、记录恰当处理品牌的方法等作用。品牌宪章需要每年更新，以便于识别出新的机会和威胁，全面反馈品牌盘存和品牌追踪研究中所搜集的信息。其次，追踪调查和其他评估的结果应该写入品牌资产报告。这个报告需定期（如每月、每季度、每年）分发给管理层。品牌资产报告应该提供描述性信息（如"品牌现状"）及诊断性信息（如"为什么会这样"）。这种报告往往会采用营销仪表板的形式，以便查阅与回顾。最后，应该委任资深的管理人员监督整个组织内部的品牌资产管理。需要注意的是，担任这一职务的人员需负责监督品牌宪章和品牌资产报告的完成情况，同时要尽最大可能保证跨部门和跨地区的产品及营销活动能反映品牌宪章的精神，反映品牌资产报告的实质，最终实现长期品牌资产的最大化。

关键术语

品牌资产（brand equity）
品牌价值链（brand value chain）
品牌知名度（brand awareness）
品质认知度（perceived quality degree）
品牌联想度（brand association）

品牌忠诚度（brand loyalty）
品牌资产评估（brand equity assessment）
品牌审计（brand audit）
品牌追踪（brand tracking）研究
品牌资产管理（brand equity management）系统

思考与练习

1. 品牌资产有哪些重要意义?
2. 品牌资产有哪些组成部分?如何对它们进行测量和提升?
3. 试从品牌价值链的视角出发,说明如何提高品牌资产。
4. 分别介绍品牌资产提升"四部曲"的两层含义以及品牌资产"四维度"的主要内容。
5. 依照品牌资产提升"四部曲"的思路来搜集资料,试述一个成功打造品牌资产的企业案例。
6. 品牌资产评估的三个关键步骤是什么?结合本章案例,自己搜集资料,谈谈三星品牌资产评估的成功经验。

思政融入点

从不同角度理解品牌资产的丰富内涵,科学看待品牌资产及其培育过程。通过理论学习和案例分析理解强势品牌不只是简单地吸引眼球,提升关注度,而是为顾客创造价值。引导学生树立正确的价值观,并掌握科学的思维方式和正确的工作方法。

模拟实训

1. 选择一个品牌,从品牌资产价值链的视角来分析如何提高该品牌的品牌资产。
2. 选定一个品牌(可以是成功的品牌案例,也可以是失败的品牌案例),搜集资料,按照品牌资产分析思路,分析企业如何提升品牌资产;利用品牌资产评估"三部曲"来评估其品牌价值,并为其发展提出针对性的建议。

案例分析

品牌资产管理探析:以"三只松鼠"为例

成立于2012年的"三只松鼠",在短短几年时间里迅速成长,奇迹般地成了同品类中的"国货领头羊"。2019年全年销售额突破百亿元,成为当前中国销售规模最大的森林食品电商企业。"三只松鼠"迅速崛起的背后,当然离不开品牌的力量。然而,"三只松鼠"是如何通过短短几年时间,让萌萌的"三只小松鼠"走进消费者心中的?分析这个问题,有助于揭开当前互联网时代高效管理品牌资产的秘密。

"三只松鼠"的客户服务是其品牌特色,明显区别于其他线上企业。与其他线上企业称消费者"亲"等不同,"三只松鼠"的客服化身为松鼠,称消费者为"主人",客服可以为顾客提供产品问答服务,也可以聊故事、聊心事、提供日常生活提醒,等等。其通过与顾客之间的独特沟通和互动,触动顾客的内在情感与情绪,能加深顾客的心理认同感,形成良好的品牌形象。

电商企业的竞争日趋激烈，体验营销为垂直电商企业提供了全新的营销视角和操作模式，"三只松鼠"以体验为基础，开发新产品、新活动，始终在寻找顾客购买和食用等体验环节中的可以改进之处，契合消费者心理，成功地运用体验营销，在感官、情感、行动、关联等方面给顾客带来全新的购物体验，成功开创了垂直类电商运作的新模式。例如，顾客每次购买产品时收到的包裹都会不一样，包装袋里会有剥壳器、纸巾、夹子等小工具，让顾客吃松鼠产品时更便利，体验感更好。这种体验能极大地提高消费者的品牌忠诚度，并产生美好的印象。

"三只松鼠"塑造的不仅是"好吃"的食品品牌，还有"好玩"这一品牌趣味，其旨在将自身塑造为"吃＋玩"一体化的综合服务名牌企业。首先，其品牌Logo采用了漫画式的卡通形象，与品牌定位吻合，塑造了一种活泼可爱的品牌形象，容易让消费者对品牌产生美好的联想和印象。其次，"三只松鼠"以"萌"形象为品牌定位，通过整合一系列营销活动，向消费者传递休闲、卖萌和森林的总体特征，让消费者觉得好吃、好玩、有趣味，进而让"三只松鼠"成为消费者生活中的一部分，让"三只松鼠"文化深入人心。

当然，"三只松鼠"品牌的迅速崛起，除了企业自身对品牌的积极塑造以外，还离不开时代的机遇。2012年，伴随着国内经济的平稳发展，中国电子商务也进入了蓬勃发展的"黄金"时期。当年6月上线的"三只松鼠"，上线63天便实现了日销售1 000单的成绩，64天便跃居天猫坚果销售额第1名。依托互联网，借着电子商务的时代机遇，实行电商化的品牌资产管理，依靠优质的产品和服务，"三只松鼠"迅速开创了一个快速、新鲜的新型零售模式，缔造了垂直电商企业的又一个传奇。

资料来源：王圆磊《品牌资产管理探析：以"三只松鼠"为例》，http://www.c-gbi.com/v6/8179.html。

问题：

1. "三只松鼠"品牌的成功，为品牌资产管理提供了一个范本，我们从中可以得到哪些启示？
2. "三只松鼠"是如何提升自身的品牌资产价值的？遵循了哪些规律呢？
3. 结合案例，请你预测一下未来提升品牌资产价值的路径、方法与趋势。

第4章 品牌定位

学习目标

在品牌建设的过程中,品牌定位是企业开展其他各项活动前必须明确的内容。科学的品牌定位为品牌成功奠定了基础。品牌定位实际上是一个阐释"我是谁、有何不同、何以见得"的过程,因此品牌要想与消费者沟通、取得消费者的认可,就需要系统地解决以上几个问题,给消费者充分的选择理由。总的来说,品牌定位是通过塑造有别于竞争对手的品牌特征并使消费者认同其品牌个性,进而影响消费者决策、提升品牌价值。

通过本章的学习,应达到如下要求:

1. 理解品牌定位的内涵;
2. 明晰品牌定位的具体过程;
3. 掌握不同类型的品牌定位战略与策略。

引导案例

复盘李宁30年4次定位调整

两场时装周走秀后,整装重发的李宁选择回归本土,这次终于迎来一波反弹的大回环。然而,回顾公司的发展历程,其品牌定位之路并不顺畅。

2002年,李宁品牌顺势"出道"。时任CEO的张志勇从北京申奥成功中看到机会,借此将李宁推向大众市场。对此,张志勇将"一切皆有可能"作为品牌口号,并在业务和模式上进行多方探索,不断扩张渠道将品牌送入二、三线城市,同时增加对体育赛事的赞助。2004年,李宁的线下门店超2 500家,并成功在港交所上市,成为国内体育品牌先驱。在此势头下,品牌保持了6年多的超高速增长。2010年,张志勇决定重塑品牌,进军高端市场,将品牌形象调整为"酷""时尚""国际感"。围绕新定位,品牌发布全新的Logo,并将口号改为"Make the change";同时通过提高价格对抗国际大牌,在一、二线城市布局。然而此次的转型却遭遇品牌的滑铁卢,2012~2014年,公司连续三年总亏损达33亿元。2012年,为解救李宁于"高不成低不就"的尴尬境地,时任执行理事的金珍君提出"三步战略",并从产品、品牌、渠道和业务模式四个方向进行改革,但却用力过猛。频繁降价打折和建立工厂直营店挫伤了品牌溢价,不慎将品牌推向了低质低价的低端区间。2014 年年底,李宁回归担任 CEO,结合品牌发展与市场环境,确立了"提高李宁品牌体验价值"的目标,将公司定位由体育装备提供商改为"互联网+运动生活体验商",并将口号改回"一切皆有可能"。经过 2017 年半年的时间,李宁终于终结亏损的状态,实现了 40 亿元人民币的营收。截至 2019 年 6 月,李宁纯利润增加了 4.4 亿元人民币,成为新一代"国潮"代表。

资料来源:李婴《复盘李宁 30 年 4 次定位调整:消费品牌的定位难在哪里?》,http://guba.eastmoney.com/news, cfhpl, 818303126.html。

4.1 品牌定位概述

随着产品数量的激增和同质化程度的加剧,企业要在市场上脱颖而出、获得消费者的关注与选择变得日益困难。为解决这一问题,许多企业尝试在消费者心目中树立鲜明且独特的品牌形象,进而使本品牌区别于竞争品牌,而实现这一目标的有效战略便是"品牌定位"。品牌定位是企业品牌建设和市场营销的核心问题,其关键在于确定本品牌在消费者心中的最佳位置,从而实现企业潜在利益的最大化。

4.1.1 品牌定位的概念

"定位"的概念源于 1972 年艾·里斯(Al Ries)和杰克·特劳特(Jack Trout)在美国专业期刊《广告时代》上所刊载的一系列有关"定位时代"的文章。里斯与特劳特的定位学说最初应用于产品定位,它是基于对本产品与竞争产品的深入分析和对消费者需求的准确判断,从而确定产品与众不同的优势及其在消费者心目中的独特地位,并将它们传达给目标消费者的动态过程。该理论认为,消费者头脑中存在一级一级的小阶梯,他们将产品在小阶梯上排队,而定位就是要找到这些小阶梯,并将产品与某一阶梯建立联系。定位理论的提出开创了一种新的营销思维和理念,被评为"有史以来对美国营销影响最大的观念"。

品牌定位(brand positioning)是指企业为了在目标消费者心目中占据独特的位置而对企业的产品、服务及形象等进行设计的一系列行为。品牌定位的载体是产品,品牌承诺最终通过产品兑现,因而品牌定位是基于产品定位提出的。企业通过将特定的品牌置于市场竞争中的独特位置,可使消费者在处理大量的商品信息时能以理想的方式联想起某种产品或服务。从该定义中可以看出,品牌定位的焦点是消费者心智,诉求点则是与消费者需求相关、与竞争者相区隔,因此消费者和竞争者是开展品牌定位时需重点关注的对象。

4.1.2 品牌定位的意义

对于在激烈竞争压力下成长的品牌而言,品牌定位是实现成功的必要手段。合适的品牌定位能够阐明品牌的内涵,与竞争品牌的相似性、独特性,向消费者解释购买并使用本品牌的必要性，这些都有助于品牌的整体建设和营销。

1. 使品牌信息进入消费者心智

哈佛大学心理学家米勒通过研究发现，普通人的心智不能同时处理七个以上的单位。特劳特进一步提出"二元法则"——消费者心智阶梯中最多只能容纳七个品牌，且最终只能记住两个。因而，企业如果不能将品牌置于目标消费者心智阶梯中的第一或第二位上，随着市场的成熟，品牌将面临十分被动的局面。此外，随着产品数量的激增、同质化严重和信息爆炸，品牌获取消费者关注、进入消费者心智的难度也越来越大。因此，品牌必须通过科学定位，并借助各种传播工具告知和说服消费者，从而进入并占据消费者心智，如此才能影响消费者决策，实现品牌的生存、发展和壮大。

2. 以品牌核心价值获取消费者认同

品牌核心价值是一个品牌最独一无二且最有价值的精髓所在，是品牌向消费者承诺的核心利益，代表着品牌对消费者的终极意义和独特价值，能促进消费者对品牌的认同与热爱。但是，品牌核心价值仅是一种抽象的概念，其必须以一种有效的方式传递给消费者并得到消费者的认同。而品牌定位正是实现这一跨越的有效工具。它可以在品牌核心价值的基础上，通过与目标消费者心智模式中的空白点进行择优匹配，并借助整合传播等手段进入和占据消费者心智，进而建立强有力的品牌形象。品牌定位将品牌核心价值由"抽象理念"转化为"消费者认知"，在品牌定位的整合中拉近了品牌核心价值与目标消费者的关系，从而为构建一个消费者认同的强势品牌提供了可能。

3. 为企业成功创建品牌奠定基础

要建设一个成功的品牌，需要经过品牌定位、品牌规划、品牌设计、品牌推广、品牌评估、品牌调整、品牌诊断等一系列步骤。其中，品牌定位是品牌建设整体系统的第一个环节，也影响着其他环节。科学的品牌定位为后续各环节的有效开展和品牌的成功建设奠定了基础。如果品牌定位失当，那么品牌建设的过程就会产生传递效应，其他环节可能会因此产生偏差和失误，导致最终的品牌建设效果不理想。此外，如果品牌建设的中间环节出现失误，那么一个恰当的品牌定位又可以为修正这些中间过程提供策略参考，从而使得品牌建设的成效与预期相吻合。

4.1.3 品牌定位的原则

品牌定位决定了品牌是否能有别于竞争者并进入消费者心智。为实现有效定位，品牌在进行定位时须遵循消费者导向原则、个性化原则、差异化原则和动态调整原则。

1. 消费者导向原则

品牌定位的重心是消费者心智，对消费者心理把握得越准确，品牌定位的策略就越有效。由于消费者所能接收和处理的信息是有限的，留存在大脑的信息更是少数，因此，品牌定位如果没有新的或有价值的记忆点，就容易被消费者忽略。由于大脑信息系统对所接收的不同概念的信息并非平等地处理，而是先进行阶梯式排序，然后按照顺序处理，所以越靠前的信息对人的行为影响越显著，尤其是处于第一和第二位的信息。因此，品牌要想取得成功，进入消费者心智并占据有利位置十分必要。而实现这一目标的关键在于理解并迎合消费者的需求，使得品牌的卖点满足消费者的诉求点、所传播的品牌信息符合消费者的关心点，从而在消费者心智中占有一席之地。

2. 个性化原则

品牌带给消费者的利益包括功能性利益和情感性利益。在感性消费时代，消费者挑选产品时，既理性地考虑产品的使用功能，也关注不同品牌所表现出的个性。当品牌表现出的个性与消费者的自我价值相吻合时，消费者才会选择该产品。例如，SK-II、LA MER等高端护肤品牌的使用者多为追求极致奢华的女性，而肌研、珂润等平价品牌则更受学生青睐。企业可以从品牌的物理性能和功能利益发展出一个定位，但该定位并不仅是品牌的物理特性和功能利益的简单加总，还应包含属于心理或精神的成分。例如，近年来999感冒灵借助暖心的短视频营销、跨界营销、线下快闪店等形式，持续为"暖"赋予内涵并传递给大众，使其"暖"的形象深入人心。个性化原则要求品牌定位有创意、与众不同，尽管有时这种个性可能与产品本身没有密切联系，但必须是为消费者所认可的，这样便可成为企业战胜竞争者、赢得消费者的有力武器。

3. 差异化原则

品牌定位的本质是差异性，若不能形成差异性，品牌将难以从众多品牌中脱颖而出。在信息爆炸的时代，消费者接收信息的方式和数量均发生了巨大变化。面对如潮水般的信息，消费者往往会产生一种排斥心理，即使接受也会很快被其他信息取代。成功的品牌定位需要通过各种渠道，如广告、社交媒介等，向消费者传递品牌的定位信息，凸显品牌的差异性，强势吸引消费者的注意力。与竞争对手的差异越大，品牌形象就越突出，就越容易掌握市场主动权。一个品牌也许难以在各个方面都和竞争对手存在差异，但只要有一项特别突出，也同样能够取胜。例如电商黑马拼多多，在面对淘宝和京东已经稳稳占据的一、二线城市市场时另辟蹊径，关注到三、四线城市的市场，以低价、拼团、砍价等社交电商新模式创造了又一个电商奇迹，上线仅3年就成功赴美上市。

4. 动态调整原则

由于品牌定位是为在消费者心智中打上品牌烙印，因此，若无特殊原因，应持之以恒地传递品牌定位。但现代社会发展瞬息万变，技术、产品、竞争对手和消费者等时刻发生变化，这就要求企业在变化的环境中，抛弃以静制动、以不变应万变的传统静态定位思想，对周围环境时刻保持高度敏感，及时调整品牌定位策略，或者是开发产品的新性能来满足消费者的新需求，或者是调整原有定位，做到驾驭未来而非经营过去。

| 品牌案例 4-1 |

佰草集的品牌定位调整策略

受制于自身品牌老化、产品更新与营销不足,以及外资高端品牌的迅速崛起,上海家化旗下定位于高端品牌的佰草集自2016年年底就开始面临品牌老化的问题。2018年第一季度,佰草集业绩微跌,处于负增长状态。对此,上海家化决定对整个佰草集品牌战略进行重新梳理与调整,制定全新的发展方案。

2019年上半年,佰草集完成品牌定位调整,坚持高端及中医中草药的品牌调性,将品牌口号调整为"集时光之美",同时针对女性不同人生阶段的主要肌肤问题进行产品功效聚焦。在产品推广方面,聚焦明星单品,在2019年夏季主推冻干面膜作为引流爆品,冬季聚焦资源主推全新太极精华。在媒介传播方面,注重提升传播效率,充分利用口碑及内容营销传播平台来加强与年轻消费群体的沟通。在销售方面,做好从传播到销售的落地,百货主攻零售服务、会员维护和发展,电商主攻年轻客群招新。

2019年8月,天风证券发布上海家化的研报指出,公司稳步推进战略落地,佰草集完成品牌定位调整,产品品质和技术不断提升,维持全年营收双位数增长预期,业绩增速快于营收增速。

资料来源:杨秋月《佰草集去年负增长,上海家化今年要对它做重新规划和梳理》,https://www.jiemian.com/article/2940840.html。

4.2 品牌定位流程与战略

品牌定位是一项系统性的战略工作。科学的品牌定位既需要按照一定的流程步骤有序开展,积极有效地推进各个环节,也要求企业站在全局高度进行战略决策,根据内外部因素选择和调整定位战略。

4.2.1 品牌定位流程

品牌定位流程是一个基于消费者、竞争者和本品牌的综合分析,为品牌在消费者心智中确定独特位置的过程。凯文·莱恩·凯勒在《战略品牌管理》一书中提出品牌定位的框架有四点:一是目标消费者;二是主要竞争对手;三是本品牌与竞争品牌的共同点;四是本品牌与竞争者的差异点。这一思路实际上是把定位分成了寻找品牌共同点和差异点两条思路。其中,共同点是指本品牌与竞争品牌所共有的联想,包括产品大类共同点联想和竞争性共同点联想。产品大类共同点联想是指在某一特定产品大类中消费者认为任何一个合理的、可信任的产品都必须具有的联想;竞争性共同点联想是指那些能够抵消竞争对手差异点的联想。此外，美国西北大学凯洛格商学院的营销学教授艾丽斯·M.泰伯特（Alice M. Tybout）和布雷恩·斯滕萨尔（Brian Sternthal）指出，品牌定位的流程中有四个要素非常重要：一是目标消费者，二是竞争参照系，三是与竞争者的差异点，四是令消费者相信差异点的理由。结合品牌定位的框架和要素，可以将品牌定位流程划分为以下几个步骤（见图4-1）。

确定目标消费者 → 确定竞争参照系 → 建立共同点和差异点 → 说服目标消费者 → 陈述品牌定位

图 4-1　品牌定位流程

1. 确定目标消费者

里斯强调，品牌定位是一种攻心战略，是以受众心智为出发点来寻求一种独特的定位。因此，确立品牌定位的首要步骤是要洞察消费者，挖掘消费者的真正需求。由于不同的消费者可能拥有不同的需求和品牌知识结构，其品牌感知和品牌偏好也将有所差异，因而必须对市场进行细分，并从中选择适合本品牌发展的目标市场。消费品市场细分的基础包括地理、人口、心理、行为等，工业品市场细分的基础有产品性质、购买条件、地理因素等。一般可将细分基础分为描述性细分基础和行为性细分基础两种。描述性细分基础与某类人或组织有关，如年龄、收入、企业规模等；行为性细分基础与顾客对产品的看法或使用方法有关，如生活方式、使用场景、追求的产品利益等。例如，根据消费者的性别及所处生命周期阶段，伊利推出儿童奶粉、学生奶粉、女士奶粉、中老年奶粉等；根据消费者的使用场景，王老吉提出"怕上火，喝王老吉"，乐虎主打"喝乐虎，提神抗疲劳、激发正能量"。在进行市场细分之后，企业需要根据市场的吸引力以及自身的资源、能力和发展目标来选择其中一个或几个细分市场作为目标市场。目前我国的银发市场前景广、潜力大，是值得关注和挖掘的目标市场。张京康在充分了解老年人穿鞋的痛点后，基于老年人对鞋的安全、舒适、时尚、便宜、有特殊功能等需求，设计研发出适合老年人脚型的、专业的老年人鞋"足力健"。

2. 确定竞争参照系

就目前的市场状况来看，绝大多数行业当中都聚集了大量的竞争品牌，彼此的目标市场出现重叠，从而加剧了品牌之间的竞争程度。为了使自己的定位避开激烈的竞争，管理者首先需要找到自身品牌定位时的参照系，并对自身品牌与竞争品牌的优劣势进行系统分析。一般而言，一个品牌的竞争者应当是同行业的另一个品牌，但实际上，竞争的参照系可以有两种：一种是以产品类别作为参照系；另一种则是以竞争品牌作为参照系。以产品类别作为参照系的目的通常是希望创造出一个新的产品类别，然后把自己的品牌定位为该品类的代表品牌。在选择某个产品类别作为竞争参照系的时候，需要考虑以下问题：一是该产品类别是否存在问题？二是该产品类别是否可以分化？如果原有品类存在问题或者可以进一步分化，那么便可以把原有品类作为参照系，推出新的品类，从而使本品牌成为新品类的第一品牌。其次，在决定将哪些品牌作为竞争品牌的时候，需要考虑以下问题：一是竞争品牌是否与本品牌处于同一个价格档次？不是一个档次的品牌没有参照的必要。二是竞争品牌是否与本品牌服务于同一个细分市场？不在同一个细分市场的品牌没有参照的必要。

3. 建立共同点和差异点

在确定目标市场并明确了合适的竞争参照系后，就有了品牌定位的基础，接下来需建立适当的共同点和差异点以形成品牌区隔。建立与竞争者的共同点有两个目的：一是帮助本品牌跻身于与各大竞争品牌同档次的产品类别之中；二是帮助本品牌具备竞争品牌的卖点，而且要更胜一筹。品牌定位的共同点包括两种基本形式：一种是品类型共同点，另一种是竞争型共同点。就品类型共同点而言，一般有三种途径可表明品牌所属的产品大类：传达品类利益、举例比较和产品描述法。然而，仅通过建立与竞争者的产品类别共同点，品牌很难吸引消费者，即使在与竞争者相似的特性上做得更好，有时也未必能使本品牌脱颖而出。因此，管理者需要提炼与竞争者之间的差异点，从而给目标消费者一个独特的选择理由。这种差异点可以是性能属性、性能利益、形象联想等，但无论哪种类型的差异点都要符合两大标准：一是吸引力标准，即差异点对消费者有吸引力；二是可传达性标准，即消费者相信产品能实现差异点。建立共同点和差异点联想的难度是较大的，原因在于许多组成共同点与差异点的属性或利益是负相关的。对此，凯文·莱恩·凯勒提出三种方法：一是分离属性，即实施两套营销计划；二是借助其他实体的杠杆作用，品牌可以通过与其他品牌实体相联系来建立共同点和差异点的属性或利益，从而实现品牌资产的转移；三是重新定义关系，为消费者提供某些不同的视角和建议，使消费者相信事实上二者的关系是正相关的。

4. 说服目标消费者

只有一个定位的口号并不能完全征服消费者的心，消费者希望能够了解品牌为什么具有某种定位诉求点。这就需要管理者提出令消费者相信共同点或差异点的理由。对于功能性定位点，常见的支撑理由包括技术、成分、外观等。例如，特殊的土壤及气候条件，搭配复杂严苛的酿造工艺，结合长达 5 年的存放时间，才催生了首屈一指的茅台酒；李子柒纯手工制作的桂花坚果藕粉干净营养无添加，赢得消费者喜爱。对于财务性定位点，支撑理由主要是低成本、高效率，如沃尔玛因拥有高效的物流配送体系而具备有效控制成本的能力，从而得以坚持"天天平价"的低价定位。对于情感性定位点和社交性定位点，支撑理由并不在于产品本身，而是广告等传播方式中所渲染的一种情境，品牌以直接或间接的方式嵌入其中，从而使消费者感受到情境当中的意境。999 感冒灵长期坚持情感营销策略，以情感沟通的方式为自己打下了一个很可观的市场。从"妈妈的温度"到"更懂你的小英雄"，从"总有人偷偷爱着你"到"有一种感谢，叫想念你的 999

天"，999感冒灵通过深入洞察消费者日常生活中的痛点，利用故事、数据直击消费者心灵，从而使其产生强烈的情感共鸣。这些都是品牌对社会和大众的情感输出，也与"暖暖的，很贴心"这一品牌理念和定位高度契合。

5. 陈述品牌定位

综合以上各个要素，可以提出品牌定位的表述语句，即"××（品牌）的产品能够为××（目标顾客）带来××（独特价值），这种价值是××（竞争品牌）所不具备的，因为它（本品牌）含有××（支持点）"。品牌定位说明书是一个公司的内部文件，并不需要展示给消费者看，但必须在品牌传播当中以创意的形式表现出来。例如，提及士力架，许多人都会想到"饿货，来根士力架！"的广告词和风格相近的无厘头广告，士力架总能结合热点，以年轻化的营销手段迎合消费者心理，使其核心卖点逐渐深入人心。作为一款巧克力品牌，士力架另辟蹊径地将品牌定位为"可提供能量的巧克力"，并在品牌命名、品牌标语（slogan）、营销方式等设计上始终着眼于此。在用户群体方面，士力架的目标群体主要是年轻人以及有运动需求的人士。这种独特的、甜中带咸的巧克力既满足了他们的饥饿需求，也能补充人体所需的矿物质和营养素等。

4.2.2 品牌定位战略

企业为构建一个具有长久生命力的强势品牌，从一开始就应该建立和实施品牌定位战略，为日后的品牌经营打下坚实基础。品牌定位战略是对企业品牌定位的总规划和长期计划，并且根据经营变量的变化不断进行调整与更新。根据企业内外部环境的变与不变，并围绕消费者和竞争者两大要素，品牌可实施以下几种定位战略。

1. 利基战略

利基战略（niche strategy）是指企业寻找尚未被占据的，并为消费者所重视的市场位置。这一战略适用于现有竞争品牌或品类已较为密集的市场新进入者，也适用于新品类的开创者。实施利基战略的企业可以通过提供专业化产品服务以及附加价值获取比普通大众市场更多的利润，尤其是在当今点对点、人对人的精准营销方式下，利基战略大有可为。但这一战略成功的前提是企业必须充分了解其目标消费群体，并能够比其他企业更准确、更极致地满足消费者需求。从某种意义上讲，拼多多等低价电商的崛起，就是抓住了"消费降级"大势以及被淘宝和京东过滤掉的"价格敏感"人群。而正是这个被两大电商平台空出的巨大"低消费市场"，给了拼多多全新的发展机遇。拼多多上的商品价格极低，迎合了低收入人群的消费需求，同时平台上一系列的社交游戏和全新玩法满足了他们的娱乐需求。"低价+社交"的电商新模式使拼多多迅速成长，一跃成为三大电商巨头之一。

2. 强化战略

强化战略（strengthening strategy）是指强化品牌在消费者心目中的现有地位。如果现有产品和服务在消费者心目中具有强势位置，而这种定位又对企业有利的话，企业就要反复向消费者宣传这种定位，以不断强化品牌在消费者心目中的形象。作为国内第三方支付市场的"老大哥"，支付宝将优势锁定于支付，并不断拓宽其使用场景、提升服务专业化水平和渗透率。2018 年，支付宝在国内拥有 6.5 亿用户，海外市场超过 3.5 亿，总量超过 10 个亿，成为全球最大的支付工具。尽管位居市场份额第一的宝座，但支付宝仍在不断进行平台的升级与强化。在"新冠肺炎"疫情期间，支付宝发挥了重要作用，健康码从浙江走向全国更多省份，美菜商城等支付宝小程序日交易额均达到以前的三倍。在 2020 支付宝合作伙伴大会上，蚂蚁金服 CEO 胡晓明宣布，将打造支付宝数字生活开放平台，聚焦服务业数字化，并立下目标"未来三年，携手 5 万服务商帮助 4 000 万服务业商家完成数字化升级"。

3. 重新定位战略

品牌重新定位有两种理解：一种是对竞争品牌重新定位，即改变竞争品牌在消费者心智中原有的定位；另一种是对本品牌重新定位，即改变本品牌在消费者心智中原有的定位。第一种理解类似于进攻式定位，里斯和特劳特称之为"重新为竞争者定位"。它是通过打破产品在消费者心目中所保持的原有位置与结构，将产品按照新的观念在消费者心目中重新排位、调整关系，从而创造一个有利于自己企业的新秩序。例如，农夫山泉旗下的"东方树叶"针对现有茶饮料市场的非天然产品特点，率先推出天然无添加的茶饮料。此外，在竞争者定位上进一步细化和深入也是一种为竞争品牌重新定位的方式。第二种理解针对的是本品牌在目标市场上已存在一段时间的情况。这是国内品牌营销界对品牌重新定位最常见的理解。要对本品牌进行重新定位，首先需要消除本品牌在消费者心目中所保持的固有位置，然后创造一个有利于自己的新位置。要把旧有的认知搬出消费者的记忆并非易事，因为原有的品牌形象已经根深蒂固，而且如果改变得不彻底，还容易造成消费者对品牌的认知混乱。例如，李宁经历了多次的品牌定位调整和挫败，近年来才借势"国潮"得以回归。

4.3 品牌定位策略

基于品牌定位流程中的关键要素——产品、消费者和竞争者，可以从不同视角采取相应的品牌定位策略。

4.3.1 基于产品角度的品牌定位策略

基于产品角度的品牌定位策略的基本思路是以产品的物质属性为出发点的，着眼于此，可选择和确定的品牌定位策略包括**属性定位**（attribute positioning）、**利益定位**（benefit positioning）、**类别定位**（category positioning）和**价格定位**（price positioning）等。

1. 属性定位

产品属性是指产品或服务自身所具有的特征。这种特征通常是竞争品牌所不具备的。产品属性定位的本质在于将鲜明的产品特色与品牌相联系,但可能面临的问题是产品特色很容易被竞争者模仿,而且竞争者在此基础上添加一些新元素后还可能会超越本品牌。

品牌案例 4-2

从"农夫山泉有点甜"到"只是大自然的搬运工"

瓶装水行业特殊,成分较为单一,导致产品高度同质化,所有品牌的差异化不明显。而在认知中,山泉水是有点甜的,有点甜的水是好水,农夫山泉抓住这一认知空位,设计了"农夫山泉有点甜"的广告语,并利用大量传播将这一认知植入消费者心智,使其"有点甜"的差异化特性风靡全国。农夫山泉也从区域性品牌一举成为全国知名品牌。

在此之后,农夫山泉又进行了"变革"——致力于寻找优质水源,摒弃市场上的纯净水,定位于天然健康的矿泉水,在越来越追求绿色健康的市场上赢得了先机,由此成功切入中国高端饮用水市场,成为第一个将"天然水"概念植入消费者心智的品牌。聚焦于"天然水",农夫山泉也随之将差异化概念发展为"只是大自然的搬运工",并集中全部资源继续将它植入消费者心智中。通过广告、公关等多种方式的组合拳,农夫山泉不厌其烦地向大众传递"我们不生产水,我们只是大自然的搬运工"的概念。另外,农夫山泉在包装设计上也下足了功夫,和水源地特色相结合、巧妙利用中国的十二生肖、"奶嘴"式瓶盖设计等都让农夫山泉显得与众不同,也更加受到年轻消费者的追捧。截至 2018 年,农夫山泉的市场占有率达到了 26.5%,稳坐瓶装水头把交椅,其当年营业收入更是达到了 209 亿元。

资料来源:北国网《顾均辉评战略定位:寡头割据的瓶装水市场,农夫山泉何以制霸多年?》,http://science.china.com.cn/2019-12/16/content_40998134.htm。

---

2. 利益定位

产品利益是产品带给消费者的好处。产品属性说明了"产品是什么",而产品利益则强调了"产品能给你什么"。一般而言,快速消费品和耐用品通常会采用产品利益定位。例如,在洗发水品牌的定位方面,霸王是"防脱洗发水",清扬声称"无屑可击",滋源倡导"无硅油,更健康";在国产手机品牌中,OPPO 可以实现"充电五分钟,通话两小时",vivo 是深受年轻时尚群体喜欢的"音乐拍照手机",华为 Mate 系列是高端商务人士的首选。由于同类产品能给予消费者的利益大同小异,因此,必定会有很多品牌采用相同的利益点来定位,从而加剧了品牌竞争程度。

3. 类别定位

当一个品牌被定义成产品类别的代表品牌时，该品牌与其他品牌之间的竞争就变成了产品类别之间的竞争。一旦品类被消费者选择了，那么品牌将直接进入消费者的选择集。近年来，越来越多的品牌通过创新品类来打造新品牌，但产品类别定位成功的关键依旧在于消费者对品类的接受程度。如 RIO 鸡尾酒推出了 3.8 度的果汁型预调鸡尾酒的新品类，RIO 鸡尾酒主打"女性、白场、尽兴不失态"的差异性特征，是不喝酒的人、初入社会的女性等群体在聚会社交场合的最佳选择，因此具有较大的市场潜力。但需注意的是，产品类别定位的一个弊端就是品牌一旦与某个具体的品类挂上钩，就很难再顺利延伸到其他品类中，里斯和特劳特把这种现象称为"跷跷板效应"。例如，一直以来做痔疮膏的马应龙借势推出了马应龙眼霜，却因二者间一言难尽的关系导致消费者难以接受。

4. 价格定位

由于不同消费者群体的收入差异甚大，所以不同的品牌可以选择高收入者或低收入者作为目标消费者以展开定位。常见的定位有高价位、低价位和中等价位三种。高价位不仅表示产品具有高质量，而且象征事业成功和较高的社会地位；低价位多受普通消费者的青睐；中等价位则居于二者之间，表明质量要比低价的品牌好，而价格要比高价的品牌便宜。部分显示成就感和社会地位的高价格品牌是奢侈品品牌，如价值 800 多万元人民币的"迪拜之心"香水；还有一些代表高质量的高端品牌，如"为绅士和淑女服务"的世界顶级酒店丽兹卡尔顿酒店。低端定位的品牌有很多，例如平价时尚休闲服饰品牌快鱼。中等价格定位的品牌如快时尚品牌 ZARA、优衣库等，则是针对中产阶级的高性价比品牌。此外，一个公司产品线中各品牌的定位通常会涵盖高、中、低三个档次，例如，华为手机又可分为华为和荣耀两个主系列，华为走的是高端定位，将竞争对手锁定为三星和苹果；而荣耀走的是中低端市场，其主要竞争对手是其他国产手机品牌。虽然产品价格定位能够旗帜鲜明地吸引到目标消费者，但容易出现的问题是今后很难将品牌向上或向下延伸。

4.3.2 基于消费者角度的品牌定位策略

品牌从消费者角度进行定位是基于对消费者需求的了解与把握，可采取的定位策略有消费群体定位、生活方式定位、使用场景定位和购买目的定位。

1. 消费群体定位

消费群体定位是将品牌定位成某一类细分群体专用的产品或服务，以便给消费者"我自己的品牌"的感觉。这种定位的关键是找到一个可以赢利的、竞争者尚未进入的细分群体，常用的细分基础包括地理、人口、心理、行为等。地理细分群体定位，例如太平洋保险会根据投保人所处的地理位置、自然环境细分市场，相应推出适用于不同地区投保者需求的险种；人口细分群体定位，通常按性别、年龄、职业等条件要素划分品牌，例如蒙牛针对不同年龄段和性别推出婴幼儿奶粉、学生奶粉、女士奶粉、中老年奶粉；心理细分群体定位，例如哈雷摩托吸引的是那些追求自由、个性、独立、进取精神、品位等的人群；行为细分群体定位是品牌按照消费者对某种产品的使用率、消费者对品牌的忠诚度、消费者待购阶段和消费者对产品的态度等行为变量进行定位。

2. 生活方式定位

由于目前消费者的生活方式、生活态度、心理特征和价值观念等因素对其消费行为的影响越来越大，同样性别、年龄、收入、职业的消费者群体也可能会表现出不同的生活方式，因此，按照生活方式来为品牌定位可能更有价值。

> **品牌案例 4-3**
>
> ### "生活很简单"的江小白
>
> 2012 年新推出的、并不被看好的白酒品牌江小白，时隔多年后不仅活着，而且活得很好，销售额达 20 亿元。以"80 后""90 后"消费主体为原型的江小白，拟人化地打造了一个青春且大众化的卡通形象，从品牌、包装、酒体、营销等全方位地围绕年轻消费者发力，是当时全力主攻年轻群体的白酒品牌。江小白在最初定位时便有意避开传统白酒的竞争红海，专注开发年轻人的蓝海市场，定位为青春小酒，以年轻、时尚的姿态问世，喊出"我是江小白，生活很简单"的品牌口号。瞄准年轻人小聚、小饮、小时刻、小心情等饮用场景，同时根据年轻人简单纯粹的饮酒需求，在酒体上也进行了创新，口感偏向于轻口味，还创造了很多混饮的喝法；在包装上采用磨砂瓶，主打蓝白色调的简单包装，契合年轻一代追求简约的生活理念和审美偏好。"表达瓶"上的个性语录更是直击年轻消费者内心，让年轻消费者找到情感共鸣，喜欢也愿意主动将其分享到社交媒体。江小白就这样火爆全国，不管你是否喝过江小白，江小白的"表达瓶"你肯定听过见过。
>
> 资料来源：《江小白的成功，是营销的成功，另辟蹊径的策略实在是高！》，https://www.changchenghao.cn/n/124576.html。

3. 使用场景定位

通过定位在某个特定的场合或者时间使用，品牌能够获得消费者排他性的认知。这种定位就是**场景定位**（scene positioning），往往会改变消费者以往的生活习惯、提高生活质量。使用场合或时间定位的关键点有两个：一是确定使用场合或时间的重要性，让消费者觉得某个场合或时间有必要使用某种特定的品牌；二是将品牌与使用场合或时间相联系，使该品牌成为该场合或时间消费时的指定品牌。一直以来，维他奶都引领着"早餐先喝维他奶"的健康潮流。2019 年夏天，维他奶在品牌年轻化的策略下与哔哩哔哩和爱奇艺合作,先后推出美食纪录片《人生一串》与《无饭不起早》,将维他奶与美食场景的关联烙印在观众心中,将"早餐先喝维他奶"植入观众的早餐营养理念中,同时拓展了吃辣场景,建立了"一口维他奶 吃辣更爽快"的品牌强关联。

4. 购买目的定位

购买目的定位是从消费者角度来阐述选择某一品牌的又一个原因。消费者购买某一产品或品牌的目的因人而异,但一般而言有两种情况:一是自用;二是送礼。一些品牌在深入了解市场需求与消费者购买目的后,围绕其购买目的进行品牌定位并大获成功。多数的耐用型产品均为自用品牌,如众多的家电和汽车品牌。在定位于送礼的品牌中,脑白金可谓是一大典型。尽管其广告被评价为"又土又恶俗",甚至广告语都是自相矛盾的,但其"今年过节不收礼,收礼只收脑白金"的送礼保健品定位却深入人心,在很长一段时间内牢牢锁住消费者心智并领跑同类品牌市场。

4.3.3 基于竞争者角度的品牌定位策略

基于竞争者角度的品牌定位策略,是指品牌以竞争对手为参照物,有针对性地提出本品牌的定位,其目的是使得本品牌在市场竞争中占据有利地位。基于竞争者角度可采取的品牌定位策略有关联比附定位、俱乐部定位、进攻式定位和防御式定位。

1. 关联比附定位

当本品牌实力不错但知名度不高的时候,通常可以采用**关联比附定位**(against positioning)的方法来攀附一个更具实力的品牌,以此来加速提升自身在消费者心目中的影响力。这是一种低成本打造品牌的方式,要求本品牌的产品质量具有较好基础。有两种关联比附定位的方法。一种是同业比附,指的是与同一产品类别的领导品牌相关联。如成立初期的蒙牛曾在广告牌上印出"向伊利学习,为民族工业争气,争创内蒙古乳业第二品牌"的标语。这一举动,让很多人记住了这个内蒙古乳业第二品牌。经过短短三年时间,蒙牛在全国乳制品行业中从排名1 116位上升到第4位。另一种是跨业比附,指的是与其他产品类别或者类别当中的强势品牌相关联,如东阿阿胶率先提出"滋补三大宝,人参、鹿茸、阿胶"的口号,将自身聚焦于主流人群,连续多年提价,并日渐显露"奢侈药品"的特点。由于关联比附定位能够帮助品牌在消费者心智中迅速建立优势地位,因此,品牌必须具备真正的实力,否则泡沫很容易破灭。

2. 俱乐部定位

如果品牌自身实力在同类产品当中并不靠前,既不能取得本市场第一,又无法攀附第二位,便退而采用**俱乐部定位**(club positioning)。有的品牌希望利用群体的声望和模糊数学的手法,借助限制严格的俱乐部式的高级团体,强调自己是其中一员,从而借助俱乐部其他市场领先品牌的光辉形象来抬高自己的地位。此处的"俱乐部"是用以形容一个门槛较高的行业品牌群体的，如"全球500强""中国富豪榜""中国名牌产品""中国驰名商标""国家免检产品"等。在消费者看来，能够进入行业品牌俱乐部的品牌一定实力不俗，自然也应该成为购买时的选择对象。如四大会计师事务所普华永道、德勤、毕马威、安永是许多会计专业学生的就业目标；中华餐饮老字号成为吸引年轻人到目的地旅游的一大动力，集"全鸭席"和400多道特色菜品于一体的全聚德菜系，备受各国元首、政府官员、社会各界人士及国内外游客喜爱。

3. 进攻式定位

在品牌具有比较优势的时候，企业可以指出竞争品牌的弱点，提出更胜一筹的定位点，即采用进攻式定位。在音乐市场内，一个成功抵御强势品牌并实现弯道超车的例子就是网易云音乐。网易云音乐虽然上线晚，但在音乐评论方面进行了创新，满足了用户的自我表达欲望，引起用户的共鸣，同时能实现歌曲个性化推荐，通过喜欢的歌曲和歌单还可以达到社交功能。传统的音乐市场头部品牌酷我、酷狗、QQ音乐虽然也推出了类似的功能，但都没有形成大规模的使用习惯，且在版权的影响下也始终没能撼动网易云音乐在年轻群体中的使用习惯，这是因为网易云音乐做到了品牌的系统化，在品牌会涉及的每一个方面都进行了相应的设计。

4. 防御式定位

当品牌实力不足时，企业可以委曲求全，以退为进，即采用防御式定位。在营销界被广为流传的安飞士租车公司、蒙牛的"内蒙古乳业第二"品牌策略，都是在劣势市场中遵从"主动示弱，化被动为主动，赢取安全感联想"的规则，从而赢得本来强弱悬殊的市场竞争。十几年前，蒙牛从无工厂、无奶源、无市场的"三无"小企业起步，一经面世便提出了"向伊利学习，为民族工业争气，争创内蒙古乳业第二品牌"的口号。尽管初期的蒙牛在资本和渠道上与其他竞争企业相比也毫无优势可言，但蒙牛的"第二品牌"策略成功进入消费者心智，使得这位名不见经传的后来者超越了众多竞争对手，成功跻身国内乳业巨头行列。

4.3.4 基于品牌识别角度的品牌定位策略

品牌识别是比品牌定位更本质、更内在的内容。品牌定位只是品牌丰富内涵及其潜在价值的一部分，而品牌识别则是其内容与形式、风格与文字、图像与音乐的综合体。在品牌定位的流程中，可以从品牌识别的多个角度选择定位点，如品牌个性定位、品牌文化定位和品牌关系定位。

1. 品牌个性定位

通过品牌传播，品牌会具有像人一样的个性。如果品牌的个性能够与目标消费者的个性产生共鸣，那么目标消费者将会喜欢上这个品牌。所以，在对品牌进行个性定位之前,首先需要明确目标消费者的个性。例如,七匹狼主要是基于消费者对"狼文化"的认知,以"狼"为品牌形象,并把品牌人格化。七匹狼通过一系列品牌个性运作,成功塑造出"狼性"服饰。在其品牌管理系统指引下,深入挖掘"狼文化",以成功男士为主要目标消费群体,形成个性鲜明的品牌文化。鲜明的品牌形象定位结合精准的品牌营销延伸,使其具有"男性"百折不挠、不懈奋斗、精诚团结和富有智慧等个性化特征。这些最终使"七匹狼"品牌以其深刻的文化内涵成为中国男性群体时尚消费生活的不二之选。

2. 品牌文化定位

品牌的文化既包括品牌自身特有的历史文化,也包含品牌诞生地的地缘文化等。将文化融入品牌,能大大提高品牌的品位和内涵,使品牌形象更加独具特色。品牌文化往往与地域有关,中国文化源远流长,国内企业应当从中多多挖掘,以打造深厚的品牌文化。

品牌案例 4-4

故宫文创的"网红"成长记

故宫的雪、故宫的猫、故宫文创、故宫展览,如今的故宫已不再只是一座博物馆,更是利用文化创意产品走进百姓生活的一个样板。近年来,故宫定位于"根植于传统文化,紧扣人民群众大众生活"的原则,做出许多社会大众能够乐于享用、将传统文化与现代生活相结合的产品。

让人们通过故宫文化创意直接触摸到文化,是故宫发展文化创意事业的出发点,也是落脚点。近年来,在文创产业带动下,故宫化身成为"网红"。据介绍,到 2018 年 12 月,故宫文化创意产品研发超 1.1 万件,文创产品收入在 2017 年达 15 亿元。故宫博物院文创旗舰店配合故宫博物院展览,做主题性的文化挖掘,研发了千里江山系列、清明上河图系列等产品,已积累 193 万多粉丝;故宫淘宝产品萌趣而不失雅致,致力于以轻松时尚的方式展现故宫文物、推广故宫文化,如故宫娃娃、折扇团扇、文具用品等产品,目前拥有 400 万粉丝。

资料来源:人民日报海外版《故宫文创这样造品牌 多种方式传播优秀传统文化》,http://www.xinhuanet.com/politics/2019-03/01/c_1124177901.htm。

---

3. 品牌关系定位

品牌与消费者的结合点是品牌进行定位的一种思路,品牌与消费者之间的关系是品牌建设的目标。品牌关系反映了品牌对待消费者的态度——如果品牌是一个人,他对消费者是一种怎么样的态度?是专家般的告诫,朋友般的真诚,还是亲人般的爱护?

品牌案例 4-5

致力于让主人"爽"的三只松鼠

三只松鼠依托萌萌的品牌形象,以及优质的产品和极致的服务,创下平均每年售出 1.9 亿袋坚果的奇迹。在品牌名称方面,"三只松鼠"和坚果、零食以及成立品牌的初心——"创建一个能带给别人快乐的坚果零食品牌"高度契合,传递了积极、健康、快乐的形象。此外,三只松鼠还极力打造一个有感情的品牌。在品牌角色上,以拟人化的手法创造了三只性格迥异的萌态松鼠,并赋予了他们不同的人格特征和名字。同时借助动画、绘本、周边等多元化的方式,与消费者进行高频次的互动,将简单的产品销售关系,拓展成为一种消费文化的阐述,使消费者在购买产品的同时能够充分感受"传递爱与快乐"的生活文化。

在三只松鼠的拟人化设定中,每位顾客都是"主人",对全体松鼠人来说,最核心的一条就是要让主人"爽"。对此,其要求每一位客服都要以一只松鼠宠物的身份与用户对话,视用户为主人,甚至可以"撒娇卖萌聊心事",将买卖关系变得更有人情味。这是三只松鼠杀出重围、树立独特品牌形象的关键一招。其所开创的"主人文化",借助沟通的无界化、服务的人格化,迅速占领客户心智,打造了坚果第一品牌。

资料来源:《三只松鼠:口碑营销创品牌》,http://www.cqn.com.cn/pp/content/2017-10/25/content_5024061.htm。

关键术语

品牌定位(brand positioning)
利基战略(niche strategy)
强化战略(strengthening strategy)
属性定位(attribute positioning)
利益定位(benefit positioning)

类别定位(category positioning)
价格定位(price positioning)
场景定位(scene positioning)
关联比附定位(against positioning)
俱乐部定位(club positioning)

思考与练习

1. 品牌定位有哪些重要意义?
2. 品牌定位需遵循哪些原则?
3. 结合品牌定位的相关要素,谈谈品牌定位的具体过程。
4. 结合具体案例谈谈在哪些情况下品牌需重新定位以及如何重新定位。
5. 从产品角度阐述品牌可采取的定位策略。
6. 结合实例分析基于消费者的使用场景,品牌应如何进行定位。

7. 不同品类的品牌在采取进攻式或防御式定位时有何不同？请结合具体案例来说明。

思政融入点

科学理解品牌定位的思想，掌握正确的品牌定位工作方法。通过理论学习和案例分析理解品牌定位的内涵和策略方法，通过作业等形式让学生以自身为品牌进行自我定位，通过科学的工作方法帮助学生提升未来就业能力和职场竞争能力。

模拟实训

1. 请选择一个品牌，基于品牌定位的过程框架，对其品牌定位进行适当的提升与改进，并说出该定位与其原有定位相比优势何在。
2. 就一个品牌旗下的不同产品而言，在针对不同产品所确定的差异化定位时，如何确保品牌的整体调性和形象？试结合某一品牌进行思考与论证。

案例分析

江中健胃消食片的品牌定位"侧翼战"

作为第一个开拓"消化不良"用药市场的吗丁啉，自 1989 年到 20 世纪 90 年代末，其销售额就一直稳定在 5 亿～6 亿元，江中健胃消食片也一直维持在 1 亿多元，可以说"消化不良"用药市场多年来非常平稳。多年前，吗丁啉第一个通过大众传媒广告宣传"消化不良找吗丁啉帮忙"。广告在消费者的头脑中留下深深的印记，吗丁啉成为消化不良药的老大。吗丁啉的强势，不仅在于消费者，也在于左右消费者购买决策的医生。在市场成熟的情况下，江中健胃消食片的市场份额的增长部分最大可能来自抢夺吗丁啉的市场。但吗丁啉如此强大，究竟要如何抢占市场？

江中药业经过调查分析后发现，吗丁啉在强大的表象下，其实存在着巨大的市场空白。调查数据显示：消费者认为消化不良是"常见的小毛病"的超过 50%。显然，对于消化不良这个小毛病，特别是饮食不当引发的消化不良，用点酵母片之类的"小药"就可以了，药效较强的吗丁啉并非首选。同时，在较为不发达的地区，吗丁啉的市场认知度并不高。也正因为这些认知，西安杨森推出的儿童装吗丁啉悬浮液，始终没有占有儿童消化不良用药市场多少份额。

在发现助消化药市场存在巨大的空白后，江中药业决定将江中健胃消食片的品牌定位为"日常助消化用药"。这种定位不仅避开了与吗丁啉的直接竞争，向无人防御且市场容量巨大的消化酶、地方品牌夺取市场，而且在地域上填补了吗丁啉的空白市场，从而满足江中药业的现实需要。同时，根据企业提供的资料，江中健胃消食片的现有消费群集中在儿童与中老年人，他们购买江中健胃消食片主要是用来解决日常生活中多发的胃胀、食欲不振等症状。显然，定位在"日常助消化用药"完全符合这些现有顾客的认识和需求，并能有效巩固江中健胃消食片原有的市场份额。

确立了"日常助消化用药"的品牌定位，就明确了营销推广的方向和评估标准。由于本身避开了与吗丁啉等药品的竞争，面对的是需求未被满足的空白市场，所以广告中只需反复告知消费者，江中健胃消食片是什么，它能起什么作用，就能不断吸引消费者尝试和购买，从而开拓这个品类市场。因此，江中健胃消食片制定了广告语"胃胀腹胀，不消化，用江中牌健胃消食片"，在传播上尽量凸显江中健胃消食片作为日常用药和"小药"，广告风格则相对轻松、生活化，而不采用药品广告中常用的权威认证式的方式。

江中健胃消食片的重新定位与传播，不仅获得了销售额的飞升，从1亿多元到9亿元，而且仅用5年时间就成为国内OTC药品单品销量第一。更重要的是，在助消化用药市场中，江中健胃消食片已抢先进入消费者心智，从而占据了宝贵的心智资源，得以有力地主导这个新兴市场。今日的江中药业正逐步成为中国日常助消化用药市场的主宰。

资料来源：刘新宇《健胃消食片亮剑吗丁啉 一场轰轰烈烈的保胃战》，http://www.chengmei-trout.com/index.php?c=cases&a=index&id=264。

问题：

1. 在吗丁啉所主宰的助消化用药市场中，江中健胃消食片采取了何种定位方法实现突破？
2. 结合江中健胃消食片的品牌定位策略，试分析"后来"品牌如何"居上"。

第5章
品牌个性

学习目标

品牌个性是在消费者的认知中品牌所具有的类似人类的人格特质。只有具有鲜明的个性并能准确地向消费者展示这种个性的品牌，才能够有效地吸引和留住消费者。随着技术的发展和竞争的加剧，产品在物理功能方面的属性逐渐趋同，品牌个性已经成为企业满足消费者多元化和个性化的需求，在同质化竞争中脱颖而出的一个重要筹码。

通过本章的学习，应达到如下要求：
1. 掌握品牌个性的内涵与特征；
2. 了解品牌个性的维度；
3. 了解品牌个性的来源；
4. 掌握品牌个性的塑造。

引导案例

江小白的品牌个性

江小白在近两年声名鹊起，成为白酒界的后起之秀。一年几个亿的销量，与中国白酒市场的低迷不振、竞争激烈形成了鲜明对比。刚刚入场不过几年，销售业绩竟能赶超一批老牌名酒，不得不说是一个奇迹。而这，离不开其品牌所有者为其精心打造的"80后""90后"小文青人设。相比传统白酒，江小白另辟蹊径，从口感和包装上充分展现其差异化定位，塑造了青春、张扬、叛逆、自嘲的品牌个性，迎合了当下的年轻消费群体。如40度100 ml的"表达瓶"作为江小白品牌的主打产品，在嗅觉及味觉方面做了很多尝试，其凭借质地细滑、易于下喉、香甜味纤细绵长、入口不腻等特性，荣获2017年IWSC烈酒-白酒类"银奖"。在包装方面，蓝色和白色的组合赋予江小白青春的活力；100 ml磨砂扁玻璃瓶装打破"酒坛"形状的包装传统，抓人眼球；戴眼镜系围巾的年轻小伙子的卡通形象，将品牌拟人化，更加亲近年轻人。除此之外，江小白的每一瓶包装上均配有独树一帜的经典语录，与消费者进行亲密的互动。江小白所做出的这些努力，使其成功地拥有了独特的品牌个性，牢牢贴上了

"年轻人喝的青春白酒"这一标签。

资料来源：屹潮号《从"江小白"看营销（一）——成功塑造品牌独特个性》，https://www.sohu.com/a/225694803%5F100087368。

5.1 品牌个性概述

假如你的汽车突然变成了人，你觉得他会是什么样的人？你会欢迎他的加入吗？每个人都有着复杂、生动、独特的个性与生活方式，而一个品牌，甚至一部像汽车一样的机器，也可以拥有类似的个性和生活方式特征。用来描述人类个性特征的一些词也可以用来形容品牌，如江小白是"年轻的、文艺的"，茅台是"稳重的、尊贵的"。

只有当品牌具有与众不同、独具魅力的身份和个性特征时，才有可能被目标消费者识别、关注和记忆。并且，大量事实表明，消费者大都喜欢符合自己价值观或审美品位的品牌，所以，一个品牌如果想要更有效地吸引更多的目标消费者，就必须使自己具有独特鲜明且与目标消费者的个性或是他们期望的个性相吻合的品牌个性，并能够准确无误地向他们展示这类个性。

为了成功塑造品牌个性，就需要了解什么是品牌个性，它有哪些特征，如何测量一个品牌的个性，塑造品牌个性的关键点和步骤有哪些。这些也是本章将要讨论的重点。

5.1.1 品牌个性理论的形成与发展

品牌个性（brand personality）理论认为，品牌传播不仅仅是"说利益""说形象"，更重要的是要向目标消费者"说品牌的个性"。因此，只有提炼和掌握了品牌的个性，才能够使品牌传播具有明确的主题和核心。

大卫·奥格威在20世纪60年代提出的品牌形象理论当中，就多次提到"个性""性格"等概念，并认为"最终决定品牌市场地位的是品牌总体上的性格，而不是产品间微不足道的差异"。

20世纪80年代，葛瑞广告公司（Grey Global Group）提出了"品牌性格哲学"。在此之前，营销界最流行的是艾·里斯和杰克·特劳特提出的定位理论。当时人们普遍认为，只要品牌能够在市场上找到一个合适而独特的位置，就能够确保占据一个有利的地位。然而，随着市场竞争的加剧，产品同质化日益普遍，市场细分和区隔的空间也就越来越小，这就必然导致同类商品的品牌定位也越来越相似，其结果是企业仅仅依靠定位理论来开展营销活动能够产生的效果日见式微，定位理论在实际的操作过程中遇到了难以突破的瓶颈。针对上述情况，葛瑞公司对同类商品的上百对品牌进行了分析，发现几乎所有相对应的品牌都有一个相似的定位，但其中总有一个品牌在市场上处于领先地位，而其余品牌处于相对落后的位置。经过深入研究，葛瑞公司认为，导致这一现象的关键原因在于他们的广告诉求有着本质的差异：不成功的品牌侧重于向目标消费者描述商品是什么（东西），而成功的品牌则侧重于向目标消费者描述商品是谁（人）。也就是说，成功的品牌源自它们赋予品牌以生命和灵魂,这样的品牌的商品就不再只是一个物品(东西),而是一个活生生的、有着自己独特个性的人,消费者能轻易地将它与竞争品牌区别开来。葛瑞公司在此发现的基础上,进一步提出了品牌个性生成模式,如图5-1所示。

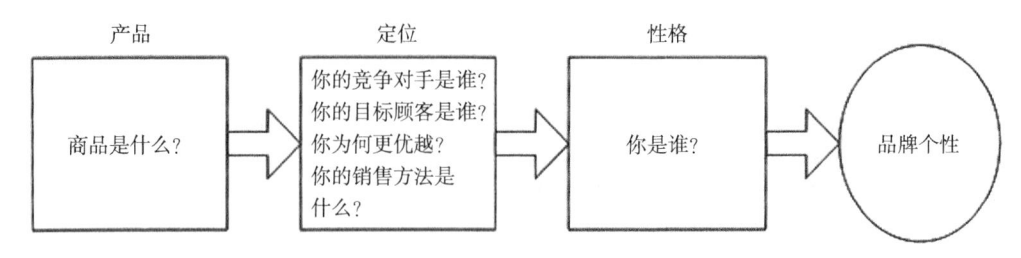

```
产品                    定位                    性格
┌─────────┐    ┌──────────────┐    ┌─────────┐    ┌─────────┐
│         │    │你的竞争对手是谁?│    │         │    │         │
│商品是什么?│ ⇒  │你的目标顾客是谁?│ ⇒  │你是谁?  │ ⇒  │品牌个性 │
│         │    │你为何更优越?  │    │         │    │         │
│         │    │你的销售方法是  │    │         │    │         │
│         │    │什么?          │    │         │    │         │
└─────────┘    └──────────────┘    └─────────┘    └─────────┘
```

图 5-1　葛瑞公司的品牌个性生成模式

后来,日本的小林太三郎教授也提出了"企业性格论"。基于葛瑞公司与小林太三郎的启示以及对品牌形象的进一步挖掘,逐渐形成了品牌个性论这一具有广泛影响的理论学派。

5.1.2　品牌个性的内涵与特征

1. 品牌个性的内涵

"个性"是心理学上的一个重要概念,用来表述个体独特的性格特征,如有的人活泼,有的人孤僻,有的人高傲,有的人谦卑。这种特征相对稳定,而不是那些一时的、情境性的、偶然的言行表现。个性还会表现在个体对环境的行动与反应方式上,如在遇到突发状况时,具有不同个性的人的表现往往是大相径庭的。

将个性的概念运用于品牌,就形成了所谓的品牌个性。品牌个性是指一系列与品牌相关的人格特征。像人一样,品牌也可以有自己特殊的文化内涵、精神气质、生活形态或是性格特点,甚至还有年龄、性别、阶层、地域等人口统计特征。这些就是品牌的个性。例如,江小白可以被描述为一个比较酷的、文艺的年轻小伙子;而茅台则是一位有一定社会地位的、稳重的、年龄较大的男士。其实品牌本身并无个性,只是人们赋予了它个性而已。品牌个性化就是赋予品牌以人的特征或特点,甚至还会有自己的一些故事。

价值观念的多元化是品牌个性存在的基础。人们会按照自己的喜好和主张进行选择,因此需要不同个性的品牌。当今个性化消费日益明显,出现适应不同消费者个性的不同品牌个性成为必然。

2. 品牌个性的特征

品牌个性具有以下几个特征。

一是人格化。品牌个性往往用人性化特征来表达,代表了特定的生活方式、价值取向与消费观念,甚至包括人口统计特征。它使原本没有生命的产品或服务变得有人情味,在消费者眼里变得鲜活起来。消费者会倾向于把具有独特个性的品牌看作某个特定的人群，并且将其与自我相联系。这一特征使得消费者与品牌之间的距离被拉进了，彼此能够进行深层次的情感交流，甚至产生某种亲切感和依赖感。

二是独特性。"独特"是个性中的应有之意。就像不同的人具有不同的个性，不同的品牌在其个性上也显示出差异性和独特性。从根本上来说，创造品牌个性的目的就是帮助消费者认识品牌、区别品牌。许多品牌的定位差异不大，产品也相同或类似，此时个性给了它们一个脱颖而出的机会。并且，品牌个性的独特性相对于产品来说更难被模仿，因为它的形成是一个长期和系统的过程。例如，孔府家酒与孔府宴酒都生产以孔府文化为背景的白酒，但品牌个性迥然不同，孔府家酒被看成是纯朴的、顾家的、诚恳的，而孔府宴酒拥有外向的、人文气质的、略显世故的个性。

三是稳定性。正如一个人的个性会在不同场合表现出一贯性，一般来说，品牌个性也会表现出稳定性。由于品牌的理念和价值观不会轻易改变，所以品牌个性也会保持连续性。而且，消费者一旦接受了某个品牌的个性，那他就很难轻易地改变这种印象，企业如果想要变更，可能需要花费很大的力气。品牌个性也只有保持一定的稳定性，才能够被建立起来。如果品牌缺乏稳定的内在特性和行为特征，消费者就无法清楚辨别品牌的个性。随意变动品牌个性会使消费者产生困惑甚至反感。

四是互动性。如果说人的个性是一种"内在价值取向"，追求的是一己的满足或者干脆是本能的反应，那品牌个性就是"外在价值取向"，是以同顾客相亲和、满足顾客需求为目的的。它的形成也是建立在与消费者接触的基础上，是由企业和消费者在相互的交流中共同赋予的。企业提炼出预期的品牌个性，并通过营销组合将其传达给消费者，消费者从自我的视角出发，形成和内化对品牌个性的某种感受与想法，而这也有可能和企业设计的品牌个性并不一致。品牌个性的互动性还体现为品牌个性和品牌使用者相互依存、相互作用。品牌个性可直接由消费者的个性得以表现，它是消费者真实个性在某种品牌上的一种投射和再现，能够反映该品牌使用者的形象。而品牌使用者在选择产品时通常都会有一定的心理预期，并对号入座，甚至品牌所宣扬的个性还会激发人们心中潜在的、还未意识到的欲望，而这又进一步强化了品牌个性。

5.1.3 品牌个性的作用和价值

在人群中，个性鲜明者容易脱颖而出，个性相同的人更容易相互欣赏，接纳彼此。同样地，消费者更倾向于接受、喜欢和购买具有鲜明的并且是他所认可的个性的品牌。具体来说，品牌个性具有以下作用和价值。

1. 品牌个性提高品牌识别度和认知度

差异性是现今品牌竞争的基本要求之一，而品牌个性最能够代表品牌之间的差异，为一个品牌创造个性胜于把注意力集中于琐碎的产品差别上。这是因为，基于客观属性的差异性容易被模仿或替代，很难长时间保持，而借由品牌个性建立起来的差异则深入消费者的意识里，在信息繁杂、瞬息万变的市场环境中，它提供了最重要、最牢固和最持久的差异化优势。

品牌个性还能够提高消费者的品牌认知度，将本品牌的特别优势以更丰富和更令人心动的方式展示与传达给目标消费者。一方面，品牌个性能够表现或暗示功能利益和品牌属性。例如，海尔被赋予真诚和创新的个性，使得消费者更相信其独特的服务和雄厚的实力。戴维·阿克（David A. Aaker）认为，建立一种能暗示功能利益的个性，通常比直接向消费者传递这种利益要简单一些。另一方面，相比抽象的品牌理念，消费者更容易理解类似于人格特别是他们自身性格的品牌个性。将品牌的内涵和价值观进行拟人化，能够提升传播沟通的效果。

2. 品牌个性促进购买行为

明晰的品牌个性可以解释人们购买或不购买某个品牌产品的原因。消费者的品牌选择越来越多地受到精神感受或是社会性需求的影响，在很大程度上体现了其价值观、人生目标、生活方式、社会地位等。研究发现，消费者会根据认为自己是什么样的人（真实的自我）和希望自己成为什么样的人（理想的自我），来指导自己的消费行为。品牌个性与消费者的自我认知匹配程度越高，或者能补偿消费者的个性弱点、保护和提升他们的个性形象时，消费者对这一品牌的购买意愿也会越强。当他们选择喝茅台酒、用华为手机时，都多少可以折射出他们潜意识中的本能欲望和心理需求。在当下，人们越来越注重个性的表达，品牌的选择还可以成为彰显个性或是表达理想的一种方式。例如，年轻消费者通过喝江小白来表达他们与喝茅台、五粮液的上一辈不一样的个性。

3. 品牌个性提升品牌忠诚

品牌个性能够感染消费者，随着时间的推移会形成强大的品牌感召力，在品牌和消费者之间建立起重要的情感纽带和长期的稳定关系。消费者把品牌当成伙伴、良师、精神寄托甚至是自己的化身，产生归属感，同时，还会表现出强烈的排他性，建立起品牌的"防火墙"。这些消费者不会轻易地发生品牌转移，就算竞争者复制了你的品牌个性也可能只是为你的品牌做免费广告而已。许多著名品牌都有自己鲜明的品牌个性，为自己圈住了一群忠实的拥护者。这也有利于品牌延伸或次品牌策略的实施，从而延长品牌的生命周期。

4. 品牌个性增加产品附加值

品牌个性可以改变产品的价值构成，在单纯的功能利益上加入精神和情感利益，从而提高消费者所感知到的产品总价值，这就给品牌留出了更多的溢价空间。例如，一瓶普通的白酒只要几十元，而一瓶茅台的价格高达上千元。虽然它们之间确实存在原料、酿造工艺和口感上的差异，但这种物理差异还远远达不到十倍、百倍之多，而茅台之所以能够制定这么高的价格且被消费者接受甚至追捧，就是因为其品牌个性提供了某种象征性意义和自我表达意义，带来了情感和精神上的满足感，消费者愿意为此支付额外的费用。品牌个性还能给予消费者一种团体感和归属感，例如，华为手机和红旗轿车的拥有者会下意识地把自己归入某一圈子里。品牌个性的这些好处突破了物理的局限，给了企业更多可以发挥的利润空间。并且，由于品牌个性是竞争者无法在短期内通过模仿获得的，因而使得企业能够长久地拥有成本优势与价值优势。

> **品牌案例 5-1**
>
> ### 小罐茶，大师作
>
> 小罐茶的创始人杜国楹说，某次，他在武夷山拜访一位茶人，辞别时，他扭头看到桌子上摆了个盘，上面写着国家级非物质文化遗产大红袍制作基地传承人，"非物质文化遗产传承人"字样刺激到了他。显然，这个标签如果能和产品绑在一起，对产品而言是一种品质确认，对消费者而言就是一种强烈的消费鼓励。因此，小罐茶用8位制茶大师作为品牌人格和形象，突出表现采茶、制茶过程中的专业性，专家的身份让这个品牌在行业内具有了话语权，同时也能增加消费者的信任度。"大师作"成为小罐茶进入茶行业的切入点和卖点，帮助其赢得了巨大的销量。
>
> 资料来源：《小罐茶，大师作——用创新思维打造茶行业的"苹果"》，https://www.sohu.com/a/193804865%5F816315。

5. 品牌个性帮助管理者理解消费者对品牌的认知

品牌个性还可以对企业管理品牌起到积极的反馈作用。一方面，通过消费者对品牌个性的描述，品牌管理者可以更加深入地了解消费者对品牌的实际感受和态度，从而能对品牌进行有效的管理，比如找出哪些方面做得不足才导致消费者形成了某种消极的品牌个性印象。另一方面，品牌个性会帮助企业规范品牌行为。品牌通过其个性树立起自身的良好形象，建立预期，消费者会以此来衡量品牌的表现。例如，海底捞要始终做到热情、贴心，否则消费者就会失望；如果红旗商务车试图在广告中加入过多的幽默元素，就可能会引起消费者的反感。

5.2 品牌个性测量

品牌个性测量一直是营销理论研究和实践领域中的一个热点，能够准确测量品牌个性是有效塑造品牌的前提。

5.2.1 品牌个性的定性测量

定性测量品牌个性的方法主要包括以下几个。

（1）自由联想法或词语联想法。询问被调查者关于某一品牌他们会联想到什么字眼。可以让被调查者自由联想，也可以进行一些范围上的限制，例如，规定描述的是联想到的心情、状态还是动作等，还可以事先拟好备选项以供被调查者选择。

（2）完成法。要求被调查者完成一个有关品牌的句子，例如，驾驶红旗轿车的人是_____，这个 App 图标让我觉得_____；或者完成一个不完整的故事、一幅未完成的画。

（3）品牌拟人。请被调查者把某个品牌想象成一个人，然后描述这个人的特点、人口统计特征、爱好、社交圈、行为举止、价值观等。

（4）使用者形象或购买者形象。请被调查者描述一下某个品牌比较典型的使用者的形象。也可以给被调查者一些人的照片，让他们选出他们认为会使用特定品牌的人并描述其特征。

（5）图片提取法。事先准备一些图片，让被调查者从中挑选出最能代表他们对某个品牌个性感受的图片并给出解释。也可以让被调查者通过拍照或者是从杂志、书、报纸等渠道收集图片，来指出某个品牌对他们来说意味着什么。

（6）事物类比。要求被调查者把品牌和其他种类的事物联系起来，如动物、人物、植物、卡通形象、杂志书籍、电影甚至是某些行为等。

（7）场景联想。让被调查者描述根据品牌能够联想到的场景，其中会出现什么样的人、他们在做什么、品牌产品在其中起着什么样的作用等。

（8）购物篮法。请被调查者想象在超市中，有几个人的购物篮中已各放了一样所指定的品牌产品，如果这几个人继续购物，他们还会选择哪些商品，并解释原因。

5.2.2　品牌个性的定量测量

1997 年，美国学者詹妮弗·艾克（Jennifer L. Aaker）借鉴心理学中的"大五"模型（将人类的个性特征划分为神经质、外向性、开放性、和悦性以及谨慎性 5 个维度），通过实证研究，提出了一个迄今为止最完整也最具影响力的品牌个性量表（brand personality scales，BPS）。该量表中包含 5 个**品牌个性维度**（dimensions of brand personality），分别为真诚（sincerity）、刺激（excitement）、称职（competence）、教养（sophistication）和强壮（ruggedness），下面又有 15 个层面和 42 个特征词（见表 5-1）。这 5 个维度能够解释品牌个性之间高达 93% 的差异。这一量表为定量测评、比较品牌个性提供了可靠的工具，能够帮助我们系统而全面地了解品牌个性，也提示了在品牌个性塑造上的策略性选择。

需要注意的是，很多品牌都多少掺杂了不同程度的五大个性要素，而构成比例不同，这使品牌呈现出不同的复杂的个性特征，如"动感地带"虽然拥有刺激、称职和真诚等个性特征，但在刺激上表现突出。

表 5-1　品牌个性量表

个性维度	层面	特质	例子
真诚	纯朴 诚实 有益 愉悦	纯朴的、以家庭为重的、偏向小镇的 诚实的、真诚的、真实的 有益的、原创的 愉悦的、感性的、友善的	海尔、老干妈、农夫山泉
刺激	大胆 有朝气 富于想象 最新潮	大胆的、时髦的、兴奋的 有朝气的、酷的、年轻的 富有想象力的、独特的 时尚的、独立的、当代的	动感地带、小米、江小白
称职	可靠 聪明 成功	可靠的、勤奋的、安全的 聪明的、技术的、团体的/合作的 成功的、领导的、有信心的	华为、阿里巴巴、联想
教养	上层阶级 迷人	上层阶级的、有魅力的、好看的 迷人的、女性的、流畅的	茅台、小罐茶、通灵翠钻
强壮	户外 强韧	户外的、男子气概的、西部的 强硬的、粗犷的	探路者、安踏、七匹狼

另外，在不同的文化背景下，品牌个性维度也会发生变化，这一点在品牌国际化的过程中要特别注意。2001 年，詹妮弗·艾克沿用此前开发美国品牌个性维度的方法，对日本、西班牙这两个分别代表了东方文化和拉丁文化的国家的品牌个性展开了实证研究，并与美国进行了对比。结果发现，日本和美国的品牌个性在真诚、刺激、称职和教养这四个维度上是一样的，但在第五项上，美国是"强壮"，而日本却是"平和"（peacefulness）。西班牙的品牌个性维度也是五个，前三项的真诚、刺激、称职和美国是一样的，第四项却是"热情"（passion），第五项和日本一样，也是"平和"。真诚、刺激、称职这三个维度在不同的国家都出现了，表明品牌个性在不同国家之间存在着一定的共性。这三个维度体现的是人的个性的基本特征。而之所以会出现不同的维度，则是因为品牌个性也同时能够反映出文化独特性和民族个性。例如在日本，"平和"这一维度，与整个日本倡导的"大和"文化紧密相关。而西班牙从其服饰、艺术到庆祝仪式无不体现了"热情"这一特征。"强壮"这一维度是美国所独有的，这也与其文化中强调"独立""个体"的价值观是一致的。

2003 年，中山大学卢泰宏教授团队针对中国的文化环境进行了研究，得到了中国品牌的个性维度及其层级结构（见表 5-2）。

中国品牌的个性一方面继承了中国传统文化，保留了本土化的特点；另一方面，随着中国与世界的交流、融合，也不可避免地受到西方文化的影响。"仁"（sincerity）、"智"（competence）、"雅"（sophistication）这三个维度具有较强的跨文化一致性，而与美国相比，最具差异性的地方在于：中国更强调群体利益，而美国更重视个人利益和个性表现，这也是两种文化的差异在品牌个性中的体现。与日本相比，中国品牌个性中存在着"勇"，这一维度与美国的"强壮"比较相关。它的出现表明中国品牌在一定程度上已受到西方文化的影响。

表 5-2　中国品牌个性量表

个性维度	层面	特质
仁	诚或家 和 仁义 朴 俭 稳或谨	诚实的、忠诚的、真诚的、家庭的、温馨的 和谐的、平和的、环保的 正直的、有义气的、仁慈的 质朴的、传统的、怀旧的 平易近人的、友善的、经济的 沉稳的、严谨的、有文化的
智	专业 创新	专业的、可依赖的、领导者、权威的、专家的 进取的、有魄力的、创新的
勇	勇德 勇形	勇敢的、威严的、果断的 奔放的、强壮的、动感的、粗犷的
乐	外在乐 内在乐	吉祥的、欢乐的、时尚的、酷的 积极的、乐观的、自信的
雅	现代之雅 传统之雅	体面的、有品位的、气派的 高雅的、美丽的、浪漫的、有魅力的

| 品牌案例 5-2 |

红色旅游目的地的品牌个性

品牌个性同样适用于旅游目的地的营销。由于旅游目的地间的竞争日益激烈，实施品牌个性化战略可凸显自身特色，与旅游者建立起情感联系，从而取得竞争优势。其中，红色旅游目的地因其承载的特殊意义，尤其需要建立起有导向性的品牌个性，来吸引目标人群。有学者通过使用品牌个性量表，发现在井冈山风景名胜区和韶山风景名胜区这两个红色旅游目的地的品牌个性中，游客显著感知到的主要维度是"智""雅""勇"，其余个性表现不是十分显著。同时，这两个景区的品牌个性也存在差别，井冈山的品牌个性主要是"雅"，其次是"智"和"勇"，韶山的品牌个性在"智"和"勇"上比较突显，其次是"雅"，这体现了其各自的特色化发展结果。

资料来源：郭冰心. 井冈山与韶山品牌个性比较研究 [D]. 长沙：湖南师范大学，2015.

5.3　品牌个性的塑造

品牌个性是长期、有意识塑造的结果。**品牌个性的塑造**（building of brand personality）是指运用品牌个性理论，采用拟人化的手法，赋予品牌人性化的特点，强调一个品牌如何帮助其消费者表达现实中的自我或是理想中的自我。企业通过对动态市场的准确认知和把握，把目标消费者所拥有的或者是他们所认可的个性特质提炼出来，移植或注入品牌之中，并加以强化，同时，持续不断地向目标消费者进行这种概念性的传播，以取得他们的认知与共识。

> **品牌案例 5-3**
>
> ### 三只松鼠的"萌"式营销
>
> 创立于 2012 年的坚果品牌"三只松鼠"凭借"卖萌"在坚果市场上异军突起。三只松鼠倡导"慢食快活"的生活理念,同时为了迎合"80 后""90 后"网购主力军的审美偏好,在品牌角色上,通过拟人化的手法打造了三只性格迥异的萌态松鼠,并赋予了它们不同的人格特征和名字。松鼠小贱爱卖萌,松鼠小酷是技术宅,松鼠小美则是现代女性的典型代表,一个有温度、有感情、会说话的品牌就此诞生。三只松鼠借助动画、绘本、周边产品等多元化的方式,与消费者进行互动,将简单的产品销售关系,拓展成为一种消费文化的阐述,使消费者在购买产品的同时能够充分感受"传递爱与快乐"的品牌文化。通过这一系列的策略,三只松鼠将单纯的品牌 Logo 发展成一个有生命力的人格化品牌,从而扩大了品牌影响力。
>
> 资料来源:郑刚,郑青青. 三只松鼠:如何凭借创新异军突起?[J]. 清华管理评论,2017(6):106-112.

每个品牌都有自己独特的背景、资源和特色,也都希望能具有独一无二的个性特征。但同时,成功的品牌个性塑造过程具有一定的共性,了解这些共同点能起到有效的启发和指导作用。

5.3.1 品牌个性的来源和驱动因素

品牌个性是消费者对品牌人格化的评价,因此,在介绍如何塑造品牌个性之前,有必要了解消费者主要是通过哪些方面来体验和感知品牌个性的。这些感受来源可以成为品牌塑造的借力点,也构成了**品牌个性的驱动因素**(driving factors of brand personality)。

1. 与产品直接相关的因素

产品是品牌的物质载体,也是形成品牌个性的主导力量,品牌个性很多时候就来自产品本身。正如美国广告专家李奥·贝纳(Leo Burnett)所言:每个商品都具有与生俱来的戏剧性,品牌经营者要善于挖掘和提炼这些戏剧性(个性)。

一是产品特征。消费者可以从产品和服务特征中形成对品牌个性的看法。因此,一些企业针对其产品或服务的属性进行品牌个性的挖掘和提炼,取得了理想的效果。比如,沃尔沃从自身汽车的内在属性中提炼出独特卖点——安全,从而打造了"令人信赖、放心、稳重、成熟"的个性特质;超能天然皂粉则根据产品的清洁环保属性提炼出令人耳目一新的品牌个性——上得厅堂下得厨房的超能女人。

同时,产品或服务也必须能够持之以恒地体现出品牌个性。例如,沃尔沃每年都要投入大量的费用进行安全方面的研究和开发；海底捞持续地用超出预期的服务来展示邻家小伙子般的热情和周到。

二是产品包装。包装就像人的衣服，是品牌个性的外在体现。产品包装是消费者在终端所见到的最直接的广告，优质的包装材料，独具匠心的造型、图形、字体、色彩等各种要素的综合运用，有助于暗示和传递品牌个性。例如，"小茗同学"鲜艳而靓丽的瓶身体现了青春的活力；湖南酒鬼酒利用由黄永玉大师设计的具有独特审美价值的包装为其奠定了大朴大雅的文人品格。

三是产品价格。消费者也会根据价格形成对某一品牌个性的印象。如果一个品牌的商品一贯以高价出售，就有可能给消费者传递高档的、尊贵的、精致的，或是势利的、高高在上的、略带世故的个性特征。相反，如果一个品牌的商品长期定以低价，就有可能在消费者心目中形成亲民的、节俭的、朴实的，或者是落伍的、粗糙的、缺乏档次的品牌个性。如果企业经常改变价格，可能会被认为是轻浮的、难以捉摸的；如果奉行永不打折的原则，可能会被认为是专一的，但也有些强硬。所以企业利用价格来塑造品牌个性时需要谨慎，价格要和其他要素，如产品质量、服务、成本管理等密切配合，才能实现预期的并且难以被其他企业模仿的品牌个性。如小罐茶坚持高价策略，同时通过其他一系列的营销方式，成功树立起"高贵、成功"的品牌个性。

2. 与产品间接相关的因素

从与产品直接相关的因素着手是较为便捷的一种提炼品牌个性的方法，但无论是何种大类的商品，其内在属性的构成总是有限的。在大多数情况下，许多产品的内在属性早已被同类品牌予以突出或强调，并作为其品牌个性。此时，企业可以转而寻求与品牌产品间接相关的因素。

一是品牌名称。产品名称的基本形式是语言和文字。语言不仅能通过声音刺激消费者的听觉器官，还能以口碑的形式在公众当中传播。文字则以符号的形式刺激消费者的视觉器官，使其产生联想和感触。品牌名称影响品牌个性的关键在于名称所承载的信息是否与消费者潜在的心理诉求相符。比如，提起"小茗同学"的品牌名称，很多人会想起"小明同学"这个在中小学时代各种应用题、英语对话和中文造句中广为流传的名字，从而产生情感共鸣。

二是代言人。可以通过形象代言人的专业、道德品质等诠释品牌个性特征并展现给消费者，也可以塑造品牌个性。因此，在选择形象代言人时，有必要了解其个性、形象、经历等与品牌所要传达的个性之间是否有内在的一致性和联想性。比如，中国移动推出子品牌"动感地带"时，邀请周杰伦担当形象代言人，就是看中了他身上那股特立独行的叛逆和对一切满不在乎的青涩，与"动感地带"的品牌个性相得益彰。

三是广告风格。所谓广告风格，是指广告作品所形成的一种独特表现方式。当消费者将这种表现方式与品牌形成一对一的联想时，品牌的个性特质就已经在他们心目中确立了。比如，百雀羚赖以成名的长图广告，以及后续一系列的创意营销短片，完美契合了其年轻化的个性特质。利用独特的广告风格并使其转化成品牌个性的特征时，必须满足两个基本条件：一是保持较高的广告曝光率；二是广告表现方法和传播媒体的使用必须持之以恒。

四是创始人和领导者。品牌是抽象的，而创始人则是具象且鲜活的，他们的气质和性格往往会渗透到品牌中去。比如，褚时健在74岁高龄时毅然携妻种橙，最终创造了"褚橙"的传奇。选择褚橙，除了因为水果本身的味道，也是对褚老励志精神的追求，表明消费者在潜意识里认为自己也是或也想成为这样的人。老干妈创始人陶华碧的踏实与纯朴也被传递到品牌上，影响了其品牌个性。此外，企业领导者的性格很多时候也会转移到品牌上。张瑞敏诚恳、儒雅、富有远见的个性形象无疑影响了消费者对海尔的看法。

五是品牌历史。品牌存在时间的长短也会影响消费者对品牌个性的基本判断。一般来说，诞生较晚的品牌会在消费者心目中产生年轻、时尚、创新和有活力的感觉，但也有可能产生华而不实、哗众取宠、昙花一现的印象。而历史悠久的品牌从积极的方面而言会给人以成熟、稳重、值得信赖、文化底蕴深厚的感觉，但从消极的方面来说也有可能生成过时、守旧、无趣、缺乏活力等负面印象。企业应结合自身的需要来进行积极的引导。例如，杜康酒借助曹操的"何以解忧，唯有杜康"来延伸其历史；剑南春宣传"千年酒业剑南春"；而江小白强调的则是自己年轻的个性特征。

六是品牌出生背景。由于历史、经济、文化、风俗的不同，每个地方都会形成自己的一些特色，这些地方的人也会有一些个性上的差异。例如，中国人的中庸、德国人的严谨、法国人的浪漫等，这些个性上的差异会影响到生长在这个地方的品牌。所以品牌可以借助出生背景，以相应的文化底蕴或地域特色为依托来树立自己的个性，如孔府家酒借助产地——孔子故里曲阜，使人相信它具有浓厚的中国文化特色。

七是公共关系。有特色且富有创意的活动、事件和赞助等能够很好地传达品牌个性。例如，值得注意的是，活动的性质要与确定的品牌个性目标相符。"脑白金"杯中国模特大赛就属于一则失败的案例，脑白金的品牌个性和主张与活动的性质存在根本的差异，最终效果大打折扣。一些著名品牌的公关赞助非常有针对性和连续性，可以用来建立某种恰当的、一致的个性。例如，从企业成立之初开始赞助北京亚运会，到成为中国奥运会代表团"唯一专用领奖装备"的赞助商，一条连绵不断的体育赞助主线帮助李宁树立起充满活力和拼搏精神的个性特征。

八是品牌符号。一个成功的标志符号就是品牌个性的浓缩。例如，苹果的标志符号体现了其富于创新的个性，七匹狼的标志符号表现了其顽强、拼搏、勇于挑战的个性。除了标志符号外，许多品牌还引入了能够代表品牌个性的象征物，如江小白的小伙子卡通形象、美的空调的北极熊、全友家私的熊猫等，这些人物、动物或者卡通形象成了品牌个性的载体和具体表现。

九是社交账号。随着社交网络的发达，很多品牌都在微博、微信等平台上申请了自己的社交账号，通过网络与消费者进行互动。这让品牌在消费者看来更像是一个真实存在的人,有着自己的性格和喜好。

品牌案例5-4

阿里系IP神运营拯救钉钉

2020年疫情期间,钉钉成为教育部官方指定网课平台。从职场跨越到教育领域本是一件喜事,却不承想,首次遭遇"社会毒打"的学生们不爽寒假时间被占用,于是"小学生出征,寸草不生"——钉钉在各大应用市场惨遭大量"一星好评",评分迅速下跌。那么钉钉是如何在危机之下扭转口碑的呢?

第一招:阿里系动物园齐上阵,拟人式刷屏求情。2月14日,钉钉在微博发出一幅大字报"求情",并召唤阿里系成员共同出动。

第二招:进军B站(哔哩哔哩的简称),以二次元形象跪地求饶。2月16日,钉钉在B站制作了调音视频,片中代表钉钉形象的黑色小燕子"钉三多"不断跪地大喊:"少侠们,你们都是我爸爸!""我还是个五岁的孩子,却加班到脱发。""五星好评求一次付清,我求求你们了!"该视频一出,立即在全网形成现象级传播,还引得许多B站UP主争相改编翻唱,站在学生、老师、员工的角度与钉钉"对线"较量。此后一段时间内,钉钉的B站账号平均1.5天产生一个视频,内容也是用二次元形象花式撒娇打滚卖萌,让唱歌、说唱齐上阵。钉钉的亲爸爸阿里巴巴也不甘落后,连出两个视频跟大家一起调侃儿子钉钉。当然,不会缺席的还有那些在评论区里活跃得像高仿号一样的阿里全家桶。

事情发展到这里,不知不觉间钉钉在公众心中的形象已经从那个"冰冷的打卡机器""资本家的帮凶",变成会向用户撒娇卖萌、插科打诨的黑色小燕子。而钉钉的应用市场评分和大众风评也在悄然回升。

资料来源:知识产权那点事《钉钉评分降至1.3,看阿里系IP神运营如何扭转乾坤》,https://zhuanlan.zhihu.com/p/109450733。

3. 与消费者相关的因素

除了企业一方的因素外,也可以对目标消费者的个性特征、价值取向、审美情趣和品位进行研究与分析,据此找出能够受到欢迎的品牌个性。

一是消费者的个性特征。企业可以有意识地将目标消费者的共性特征加以提炼和整合,并融入品牌的个性特征。比如,江小白以"年轻人"为目标消费者,因此将当代年轻人的青春、张扬、叛逆、自嘲等性格特征植入到品牌中。有时候,一群具有类似背景的消费者经常使用某一品牌,久而久之,他们所共有的个性也会被附着在该品牌上。例如,一开始华为手机价格较高,使用者多为商务人士。渐渐地,商务人士共同的行为特征就凝聚在了华为手机上，形成了华为成功、自信、注重效率的品牌个性，同时，华为也在有意识地强化这种品牌个性。而小米手机的使用者多为年轻一代，因此形成了时尚、年轻、前卫的品牌个性。

二是消费者的价值取向。所谓价值取向，是指在社会中具有特定文化背景的成员所信奉的道德和行为规范理念。在人与人的交往过程中，价值观往往决定了两个人是否能够和睦相处，这一点也适用于消费者与品牌的关系。所以企业可以将目标消费者的价值取向植入品牌中，以形成独特的品牌个性。例如，超能致力于环保，追求纯天然，帮助女性享受更高品质的健康生活，鼓励她们独立自信、追求梦想、各展所能，塑造了一个有社会责任感的形象，赢得了消费者的广泛认同与尊重，当然也赢得了市场。

三是消费者的审美情趣。显然，不同的消费者的审美情趣往往大相径庭，对品牌也会有不同的判断和选择。因此，在提炼品牌个性的过程中，可以针对目标消费者的审美情趣进行分析，从而提炼出更可能被他们接受、认同甚至喜爱的品牌个性。比如，呆萌的"小茗同学"推出瓶身上的冷笑话，用"90后"甚至"00后"目标消费者群体的话语体系来与其构建关系；网易云音乐借用用户乐评刷屏杭州地铁，将"有情怀、有温度"的品牌个性传达给更多消费者。

4. 其他因素

除了这些主要因素外，还有其他一些因素也会对品牌个性产生影响，例如产品的销售渠道和销售员、公司员工、公司形象、朋友和邻居的相互影响等。

品牌个性可以借助以上一个或是几个因素建立起来，当然这些因素不能孤立存在，只有置于品牌系统与消费者系统以及营销沟通的环境下，才有可能实现品牌个性的建立与深化，进而形成一个强有力的品牌。

5.3.2 塑造品牌个性的原则

为了塑造成功的品牌个性，有一些关键性的原则是需要企业特别注意的。

1. 关注消费者期望

人们往往喜欢那些与自身相似或与自己的追求相一致的个性，所以在品牌个性设计时要以人为本、投其所好，克服形式主义或功能主义的错误。研究目标消费者的生理和心理特点，使品牌个性能够代表他们的想法和追求，引起他们的共鸣将是一种有效的策略。三只松鼠将目标消费者确立为目前使用网络最多的"80后""90后"，以满足其内心诉求和审美标准为目标，形成了自己独特的萌个性。

除了要了解消费者现在的想法和需求，还必须能够根据社会和市场的发展趋势预见到消费者未来的期望。例如，随着消费者越来越重视环保和公益，品牌可以在个性中强调其社会责任感。此外，还要注意目标消费者的民族性问题及风俗习惯，这些也会影响他们的期望。

2. 考虑品牌定位

品牌定位是品牌个性的基础，品牌个性是品牌定位的延伸。因此，企业需要从品牌定位及核心价值出发来考虑品牌个性，将它们予以人格化的呈现和演绎。品牌个性需要与品牌定位所做出的价值主张和承诺相符。例如，由于七匹狼倡导"男士族群文化"，因此有了品牌个性中的顽强、拼搏、不断开拓的奋斗精神。

3. 追求简单而深刻

一个品牌所具有的个性不能过多，也不能过于复杂，一方面是因为企业很难面面俱到，另一方面是因为个性过多也会混淆消费者的认知和记忆。一般来说，最好是重点建立三到四个，能够深入人心、让消费者产生心灵感触的个性特点。并且，这些个性特点之间不能冲突，不能自相矛盾。例如，要想描述一个服装品牌是成功的标志，就不适合再说它是酷的和标新立异的。

4. 赋予品牌以真情

美国品牌专家斯科特·贝德伯里（Scott Bedbury）说过："伟大的品牌能找到相关的方法开启已经存在于人们内心深处的情感动力。"这一点对于塑造品牌个性来说尤其重要，因为品牌个性反映的是消费者对品牌的感觉，其形成大部分来自情感因素，少部分来自逻辑思维。品牌个性给予人们情感体验，使得品牌成为消费者的朋友和情感依托。因此，情感效应是树立品牌个性的重要工具。品牌个性的建立就是一个浇灌情感的过程，满足消费者的情感诉求，不断深化与他们的情感关系，会更容易打动消费者。例如，在海尔的星级服务计划中，其核心的品牌情感就是真诚；还有全球通的"沟通从心开始"等。

5. 敢于突破和创新

随着社会的发展，人们需求的个性化和多样化趋势日益明显，因此企业在赋予品牌个性特征时，要敢于突破常规，着力表现"与众不同""独具一格"的个性，才能够制造差异化，令人印象深刻，同时，也需要处理好个性和共性间的关系。

一方面，虽然品牌必须有自己的独特个性，但也不能违反大多数人或一个群体所共有的、在相同的社会文化形态下的共同特质。独特不是奇特，不能一味地因求奇求异而选择与消费者格格不入的一些个性。要评价一个品牌个性的独特性是否有效，要看它能否成功地打动目标消费者，引起情感共鸣。这就意味着品牌个性的塑造应该是在经过深入的市场调查，了解目标群体的内心世界并赋予其深刻内涵的基础上进行创新，才能达到应有的效果。

另一方面，品牌个性越强，则品牌适用性越弱，因此，品牌个性需要在强调独特性的同时考虑兼容性和开放性，从而保证一个比较丰富的品牌形象，使其能迎合的消费者具备一定的规模。品牌个性并非一定要在各个方面都和竞争品牌完全不同。由于目标群体基本相同，而品牌个性要能反映目标群体的总体个性或他们的社会性格，所以竞争品牌在个性上有相同的部分是合理的。其关键是要在共性的基础上有所侧重，发掘出最具个性化的特征，进行有创意的提炼与丰富。

6. 进行系统性整合

品牌个性的塑造是一项系统工程。由于品牌个性是由里及表渗透出来的，而不是强行贴上去的标签，因此，品牌内涵被人格化以后，企业不能只是单纯地向消费者进行空洞的描述，而是需要通过各种传播渠道和载体将个性信息传递给消费者，抢占他们的心智资源。消费者从认知到熟悉、再到购买和使用产品的整个过程中所感受到的一切信息，都是对品牌个性的体验。因此，企业需要整合这些因素，保证产品开发、形象设计、公共关系、促销活动等各方面工作都围绕着品牌的个性标准有效配合，传递出一致的信息，共同反映并塑造统一的品牌个性。如果出现了相互之间不一致的情况，不但会影响品牌传播效果，还容易模糊消费者对品牌的理解和记忆。

7. 平衡持续与变化

品牌个性的塑造需要把握好"持续"与"变化"之间的平衡点。"持续"是指符合人性本质和终极意义、在时间的冲刷下可以经久不衰的品牌内涵应该保持一定的内在稳定。如同个人性格是长期形成的，品牌个性的塑造也不是一蹴而就的，它需要从一开始就做出正确的规划，然后在很长一段时间里不断地投入大量时间和精力，进行孕育、塑造、确立和维护，所以这是一个循序渐进的过程。这一过程不宜草率行事或朝令夕改，否则会遭到消费者的质疑，留下反复无常的负面印象。持续性也可以有效防止其他品牌在短期内模仿。要保证持续性，可以从内容和形式两个方面入手，即品牌个性的内在特质及其内涵、对目标消费者的生活态度和价值观的理解等要始终保持一致，以及品牌的符号设计、传播方式和风格也要尽量保持内在的连续性，以便于品牌个性的积累与沉淀。

变化则是指为了适应时代的潮流和文化的演变、保持品牌的价值和活力以及消费者对品牌的忠诚度和新鲜感，品牌个性的塑造需要把握时代的脉搏和消费者观念的转变。如果企业经营理念做出了调整，或者市场导向发生了变化，可能就需要对品牌个性进行相应的更改或重塑。但一方面，是否进行决策的改变需要慎重，要综合考虑产品的特征和原先个性的利弊，不能根据潮流的变化随意地进行更改。另一方面，如果决策有所改变，就需要有细致的规划并谨慎行动，在提炼和继承原先个性精髓的基础上做出优化和扩展，赋予它新的内涵和生命。例如，故宫淘宝以传统文化为内核，对故宫元素进行年轻化包装。另外，针对不同的地区文化和目标人群，可能需要对品牌个性进行重新演绎。例如，万宝路香烟的人格化形象是美国西部牛仔，但其他国家的人不一定了解和喜欢，所以万宝路将自己与当地人所熟悉的人或事联系起来，比如在中国，举办了"万宝路贺岁锣鼓比赛"，因为大西北汉子鼓手与原先的牛仔形象十分相似。

| 品牌案例 5-5 |

数字技术对中国传统文化品牌个性的影响

在新媒体时代，数字技术的广泛应用为中国传统文化品牌的管理和传播提供了新的思路。故宫作为传统文化品牌的典型代表，已有大量数字化资源运用的实例。有研究表明，从品牌个性的角度出发，在应用数字技术前，故宫品牌个性最突出的特征依次是高贵、传统和权威。而数字技术的应用增强了其年轻、时尚、当代、友好等个性特征，减弱了含蓄、高贵、有礼貌等个性特征，从而拉近了品牌与受众的距离。同时，传统性和真实性虽有所弱化，但程度较轻，这表明故宫在运用新的技术手段时并未抛弃对传统的尊重，因此其悠久而深厚的历史感得以保留。

资料来源：李翔. 数字技术对传统文化品牌个性影响的实证研究——以故宫为例 [J]. 品牌研究，2020（04）：5-8.

5.3.3 塑造品牌个性的步骤

为了保证对上述原则的遵循，就需要围绕品牌个性的生命周期建立一个完整的管理体系。一般来说，塑造品牌个性有以下几个步骤。

1. 了解品牌个性现状

塑造品牌个性的第一步，是要清楚地识别当下消费者对自身品牌以及竞争者品牌的认知，以便发现不足，或是帮助寻找能够和竞争者相区别的品牌个性。此外，企业还需要总结导致当前品牌个性现状的原因，比如品牌定位、目标消费者特征、营销传播活动、产品和服务的表现等，这样才能有一个比较清晰和准确的自我认知。

2. 确定品牌个性目标

塑造品牌个性的第二步，是确定品牌想要拥有什么样的个性。这一个性需要符合品牌内外部的情况，要结合品牌定位、产品特征、消费者特征等进行综合考虑。例如，产品所允许的功能和利益、消费者的个性和追求，以及与竞争对手的差异性等，所以它是在市场调查与分析的基础上得出的，进而成为接下来品牌个性塑造工作努力的目标和方向。

3. 实施品牌个性战略

品牌个性目标是一个理想的设定，而品牌个性是存在于消费者脑海中的，所以企业需要以品牌定位和个性目标为指导进行整合营销，通过正确的传播要素组合来达到设想的目标。能否在消费者心目当中树立起企业所预期的个性，并让他们产生共鸣和认同就有赖于这些不同力量综合和持续的作用。例如，企业可以通过一两次影响较大的品牌传播活动初步形成其品牌个性，再通过广告、赞助、品牌代言人和象征物等途径对它加以巩固和鲜明化。在这一阶段，还要进行动态的反馈和评估，以发现是否出现失误或偏差，消费者心目中真实形成的品牌个性与企业预期的是否一致，预期的个性目标是否合理等，从而进行及时的纠正和调整。

4. 维护和提升品牌个性

进入这个阶段的品牌，一般是强势品牌或名牌。此时的主要任务就是围绕已经形成的鲜明的个性特质来寻找高质量的创意，多角度地传达品牌的定位和这些稳定的人性化特征。必要时，还要根据消费趋势和时代的变化对品牌个性进行相应的更新和提升，赋予其新的内涵。如老字号中药品牌"云南白药"，围绕止血这一核心功能开发出众多衍生产品，塑造出老品牌、新技术的形象，品牌个性也由此演化为"经典的、创新的"。

关键术语

品牌个性（brand personality）
品牌个性维度（dimensions of brand personality）
品牌个性的塑造（building of brand personality）
品牌个性驱动因素（driving factors of brand personality）

思考与练习

1. 品牌个性的价值有哪些？
2. 品牌个性的来源和驱动因素有哪些？请举例说明。
3. 品牌个性的塑造原则和步骤有哪些？

思政融入点

通过对中国企业品牌个性案例的进一步深入挖掘，理解中国优秀传统文化"仁、智、勇、乐、雅"等在企业品牌个性创建中的作用及价值，增强学生对我国优秀传统文化的理解和认同。

模拟实训

1. 选定一个本土品牌，利用本章所介绍的品牌个性量表进行问卷设计和市场调查，分析其品牌个性维度。
2. 选择一个品牌，通过网络、报纸、访谈等方式收集有关信息，分析它的品牌个性塑造过程。

案例分析

传承与创新:"百雀羚"的回春之路

2019年"双11",国妆品牌百雀羚在全网取得了8.56亿元销售额的好成绩。创立于1931年的百雀羚,是20世纪30年代中国护肤时尚风潮的引领者,然而历经80多年,难免生出"斑斑铜锈"。曾经那个过气的大龄品牌百雀羚到底发生了什么?又是如何走上复兴之路的?

2000年,面对洋货围剿、自身品牌空心化严重的内忧外患,百雀羚改制成为民企,开始探索复兴的道路。相比于一味地打折促销,百雀羚把更多精力放在了品牌的打造上,在传承老牌国货独特气质的基础上,塑造了全新的品牌个性:既有对传统经典的极致严谨和对东方审美的不懈追求,又大胆融入现代化主张。一方面,百雀羚明确了自己的定位,主打"草本护肤",并将品牌理念升级为"中国传奇,东方之美";另一方面,为打破传统守旧的固有印象,百雀羚更加注重品牌的年轻化和时尚化。

(1)创新产品系列。百雀羚借助其在草本护肤方面的优势,相继推出了精粹天然草本、三生花、气韵草本等系列,符合年轻人对肌肤保养的追求,清新自然的风格也紧贴年轻人的个性和时尚潮流。

(2)深耕内容营销。从刷屏长文案《1931》,到时髦展示京剧、皮影戏等传统文化的《东方之美,看我的》,再到被称为"22世纪广告"的《三生花》,百雀羚一直在聚焦中国元素,传递品牌东方之美的底蕴,同时,在这些内容中融入现代符号。这种传统与时尚的反差和融合,改变了品牌属性和基因,呈现出独具匠心又新潮出位的品牌个性,迸发出奇特的生命力。

(3)邀请明星代言。2010年,百雀羚邀请莫文蔚作为代言人,打破了国货品牌无代言人的先例,开启了时尚化、年轻化的道路。最近,百雀羚又选择了拥有大批年轻粉丝的迪丽热巴和同样代表了传统文化复兴的张云雷。百雀羚一直在通过代言人向消费者精准地传达其品牌个性。

(4)合作热门IP。百雀羚选择了这样一个聪明的做法来将厚重的中国传统文化以更加轻松时尚的方式传递给年轻人。比如,与近几年成为网红的故宫文化合作,推出符合古典审美的现代护肤品,俘获一批年轻人的心;联合周杰伦、坤音ONER推出了时光能量盒,勾起用户对明星故事、对青春和对百雀羚的记忆;跨界联合年轻人喜爱的网红店"喜茶",将其爆款基因挪为己用。值得学习的是,在这些跨界合作中,百雀羚始终没有丢弃自己"中华之美"的基因,更像是在不断改良完善,引导年轻人发现它,并将其传承下去。

历经几十年风雨的百雀羚,如今终于凤凰涅槃,在整个国内护肤品行业增长放缓的形势下,实现了年均30%左右的销售增长。国货品牌的复兴离不开对传统文化的传承和创新,百雀羚将传统经典与时尚相结合,塑造了鲜明的品牌个性。通过百雀羚,我们看见了老字号品牌的集体困境,也看见了其转型重生的希望。

资料来源:刘冬思《百雀羚:老牌国货的"回春"之路》,http://www.kanshangjie.com/article/92656-1.html。

问题:

1. 站在消费者的立场上,你如何评价百雀羚重塑品牌个性的战略选择?
2. 百雀羚的探索可以为国货老字号品牌的复兴提供什么样的借鉴?

第6章
品牌识别设计

学习目标

华为的八瓣花瓣、老干妈朴实的陶华碧、海尔可爱的两兄弟、京东的金属狗、天猫的大眼猫……这些我们再熟悉不过的品牌都有着各自鲜明的品牌形象,即使是在信息冗杂的当下,我们依然能准确地对其进行识别。这种现象并非偶然,而是各个品牌的有意为之。他们有意识地设计了有利于身份识别的显著特征,这就是品牌识别的思想。

通过本章的学习,应达到如下要求:
1. 了解品牌识别的内涵;
2. 了解品牌识别要素的构成;
3. 掌握各品牌识别要素的含义和作用;
4. 掌握品牌识别要素的设计原则与方法。

引导案例

扁平化设计的大众全新Logo

在中国,如果问一个普通人最熟悉的汽车Logo是什么,大概率会有大众汽车蓝底白字的"VW圆"——蓝色,代表一流、卓越与可靠性;白色,代表魅力、高贵和纯正;V在德语中代表人(volks);W在德语中代表汽车(wagen)。这个Logo不仅深入人心,而且被广告设计界奉为有史以来设计得最出色的教科书式的经典。

然而和所有的经典一样,大众Logo的诞生过程绝非一蹴而就。现在随处可见的蓝白VW圆其实已是自1937年以来的第12版迭代,较之前的Logo更为饱满、立体,为3D效果。2019年9月,大众发布了扁平化设计的全新Logo——新Logo的线条更为细窄,夹角更为锐利,而W的底端也脱离了圆形外框。

分析者认为,在"无处不屏幕"的现在,曾经需要用镀铬去体现高级感已经让位于能够自由适配大小屏幕,并且更能够在灯光辉映下体现未来科技感的全新设计了,因而扁平化设计的 Logo 是适应时代的结果。在之后以"遇见新大众"为主题的中国全新品牌标识揭幕发布会上，同全新 Logo 一起到来的还有大众汽车的新车型与新目标。

资料来源：极车制造《全新的 Logo，重生的大众？》，https://www.sohu.com/a/351840428_432875。

6.1 品牌识别概述

6.1.1 品牌识别的内涵

品牌识别（brand identity，BI）是品牌战略家渴望创造或保护的一套积极、独特的品牌联想。这些联想表现了品牌是什么以及对消费者的暗示，目的是引发消费者对品牌的美好印象。例如，农夫山泉代表了天然纯净，如家代表了家的温馨，立白代表了干净清洁，沃尔沃代表了安全等。一个强势的品牌必然有着丰满、鲜明的品牌识别，它将指导品牌创建及传播的整个过程，从产品、企业、人、符号等层面定义出能打动消费者并区别于竞争者的品牌联想。

品牌识别是消费者对品牌的第一印象、第一概念，也是品牌在众多同类产品中能够被一眼识别出来的清晰面孔。从 20 世纪 90 年代开始，品牌管理的思想逐渐转向了品牌识别，这是因为产品的同质化和信息的严重过剩使得品牌传播的重点开始转向有效和独特。为了能精确传达给受众，需要树立独特的品牌识别特征。每个品牌所独有的识别元素让人们在琳琅满目的商品世界里能清楚地辨认出各自的差异所在。

6.1.2 品牌识别要素

品牌识别总体上要求具有清晰、独特和丰富的**品牌识别要素**（elements of brand identity）。如野兽派是"高端艺术品位"的化身，但是高端的定位是什么，表现形式有哪些，则要通过其他方面来展现。根据"品牌冰山"模型，水面以下的部分是隐性的品牌内涵，水面以上的部分是显性的品牌符号，前者属于营销战略层面，是在品牌建立之初设计构筑的，它内含于品牌之中，是区别于其他品牌的核心成分，相对而言比较抽象；后者则属于战术层面，是品牌识别中表象的部分，是前者的外化和具体表现。

品牌通过特定的符号，说服人们赞同它的文化内涵，进而产生消费行为。这些形象和符号构成了一个品牌鲜明的识别系统和独特的认知标志，是形成品牌概念的基础，类似于品牌的"身份证"，能帮助区别产品或服务。通常所说的品牌设计实际上指的就是品牌符号识别设计，这也正是我们这一章所要讨论的内容，主要包括在品牌的名称、标志、包装、口号、广告曲、象征物以及品牌识别基本要素等方面结合品牌的属性、利益、文化和表现进行的设计。品牌符号识别设计是品牌化的基本任务，同时又是品牌传播的有力武器，因此应当从品牌战略的高度出发，认真考虑后期的传播推广与管理，目的是建立起良好的品牌知名度、品牌形象和品牌联想。

6.2 品牌名称设计

一个好的名字就是一笔巨大的品牌资产。《定位》一书中写道，最重要的营销决策就是给产品取一个好的名字。一个好的**品牌名称**（brand name），不仅会吸引消费者的眼球，而且容易引起消费者对品牌的广泛关注，有助于节省相当一部分广告费。随着人们品牌意识的增强，品牌的命名也越来越引起重视。例如，OPPO的创始人陈明永为其手机品牌命名时，就曾花费大笔资金并经过了一系列的筛选。目前品牌命名已经逐渐产业化，有许多专业公司为企业提供命名服务。这些都说明了品牌命名的重要性。

> **品牌案例 6-1**
>
> ### 那些"撞名"引发的悲剧
>
> 2020年暴发的"新冠肺炎"疫情对全球大大小小的企业而言，冲击力可谓巨大，其中最惨的非科罗娜啤酒莫属。科罗娜啤酒的英文名为"Corona"，寓意"皇冠"。科罗娜曾骄傲地在广告中写道："味道如名字一般动人。"然而横扫全球的新冠病毒英文名为"Coronavirus"，一转身，成了科罗娜（Corona）病毒（Virus）。虽然科罗娜品牌方不止一次地强调喝科罗娜不会感染新冠病毒，但还是无法阻止民众对科罗娜和新冠病毒的捆绑联想。作为一个百年老品牌，它用95年的时间赢了对手，却在短短2个月内败给了新冠病毒，股价暴跌，销量一落千丈。
>
> 美国伊西丝药品公司（Isis Pharmaceuticals）和极端恐怖组织伊斯兰国（ISIS）同名。在ISIS刚崭露头角时，该公司的公关副总裁还很自信地表示："大家都很清楚，我们与恐怖组织无关。"可没过多久，在公司营业稳定、美国股市一片大好的情况下，伊西丝药品公司的股价一路下跌。坚持了半年后，法国巴黎遭遇ISIS恐怖组织袭击，公司的股价再次大跳水。1个月后，公司终于撑不下去了，决定更名为伊奥妮丝制药公司（Ionis Pharmaceuticals），股票代码也从"ISIS"变为"IONS"。于是在一切照常的情况下，拥有了新名字的公司的股价3个月累计上涨43%。
>
> 资料来源：良叔《"新冠牌"啤酒，2个月赔了20亿：我们都陷入了这个思维陷阱》，https://www.sohu.com/a/381509170_120044281。

6.2.1 品牌命名的原则

品牌命名一方面需要深入文字的文化心理意蕴，反复考量字词的义理、音韵、造型等；另一方面，为了拓展这寥寥数字所能表达的含义，还需要从企业现有资源、社会文化传统、流行风尚等多方面进行挖掘。通常情况下，设计品牌名称需要灵感和创造力，同时也需要遵循一些总体原则。

1. 考虑合法性的需要

合法性是品牌命名的首要原则。再好的名字，如果不能注册，得不到法律保护，也会给今后的发展留下隐患。例如，根据我国法律，政治文化等领域的公众人物姓名不能用作品牌名称；同时，使用影视、体育明星姓名或是影视作品及其角色名称作为品牌名称时需要全面考量；使用"麦肯基"这类山寨名称时也应该慎重。例如，"乡巴佬"虽然在市场上已经有了一定的知名度，但在申请注册时被商标局驳回，理由是这个词带有贬义，用作商标会产生不良影响。

│品牌案例6-2│

一纸诉讼挡住乔丹体育上市路

从2011年提交首发招股说明书申报稿一直到2020年，徘徊了九年，与"山寨"一词如影随形的乔丹体育，依然未能上市。2012年2月，美国篮球明星迈克尔·乔丹向工商行政管理总局商标评审委员会提出申请，认为乔丹体育损害了其姓名权。2020年3月4日，最高人民法院做出判决，认定迈克尔·乔丹胜诉。虽然乔丹体育发表公开声明称该判决不会对公司的正常经营造成影响，但从品牌角度看，这一纠纷正在潜移默化地影响着乔丹体育的品牌美誉度和品牌价值。随着网络资讯快速传播，消费者对各品牌的认知更加清晰的情况下，乔丹体育所受的影响更大。

资料来源：张梦琳《乔丹体育山寨形象难摆脱 商标纠纷战持续八年》，http://finance.sina.com.cn/roll/2020-06-23/doc-iirczymk8450642.shtml。

---

2. 考虑听读和记忆的需要

品牌名称要认起来容易、读起来好听、记起来简单。易认、易读、易记的名称不仅能使消费者很快地识别和理解品牌，方便传播，甚至会进入人们的书写和话语系统，还能够降低消费者指名购买和销售人员推荐的难度。为此，品牌命名可采取的策略主要有以下几个。

一是选择常用的、易读的、发音响亮的字词。避免使用一些生僻字，并且读起来要朗朗上口，如中华、光明、康佳等。另外，尽量口语化，如康师傅，能让人产生熟悉而亲切的感觉。叠字的使用也能提高品牌名称的易读性和易记性，如拼多多、滴滴打车、人人网等。

二是选择一些高熟悉性的词，也就是使用频率比较高的词。心理学研究发现，人们对高频词的认识，无论是在速度还是在精确度方面都优于低频词。

三是选择一些高意义性的词，也就是在单位时间内，由一个词能够联想到更多的词。例如，提到健力宝，人们能在很短的时间内联想到"力量""健壮""体育""活力""矫健"等，因此，"健力宝"是一个高意义性的词。人们对这类词的记忆效果要远比低意义性的词好。

四是选择一些高意象性的词,也就是能够快速唤起人们心理图像的词。高意象性的词容易让人联想起该词所指事物的表象,能够进行言语和表象的双重编码,因而信息在脑子里被记忆得比较牢固,提取时也更加便利。举例来说,同样是卖茶叶的两个品牌,一个叫积庆里,一个叫三个茶匠,后者会更容易被消费者记住,因为它能快速在消费者头脑中呈现三个茶匠的人物形象。同理,三只松鼠和蚂蚁金服也是如此。

五是短而精。品牌名称越短越有利于传播,消费者的信息认知度也越高。心理学实验表明,人的短期记忆每次最容易吸收的信息量是 7 比特,就相当于英文两三个音节或汉字两三个字的长度。因此从国外品牌来看,好记的名称一般以两三个音节为主,国内品牌也以两三个字居多。例如,相比海尔,它原先的名字"琴岛 – 利勃海尔"既长又不好记。当然,一些有特色的四字或多字品牌也可能为消费者所接受,如北大方正、清华同方、鄂尔多斯等,但更长的就很少见了。

六是有特色。具有显著特征的品牌名称很容易与别的品牌名称相区别,从而给消费者留下深刻的印象,提高品牌意识。时下很多山寨品牌,如小米新品、老于妈、雷碧、康帅傅等,利用同音字或相近字等拉近与知名品牌的关系,甚至意图混淆视听,这样会破坏在消费者心目中的品牌形象,不利于打造自己的强势品牌。

3. 考虑心理联想的需要

为品牌名称赋予一定的寓意,让消费者能够从中产生丰富的正面联想或思考,也是很多品牌成功的原因之一。这是因为它能够使得消费者在面对该品牌时产生或期待某种感受,或是联想到某种美好的情景,从而形成较高的品牌偏好,如平安保险、泰康保险等。

在为品牌命名时,为促进正向的联想,必须注意以下两点。第一,应考虑到区域、语言、教育程度、技术和经济水平等各种因素对消费者感知和品牌联想的影响。例如,中国消费者往往是通过语言的表意特征来理解品牌名称的含义,这和西方消费者容易被品牌名称的声音所吸引不同。再如,同样的名称在不同的地区或语境中会有不同的联想。第二,品牌名称联想要顺其自然,适可而止,不宜牵强附会、过分夸张。否则,不但不能为品牌增辉,反而给人以虚伪、浮夸的感觉,引起消费者的反感。

品牌案例 6-3

那些尴尬的名字

因为罗永浩当初用锤子怒砸西门子冰箱维权一事影响很大,故而当他决定进军手机行业时,就给手机起名为"锤子"。但"锤子"一词在西南地区,尤其是云、贵、川、渝,有否定的意思。"你买手机哇?""买个锤子。"意思是不买。看见别人"耍"手机,"你耍锤子手机",意思是你不会"耍",不配"耍",不该"耍"。本来性价比还不错的手机,取了这样一个名字,损失了很多潜在客户。

> 著名品牌金利来当初进入中国市场时被直译为"金狮",在粤语中的发音是"尽输",这样一个名字自然无人喜爱。后来,金利来创始人曾宪梓先生将Goldlion分成两部分,前半部分Gold译为金,后半部分Lion音译为利来。改名之后,情形大为改观,一提到金利来,男人的气派和财源滚滚、吉祥如意的感觉就涌上心头。
>
> 白象电池原本是一个不错的品牌名字,在中国,白象是祥瑞的代表,象征着至高的力量和智慧,也有长寿之意,但是译成英文"White Elephant"后就成了"昂贵且无用的东西",大大影响了产品在国外市场的销售。
>
> 资料来源:草民时评《当手机碰上四川人的"锤子"》,https://baijiahao.baidu.com/s?id=1600807047587059053&wfr=spider&for=pc;樊晓丽.商标命名与文化[J].武汉冶金管理干部学院学报,2006(02):22-24.

4. 考虑品牌延伸的需要

企业如果有多元化扩展的意图,在品牌命名时,还应该考虑到品牌名称的延伸性,即现有的品牌名称能否有效地扩展到其他产品和市场上,从而为企业未来的发展打下基础。如果品牌名称和某类产品联系太紧密,就不利于该品牌的扩展。而一个无具体意义的品牌名称比较适合于品牌的延伸。如格力(GREE),不论是中文名还是英文名,都没有具体的意义,这样就可以不受束缚地被扩展到任何产品领域。

5. 考虑地域扩张的需要

随着当今经济全球化的不断加强,品牌命名时应考虑全球通用性,尽量摆脱区域化,便于品牌走向更广的区域甚至是国际市场。例如,珠江啤酒区域特色太浓,较难迈出广东;而厦新之所以改名为夏新,就是为了淡化厦门的区域特征,为以后的扩张做准备。联想集团起初的英文名"Legend"(传奇)在其实施国际化策略时竟成为绊脚石,因为"Legend"在海外市场被注册得太多,最终联想自创了"Lenovo"一词,"Le"取自原先的"Legend",承接"传奇"之意,"novo"是一个拉丁词根,代表"新意",整个单词寓意为"创新的联想"。

为了配合品牌的地域扩张,企业可采取的一种方法是融合当地的文化背景和消费者的接受习惯,重新创作一个独立的名字或是把原来的品牌名称进行艺术性翻译,如金利来。另一种方法是一开始就选择一个易于世界上尽可能多的人发音、拼写、认知和记忆且在任何语言中都没有贬义的名称。因为英语是目前最通用的商务语言,所以用英文字母组成的品牌名称往往比较适合,如OPPO、vivo等。

6.2.2 品牌命名的方法

在遵循上述命名原则的前提下,通过考察各个知名品牌,可以发现如下一些具有启发性的技巧和方法。

1. 以人名或姓氏命名

这是一种传统方法，例如，王守义、羽西、李宁、张小泉、褚橙等，都取自创始人的名字。这种方式体现了品牌创始人将自己的信誉和品牌的信誉绑定在一起，强调对产品负责的态度，能够加强消费者的信任感，而且随着时间的推移，还能够提醒人们回忆它悠久而光荣的历史。但采用这种方式很有可能会重名或是被模仿和抄袭。

品牌案例 6-4

吴良材之争

吴良材是眼镜行业中家喻户晓的老字号，然而围绕这个老字号的纷争，几年来从未停止。吴良材有限公司创始于清朝康熙五十八年，其前身为"澄明斋珠宝玉器号"，1806 年传到吴良材手里后，改为"吴良材眼镜号"，以定制眼镜为主。1926 年，该店传至吴良材第五代后人吴国城经营，并取名为吴良材眼镜公司。1956 年，吴国城响应国家号召，申请将公司公私合营。20 世纪 90 年代，公司改名为上海三联（集团）有限公司吴良材眼镜公司，并在经营过程中，将"吴良材"注册为商品和服务商标。

2001 年，吴国城的子女吴自生等人开设了"吴县市上海吴良材眼镜有限公司静安分公司"。"三联吴良材眼镜公司"以商标专用权被侵犯为由，投诉至工商行政管理部门。受到查处后，吴国城、吴自生等人向上海市第二中级人民法院起诉，请求法院确认其对"吴良材"字号享有合法使用权。市二中院审理后认为，"吴良材"作为字号已经脱离吴良材个人而成为企业名称乃至企业整体的一部分了，企业名称权一般随着企业整体的转让而转让。原告不能证明公私合营时，吴国城夫妇对包括"吴良材"字号在内的企业名称作了保留，因而对原告的诉讼请求不予支持。原告不服，向市高级人民法院提起上诉，市高院经过重新审理后维持了原判。

2007 年，上海吴良材陆续对苏州吴良材及其在江苏省内各分店提起诉讼，案件在六个城市开庭审理。原告说，自己是"吴良材"品牌的合法传承者，苏州吴良材前身叫苏州宝顺眼镜公司，其擅自将字号变更为"吴良材"，是在"傍名牌"。两年后，苏州中院率先做出一审判决：苏州吴良材不能再使用吴良材的字号，赔偿上海吴良材经济损失 17 万元，并公开道歉。

资料来源：邹强《沪苏吴良材为名起纷争　苏州吴良材一审被判改字号》，http://sz.yangtse.com/suzhou/ 2009-05-19/10818.html；倪慧群《吴良材后人不能再叫"吴良材"市高院今"一锤定音"》，http://sh.sina.com.cn/news/20021224/14031700.shtml。

2. 以地名命名

这种方法比较适合于以产地闻名的品牌。这类品牌主要是想突出产品的产地特色，以加强消费者对它的信赖，如青岛啤酒、大前门香烟、泸州老窖等，但是缺乏一定的个性，名称与品牌间的联系较弱，同时也无法确保品牌的独特性，会影响消费者对品牌的识别。

3. 以缩写命名

比如，华为的名字来自"心系中华，有所作为"；TCL 来自"The creative life"的首字母。这种命名方法虽方便记忆，但容易产生混淆。

4. 以虚构或杜撰的词语命名

这种名称本身不代表任何意思，如格力、新飞、比亚迪等。这种命名方法一般具有独特的可识别性，能在消费者心目中产生一对一的联系。由于商标的保护力强，并且与任何具体产品的联系都不是很强，因而适合于产品线众多的企业。但其缺点是缺乏特定的意义和联想，可能需要大笔的传播投资。

5. 以产品要素命名

以产品本身所具有的属性、功能、成分等要素命名可以让消费者更了解产品。例如，养生堂、支付宝、农夫山泉等暗示了产品的类别；易到用车、健力宝、胃必治（复方铝酸铋）、美图秀秀体现了产品的利益；超威（电源）、倍耐力（轮胎）等突出了产品的性能。这些名称本身就是一则简单的广告。这种命名方法的弊端在于固化品牌形象，不利于品牌延伸到其他产品领域；另外，它也有可能演变为该类产品的通用名称，从而失去识别性或商标注册法的保护，如"暖宝宝"原本是小林制药株式会社的注册商标，现在则成为暖贴的统称。

6. 以目标消费者的特征命名

品牌名称可以明确地告诉市场，该产品的目标消费者是谁，从而将品牌与这一目标群体绑定在一起，并使目标群体产生认同感和主动消费行为。如太太（口服液）是一种专为已婚妇女设计的补血口服液，它的名字清晰地指出了它所针对的目标消费者，类似的还有好孩子、商务通等品牌。另外，很多品牌名称还会暗示目标群体的特征，如名字"小护士""雅倩"等名字暗示了消费群体为女性这一特征；"七匹狼""劲牌"等名字代表了其男性产品的属性；带"乖"字（如乖乖虎）、"咪"字（如妈咪乐）等品牌名称会被认为是儿童或母婴产品。

7. 以寓意命名

这种寓意可以是某种情感形象与价值，也可以是一定的文化内涵，这样有助于丰富品牌形象，激发人们对品牌的想象力和联想力。例如，旺旺、金六福、绅士西服、孔府家酒这样一些吉祥、高雅的名字是对消费者情感和精神需要的满足；环球音响、优信二手车、华为、中兴等传达的是品牌的经营理念和价值观,能帮助企业建立品牌形象。这种命名方法传达的是一种比较抽象的概念,并不局限于特定的产品,适合多产品线的品牌。

采用这种命名方法时,需要注意目标消费者的特征。例如,针对追求时尚的消费者,可以赋予品牌名称时尚、另类、叛逆的气息;针对白领一族,可以赋予优雅、尊贵的气质;针对家庭主妇,可以赋予亲切与温馨的气息。百度的问答社区叫"百度知道",而知乎给自己起了个文绉绉的名字,这和它的目标用户的调性是吻合的。在认真研究过目标消费群体后,好太太晾衣架确定了自己的品牌名称,因为对其主要使用场景——家庭来说,好太太有着美好的寓意和情感上的亲和力。

8. 以具体事物命名

这种命名方法可以让人联想到与这种事物相关的属性,也可以利用人们对某种事物的熟悉和喜爱来提高品牌的知名度和亲近感。可以将动植物名称作为品牌名称,如小天鹅洗衣机、凤凰卫视、瓜子二手车、红豆服饰等;也可以一些美丽的自然现象为名,如长虹、霞飞(化妆品)、雪花啤酒等;还可以一些文化符号命名,如长城润滑油、黄鹤楼烟草、红旗汽车等。

9. 以数字命名

这种命名方法包括全部用数字和部分用数字两种情况。全部用数字的品牌有三九药业、柒牌男装、360 等;部分用数字的品牌有 58 同城、51job、361 度、三元等。这种命名方法方便记忆,特别是一些数字具有谐音特点,如 52 表示我爱,84 表示巴士,还有一些人们普遍印象深刻或有重大意义的数字,如珠峰高度为 8 848.86 米。但这种命名方式也容易令人混淆。

10. 其他命名方式

此外,还可以以民俗风情、典故、谐音字、双关方法来命名,如女儿红、楼外楼、来伊份、真功夫等。

6.3 品牌标志设计

标志作为表达起源、身份或联想的媒介由来已久。例如,几个世纪以来,有很多家族和国家都会使用某种标志来代表自己。

6.3.1 品牌标志的作用

品牌标志(brand logo)是指由字体、图像、象征物组成的品牌视觉识别部分。它是品牌传播的重要载体之一,能将品牌的诸多信息用图案、造型等精炼而艺术的方式传递给消费者,进而影响品牌形象的形成和品牌资产的建立。

设计一个有效的品牌标志是建立强势品牌的重要内容之一。这是因为,首先,人们接受外界信息形成印象，其中83%都来自视觉，而标志正是对视觉的满足，可以让人们获得更多的信息。其次，相比语言信息，标志更能引人注意、激发联想，提升兴趣和好感，例如，康师傅方便面的胖厨师标志使人联想到美味的饭菜，增进食欲；三只松鼠的标志软萌可爱，深受年轻消费者喜欢。再次，标志也更容易记忆和再认，有助于品牌识别。比如，在车水马龙的街道上，人们很容易通过各种车标来识别汽车。最后，标志往往可以比语言更加顺利地进行跨文化传递，多样性也更高，随着时间的推移和市场的变化，更容易进行更新。

6.3.2 品牌标志的类型

根据品牌标志的构成要素，可将其划分为文字标志、图形标志和组合标志。

1. 文字标志

文字标志是指以某种字体、字体造型或字体所衍生出来的图案作为品牌的标志。其中，中文、英文、阿拉伯数字、罗马数字等都可以作为这种标志设计的要素。文字标志简洁，又可利用字母或文字的变形和排列来加强标识性，富有艺术表现力和视觉感染力。文字标志大多数都是品牌名称、名称的缩写或代号，为了增强美感和可接受度，会进行一定的变形、装饰和色彩点缀。这就使得品牌名称在听觉效果的基础上，又有了视觉效果，直观明了、识别性强，可加强消费者对品牌的认知。海底捞、海澜之家、中兴的标志都属于文字标志（见图6-1）。

a）海底捞的标志　　　　　　b）海澜之家的标志　　　　　　c）中兴的标志

图6-1　文字标志

2. 图形标志

图形标志通过具象或抽象的图形来表达品牌。这种标志形象性强，如果设计恰当，则能通过丰富的图形结构及其规律组合来传达品牌的内涵，比文字标志更加生动传神，更易于识别和记忆。此外，图形在进行跨文化传播方面，通常比文字更有优势。

图形标志有具象型和抽象型两种。具象型图形标志借助客观存在的事物向受众传达某种寓意，意象性高，人们看到后能够很快地唤起心理图像和联想，如喜茶的标志（见图6-2a）。在设计具象型图形标志时，为了加强表达力，并形成独特性和专有性，往往需要进行相应的艺术提炼和加工。抽象型图形标志使用抽象的造型元素，提取事物本质，并进行高度概括甚至夸张，传达出一种感觉意象，且往往暗含品牌的某种精神和理念，不易被很快理解，但相比具象型图形标志而言更具现代感、信息感、商业感和神秘感，如奥林匹克的标志（见图6-2b）。

a）喜茶的标志　　b）奥林匹克的标志

图6-2　图形标志

3. 组合标志

组合标志就是把上面两种组合起来，一般是把品牌名称的主要字词和某种图形组合在一起。这类标志综合了前面两种类型的优点，拥有更多的表现空间和更为丰富的艺术语言，既生动形象，又能和品牌名称联系起来，更有利于品牌的区别和记忆，如华为、三只松鼠、七匹狼的标志等（见图6-3）。

a）华为的标志　　b）三只松鼠的标志　　c）七匹狼的标志

图6-3　组合标志（一）

为了不影响简洁性，有的品牌会将文字标志中的个别部分进行图案化设计。例如，雪花啤酒的字母O内被巧妙地置入了一片雪花，Sina（新浪）中字母i上的一点则被一只眼睛代替（见图6-4）。

a）雪花啤酒的标志　　b）新浪的标志

图6-4　组合标志（二）

6.3.3　品牌标志设计的原则

为了提高消费者的品牌意识、便于品牌传播和记忆以及能够积累品牌资产，品牌标志的设计应遵循以下几个原则。

1. 寓意性原则

品牌标志不仅仅是一个符号，还是品牌价值理念的一种体现。寓意性原则要求赋予品牌标志以寓意，生动地传达品牌的形象和理念，引发消费者的正面联想。比如，德邦的标志由"德邦"二字和一组弓箭图形组合而成，寓意速度和效率。同样是以字母 M 为标志，麦当劳的 M 棱角圆润、色调柔和，代表着美味、干净和舒适，而摩托罗拉的 M 棱角分明、双峰突出，充分表现了品牌的高科技属性（见图 6-5）。

a）德邦标志　　　b）麦当劳标志　　　c）摩托罗拉标志

图 6-5　体现寓意性原则的品牌标志

2. 适应性原则

品牌标志的设计应考虑到目标市场所在国家和地区的商标法等相关规定，以及当地的风俗习惯。如果违反了相关法律法规或是触碰了某些禁忌，则会严重影响该品牌的市场发展。

品牌标志还要适应时代的潮流。一般而言，虽然品牌标志具有相对稳定性，但随着时代的变迁或品牌自身的变革和发展，原来的标志可能需要进行相应的变动，像华为、QQ、京东的标志都曾经历多次演变。

品牌标志的设计应考虑将来可能的产品延伸。比如，作为杀虫剂产品的枪手，其原先的品牌标志是"青蛙 + 手枪"。"青蛙"用于杀虫剂产品非常贴切，但这也会束缚枪手品牌向非杀虫剂市场的扩张。所以，它后来使用了一个新枪手形象的标志，很好地解决了这一问题。

品牌标志会被广泛应用于企业的建筑物、产品包装、办公用品、员工服饰、广告媒体等，因此在设计时需要考虑在这些场合的适用性。另外，还要保证品牌标志应用不同的传播方式（如印刷品、电子屏幕等）、采用不同的制作材料以及放大、缩小时表现出的视觉效果。

3. 易识性原则

品牌标志要通俗易懂，容易被人识别、记忆。在现代社会，由于信息繁杂、生活节奏加快，人们对于各种媒体所传达出来的信息或是惊鸿一瞥，或是走马观花。品牌标志只有简单易识，且具有明确而强大的表现力，才能与其他品牌相区别，并给消费者留下较为深刻的印象。例如，Apple 的被咬了一口的苹果标志、抖音的音符标志等。

4. 艺术性原则

品牌标志的设计是一门艺术，设计者力求使用恰当的艺术表现形式和手法，使品牌标志具有高度的整体美感，以获得最佳的视觉效果。品牌标志设计具有独特的艺术规律。

（1）符号美。品牌标志是一种独具符号艺术特征的图形设计艺术。它把来源于自然、社会以及人们观念中所认同的事物形态、符号（包括文字）、色彩等，经过艺术的提炼和加工，重新组合为具有完整艺术性的图形符号，来传达一定的品牌信息。

（2）特征美。品牌标志图形所体现的不是个别事物的个别特征，而是同类事物整体的本质特征。通过对这些特征的艺术强化与夸张，可以获得共识的艺术效果。

（3）凝练美。构图紧凑、图形简练是品牌标志设计必须遵循的原则，但是凝练不是简单，凝练美只有经过艺术提炼和概括才能获得。品牌标志的艺术语言必须力戒冗杂，要高度单纯而又具有高度美感，这也正是品牌标志设计的难度所在。

6.4 品牌包装设计

近年来，随着品牌的不断增多和广告有效性的降低，**品牌包装**（brand packaging）设计变得越来越重要，已经成为商品不可或缺的组成部分。有一些品牌的包装闻名于世，甚至还有专门的包装设计专利。

6.4.1 品牌包装的作用

1. 物理作用

包装最基本的功能就是容纳和保护商品。恰当的包装能够方便产品的运输和保护，便于产品储存。同时，合理的包装设计还能够极大地降低企业的生产和运输成本。对于消费者来说，设计良好的包装能够为他们创造方便价值和确保使用安全。例如多年来，食品的包装几经革新，出现了可多次封口、防损害、更方便使用（如易拿、易开、可压等）的趋势。

2. 营销作用

包装是品牌的外在表现形式，代表了一则无声的广告或者是一个无声的推销员。一些营销专家甚至把包装称为营销组合中的第五个"P"。好的包装设计是品牌识别的一面旗帜，能够将自己与同类产品区别开，吸引消费者的注意。在商品极大丰富的今天，消费者对每个商品的关注时间都非常短，再加上越来越多的商品以自助的形式出售，所以能抓住消费者眼球并传达出他们所关心的信息的品牌包装也越来越重要。包装通过综合利用颜色、造型、材料等元素，表现出产品、品牌等的文化内涵和信息，对消费者形成较直观的视觉冲击，进而影响消费者对产品和品牌的印象。例如，农夫山泉玻璃瓶装天然矿泉水拿下五项国际包装设计大奖，水滴状的瓶身上分别绘有8种存在于长白山的典型的动植物，并标有数字用来强调这些动植物的现存数量或是统计特征（见图6-6），折射出对自然的敬意，成功传达出价值观和品位，一举填补了国内高端饮用水品牌的空白。

图 6-6　农夫山泉玻璃瓶装水

包装还会影响消费者的购买行为，特别是在快消品中，会刺激即效性的购买行为。杜邦定律指出，大约 63% 的消费者是根据商品的包装做出购买决策的，"包装能够使放在货架上的产品具有强烈的吸引力，从而压倒其他产品"。如果想要进入新市场，或者是在成熟市场中推动销量进一步增长，除了进行产品创新外，还可以进行包装上的创新，后者花费的时间和成本可能会更少。一些企业还会推出限量版的产品包装来刺激购买。

6.4.2　品牌包装设计的原则

一般来说，可以从以下五个方面对包装进行评价：可见性、信息性、感情诉求、工作性能和适应性。这些要求的相对重要性取决于具体的市场情况和竞争形势。

1. 可见性

可见性的目的是使包装醒目，但又不至于过分花哨而影响产品本来的形象。新奇的包装图案、体积、形状和颜色会增强包装的可见性。在设计包装时，要先了解一下货架上的同类竞品是怎样的，如它们的色调是什么、形状怎样，再据此设计出自己独特的包装，提升对比度，让产品更容易被消费者注意到。

2. 信息性

包装上应该提供各种形式的信息（如成分、使用说明、产品特色及注意事项等），它能让消费者更了解产品，从而刺激购买。实验表明，当把"100% 天然成分：无任何人造添加剂"这句话印在包装上时，产品销售量会猛增。同时，当"新""改进"等词频繁出现在包装上时，能给消费者带来改变、新奇及兴奋的感觉，刺激即时试购，或是唤回已经转向其他品牌的消费者。但是这些词也不能使用过度，否则会使消费者麻木甚至反感。一些产品会将用途印在包装上，鼓励人们拓宽该产品的使用场合，拉动成熟阶段产品的销量，例如将烘焙的苏打用于冰箱除臭等。从包装上学习产品新用途的人数，是通过电视广告学习新用途人数的 2 倍，这是因为，被包装吸引的消费者通常是已经偏好这个品牌的人，所以将信息印在包装上会更加精准、有效。另外，在包装上印上品牌标语，能使消费者想起广告内容，从而增加购买的次数。

要注意的是，包装上的信息应该精准适量，展示有主次之分，罗列过多的信息并没有太大的作用，甚至会影响主要信息的表达或使包装看起来廉价。

3. 感情诉求

包装可以通过使用颜色、形状、材料和其他途径，激发消费者特殊的感觉或心情。例如，新生代白酒品牌江小白，用包装上关于生活、关于爱情、关于朋友的一系列文案，直击饮酒人士的内心，找到共鸣，一夜之间成为白酒行业的网红。味全每日 C 开发出独特的文字包装，从"拼字瓶"到"每日宜瓶"，一方面让商品更加吸睛和有辨识度，另一方面也与消费者形成良好的情感交流，占领消费者心智。

一些品牌为吸引消费者，会随季节更替或不同的节日而不断改变包装，因为消费者更倾向于选择那些有着符合当下情境和心情的包装的商品。

4. 工作性能

在设计包装时还需要注意它的工作性能，如包装能否保护商品；是否便于零售店和顾客储存商品；能否使顾客得到和使用商品变得简单；能否保证零售商的利益，如在转移时不会受损、方便陈列展示、降低商品盗损率等；能否以较低的成本来实现这些功能，并缩短生产加工时间。

市场的发展也对包装提出了新的要求，同时越来越多的新技术被用于包装中。例如，有企业开发出一种新包装，只要顾客从货架上拿走商品，就会向后台数据库发送信息，这样可以为企业提供即时的销售数据，帮助其进行供货管理。无人售货商店的出现促进了智能包装的发展，在将 RFID 电子标签贴在商品上后，只要进入扫描区域，就可以瞬间同步完成所有商品的累积计算。此外，企业开始注重绿色包装，一方面是为了迎合消费者越来越强的环保意识，另一方面，可回收利用的材料也可以在一定程度上降低企业的成本。

5. 适应性

包装的设计需要同产品的特点、品牌的定位、消费者的需求特征等相匹配。消费者可能会期望某些类别的产品具有特定的外观，如将牛奶装在白色纸盒内会更有利于销售，苏打水最好使用蓝色包装等。包装会影响消费者对产品的感知，例如，橙汁饮品的包装上橙色越浓，消费者会感觉该饮品越甜。还有研究表明，浅色包装能够让消费者觉得食物很健康，但也许不好吃，深色包装则会让人更有食欲。

例如，红星二锅头历来是北京市民的餐桌酒，包装也是采取平易近人的风格，而当它想要进入高端市场时，就不得不在包装上做出改变。它推出的红星青花瓷珍品二锅头，其酒瓶采用仿清朝乾隆青花瓷官窑贡品瓶型，酒盒图案以中华龙为主体，配以紫红木托，颠覆了红星二锅头单一的低端形象，不但创造了优异的经济效益，还提升了公司形象、产品形象和品牌形象。

又如，三只松鼠的目标顾客是"80后""90后"的网购主力军，所以在包装上采取了符合他们审美情趣的软萌风格。另外，不同的国家和地区有不同的风俗习惯和价值观念，有各自喜爱和禁忌的图案，在设计包装时必须加以关注，才能为赢得当地市场的认可减少阻力。

6.5 品牌口号设计

6.5.1 品牌口号的作用

品牌口号（brand slogan），也称标识语、广告语，是用来传递有关品牌的描述性或说服性信息的短语。在很多国家，品牌口号可以受商标法、著作权法或反不正当竞争法的保护。

品牌口号渗透力强、影响力大、辐射面广。作为一种语言符号，品牌口号具有解释性功能，弥补了符号商标在内涵沟通上的劣势。相比品牌名称和标志，品牌口号既能提供品牌识别，又能提供更多的信息和额外的联想，更加灵活，更易传播和沟通，可以为品牌树立起良好的口碑。尤其是在互联网时代，一句有特色的口号可以迅速传播开来，例如，瓜子二手车的"没有中间商赚差价"、北极绒保暖内衣的"地球人都知道"、蓝翔技校的"挖掘机学校哪家强，中国山东找蓝翔"。

品牌口号具有一定的稳定性与整合性。作为品牌在较长时间内、在多种媒介上使用的一种特定语，品牌口号以相同的形式和内容贯穿整个传播活动，使受众保持长久的记忆和美好的印象，久而久之成为品牌另外一种含义的"商标"。我们很容易把"真诚到永远"和海尔联系起来，这是因为"真诚到永远"是海尔通过众多方式带给人们的特有语汇，因而两者之间产生了关联。

相比较而言，口号算是品牌识别要素中最容易更改的，可以不断地自我更新，跟上潮流和品牌的发展，同时也可以持续给消费者带来新的刺激，避免因一成不变而导致消费者麻木。例如，从"格力电器创造良机"，到"好空调，格力造"，再到"掌握核心科技""让天空更蓝，大地更绿"，然后到"格力，让世界爱上中国造"，格力品牌口号的每一次革新都象征着一次飞跃，从品牌初创时以质量为中心，到靠质量奠定基础，再到以技术为先导，然后到拥抱企业社会责任，扛起"中国造"的大旗。这五个品牌口号的变化，清晰地勾勒出格力的发展路径。

6.5.2 品牌口号设计的原则

1. 切合品牌定位

口号是品牌主张的一个核心载体，在与消费者的沟通与传播中起到非常关键的作用。

事实上，无论进行什么类型的传播活动，都是在定位的基础上进行各种表现，品牌口号也一样，它必须符合品牌或企业的定位，在此基础上再进行创作和提炼。例如，中国移动的"沟通从心开始"、金利来的"男人的世界"、方太的"让家的感觉更好"、农夫山泉的"我们不生产水，我们只是大自然的搬运工"。

2. 易于传播记忆

品牌口号要做到易读、易记。一般来说，好的品牌口号都是简短、无生僻字、易发音、无不良歧义、具备流行语潜质以及具有信息单一性的口号。卖点太多、语句太长，都不利于记忆和传播。要做到这一点，还需要在语言修辞技巧上下功夫，巧妙运用谐音、对仗或诗词、俗语等。例如，"要想皮肤好，早晚用大宝"，合辙押韵，朗朗上口；"清水出芙蓉，雕牌去污渍"巧妙地和诗词结合起来；康师傅的"好吃看得见"，简单而又意味深远，代表了发自内心的赞叹。"白象方便面让这个冬天更温暖"虽不如康师傅那么直白，但更有意境；澳柯玛冰柜的"没有最好，只有更好"、雕牌的"只买对的，不选贵的"、动感地带的"我的地盘听我的"甚至已经进入了人们日常的话语体系。"新飞广告做得好，不如新飞冰箱好"当年曾引起很大的争议，但不可否认的是，随之而来的是极高的讨论度和传播度。

总的来说，品牌口号的使命是与消费者沟通以及提高识别性。相比较而言，沟通性的获得更依赖于口号本身的内容，而识别性的获得则靠创意的形式以及广告媒体的强度，例如，脑白金的"今年过节不收礼，收礼只收脑白金"、铂爵旅拍的"想去哪儿拍就去哪儿拍"、恒源祥的"恒源祥，羊羊羊"凭借大量重复的、洗脑式的广告"轰炸"消费者，给其留下了深刻的印象。

6.5.3 品牌口号的设计方法

在遵循以上原则的基础上，可以考虑通过如下几种具体的方法设计出动人的口号。

1. 演化品牌名称

这类口号通过不断地传播，可以提高公众的品牌认知，有效树立品牌形象，例如，超能洗衣液的"超能女人用超能"、联想的"人类失去联想，世界将会怎样？"等。

2. 结合产品特点及利益

这类口号直接、理性地表达产品的优势，强调与消费者利益的关联，能为其带来某种好处。例如，格力的"好空调，格力造"、农夫山泉的"农夫山泉有点甜"、三洋空调的"家有三洋，冬暖夏凉"、王老吉的"怕上火就喝王老吉"、商务通的"科技让你更轻松"。

3. 围绕消费者的心理需要

这类口号运用感性的诉求方法，借助亲情、友情、爱情等打动消费者，能够让人在情感上产生共鸣，从而认同它、接受它，甚至主动传播它。例如，娃哈哈纯净水的"我的眼里只有你"、维维豆奶的"维维豆奶，欢乐开怀"、抖音的"记录美好生活"、哈尔滨啤酒的"一起哈啤（happy）"都抓住了消费者的心理，容易唤起受众的认同，具备较强的感染力。

4. 围绕品牌的核心价值

品牌口号也可以超越具体的产品，表现品牌的内涵和价值。这除了要对消费者有深刻的洞察外，还要有品牌自己的个性和文化。例如，美特斯邦威的"不走寻常路"、361度的"多一度热爱"、安踏的"永不止步"。

6.6 品牌广告曲设计

品牌也可以借助声音的力量促进并强化目标受众对品牌的识别和联想。广告曲即**品牌音乐**（brand music），是用音乐的形式来表现品牌，被视为延伸的品牌口号。

从加强品牌意识的角度来说，品牌广告曲是非常有用的，它往往能巧妙而有趣地重复品牌的名称，增加了消费者接触品牌的频率。并且，品牌广告曲一般旋律优美，比较容易上口，消费者听后常可轻松吟唱，并形成长久的记忆，因而能增强宣传的效果。20世纪80年代燕舞卡带式录音机的"燕舞，燕舞，一曲歌来一片情"唱遍全国，成为一个时代的记忆，这一品牌也随之家喻户晓。拼多多根据《好想你》这首歌改编的广告曲，"拼就要就要拼多多！每天随时随地拼多多！"，让很多人记住了拼多多。

品牌广告曲也能有效地调动目标受众对品牌的情感认识，进而将品牌的核心价值与内涵传递给消费者。例如，步步高音乐手机的经典广告曲《我在那一角落患过伤风》，节奏明快，简约动人，在消费者心目中成功地将步步高手机和好听的音乐联系起来，有效传达出"听音乐就买步步高手机"的理念。*Dream it possible*作为华为消费业务品牌的主题曲，承载了华为品牌"相信自己、敢于挑战、追逐梦想"的品牌精神。银鹭花生牛奶请来林俊杰为品牌量身打造的主题曲《真材实料的我》，表明了自己认真做牛奶的态度。中国移动也曾成功地进行过一次音乐营销，借着周杰伦的一首《我的地盘》，推出了"动感地带"业务，歌曲中"我的音乐我做主"的基调与动感地带"我的地盘听我的"风格相得益彰，在传唱中潜移默化地加强了品牌认知，完成了品牌传播。

6.7 品牌象征物设计

品牌象征物（brand symbol）是指具有独特个性并被赋予了夸张的、拟人化的、漫画式的形象。品牌象征物在品牌塑造中起着很重要的作用，它可以通过各种活动和各种媒体进行表演和展示，从而深化品牌识别。vivo和OPPO的蓝绿人偶在街头打架的超萌视频引发了网友的转发和热议，并衍生出"充电5分钟，打架2小时"等段子，无形中宣传了品牌。互联网行业就是一个动物世界，天猫的大眼猫、京东的金属狗、UC 的松鼠、腾讯的企鹅、小米的雷锋兔，这些品牌象征物在提高品牌认知、拉近与消费者的距离方面发挥了不可替代的作用，说明了设计出一个受消费者喜爱的品牌象征物的重要性。

由于品牌象征物是具有生命的形象，所以它除了有自己特有的造型之外，还应该有自己的性格、生活环境以及独特的行为举止和故事等。因此，在设计品牌象征物时需要考虑品牌象征物的性格、形状、生活背景、出场故事、动作等。如知乎的官方吉祥物刘看山有自己的小性格、表达方式和故事，虽然是一个虚拟化的角色，可是它在知乎的办公室里有自己的一间冰屋，还有一个专门的"饲养员"看护着。它几乎每天都在更新自己的微博账号，你可以看到它正在把鼻子歪到咖啡杯里——"吸管，够不到"，或者抬头望着墙上的菜单——"菜单都是假名，看不懂，很困扰"，还有它看书的模样——"原来安迪·沃霍尔也有这样的烦恼"，这一形象平衡了知乎本身严肃、理性的调性。

| 品牌案例 6-5 |

全友家居"熊猫YOYO"的网红之路

2005 年，全友家居出资终身认养成都卧龙大熊猫保护基地的一只熊猫小公主，并为它起名"友友"。2010 年，"胖达友友"被官宣为全友家居的品牌形象代言人，并开始参与到其品牌活动和公益行动中。从 2015 年开始，全球各路 IP 红人强势登场，如熊本熊、大白等，全友家居开始思考如何让"友友"的形象走进中国及国际市场。他们为"友友"定制了一套萌服，并安排专人 COS"友友"。它就像全友家居的一位员工一样，能与用户沟通、与明星互动，并开始尝试"搞怪萌"等不同风格，人格化特征初现。2016 年，全友家居进行了一次数十万份的问卷调研，结合当下主流消费人群的需求和喜好，对"友友"的形象进行了升级，化身为"YOYO"。在外形上，YOYO 比原先的大熊猫形象多了一条绿色围巾，围巾代表着关怀与呵护，象征着全友家居不遗余力地为用户创造美好家居生活。全友家居也为 YOYO 定制了新的性格特征："温暖 + 呆萌"。升级后的 YOYO 更加活跃地出现在全友家居的舞台上，例如，参加"保护环境"的创意公益活动、去京沪互联网圈关爱互联网人、常驻全友家居的各种活动等。走红之后的 YOYO 自建了一个微博账号："胖达_YOYO"，以此来记录自己的网红生活，也开始尝试由"呆萌"转变为"贱萌"。

结合大熊猫天然萌的特质，全友家居赋予了 YOYO 更多的可能。以 YOYO 为形象载体，全友家居向世界传递出绿色、友爱的和谐理念。

资料来源：天府网《全友家居"熊猫YOYO"的网红之路》，https://www.sohu.com/a/153310446_389894。

6.8 品牌识别基本要素设计

6.8.1 品牌标准色

品牌会将某一特定的色彩或一组色彩系统（一般不超过 3 种颜色）统一运用在所有视觉传达设计媒体上，通过色彩的视觉刺激与心理反应，表现品牌的经营理念或内容特质。**品牌标准色**（brand standard colors）象征品牌形象，具有强烈的识别效应，能有力地表达感情，是品牌识别的基本设计要素之一。我们想到微信就会想到绿色，想到京东就会想到红色，想到美团就会想到黄色。不同的色彩有不同的含义，会让人产生不同的联想。

| 品牌案例 6-6 |

支付宝的色彩演变

淘宝一直秉承着橙色的 UI 设计界面，因为橙色通常会给人一种有朝气、活泼、健康的感觉，同时也象征着爱情和幸福。但有趣的是，同是阿里巴巴旗下的支付宝却在 2015 年更新之后，将主色调换成了蓝色（见图 6-7）。这是为了贴合蚂蚁金服的小蚂蚁的色调，因为这次更新之后，支付宝的主要功能中增加了金融、理财的概念。并且，蓝色具有使人冷静和理性的作用，对于涉及财富的应用来说，强调理性是很有必要的。蓝色也更适合移动社交，在需要长时间高度集中注意力时，不会显得过于刺眼和容易使人疲劳。

图 6-7 支付宝的色彩演变

2020 年支付宝再次更新，新系统"蓝上加蓝"。面对吐槽，支付宝官方的回应是："旧支付宝蓝感觉更沉稳和更有信任感。今天我们从金融支付工具发展到全球最大的数字生活开放平台，除了让大家觉得可靠，还要为大家提供更便捷的数字生活未来，享受更好的服务，想想就开心！所以新支付宝蓝更明快了，多开心呀！"但网友们的评论似乎戳穿了真相："支付宝一定是洞察到小摊上的颜色没有微信的亮眼。"

资料来源：代码银行《为什么阿里的淘宝是橙色系，而支付宝是蓝色？》，https://www.sohu.com/a/160476398_596860；Canva 设计《支付宝为什么突然变蓝？什么套路？》，https://www.shejipi.com/332246.html。

一般来说，在设计品牌标准色时，应该注意突出品牌风格，反映品牌理念，突出与其他品牌的差别，符合社会大众的消费心理。此外，还要考虑成本与技术性，尽量选择印刷技术上分色制版合理的色彩，以便于标准色的精确再现与管理。

6.8.2 品牌标准字

标准字也是**品牌识别系统**（brand identity system）中的基本要素，它应用广泛，常与标志、包装、口号联系在一起。**品牌标准字**（brand standard fonts）是对品牌所涉及的主要文字和数字等进行统一的设计，通过个性化的字体来表达品牌的内涵。经过精心设计的标准字与普通印刷字体除了外观造型不同之外，更重要的差异在于：它是根据品牌个性而设计的，其形态、粗细、字间的连接与配置、造型等，都有着细致严谨的规划，与普通字体相比更美观、更具特色，能够将品牌的特性、经营理念和精神等，通过具有可读性、说明性、鲜明性、独特性、艺术性的组合字体，在各种媒介上进行传播，以达到识别的目的，并进一步塑造品牌形象，增加品牌的认知度和美誉度。

不同的字体会给人带来不同的感受。例如，手写体显得比较随意，往往可以体现以人为本的经营理念；印刷体看起来比较工整，往往可以体现稳重、庄重的品牌理念；高而窄的瘦金体透露出一种优雅感；大而圆的无折线字体可以让人产生一种友好亲切的感觉。不同类别的产品匹配的字体也有所不同。例如，食品品牌的字体大多明快、流畅，以表现食物带来的美味与快乐；女性化妆品品牌的字体大多纤细、秀丽，以体现女性的秀美；高科技品牌的字体大多锐利、庄重，以体现其技术与实力；男性用品品牌的字体大多粗犷、雄厚，以表现男性的特征。

6.9 品牌识别要素的整合

每一个品牌识别要素对于品牌认知和品牌形象来说都至关重要，都是极具价值的品牌资产，全套要素就构成了品牌识别。为了能有效发挥品牌识别的作用，这些识别符号需要和品牌紧密相连，并有相当的传播投入，以使其深深地根植于消费者头脑中。

同时，这些要素之间存在着有机的联系，品牌管理者需要对它们进行合理的组合和匹配。例如，一个有意义的品牌名称，如果能够通过标志在视觉上表现出来，将比没有标志容易记忆得多。品牌识别的聚合性取决于识别要素之间相互匹配和一致性的程度。在理想的情况下，这些要素应能互相支持，且能方便地应用到品牌和营销方案的其他方面。品牌定位、品牌内涵、品牌个性、品牌联想和品牌价值都应该统一于对各项品牌识别要素的设计中。例如，百度向用户提供的价值，定位于让网民更平等地获取答案，找到所求，它的品牌名称就来自宋词《青玉案》中的"众里寻他千百度"，品牌口号是"百度一下，你就知道"，品牌标志是一只熊掌，想法来源于"猎人循迹熊爪"，这与百度的"分析搜索技术"非常相似，百度熊也成了百度的象征物。

关键术语

品牌识别（brand identity）
品牌识别要素（elements of brand identity）
品牌名称（brand name）
品牌标志（brand logo）
品牌包装（brand packaging）
品牌口号（brand slogan）
品牌音乐（brand music）
品牌象征物（brand symbol）
品牌标准色（brand standard colors）
品牌识别系统（brand identity system）
品牌标准字（brand standard fonts）

思考与练习

1. 好的品牌识别设计有什么作用？
2. 在为品牌命名的时候，需要考虑哪些原则？
3. 品牌标志是什么？有哪几种常见的类型？
4. 品牌包装设计需要遵循哪些原则？
5. 品牌口号是什么？有哪几种常见的设计方法？
6. 为什么说品牌标准色和品牌标准字是品牌识别的基本要素？

思政融入点

品牌识别要素是一套互相协同发挥作用的要素系统，这种识别的受众是顾客，因此要站在顾客的角度看问题。通过一些经典案例分析和实践设计等教学方法，让学生建立科学的系统思维方式，并能够养成从受众的角度看问题的习惯，以此提升学生的情商。

模拟实训

1. 选定一个品牌，深入挖掘它的品牌故事，为其重新设计品牌标志。向老师和同学展示你设计的标志，将他们的感受与你的设计初衷做比较，分析产生差异的原因。
2. 借助互联网，追踪一个品牌的识别要素的更新历程。收集有关历史数据，分析历次更新的市场背景和更新效果。

案例分析

阿里巴巴的品牌"动物园"

中国的互联网品牌与动物有着不解之缘，例如，腾讯企鹅、百度熊、京东狗、苏宁狮等。但似乎唯独阿里巴巴将自己旗下的品牌打造成了一个"动物园"——天猫、飞猪、闲鱼、虾米、松鼠（UC浏览器）、考拉、河马（盒马鲜生）……不管是内部孵化，还是外部收购，阿里巴巴一直保持着"品牌动物化"的风格。就连淘宝网的企业形象淘公仔也兼具人和动物的特征。那么，为什么诸如阿里巴巴这些企业都偏爱用动物塑造品牌形象？

动物形象本质是符号化文化。大卫·奥格威从创意入手提出了"3B原则"。作为一种广告表现手法，3B原则用美女（beauty）、动物（beast）、婴儿（baby）元素沟通，符合人类的天性，记忆度高，更容易赢得消费者的注意力。当下"云吸猫""云养狗"现象的盛行充分说明了这一点。

对于一个新品牌来说，建立消费者的新认知、新消费习惯，需要投入大量的人力、物力。用动物作为营销语言，可能是一种捷径。"阿里动物园"旗下的动物，都是多数人熟悉或喜爱的动物，不需要再进行认知培养。品牌借助大家熟悉的动物形象，容易让大家放下广告戒备心理，从而快速抓住消费者的视觉注意力，降低品牌的沟通成本。

2019年"双11"，天猫联动11城11街，打造了11只许愿猫，包括深圳5G猫、北京冠军猫、上海极速猫等，把11个大城市的商圈打造成网红打卡地。天猫的这次活动激发了年轻人现场打卡的参与热情，实现了更接地气的品牌传播效应。2019年12月，阿里巴巴成为杭州2022年第19届亚运会合作伙伴，"阿里动物园"集体出动，以一组动物园海报为第19届亚运会"打call"，更是有一种"动物园运动会"的感觉。

虽然品牌IP的动物形象使得原本冷冰冰的品牌拥有了人的个性，多了几分温度，让品牌更容易被人喜欢，但借用动物形象为品牌赋能，也不是品牌营销的"万金油"，企业还需要结合自身品牌战略和品牌调性对症下药。动物IP形象也不是只用来卖颜值的，最终的目的都是要回归传播、为品牌业务和品牌形象服务。这就决定了动物形象特征要与品牌命名、品牌业务一脉相承。飞猪的旅游飞行、闲鱼的闲置交易、考拉的海淘……"阿里动物园"利用贴切的动物形象，表达了不同品牌的业务核心，引导消费者进行品牌联想。

资料来源：文化产业评论《开了个"动物园"的阿里，能造出品牌IP吗？》，https://www.sohu.com/a/366310401_152615。

问题：

1. 在该案例中，阿里巴巴如何利用动物形象进行品牌传播？
2. 结合案例，试总结用动物形象作为品牌象征物的设计原则。
3. 为一款K12（从学前教育到高中教育）教育产品设计一个动物形象的品牌象征物，并说明你的理由。

CHAPTER 7

第7章
品牌渠道

学习目标

渠道是消费者获得产品、感知品牌的最直接的途径。按照是否通过中间商进行分类，渠道包括直接将产品传递至消费者的直接渠道，以及通过经销商和零售终端等中介到达消费者的间接渠道。在整个市场体系中，绝大多数产品仍会通过间接渠道送达消费者。其中零售终端和经销商对制造商而言，既可传递品牌，也可为品牌资产锦上添花。随着渠道不断变革，电商等直接渠道模式越来越普遍。本章先对品牌渠道进行概述，接着从品牌终端与经销商的角度来探究品牌渠道的重要性，最后基于互联网背景介绍品牌渠道的变革。

通过本章的学习，应达到如下要求：
1. 了解什么是品牌渠道战略；
2. 理解品牌渠道战略对品牌的作用；
3. 掌握品牌终端管理与品牌经销商管理的内容；
4. 掌握电子商务的类型与新零售的内涵。

引导案例

海澜之家：渠道助力品牌

海澜之家，这个曾被戏称为"乡土ZARA"的国内男装第一品牌，在三、四线城市及县级地区覆盖密度极高。在渠道上，海澜之家采取托管式加盟、标准化经营策略。加盟商向品牌投入加盟费，不参与门店管理，其商品投放、门店管理、经营方式等全部由海澜之家进行标准化管理。

海澜之家这种"联营+托管式加盟"的轻资产商业模式使得品牌与供应商、加盟店形成一个利益共同体。在胡润品牌榜上，海澜之家多年位居中国服装家纺品牌第一名，品牌价值突破百亿元。但随着网络购物的兴起，服装实体店的境遇愈加艰难。为走出困局，海澜之家进入了品牌形象调整的快车道，着重在门店拓展、市场管理、电商渠道等多个维度进行调整，以助力品牌升级。品牌升级的重点是：时尚化和年轻化。

在渠道管理方面，首先重视线上渠道流量，将品牌代言人由杜淳更换为林更新，并通过代言人直播、购物节促销等方式快速赢得年轻消费者的认可。其次，结合互联网技术，对现有店铺进行智慧化改造，打造良性供应链，提高不同渠道之间的快速融合与响应能力。此外，海澜之家还在筹划品牌"出海"，推动品牌国际化。2017年7月，海澜之家马来西亚店亮相吉隆坡，随后，海澜之家宣布收购 Empiro Marketing 和 Malaysia Marketing。

无论是在品牌最初设立阶段，还是在品牌升级阶段，海澜之家均交出了不错的成绩单：打破常规、采取联营模式；拥抱线上、调整渠道重心；品牌出海，拓展市场布局。以渠道助力品牌，这是海澜之家品牌战略提供的经验。

资料来源：杨亚飞《从"男人"的衣柜到"全家人"的衣柜，海澜之家会成为新零售的又一标杆吗？》，https://baijiahao.baidu.com/s?id=1587075227146071400&wfr=spider&for=pc。

7.1 品牌渠道概述

7.1.1 品牌渠道战略

在科兰等人所著的《营销渠道》一书中，营销渠道被定义为：一系列相互依赖的组织致力于一项产品或服务能够被使用或消费的过程。在这个过程中，一项产品或服务从生产供应端到最终被消费者购买使用，经历了多级分销渠道与零售终端，其渠道决策均与品牌密切相关。与此同时，品牌价值也在该过程中得以实现。例如，品牌显著度离不开分销渠道的辐射范围，以及零售终端覆盖、货架陈列、促销等渠道行为。渠道是品牌价值实现的重要路径，在品牌从企业到达消费者心智的过程中，营销渠道中任一环节出现问题都将影响品牌价值的实现。其表现在以下两个方面。

第一，渠道成员对品牌是否认可，决定着品牌能否传递给最终顾客。若品牌方不能获得渠道成员的认同，消费者就很难接触到该品牌，即使该品牌在消费者心智中已占据一定的位置。

第二，渠道建设是品牌创建中不可或缺的一项工作。一方面，强势品牌可减少渠道开发与渠道关系培育的成本，并带来溢出效应。另一方面，如果渠道建设得足够好，也为传递和实现品牌价值提供了一个好的通路。

因此，品牌渠道战略是指"建设与品牌相匹配的渠道网络，通过渠道网络成员的合作，达到品牌价值的传递、实现和增值"。本节所涉及的渠道成员主要包括零售终端和经销商。

7.1.2 渠道对品牌的作用

营销渠道的作用是弥合产品或服务的需求者与提供者在时间、空间和所有权方面的缺口，因此企业需要借助分销渠道成员来收集资源、创造价值、进行产品交付等。菲利普·科特勒（Philip Kotler）认为分销渠道执行了传递信息、促销、融资、承担风险、占有实体、付款和实现所有权转移等功能，不同分销渠道中的这些功能由不同的渠道成员承担。基于渠道中产品所有权的转移，品牌形象与价值得以传递，品牌的力量也因**零售商**（retailer）和**经销商**（dealer）的增值作用而越来越强。那么，品牌的渠道战略对于企业而言具有怎样的作用？基于传统渠道的功能，可分为以下两方面。

1. 品牌形象传递

首先，营销渠道是企业产品或服务流通的途径，直接影响着消费者获取的便利性，而便利性是消费者感知企业品牌形象的一个重要角度。中间商同消费者交流的过程中（如支持性广告、营业推广和人员推销等）所提供的品牌信息越多，消费者对品牌的认知就越深入。随着一些知名中间商品牌的崛起，强势渠道逐渐成为一种质量和信誉的象征。缺乏知名度的品牌可与中间商结成战略伙伴关系，以迅速提高品牌知名度，有一定知名度的品牌则可借助渠道的品牌优势进一步扩大影响力。例如，2007年5月，家电品牌海尔与国美签订战略合作协议，在国美连锁的零售门店中设立了100个"海尔旗舰商品展销中心"和200个"海尔电器园"形象店，借助国美的销售渠道以提高品牌知名度。

其次，营销渠道是消费者获得品牌与产品感知的直接途径。终端零售网点的数量、终端环境呈现的风格、销售人员表现的态度、中间商提供的服务流程等都影响着消费者对品牌形象的感知。例如，2008年，百雀羚改变以往的渠道策略，在一、二线市场充分开拓关键门店（K/A）、专营店、网络等多渠道通路。近万个销售网点的切实落地使得百雀羚品牌知名度迅速提升，而专营店、K/A店则提高了消费者对百雀羚的好感度与信任度。老字号护肤品牌在多渠道通路中重新焕发出青春活力，这正是渠道在传递品牌形象。对消费者而言，不同渠道传递着不同的品牌信息，例如商场专柜产品与大卖场促销产品，其传递的品牌形象有所不同。

2. 品牌价值增值

整合营销传播理论创始人舒尔茨（Schultz）指出："在产品同质化的背景下，唯有渠道和传播能产生差异化的竞争优势。"渠道的功能不仅是产品或服务的转移，还是利用渠道和终端消费者的"零距离"接触，更好地完成市场调研、产品研发、消费者沟通等一系列对建设与维护品牌有利的工作，从而了解消费者真正的需求，使得品牌营销的诉求点与消费者需求高度相符。

分销渠道中的渠道成员同消费者打交道，是消费者感知企业服务态度的重要场所。例如，终端的营业推广、人员推销、终端氛围的营造以及终端的配套服务；中间商则会参与到产品的运送和安装、使用和维修中，特别是经营家电、家居类产品的中间商，此时消费者会直接根据中间商提供配套服务的好坏来评判企业的产品质量、品牌形象，从而影响消费者对品牌的偏好。

此外，消费者对品牌从感知到认同、从认同再到满意需要得到售前的引导、售中的承诺和售后的跟进等一系列互动式服务才能形成，中间商在这个过程中扮演着重要的角色。其中，服务中间商更是完全承担了服务的全过程，直接影响着消费者对委托方品牌的服务满意度。通过中间商与零售终端，品牌实现服务增值及消费者诉求，最终形成差异化竞争优势。可见，高效、完善的分销渠道可以推动品牌的形成和发展，也是品牌得以延伸的重要途径。

7.2 品牌终端

终端渠道是产品进行展示、销售的最终环节，消费者在终端卖场的所见所闻、所听所感，会直接影响产品评价和品牌感知。为辅助品牌落实品牌化战略，制造商需制定合适的终端渠道战略。

7.2.1 品牌终端的作用

终端渠道的传统功能在于搭建一个品牌展示和销售的平台，以满足最终消费者的需要。而近年来，品牌终端除了搭配、展示、销售商品之外，还是消费者获得品牌体验的重要渠道，为消费者提供了品牌体验的场所。下面从品牌展示、品牌体验与营销策略三个角度来概括终端渠道对品牌的作用。

1. 品牌展示的平台

终端是各种产品、品牌的展示平台，为消费者选择品牌提供了便利。如果制造商的产品没有出现在正规的终端，那就无法建立品牌形象。对于刚建立的新品牌来说，入驻正规的销售终端是建立品牌认知与形象的第一步。这也是小品牌与新品牌要花重金入驻知名商超的原因，不仅是为了销售渠道，更是为了向消费者传达这是一个值得信赖的品牌。

2. 品牌体验的场所

终端是制造商强化顾客品牌体验的重要场所。除了零售终端的产品陈列与展示、品牌体验创造之外，终端服务也是拉近品牌与顾客距离的重要途径。例如，华为在欧洲开设的第一家高级体验店，从体验台、天花板、DIY 配件、购物袋到招待顾客用的咖啡杯上均印有华为 Logo，店内使用一款独家调制的"华为香"。围绕着体验感，门店开设了跑步、摄影、语言等可通过华为终端学习的课程，以实现顾客与华为产品的深度互动，并定期举办聚会，邀请特邀嘉宾开展科技创新活动。此外，体验店可为顾客提供咖啡、雨伞借用、无条件自助充电服务以及手机清洁、消毒、贴膜等免费保养服务。

3. 营销策略的落地

终端是品牌营销策略落地的首选场所。品牌形象塑造、品牌包装与外观、针对消费者的促销等营销策略均需通过终端店面才能落地。多数品牌通过终端门店的营销活动，提升了品牌知名度和美誉度，继而增强了品牌资产。例如，国际精品在品牌创立、新品发布和日常经营中常以主题展会、时装秀、酒会、快闪店、明星驻场等方式进行品牌宣传，邀请商场和品牌 VIP 客户参与。此外，门店限量发售、到店巡展也是针对品牌宣传的特别策划方式。

7.2.2　品牌终端管理

品牌终端管理主要涉及三个方面的问题：一是品牌终端选址，即品牌计划于何处设立终端网点；二是品牌终端密度，即终端网点的数量；三是品牌终端店面管理，包括商品陈列、店面氛围、促销人员等。由于品牌终端对品牌形象传递与价值增值有着重要作用，所以品牌方在终端管理过程中应始终坚守与品牌定位相符的原则。

1. 品牌终端选址

品牌终端选址事关企业盈利与生存，应结合自身的品牌定位、产品特征、商圈特征等因素综合考虑，找到适合品牌的地址。如图 7-1 所示，品牌终端选址有三个步骤。

第一，确定几个最具吸引力的市场或贸易范围并在该地经营，一般要考虑市场环境、竞争程度等。美国学者威廉·J. 雷利（W. J. Reilly）提出零售引力法则（law of retail gravitation），认为两个城市对中间地带零售贸易的吸引力大致与两个城市的人口规模成正比，与两个城市至中间地带的距离的平方成反比。此外，对于市场环境的分析可从政策、经济、社会、文化等角度进行，对于市场竞争程度则需分析其市场需求潜力与市场供给。

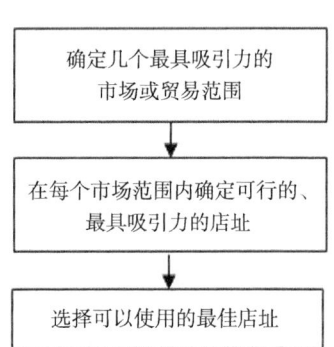

图 7-1　品牌终端选址的步骤

第二，在每个市场范围内确定可行的、最具吸引力的店址。在确定了最佳的潜在市场后，仍需确定商圈与品牌终端的具体选址。品牌往往会考虑商圈的辐射范围、密集程度、客流量等，但需注意的是该地段的客流量是否为品牌的有效客流量。有效客流量往往取决于主客流量与品牌定位是否相符，如奢侈品牌 LV、PRADA 等将终端设于城市中心商圈；快时尚品牌太平鸟、拉夏贝尔、MJstyle 等则分布于各个小商圈；华润 Ole'、永辉 Bravo 等高端精品超市往往选在大型商场附近；华润苏果、世纪华联等则倾向于生活气息更为浓厚的住宅区；沃尔玛、山姆会员商店会选在开阔的郊区。

第三，选择可以使用的最佳店址。面对几个备选店址，通常还要综合考虑周边商店类型、零售集群、购买租赁条款、预期盈利能力、成本等因素，最后确定可行的最佳店址。

2. 品牌终端密度

品牌终端密度是品牌终端决策的重要问题，影响着品牌资产的建立。**渠道密度**（channel density）即渠道宽度，在渠道结构设计中，有密集终端与精选终端两种选择。密集终端有利于增加品牌曝光度与品牌销量。菲利普·科特勒认为："一般情况下，零售商应该在每个城市都开设足够多的商店，这样更能扩大商店影响力，获得分销收益。"生活百货类品牌常采用密集终端，例如，洗护类品牌中的纳爱斯与恒安、饮料品牌中的娃哈哈与统一。但奢侈与高档品牌不宜采取密集终端，否则会降低品牌的稀缺性与独特性。精选终端是在有限终端进行销售的，奢侈与高档品牌及有特定消费人群的品牌常选择精选终端。

> **品牌案例 7-1**
>
> ### 夏姿·陈的精选终端策略
>
> 夏姿·陈（SHIATZY-CHEN）是于1978年创立的高端服装品牌，其名称有创造"华夏新姿"之意。在设计中，夏姿·陈将手工刺绣、锦繁等中国传统文化元素融入现代服装，以世界精品为目标，希望打造国际奢侈品牌形象。早在1990年，夏姿·陈在巴黎成立了工作室，在2008年亮相巴黎时装周，并于2009年成为大中华区唯一法国高级时装公会成员。
>
> 为保证品牌特性，夏姿·陈对于终端选址与终端数量的控制十分重视。2001年，其第一家店铺开在巴黎老牌奢侈品街Saint Honoré，意在打造品牌认知。2017年，在法国的第二家旗舰店选址于巴黎蒙田大道、PRADA精品店旁。其总面积近160平方米，分上下两层，采用摩登现代式东方风格，由建筑师Johannes Hartfuss团队设计。而在中国大陆，夏姿·陈仅在部分城市的核心商圈选择性拓店。例如，上海的夏姿·陈旗舰店位于外滩半岛酒店旁；北京的旗舰店选址在定位高端的SKP商场内，与GUCCI、LV邻近；南京的旗舰店开设在德基广场二层、PIAGET门店旁。据品牌官方网站显示，目前在中国大陆，夏姿·陈仅在北京、上海、深圳、苏州、杭州、南京、成都、重庆等12个城市设有旗舰店，总计20余家。此外，夏姿·陈在中国香港、中国澳门、日本东京、马来西亚等地也有拓店，中国台湾的店面数量最多，约33家。
>
> 为进一步打造夏姿·陈的高端品牌形象，夏姿·陈签约国际超模何穗为全球品牌代言人，也常常邀请明星出席门店活动。近年来，夏姿·陈的身影频频出现在国际时装周、杂志拍摄、时尚典礼、明星婚礼等活动场景中，且已成为众多知名人士喜爱的高级定制服装品牌。
>
> 资料来源：时尚头条网 Drizzie《SHIATZY CHEN夏姿·陈把门店开到巴黎蒙田大道》，http://news.winshang.com/html/062/7080.html。

3. 品牌终端店面管理

消费者在店铺中选购产品时，终端门店是消费者接触品牌信息的第一途径。店面的内外部环境、店面陈列、店面氛围、导购态度等细节影响着消费者对品牌的印象,从而为消费者的购买决策提供依据。店面的外立面装修最好体现品牌的风格,内部装饰也应符合品牌定位与目标人群。适当的装饰可以让消费者赏心悦目,便于判断品牌特点与档次。店面陈列如产品分区、摆放规则等,店面氛围如照明颜色、音乐、气味等,都体现着品牌的理念。导购员的服务态度、专业水平,甚至说话做事的细节都会影响消费者对品牌的印象。总的来说,品牌应该从店面的内外部环境、店面陈列、店面氛围、促销人员等方面来打造终端形象,使之符合品牌定位并保持统一。

| 品牌案例 7-2 |

方太:打造品牌体验店

方太,是一个定位于高端厨电领域的家电品牌,一直将儒家文化作为其品牌经营理念。在浙江嘉兴的方太体验店内,整个店面采用了暖黄色的照明设计,明亮又不失雅致,随处可见的国学经典书籍、书法墙饰、木质家具、蒲垫等,均体现着方太的儒家文化。

体验店按照功能分成了三层。第一层是方太企业文化和最新产品的展示区域,第二层是烹饪教室、未来厨房及O2O体验区,第三层则是内部办公区域。

在产品陈列与布局方面,体验店一层涵盖了所有的八大产品线,重点突出其高端型号产品,不是仅将油烟机、洗碗机、烤箱等电器简单地陈列于货架上,而是划分出专门区域,装修成可供使用的真实厨房场景,并提供整体厨房的搭配方案。店内员工统一身着灰色导购服,基本上每位顾客都有导购为其耐心讲解。

在体验店二层,设有吧台、图书和休息区。吧台处有用方太家电为顾客制作的咖啡、果汁和甜品;图书和休息区中单独设有儿童书桌和玩耍区域,父母在体验方太家电的同时,也可在此与孩子一起活动以增进情感。

在三层的办公区域,设有一个宽敞的会议区域,可用于开会、讲座、培训、表演等。座位选用的是古代的案几、蒲垫,甚至连名签也是古典风格的。会议区域的旁边是私人宴会厅,古色古香的长桌旁则是可以看到大厨烹饪过程的开放式厨房。

从方太体验店的店面布局、产品陈列、店面氛围到店内导购,无一不展现出其高端、专业、亲和的品牌形象,以及植入品牌基因里的儒家文化。

资料来源:家电圈《方太生活家入驻开放渠道,打造场景式营销生态》,https://www.sohu.com/a/107399477_111100。

7.3 品牌经销商

从最初的生产到最终被消费的过程中，消费者会与品牌发生各种接触，品牌与消费者之间存在许多接触点。除了零售商外，经销商也在售前、售中、售后的品牌接触点上发挥作用，制造商需制定合适的品牌经销商战略。

7.3.1 品牌经销商的作用

在渠道链中，越来越多的功能正从制造商转移到经销商，经销商开始承担客户管理、客户服务、物流配送等工作，将消费者与制造商联系起来。作为制造商与消费者之间关键的"链接"，经销商主要起到实体分销作用和根据地作用。

1. 实体分销作用

美国物流管理协会对**实体分销**（physical distribution）定义如下："实体分销是供应链运作的一部分，是为了满足客户需求而对商品、服务及相关信息从原产地到消费地高效率、高效益的正向和反向流动以及储存进行的计划、实施与控制过程。"

产品是品牌的物理载体，品牌价值的实现有赖于产品的传递过程，这就体现在经销商的实体分销作用上。美国物流管理协会指出，实体分销包括但不局限于客户服务、搬运及运输、仓库保管、工厂和仓库选址、库存管理、接受订货、流通信息、包退换业务等。由此可见，经销商应做好客户服务、仓储、采购、配送等多个环节的工作。通过经销商，产品或品牌能够出现在特定的时间和地点，从而实现产品的价值传递与转移。

2. 根据地作用

在品牌发展的整体蓝图中，经销商是企业在某一区域的代理者，并作为品牌建设和统筹的中心，发挥以点带面的品牌管理和产品集散功能。如此把经销商建设为根据地，可以快速扩大市场规模、获取规模经济，对打造品牌有着诸多益处。

首先，根据地可以帮助企业在每一个细分市场扎实地培养客户群体。当地经销商会更加了解本地市场需求、消费者习惯，从而能够因地制宜地落实渠道策略，经营细分市场；通过经销商形成以根据地为单位的客户管理体系，可以分担企业管理压力，扎实培养客户群体。

其次，根据地能够帮助企业在每一个细分市场集中资源、精耕细作。由于经销商在本地市场握有较多的资源，拥有较为成熟的渠道网络，因此能够有效进行分销活动，把每一个细分市场都做深做透，从而实现较高的铺货率。例如，中国洗涤品牌立白的渠道战略就是拉住中小经销商，对市场精耕细作。在四川，立白把经销商细分到县级，缓解了企业做深度分销的巨大压力。

最后，根据地使得企业具有更高的品牌运作灵活性。如果某一细分市场出现问题或出现新的机遇，拥有一定授权的经销商反而能够更加灵活地进行处理和应对。例如，长虹空调提出"虹色"根据地的渠道战略部署，各根据地根据自身情况及时制定渠道及促销策略，如每周末开展自助式的促销活动等。

7.3.2 品牌经销商管理

作为制造商与消费者之间关键的"链接"，经销商对品牌起到了重要作用。因此在品牌渠道战略中，品牌商应当注重对品牌经销商的管理与关系培育，包括品牌经销商的选择、激励、培训与评估，以便更好地传递和维护品牌形象，提升品牌价值。

1. 品牌经销商的选择

企业要遴选合适的经销商，需要制定相应的标准。这些标准包括：市场覆盖范围、产品组合情况、声誉、财务状况、经销商的经验积累、经销商的区位优势、合作意愿、促销能力等。企业通过对这些标准的审核，来决定是否与经销商建立伙伴关系。评分法是企业通常采用的一种方法，根据不同因素对于品牌渠道建设的重要程度赋予相应权重，然后对候选经销商进行打分。不同企业的经销商选择标准有所差异，根据品牌与产品特性会有所侧重。例如，重工业品牌徐工集团的经销需要专业知识储备，因此更侧重销售能力与技术人员储备；食品品牌娃哈哈的经销主要依靠产品销售覆盖面，因此更侧重经销商的市场覆盖范围、经验积累与区位优势。

2. 品牌经销商的激励

在选择合意的经销商之后，企业应当明确激励目标，并选择正确的工具来激励经销商。激励经销商的形式多种多样，大体上可以分为两种：直接激励与间接激励。直接激励是通过给予物质、金钱的奖励来激发积极性，包括返利、折扣、促销活动、奖品奖金、旅游等。间接激励则是帮助经销商进行销售管理，以提升销售效率与效果，从而激发积极性，包括解决产品与技术迟滞的问题，进行零售终端管理与库存管理，处理与客户的关系等。总的来说，直接激励是为了满足经销商的生存需求——保证经销商基本的生存收益。间接激励则是满足经销商的关系需求与成长需求，帮助经销商处理好与合作伙伴、客户、政府等之间的关系，使经销商得到同行的尊重；帮助经销商进行库存管理、产品与技术支持等，使经销商能够增强实力及积累经验，为未来成就奠定基础。

3. 品牌经销商的培训

经销商是独立于制造商的第三方组织，通过适当的培训，企业能够更好地掌控渠道、提高渠道的运作效率，从而带动企业销售，维护品牌资产。对经销商的培训可以分为三个层次：第一层是基础知识培训，包括产品知识、销售政策、公司实力介绍等；第二层是提高日常运营效率的技能型培训，包括对经销商的业务人员管理、库存管理、报表管理等；第三层是站在经销商的角度，为其未来发展进行有针对性的福利式培训。通过前两个层次的培训，企业能够让经销商更加积极有效地履行分销职责，而第三层次的培训则是一种更高级别的福利或奖励,通过帮助经销商提高自身实力,来建立制造商与经销商之间长期友好的合作伙伴关系。

4. 品牌经销商的评估

企业可以从多个方面对经销商进行评估。例如,用销售绩效来评估经销商的销售能力(包括年销售量、实现的市场份额等),用营销管理能力来评估经销商的竞争能力(包括经营技巧、销售队伍等),用顾客满意度来评估客户关系(包括顾客投诉、经销商为顾客提供的服务等),用合约遵守情况来评估经销商的合作意识(包括听从指导、遵守合约等)。

品牌案例 7-3

雪花啤酒的深度分销模式

雪花啤酒是啤酒行业中较早实行扁平化渠道战略和深度分销的企业。所谓深度分销,是一种对销售和市场进行量化、过程化及信息化的管理方式,通过对分销渠道网络进行定人、定域、定点、定线、定期、定时的拜访和服务,以实现对分销渠道的全面掌控。深度分销的好处在于可以保持市场价格稳定、及时掌握市场资讯、实现产品的快速铺货与全面覆盖,进而让厂家成为渠道的主宰,通过渠道创造品牌的竞争优势。

以华润雪花啤酒江苏公司为例,其下设江苏营销中心与江苏生产中心,其中,营销中心负责江苏地区的渠道销售管理,下设14个销售大区和若干职能部门,根据各地区的渠道经营标准,匹配相应办事处机构和销售人员,配合并指导经销商共同开拓渠道。对于内部销售人员,公司会明确规定拜访频次,并对销售人员进行培训和考核。

在优化片区的经营模式后,雪花啤酒也对经销商队伍进行了重新筛选、评估与替换。对于有配送中心(DC)的经销商,要求其具备雄厚的资金实力、较高的仓储能力和物流配送能力,而不需要终端经营能力和多品类经营;对于城区经销商,则要求其具备经营终端和很强的终端配送能力,而不需要多品类经营;对于城郊经销商,除要求其具备资金实力、仓储能力、终端配送能力和经营能力外,还要求其进行多品类经营。

在经销商的日常管理上,主要从销售目标管理、库存管理、价格管理、促销活动管理等方面着手。在销售目标方面,公司制定年度、季度和月度目标,通过返利激励经销商完成目标。在库存方面,公司销售人员对经销商的安全库存及各品项库存进行管理,为其建议合理库存量,并协助完成库房管理、产品码放和规范装卸等工作。在价格管理方面,维护好经销商片区内的价格秩序,保证经销商和终端的合理留利。在促销活动管理方面,公司销售人员要做好促销活动资源的管控,例如赠品、促销力度的下放,监督促销品使用

> 去向和库存数量，做好领用登记工作。
>
> 雪花啤酒的深度分销模式，从本质上讲是对市场渠道进行细致化经营。借鉴宝洁的"助销模式"，雪花啤酒在企业内部设立专门的渠道管理部门，与经销商合作进行销售。在其他行业中，越来越多的企业也对渠道经营模式进行了创新。例如，娃哈哈的"联销体模式"、统一的"辅销所模式"、格力的"区域股份制公司"、金龙鱼的"种树模式"等。
>
> 资料来源：刘波.雪花啤酒营销渠道优化策略研究 [D].南京：南京大学，2016.

7.4 品牌渠道变革

电子商务的出现打破了制造商—经销商—消费者的单一传统渠道设计，并作为一种新渠道潜移默化地影响着品牌的渠道战略。新渠道的出现催生了众多网络品牌，在提高品牌流通效率的同时也使得市场竞争更为激烈。无论是实体零售渠道，还是电子商务渠道都面临着前所未有的挑战，新零售或许成为渠道变革中的新机遇。本节将从电子商务与新零售两方面具体介绍品牌渠道的变革。

7.4.1 新渠道——电子商务

电子商务（e-commerce）是商业流通渠道的一次创新变革，其平台与类型众多，对品牌的发展产生了深远影响，催生出一系列网络品牌。与此同时，电子商务的出现也颠覆了传统商业模式，对品牌的渠道结构、渠道管理造成巨大冲击。

1. 电子商务的类型

电子商务有较多分类方式，其中依照交易对象，以下几类较为常见：第一类是企业对企业的电子商务（business to business，B2B），如阿里巴巴、慧聪等，此类电商通过会员制收费、网络广告收费、竞价排名推广等方式来盈利；第二类是企业对消费者的电子商务（business to consumer，B2C），如京东商城、天猫、当当网、携程网等，一般是企业通过 B2C 平台进行在线销售；第三类是消费者对消费者的电子商务（consumer to consumer，C2C），如淘宝、咸鱼、转转等，通过网络实现了个体与个体之间的交易。

此外，移动互联网的发展使得电子商务的应用情景更加丰富，逐渐演化出社交化电子商务以及电商直播等形式。**社交化电子商务**（social e-commerce）是依托社交媒体和网站，通过社交互动等手段实现商品购买和销售的新型电子商务，极具个性化与互动性。例如，"什么值得买"、小红书，以及基于微信平台的小程序商城、朋友圈销售等。电商直播是利用平台的直播功能对商品、品牌、活动进行宣传，以达到品牌曝光和商品销售目的的行为。目前大部分的电商平台如淘宝、蘑菇街等都已开通了直播功能，可以帮助品牌准确了解消费者需求并快速响应，结合秒杀、抢购等促销策略，以快速吸引线上流量。

2. 网络品牌

网络不仅是传播品牌的新途径，还促进了新品牌的诞生。广义的网络品牌是指"一个企业、个人或者组织在网络上建立的一切美好产品或者服务在人们心目中树立的形象"，包含通过互联网平台建立起来的品牌这一层含义。目前，网络品牌大致可以分为三类：第一类是第三方平台式品牌；第二类是依附于第三方平台诞生的网络原创品牌；第三类是综合性平台式品牌。

第三方平台式品牌出现得较早，如淘宝、京东、亚马逊、麦包包、拼多多等。平台品牌会产生"背书效应"，即消费者对平台品牌的印象影响其对入驻品牌的印象，从而影响消费者的选择与决策。例如，对于同一件商品，搜"天猫"和搜"淘宝"会给消费者带来不同的品牌体验，消费者通常相信"天猫"平台上展出的产品质量更好，是正品。

网络原创品牌是依附于第三方平台兴起而发展起来的品牌，如韩都衣舍、裂帛、茵曼、七格格等服装品牌，以及御泥坊、PBA、芳草集等化妆品牌。淘宝曾率先提出"淘品牌"概念，用以表示淘宝商城和消费者共同推荐的网络原创品牌，现更名为"天猫原创"。该类品牌在发展中常面临以下问题：品牌资产较弱，仅依靠"爆款"打天下，因同质性较高而过度竞争；依附性较强，不仅依附于第三方平台，而且受制于第三方物流；产品质量、品牌信誉难以保证。

综合性平台式品牌，如梦芭莎、小米有品、网易严选等，除销售第三方品牌或集团旗下的其他品牌外，也销售自己的独立品牌。无论是自有品牌产品的生产，还是第三方品牌的入驻，该类平台都更加注重产品品质，强调精品严选。平台自有品牌产品一般通过OEM或ODM的方式进行生产，因此生产供货商的挑选与评估十分重要。此外，若平台内的第三方品牌出现品质问题，对自有品牌的影响也极大。

3. 电子商务对品牌渠道的影响

电子商务的出现颠覆了传统商业模式，对品牌的渠道结构、多渠道融合产生了深刻影响。在渠道结构方面，电子商务减少了品牌流通的环节。渠道长度变短，与批发环节相伴的运输、储备和整理等业务随之消逝或整合，运输与仓储成本也大大缩减。但电子商务渠道的兴起对品牌进行线上与线下的多渠道整合提出了要求，这带来一系列渠道冲突，例如，多渠道应当如何定价？如何解决不同渠道之间的竞争？如何整合消费者在不同渠道形成的有差异的品牌价值感知？由于相同品牌在不同渠道中的形象不一致性会有损品牌资产，因此，企业应重视并及时化解这些冲突。首先，控制不同渠道的价格差异，例如，以统一定价来应对"线下挑好线上买"的情况；或通过网购特殊优惠来缓解渠道间的竞争，如网上限时特卖、团购、秒杀等。实际上，多数服装企业及快速时尚行业都将线上渠道作为消化库存的渠道，这样对于线下新品就不存在冲击。其次，企业也可以在线上、线下推广不同的子品牌销售网络专供品牌、网上特供款等。

7.4.2 全渠道——新零售

随着互联网人口红利的消失,电子商务发展逐渐放缓;同时线下实体零售也遭遇困境,深陷关店泥沼。电商巨头纷纷出资布局**新零售**(new retail),实体零售品牌也亟待转型升级,资本市场上新零售概念股,如三江购物、华联股份、天虹商场、百大集团等成为资本逐利的风口。企业通过对新零售内涵的理解,感受新零售中的品牌渠道变革,从而更好地借助新零售实现品牌升级与转型。

1. 新零售的内涵

阿里研究院在"2017年中国电商与零售创新国际峰会"上正式给出了新零售的定义,即"以消费者体验为中心的数据驱动的泛零售形态"。阿里高管曾简单地描绘"线上线下和物流结合在一起,才会产生新零售"。然而传统零售企业将线下产品转移到线上销售,在网络平台进行展示、交易、配送和评价反馈,这样的O2O是一种松散的线上线下融合,顾客体验无法得到满足。比如,有的顾客享受娱乐放松的逛街氛围,有的产品本身就具有极强的体验性,以及有的产品无法与线下产品享受同等的售后服务等。

新零售不完全等同于O2O,而是更加深入的全渠道融合,要求"商品通、会员通、服务通"。结合阿里研究院给出的新零售定义,可从消费者体验、数据驱动和供应链优化三个方面理解新零售的内涵。

从消费者体验来看,新零售带来的将不再是单一的购物体验,而是提供产品、服务和体验的综合零售模式,通过三层叠加拉动产品销售。例如,大量线下书店在电子商务冲击下不断亏损,甚至倒闭,但是亚马逊重新开起来的实体书店,与之前的书店却完全不一样。比如,提供社区氛围,喜欢读书的人在线上交流之后,就要到线下聚会,那么聚会的地点就选在了实体书店。再比如,它提供和书籍相关性很强的产品,喜欢读书的人往往还会买书店里的各种小玩意儿。甚至用户可以在网上下单后再到实体店取货,这样书店可以成为物流中心,这就是消费者体验的升级。

从数据驱动来看,数字化是零售业最重要的转型和创新突破口,也是新零售的核心。未来新零售会实现"终端渠道数字化、消费者数字化、营销数字化"。终端是消费者体验与数据上传的端口,通过数字化技术打通线上、线下,使得单一交易不再是一个瞬间的结束,而是一个新交易和更长久关系的开始。消费者数字化是通过采集用户的属性数据和行为数据,为其描绘全息的消费者画像。企业通过消费者的交易信息、浏览记录、客户服务互动等可将用户抽象化为一个个标签,有了消费者画像后,便可清楚地了解消费者的潜在需求,提供更好的服务体验、产品推荐以及更精准的品牌传播与数字化营销。

从供应链优化来看,新零售加速了品牌产品的全渠道融合。打通PC网店、移动App、微信商城、直营门店、加盟门店等多种线上、线下渠道,将各渠道的产品、库存、会员、服务等融为一体,可以形成一个全面化的供应链体系。其作用在于实现同款同价或渠道专供;渠道库存信息共享、终端调货方便;线上、线下的退换货服务一体化、导购服务一体化。

2. 新零售下的品牌升级与转型

在电商巨头的带领下，众多零售品牌纷纷进行转型与升级。网络零售品牌如茵曼、三只松鼠、膜法世家、完美日记等均在线下开设了实体体验店，以增强消费者的品牌感知。传统零售企业则努力开拓线上业务，联手电商进行合作。例如，永辉超市与京东合作的 O2O 业务即"京东到家"，消费者在京东到家 App 平台上购买永辉超市的生鲜产品，享受 3 公里范围 2 小时内送达的便捷服务。与此同时，永辉在原有定位于中高端的"精标店"和"会员店"的基础上再次升级，进行"超市＋餐饮"深度融合，并和工坊系列实现多重餐厅的结合模式，即"超级物种"。

在互联网经济中，企业越先进行全渠道融合，越能抓住先机，提高消费者对品牌的好感度，进而提升品牌资产、获得品牌升级。新零售下品牌的升级与转型动作可从以下几个方面展开：首先，从顾客体验出发，重整线下门店、创新门店形态。诸如众多服装、彩妆、数码品牌正尝试打造智慧门店与体验店；生鲜零售品牌则将超市与餐饮融合，以增强门店体验与客户黏性。其次，重视线上渠道，专业经营并区别于线下。目前较多品牌均设立了电商事业部，根据不同电商平台分组运营；为避免多渠道间的冲突，可设立线上专供乃至电商平台专供对产品或品牌进行区隔。此外，基于大数据进行精准营销与客户管理，从营销、售后服务、物流配送等多方面提升购物体验。

品牌案例 7-4

Lily 商务女装的"重生"

2018 年的"双 11"，商务女装品牌 Lily 再次刷新纪录，双 11 成交额突破 1 亿元大关，正式跻身天猫"亿元俱乐部"。这是自 2018 年度线上开启"商务时装元年"后，该品牌获得的市场热烈反响和认可，也是 Lily 自身升级发展中的又一里程碑。

品牌重新定位 Lily 创立于 2002 年，母公司为上海丝绸集团，最开始的定位是"淑女装"，随着近年来女装市场的疲软，消费趋势也在从功能性为主导向品质化、风格化转变。洞察到这一趋势后，Lily 于 2013 年将目标锁定在"商务时装"新品类，面向年轻职场女性，提供适合通勤、会议、办公、社交等多种场合穿着的时尚服饰，最大限度地让商务与时尚、流行与个性相融合。

Lily 自从 2013 年开启"商务时装"定位的战略转型以后，不仅产品设计从一而终地立足于商务时装的简约利落格调，而且品牌零售方式也即将挥别传统，转向更方便快捷的商务销售领域。Lily 先后在上海、北京、深圳等一线城市做了大量的广告，实现了不错的营销效果。

重视线上渠道 起初，Lily 商务时装铺设电商渠道的初衷是为了消灭库存，随着天猫的升级，对于品牌而言已不仅仅是一个销售渠道，更是重要的传播渠道。在这个前提下，Lily 商务时装对线上渠道的产品进行了很大的调整，不再是滞销库存，而是与线下门店一样的当季新品，甚至还有专为天猫定制的特别品牌系列。2018 年，Lily 与阿里巴巴集团展开深度合作，包括 office 女神节、天猫欢聚日、理想生活狂欢节、天猫超级品牌日、双 11 年度盛典等。有数据显示，Lily 商务时装年销售额接近 30 亿元，其中来自电商渠道的收入在总销售额中的占比约为 20%，天猫旗舰店粉丝数已超过 250 万。

重整线下门店　2018 年 1 月，Lily 商务时装位于欧洲的首家直营旗舰店在西班牙巴塞罗那开业，正式闯进快时尚巨头 ZARA 的大本营。该店采取全球同步的经营模式，与中国零时差发布每季新品。Lily 的海外门店已超过 70 家，在俄罗斯、沙特阿拉伯、泰国、新加坡、科威特等国家均有开设。

2018 年 5 月 29 日，Lily 商务时装携手天猫打造全新线下行业标杆超级智慧门店，Lily 旗舰店重磅亮相上海南京西路顶级商圈，拥有超 1 000 m^2 的互动体验空间，将商务美学融合黑科技，助力消费升级新体验。Lily 在全国 150 多家智慧门店中引入智能互动设备，通过扫描"百搭魔镜"即可一键找到设计师精选搭配单品，可在线上下单；还可基于人脸识别技术获取用户头像，实时调节体形，自由选择"变装"。在满足年轻人购物偏好的同时，Lily 也通过数据回流实现精准营销，整合线上、线下资源，多角度、多渠道地实现营销目标。

资料来源：周惠宁《从小专柜到年入 30 亿，本土时装品牌 Lily 是如何做到的？》，http://www.linkshop.com.cn/web/archives/2018/404159.shtml。

关键术语

零售商（retailer）　　　　　　　　　电子商务（e-commerce）
经销商（dealer）　　　　　　　　　　社交化电子商务（social e-commerce）
渠道密度（channel density）　　　　　新零售（new retail）
实体分销（physical distribution）

思考与练习

1. 什么是品牌渠道战略？
2. 品牌渠道战略对品牌有哪些意义？
3. 阐述品牌终端管理与品牌经销商管理的具体内容。
4. 密集终端与精选终端的优缺点有哪些？应如何选择？
5. 阐述你所理解的新零售的内涵与特点。
6. 搜集资料，用案例说明还有哪些品牌新渠道。

思政融入点

虽然我国电子商务发展一直走在世界前列,但是传统零售发展却较为落后。新零售是近年来才提出的新思想,在品牌资产创建中具有重要作用。本章可以通过让学生对比研究国内外传统零售和新零售的发展差异,树立使命意识,激发学习热情,提升对现实问题解决方案的思考能力。

模拟实训

1. 选择一个品牌,分析其终端管理、经销商管理是否有不足之处,并提出改进建议。
2. 选择一个本地品牌,列出其所有渠道,观察并分析不同渠道在产品、价格及品牌价值感知方面的差异。

案例分析

网红经济时代,流量即渠道

2016年是"网红经济"的爆发元年。这一阶段的网红们大多是团队化运作,变现能力强大,逐渐摸索出较为完整的产业链条。依托网红自身的"品牌效应",继而演变出直播电商、网红带货等商业模式,代表性人物有李子柒等。在网红经济下,"内容即营销,流量即渠道"的逻辑更是重塑了传统商业。

关键意见领袖(key opinion leader,KOL)网红带货、社交电商等新模式已成为品牌新宠,渠道与营销之间的边界越来越模糊,消费者的购买决策链条也不断缩短。这一趋势对与营销割裂的线下传统渠道形成了较大冲击,而更有利于营销链条较短的线上渠道。KOL网红带货、社交电商具有社交互动性强、转化率高等优势。而在移动互联网时代,大众的消费习惯不再是依赖权威,更多的"95后"倾向于消费者评价和反馈,会通过各种社交媒体搜索产品的评价。爆红的国产美妆品牌完美日记瞄准了用户数超过两亿的社区生活平台小红书,由于品牌定位圈层与平台用户人群十分契合,因此迅速获得品牌关注度,并借此直接建立小红书平台的购买渠道。

在网红经济时代,以KOL、直播等为代表的新渠道正在从"人找货"向"货找人"演变,过去是消费者需要产品时主动搜索,而现在是告诉消费者应该买什么产品。"货找人"时代的开启,是流量日益分散化的产物,也推动了渠道端竞争格局的重塑,因此对消费者的运营能力成为品牌渠道发展的关键。

此外,在网红经济时代下,零售渠道环节实现了从品牌到消费者的直接对接,在一定程度上改变了传统的层层分销体系,缩短了渠道链条,提升了产业链效率。如农产品直播发展迅速,一方面省去了农产品流通的中间环节,另一方面也有助于其实现品牌化,帮助消费者深入源头、了解产品细节,从而提升信任度,降低加价率。同时,网红经济还促进了商品 C2M（customer to manufacturer）模式的快速发展，"网红们"基于直播等收集的消费需求信息，可以帮助厂商及时了解终端需求变化，精准研发设计商品，按需生产，有效提升整个产业链的效率。

资料来源：泰一数据《网红经济的发展与新零售渠道变革》，http://www.ccagm.org.cn/bg-yj/4947.html。

问题：

1. 在网红经济时代中，以 KOL、直播等为代表的新渠道有哪些特点？
2. 新渠道的出现对品牌的渠道管理是否有不利影响？请具体说明。

第8章
品牌传播

学习目标

品牌传播是帮助品牌与消费者对话、构建品牌文化意义与附加价值的过程。在消费者购买决策过程中，品牌越来越成为影响消费者购买的直接或间接因素。广告传播、公关、管理咨询等行业均将品牌战略设计、品牌传播策略地提供和执行、品牌管理与维护等纳入企业的业务范畴。与此同时，移动互联网蓬勃发展，品牌传播活动出现了许多新的亮点与行业价值。

通过本章的学习，应达到如下要求：
1. 理解品牌传播的内涵、受众与目标；
2. 掌握品牌传播组合的内容；
3. 了解移动互联网时代品牌传播的数字化趋势；
4. 了解品牌传播效果评估的角度与方法。

引导案例

完美日记：国产美妆品牌养成

打造品牌一直都需要慢功夫，没几年时间不行。但最近一两年，这种认知正在被打破。譬如美妆品牌完美日记，只花了一年多时间，就做到火遍全网，实现销售额上亿元。从美妆赛道切入，完美日记将用户精准定位于18～28岁的年轻女性，重视社交媒体的品牌传播，善于口碑与内容营销。

小红书是完美日记最初重点发力的社交渠道，主要传播方案包括：官方笔记、明星"种草"、KOL测评推广、素人分享。首先通过明星"种草"或知名KOL测评推广，给品牌带来口碑与背书；之后通过中小KOL测评增加品牌曝光与销售转化；最后通过素人购买后发布的"种草"笔记，进一步增加口碑传播效果与购买转化。完美日记将在小红书上的传播经验继续用到了抖音、B站上，同时也没有放弃微博、微信等相对传统的社交渠道。微博用于官宣代言人、与《中国国家地理》杂志跨界合作、开展事件营销等传播方案；在微信平台，则采取私人营销号、公众号及小程序的传播方式。

在微博、小红书、抖音等社交平台获得大量用户关注后，如何进行后续留存、推动复购则更加重要。因此完美日记十分重视"私域流量"的运营，即品牌可以直接触达用户的渠道。用户收到产品后可以通过卡片引导添加公众号与个人客服"小完子"，然后进入"小完子玩美研究所"微信群。基于微信号与社群的强运营，有利于提升品牌黏度、扩大销售渠道。

从2017年到2020年，从无名之辈到美妆界"国货之光"的完美日记，通过教科书级的全渠道数字化营销策略，用性价比极高的"大牌同厂平替"产品，俘获了众多"网生一代"年轻女性，创造了增长奇迹。在三周年之际，完美日记通过升级品牌Logo对外发声，以更好地诠释"探索美不设限"的品牌理念。

资料来源：首席品牌官《完美日记：国货美妆品牌的网红养成记》，https://www.sohu.com/a/435176251_618348。

8.1 品牌传播概述

8.1.1 品牌传播内涵

美国品牌专家凯文·莱恩·凯勒（Kevin Lane Keller）提出**品牌传播**（brand communication）是"企业告知消费者品牌信息、劝说购买品牌以及维持品牌记忆的各种直接及间接的方法"。品牌通过策划多种传播活动传达品牌声音，与消费者进行对话、建立情感共鸣甚至长期维持良好的关系，以帮助积累品牌资产、提高品牌知名度和塑造品牌形象。具体地，我们可以从品牌传播受众和品牌传播目标来深入理解品牌传播的内涵。

8.1.2 品牌传播受众

品牌传播受众是指品牌传播主体根据品牌传播活动设定所需要的信息接受者，主要包括企业外部的消费者及其他利益相关者。在消费者购买决策过程中，不同消费者扮演着不同的角色，如消费倡导者、消费决策者、消费影响者、消费购买者与最终使用者。因此，品牌传播受众的确定需要考虑消费者角色类型。

例如，对于婴儿用品、药品、家用电器、礼品等，产品的购买者经常不是使用者本人，此时品牌传播活动应致力于影响购买者而非使用者。在常见的传播活动中，母婴类广告一般将打动妈妈作为核心策略；因广告语"今年过节不收礼，收礼只收脑白金"红遍全国的保健品牌脑白金，则将子女等送礼者作为传播受众。对于颠覆式创新的新产品来说，在产品推向市场的早期，消费倡导者是品牌的主要传播受众。杰弗里·摩尔（Geoffrey Moore）在《跨越鸿沟》一书中将创新产品的用户群划分为创新者、早期采用者、早期大众、后期大众与落后者。由于早期大众与后期大众在数量上占比较多，所以品牌的目标消费者往往是这两类群体，以保证足够的市场占有率与公司利润。尽管创新者不是这类品牌最主要的目标消费群体，但他们在早期的品牌传播活动中担任着意见领袖的角色，即消费倡导者。他们要么是明星代言人，要么是小众达人、专家，或者品牌忠诚顾客，这些人的意见对其他人的态度和购买意向将产生重要影响，因此会成为某些品牌在特定传播阶段的关键受众对象。

需要注意的是，虽然绝大多数品牌传播活动的受众主要是消费者，但从品牌传播的影响意图来看，品牌传播的"受众"应该是所有信息的接触者而不仅仅是"消费者"。品牌还希望通过传播来影响所有与自身发展有关系的人，即"利益相关者"，包括品牌合作者、政府与官方组织、股东或投资者、内部员工及一般公众。针对各利益相关者的不同特征，要采取合适的手段来进行传播与沟通。

8.1.3 品牌传播目标

结合传播学中的劝服理论及市场营销学中的产品生命周期理论，可将单个品牌传播活动要达成的目标大致归为以下几类：告知、说服、强化、提醒。

1. 告知

品牌告知主要用于品牌开拓阶段，其目的在于促发初级需求，创建品牌的初级市场平台。品牌告知目标具体包括：向市场告知有关新产品的情况，提出某项产品的若干新用途，告知市场有关价格的变化情况，说明新产品如何使用，描述所提供的各项服务，纠正错误的印象，减少消费者因信息缺乏而造成的恐惧，树立公司形象，等等。

2. 说服

品牌说服主要用于品牌成长阶段。在这一阶段，企业的目的在于形成某一特定品牌的选择性需求，大多数广告都属于这一类型，主要借助定位及 USP（独特的销售主张）理论的应用，突出宣传产品对于目标消费群的利益及个性诉求。品牌说服目标可以是建立品牌偏好、鼓励消费者偏向你的品牌，改变消费者对产品属性的知觉，说服消费者马上购买，说服消费者接受一些调查或访问，等等。

3. 强化

品牌强化主要用于品牌成熟阶段，通过营销传播使消费者对品牌的认知及品牌形象得到强化。这一阶段的传播诉求可能沿袭品牌成长阶段，但强度、频度都要有所提升，进入品牌传播历程的黄金时期。品牌强化目标具体包括：构建品牌领导地位，排挤竞争品牌，维持品牌策略的一致性，保护品牌的独特性和优势，扩大目标消费群，树立并提升品牌忠诚度，等等。

4. 提醒

品牌提醒在品牌的成熟期和衰退期非常重要，目的是保持顾客对该产品的记忆。例如，对于出现在城市各个角落的可口可乐，其展露的内容基本都是可口可乐的品牌名称或者是经典弧形瓶的造型，很少有品牌的其他信息。这种传播的目的既非告知也非说服，而是为了提醒人们想起可口可乐，如提醒消费者可能在不久的将来需要这个产品，提醒他们何处可以购买这个产品，促使消费者在淡季也能记住这个产品，以保持最高的知名度。

8.2 品牌传播策略

品牌的营销传播正面临着巨大变化。新媒体不断涌现，大众媒体成本越来越高，受众对信息展露的控制权日益提高，以及以广告制作、发布为核心的单一沟通方式越来越难以适应变化的市场环境。如何在品牌整体发展战略布局中合理定位阶段性的传播目标，如何精准定位传播受众，如何利用各种可控和不可控的媒介渠道与顾客一起创造和分享品牌信息，使得传播活动过程变得越来越复杂，在品牌传播中引入"策略"的概念变得必要而迫切。

品牌传播策略是指对品牌传播活动从整体战略到具体实施方案的预先谋划，具体包括：确定传播目标和目标受众，选择传播组合并配合传播媒介的运用，最终获得理想的受众反应。本节将着重介绍品牌传播媒介与品牌传播组合的运用，以及互联网时代下品牌传播策略的数字化发展。

8.2.1 品牌传播媒介

媒介是整个传播体系中非常重要的一环，无论拥有多有力的传播手段、具备多有创意的信息内容，只有通过合适的媒介才能使信息最终到达消费者面前。传统的营销传播活动中，广告处于核心地位。然而，随着整合营销传播理论的广泛运用，以及大量新型媒介工具的兴起，人们对媒介的认识也发生了很大变化，有人认为任何能连接品牌和消费者的工具与介质都可以称为**品牌传播媒介**（brand communication media）。

1. 传统媒介

传统媒介是相对于近年来兴起的互联网新媒介而言的，主要包括以报纸、杂志、电视、广播为代表的四种大众传播媒介和户外、宣传册及直邮等其他媒介形式。表 8-1 简单归纳了传统媒介的优劣势。

表 8-1 传统媒介的优劣势

传统媒介类型	优势	劣势
报纸	灵活及时；很好地覆盖当地市场；普及度高；可信度高；版面篇幅多、容量大	有效期短暂；不具有强制性；表现形式单一
杂志	传播对象明确；可信、有威望；印刷精致；时效长、传阅性强	购买广告前置时间长；成本高；发行覆盖面小
电视	覆盖率高；每次展露成本低；视听合一、感染力强	绝对成本高；易受干扰；展露时间短暂；难以选择受众
广播	本地接受度高；成本低；传播对象明确；改动容易、具有灵活性	缺乏视觉效果；展露时间短；不易查询与保存
户外	灵活；高重复率展露；成本低；位置选择性好	选择性较小，创意受限
直邮	易于选择受众；灵活；个性化	每次展露成本相对较高；易产生"垃圾邮件"的印象

2. 新媒介

相对于早已诞生的报纸、杂志、广播、电视四大传统媒体而言，人们将互联网称为"第五媒介"或者"新媒介"。新媒介包括品牌官方网站或移动 App、网络广告、社交网络服务（social networking services，SNS）等。其中，网络广告具体包括网络横幅广告、搜索引擎广告、插件广告、视频广告和电子邮件广告；社交网络服务有论坛、博客、微信和 QQ 等强社交软件，以及小红书、抖音、快手等社交分享平台。因此，互联网新媒介又称网络媒介，是指借助国际互联网这个信息传播平台，以计算机、电视机以及移动电话等为终端，以文字、声音、图像等形式传播新信息的一种数字化、多媒体传播媒介。表 8-2 简单归纳了新媒介的优劣势。

表 8-2　新媒介的优劣势

新媒介类型	优势	劣势
品牌官方网站或移动 App	①展示品牌文化，以故事塑造等方法营造品牌情感、提高曝光率；②提供视频、活动等有利于建立联系并促进互动的内容，维系与消费者的关系；③对实体销售进行补充，实现品牌信息传播与产品销售同步进行	①传播渠道更复杂多样，消费者注意力难集中，流量转化成本高；②网络广告的可靠性不足，存在虚假、夸大信息；③社交网络传播容易带来品牌舆论危机
网络广告	①覆盖率高，投入精准，可实现一对一的个性化营销；②有趣的插件或巧妙的广告植入不易引起反感	
社交网络服务	①消费者获得信息更便捷直接，传播内容丰富且及时；②更加高效的口碑传播效应，通过分享更易实现传播；③结合活动与内容营销更易打造品牌形象；④及时获得消费者反馈	

│品牌案例 8-1│

百雀羚玩转新媒体：老字号品牌的崛起

百雀羚创立于 1931 年，是国内为数不多的中华老字号化妆品品牌。20 世纪 90 年代，老字号品牌遭受到外资企业的冲击，百雀羚也曾一度衰落。而近几年，百雀羚借助社交网络传播媒介卷土重来，获得了越来越多年轻消费者的认可。

2016 年 5 月，百雀羚借助母亲节开展了"周杰伦——听妈妈的话"主题活动，一度跃居新浪微博的热点话题榜，引发全网热烈讨论。2017 年 5 月，百雀羚又针对母亲节发布了《一九三一》广告，借助微信这一传播媒介，巧妙使用符合受众手机浏览习惯的长图形式，重现了国人历史记忆中的旧上海的生活状态和社会面貌，加深了消费者对品牌的认同感。

> 化妆品行业的新媒体传播媒介类型多样，主要包括视频平台、直播平台、微博、微信、贴吧、论坛等。在视频平台上，百雀羚独家冠名了腾讯视频的中国模特之星大赛总决赛、爱奇艺年度 IP 大剧《幻城》，2016 年 7 月，百雀羚签下 36 位当红美妆博主助力品牌发展。其新浪官方微博已经累积了超过 27 万的粉丝规模，经常组织抽奖活动，携手电商平台为消费者送福利。其微信公众号设置了"互动吧"的板块，邀请消费者参与护肤知识竞猜活动，将草本理念和护肤知识融入与消费者的互动之中，还会定期开展新品免费试用活动，跟踪记录消费者的使用体验并在线分享给其他消费者。其官方网站的子栏目"互动社区"开设了肌肤测试、互动游戏、试用晒单、美丽课堂、话题问答等板块。这些板块的设置加强了品牌与消费者、消费者与消费者之间的对话，让品牌文化快速传播并且更加鲜活。
>
> 资料来源：曹林荫，樊丽. 新媒体环境下老字号品牌的社交化传播策略研究：以百雀羚为例 [J]. 新媒体研究，2018，4（11）：42-43.

8.2.2 品牌传播组合

执行品牌传播活动需要借助合适的手段和方式。现代品牌传播通常会以广告为核心，整合如广告传播、促销传播、事件营销、赞助传播、口碑传播、公共关系传播等各种传播手段。在制定传播策略时，传播者必须了解各种传播手段的特点，理解如何在整个**品牌传播组合**（brand communication mix）中发挥各种手段的最佳作用。

1. 广告传播

广告对于品牌的作用，在量的指标上是销售更多的产品，在质的指标上则是使产品迅速提升为品牌，并创造更久的品牌。一个广告无论它的表现内容是什么，也无论其表现手法有多么不同，它传达的信息都是共同的，那就是品牌。广告之父大卫·奥格威说："每一次广告都应该对品牌形象有所裨益。"广告要有助于整体品牌资产的累积，从品牌不断更新换代的"速朽"到根深蒂固的"不朽"。

2. 促销传播

促销也叫销售促进，是指为鼓励产品和服务的销售而进行的短期激励。激烈的市场竞争迫使许多企业都纷纷采取各种促销方式向消费者传递产品或品牌信息，以求刺激销量的增长。在一些特殊情况下促销传播往往被采用。例如，引入新产品时，为了缩短产品入市的进程，激励消费者初次尝试购买，使消费者尽快地了解产品；激励使用者增加购买频次或者购买数量；破除消费群对竞争性产品的购买习惯及品牌忠诚，抢占竞争对手的市场；在特殊的节庆时间酬谢顾客，以增加与顾客之间的感情联系；通过大规模促销尽快清空库存产品。

3. 事件传播

事件传播（event communication）是指传播者在真实和不损害公众利益的前提下，有计划地策划、组织、举行和利用具有新闻价值的活动，通过创造具有"热点新闻效应"的事件吸引媒体、社会公众的兴趣和注意，以提高品牌的社会知名度和美誉度，从而塑造企业的良好形象并最终实现促进产品或服务销售的目的。可用于品牌事件传播的事件多种多样，不仅可以是重大的社会活动、历史事件、体育赛事和国际博览会，还可以是企业自身制造的具有新闻价值的事件。

多样化的事件营销已成为营销传播过程中的一把利器，可集新闻效应、广告效应、公共关系、形象传播、客户关系于一体来进行营销策划。依据事件的来源方式和引起受众注意的方法，可将事件营销分为借势和造势两种，前者是借助社会热点事件，后者则是主动创造事件。网易云音乐擅长的地铁文案活动就是典型的事件传播。

品牌案例 8-2

跟着时代脚步做事件营销

2018年12月3日，网易云音乐联合新华社客户端在杭州地铁1号线定安路站和北京地铁4号线宣武门站举办主题为"留声40年：那些改变你我的故事"音乐主题影像展。同时，两列"留声专列"也开始在杭州地铁1号线及北京地铁4号线、大兴线上开出。2018年是改革开放40周年，这场以音乐为介质的活动展现了40年时代变迁带来的革新与力量，唤起了大众别样的"留声记忆"。

六大时代金曲主题车厢　音乐是时代最好的见证，从20世纪70年代的文工团、80年代风靡起来的迪斯科和摇滚、90年代唱到大家心坎里的校园民谣，再到21世纪初的中国风以及后来电音的兴起，这些都是我们每一个时代记忆里的背景音。网易云音乐精心设计了6个时代金曲沉浸式场景车厢，通过场景再现给用户还原了时代美好的回忆，传递了品牌温度和仪式感。

线上用户UGC集锦　此前，新华社客户端曾联合网易云音乐、网易新闻，开启"1978～2018我和年代金曲不得不说的故事"线上征集活动，鼓励大家整理出自己的音乐故事并分享出来。这次的主题展就从其中挑选出了50余个精彩音乐故事在列车和地铁站内展出，唤起乘客别样的"留声记忆"。这个互动式的体验活动将品牌的情感关怀深入到人们的生活场景中，有效地实现了用户的情感认同，提升了品牌好感度。

网易云音乐和新华社客户端联合的"留声40年"营销事件，是一场多平台聚合而成的大型集体怀旧盛宴，打破了虚拟和现实的界限，线上线下全方位拥抱用户，创造了更多温度和情感。这是一次契合时事氛围的事件传播，开启了网易云音乐地铁广告走心文案3.0模式。这是"借势"，更是"造势"。其地铁广告文案已经成了代表品牌特色的新闻热点，得到用户的广泛认同，为业界提供了优秀的营销范例。

资料来源：首席品牌官《跟着时代脚步做事件营销，网易云音乐和新华社客户端这波合作有看头》，https://www.sohu.com/a/279830880_618348。

4. 赞助传播

企业可以通过支付一笔费用或提供物品来赞助某个广播、电影或电视节目，也可以冠名赞助自行车赛、艺术展览会、室内音乐节、展览交易会或者奥运会等。有些赞助活动的目的是创造知名度，有些则是凭借与重大事件挂钩的方式改善公共关系，还有一些是为了直接提高企业的经济效益。由此可见，赞助融合了销售推广和公共关系两个方面的特点。如今，赞助已经成为一种发展速度最快的营销传播方式，有些企业每年花在赞助上的费用已经达到数亿元。赞助最初源于烟草公司和烈酒生产厂家，因为许多国家都严令禁止烟草和烈酒企业发布大众媒体广告，所以这类公司会选择赞助作为传播沟通工具。后来随着传统广告媒介费用的节节攀升，媒介受众细分化，以及休闲活动的日益多样化，烟草和烈酒品牌在赞助上所取得的成功被越来越多的消费品企业效仿。

与其他传播组合相比，**赞助传播**（sponsorship communication）的好处在于通过与某个恰当的事件或活动产生联系，能有效提高品牌形象或商品的竞争地位，并迅速将消费者对事件或活动的忠诚转换为购买力量，因此赞助传播的效率非常高。

5. 口碑传播

营销学者菲利普·科特勒曾指出：现代企业正从传统营销传播向口碑营销传播转变。号称"零号媒介"的**口碑传播**（oral spreading）模式是当今世界最廉价的信息传播工具，也是可信度最高的宣传媒介。调查结果显示，1个满意的顾客会引发8笔潜在的买卖，其中至少有1笔可以成交，而1个不满意的顾客足以影响25个人的购买意愿。另外一项欧洲消费者调查结果显示，60%的消费者曾在家人和朋友的影响下尝试购买新品牌，可见口碑传播对品牌营销的巨大影响力。

6. 公共关系传播

公共关系（public relations）是指组织为改善与社会公众的关系，促进公众对组织的认识、理解及支持，达到树立良好组织形象、促进商品销售目的的一系列公共活动。公共关系传播主要包括以下四大职能：经营企业的品牌声望、防止或者减少形象受损、承担社会责任、维系与顾客的关系。公共关系和广告都是利用媒介来创造知名度或影响消费者的，但两者并不相同。广告适合创建品牌知名度与竞争力，而公共关系更适合建立品牌信誉。

8.2.3 品牌数字化传播

数字技术的迅猛发展已经彻底改变了我们的社会交往、信息分享、娱乐购物等生活方式。大量的社交媒体网站和移动应用软件受到网民追捧，这些给企业的品牌营销传播带来契机。运用网站、社交媒体、移动终端和应用、网络视频、电子邮件、博客、微博等自媒体工具，以及其他一些数字平台进行数字化营销，几乎成为所有品牌日常营销行为中的重要内容，也是品牌传播策略的重要组成部分。数字化引发传播的变革，品牌传播逐渐呈现社交化、移动化和运用大数据的发展趋势。

1. 品牌传播社交化

从品牌传播的角度来看，社交化主要体现为对各种网络社交媒体的利用和网络虚拟社区的出现。社交化传播主要是指在社交媒体中进行的、具有社交属性的信息传播。其最大特点是将社交圈作为主要的传播路径，整个传播过程同时具有传播信息与社会交往的双重目的。

对于品牌管理者来说，利用现有的社交媒体平台可使品牌参与社交化传播变得简单易行。绝大多数品牌已在社交媒体上建立了自己的网页，如新浪微博上的企业认证与机构账户达到53万多家，小红书内入驻的品牌数量有3万多个。而近期众多品牌纷纷涌向了短视频社交平台，如海底捞、CoCo奶茶等，甚至一些国际奢侈品牌都已入驻抖音。

社交媒体可以创造巨大的品牌社群。在社交媒体上进行品牌传播并非仅通过社交平台发布信息那么简单，公司一般都会精心策划传播方案来支持整体传播战略，让每个平台都承担起不同的传播任务，有效的内容营销与社交化的传播方式将大大提升品牌传播效果。此外，通过社交媒体传播可对用户进行精准细分，将海量分散的目标用户集中在一起，提升品牌传播的效率。

2. 品牌传播移动化

通过移动设备向消费者传递品牌信息、促销信息或其他互动内容的传播方式称为移动营销传播。随着不断更新的高速移动通信网络技术的发展以及智能手机的普及，智能手机用户成为移动互联网的重要人口。大多数人喜欢用手机，并且严重依赖手机。研究表明，近90%的智能手机用户只有在不用手机的时候，才会使用其他诸如计算机、电视机等设备。随着移动互联网领域的不断拓展，移动传播将不仅仅局限于手机、平板电脑，一些可穿戴设备，如智能手表、运动腕带以及虚拟现实的设备等也会与互联网实现联结，成为未来移动传播的重要终端。

品牌传播的移动化趋势得益于移动终端的特性与优势。首先，移动平台与互联网产品的数量愈来愈多。例如，以微博、微信、QQ为代表的移动社交类产品；以百度、今日头条等为代表的信息资讯类产品；以大众点评、手机团购、旅游预订、票务预订、手机支付、移动商城等为代表的移动电商类产品。这些多样化的产品在满足消费者需求的同时，也为品牌与消费者之间的信息沟通提供了更丰富、更便捷的渠道。其次，移动终端使得信息传播更具个性化与碎片化。由于不同用户的浏览、使用习惯不同，服务器可以根据监测到的具体用户信息，提供有针对性的产品或服务，例如**基于位置服务**（location based service，LBS）技术的应用。据调查，人们平均每天会查看 150 次手机，大约每 6.5 分钟 1 次，每天花费 58 分钟用智能手机聊天、分享信息和浏览网页，这种碎片化的时间利用使信息获取和体验也呈现碎片化的特点。

3. 大数据在品牌传播中的应用

对品牌管理者来说，最有价值的数据是来自消费者及用户群体的数据。在大数据概念和相应的技术工具产生之前，企业对消费者数据的采集和运用主要通过**客户关系管理**（customer relationship management，CRM）系统来实现。CRM 系统利用公司的数据库系统追踪客户的活动，可以帮助企业提升对品牌的管理方式，向客户提供创新的、个性化的产品和服务，吸引新客户，维系老客户，将已有客户转化为忠实客户，提高市场份额，增加品牌资产。

大数据的应用使得用户信息的获取更加详细、容易，品牌传播更加精准与有效。借助大数据技术，营销者能准确地找到消费者，精准地判断每一个个体的属性，并及时发现各种属性和行为之间的相关性。这些属性不仅包括性别、年龄、地域、身份等传统的人口特征，还包括兴趣喜好、社交行为、购物经历等社会属性。一些互联网公司可以通过技术对这些数据进行组合匹配，利用共同的属性去组建用户群组，全面准确地描绘目标人群。除了能准确地找到目标消费者，大数据还能准确地判断其在特定时间的消费情境，包括物质环境、社会环境、时间充裕度、购买任务、购买前的情绪或状态等。基于这些消费情境，可以实现适时、适地、按需推送产品、服务与品牌信息，实现营销战略优化，提升品牌传播的精准度。

| 品牌案例 8-3 |

从社交圈走出的"网红奶茶"

对于许多年轻人来说，喝奶茶已经成了一种生活习惯，加班的时候喝、逛街的时候喝、看电影的时候喝，甚至无聊时也会点一杯。奶茶在生活中无处不在，活跃在社交圈的网红奶茶也越来越多：屡次创下排队纪录的喜茶，因为文案而一夜爆红的丧茶，因"占卜能力"在抖音火起来的答案茶，用"中国文化"俘获年轻人的茶颜悦色，以及茶饮行业的独角兽奈雪的茶。

奈雪的茶与 36 氪研究院联合发布的《2019 新式茶饮消费白皮书》指出，2015 年中国茶饮已进入新式茶饮时代，消费者对茶饮品牌商也提出了更高的要求，例如，兼顾产品功能性价值的同时，其社交价值和休闲价值也需要得以体现。

新式茶饮的主流消费人群主要为一、二线城市以及新一线城市的年轻一代，其中女性占七成。她们爱尝鲜，更爱分享，网红奶茶恰恰能让消费者获得展现自身品位的快感。调查结果显示，70%的消费者通过网络社交媒体（如微博、微信等）获取信息，通过短视频平台获取信息的消费者超过五成。而在线下信息获取渠道方面，楼宇和传统媒体（如电视、报纸和杂志等）虽然有一定的影响力，但57%的受访者表示更倾向于熟人推荐。

以一点点为例，从2017年2月开始，一点点在微信与百度中的关键词搜索指数持续上升。同时在微博搜索一点点相关话题，可以看到不少大V就一点点奶茶测评发微博，由此引发关于一点点的隐藏点单与消费者选择奶茶攻略的讨论。由社交达人引发的分享热潮开始，消费者也持续在朋友圈等社交平台分享。基于大量用户和社群内容创造，品牌话题发酵迅速，黏度极高，是品牌进行传播的最佳社会化营销手段。

在未来，新式茶饮品牌将更注重数字化经营，利用大数据实现精准营销，并提升品牌价值认同感、建立情感联系。奈雪的茶与支付宝合作后，现已打通支付宝蜻蜓IoT设备、支付宝小程序与会员CRM系统，同一个用户可以在多端、多场景被识别，从而实现精准营销。而用户通过支付宝小程序下单可获得蚂蚁森林绿色能量，奈雪的茶希望通过品牌影响力号召用户助力公益事业，链接品牌与用户之间的情感归属。

资料来源：36氪《奈雪的茶牵头发布〈2019新式茶饮消费白皮书〉：中国茶饮市场规模将突破4 000亿》，https://baijiahao.baidu.com/s?id=1652342129768364169&wfr=spider&for=pc。

8.3　品牌传播效果评估

广告领域中有这样一句话广为人知，"我知道我花在广告上的钱有一半是打水漂了，但我不知道到底被浪费的是哪一半"。这句话表明了对广告传播效果进行测量是一件极为困难的事，对品牌传播来说也是如此。品牌传播活动是一个复杂的过程，涉及信息到达、对认知和记忆的影响、对态度行为的改变等。策划和执行品牌传播活动或许需要更多的创意与点子，但评估品牌传播效果则需要更多的理性与数据支持。关于品牌传播效果的评估，本节从传播目标的实现、受众对信息的接触、受众态度与行为的变化三个方面进行介绍。

8.3.1　传播目标的实现

对品牌传播效果进行评估，最直接的标准就是传播活动在多大程度上实现了传播目标。在发起一项传播活动之前，企业和品牌代理商通常会进行精心的策划，制定完整的传播策略，其中最重要的一点就是基于品牌发展现状和背景制定传播需要达成的目标。若在传播策略中对传播目标有清晰而明确的界定，通常会更加容易并且有针对性地对活动及效果进行评估。

传播目标有短期与长期、总体与个体之分。其中，短期目标通常以销售额的提升为主，长期目标是指对品牌资产建设的贡献，比如品牌认知度、品牌美誉度或者忠诚度等方面。总体目标是对整个公司或者品牌的认知、态度或行为改变，个体目标则主要是对特定产品的认知、态度或者行为改变。

| 品牌案例 8-4 |

铂爵旅拍的广告成功了吗

"铂爵旅拍！想去哪拍就去哪拍！""找工作！跟老板谈！""旅游之前，先上马蜂窝！"如果你打开这些被网友"查理吵"二次剪辑过的视频，会被无数个过去几年的口号式广告洗脑，而其中最让人烦躁的可能是最近铂爵旅拍的广告。在过去，洗脑式广告顶多只会在电视和广播中出现，而现在碎片化的媒介投放使人们在各种场合都能看到。上班电梯中、地铁广告中、视频贴片广告中、微博的信息流广告中……消费者对于铂爵旅拍这条最近密集出现的广告的反馈大多是"真实的生理不适""像传销洗脑"。

不过铂爵旅拍和背后的广告制作商却对效果很满意。"旅拍是个刚刚兴起的行业，在大家的心智中要迅速占位，只要想去旅拍，就想到铂爵旅拍，这就是广告的目的。"对于洗脑式广告来说，审美从来都不是它们的目的——让你记住才是。事实上在全球的商业广告史中，单调重读口号式广告并不是中国特色。谷歌搜索"最烦人的广告歌或广告语"，会发现不少品牌的广告都榜上有名。这类广告的最大特色便是以某个音乐和节奏为背景，喋喋不休地重复一个直接信息——品牌的订购电话号码、品牌的名字等。也有不少人曾探讨过，为什么那些失败的广告口号却能造就成功的营销？争议和骂声带来的流量便是原因。

尽管骂声一片，铂爵旅拍现阶段的品牌传播目的已经达到了，即让消费者知道"自己是谁"。然而从广告本身来看，一群穿着婚纱礼服的新人举着粉红色牌子大喊口号，看上去和 Boss 直聘的广告如出一辙。和追求直接流量转化的互联网平台不同，旅拍是婚庆行业中走高端路线的服务，消费者决策也并不冲动。一个想靠时尚和审美来打动消费者的品牌，却推出了简单粗暴的洗脑式广告，消费者会相信它的审美吗？

在高流量和短效刺激之后，铂爵旅拍面临的下一个问题是如何继续存活下来。品牌价值观、品牌形象、商业逻辑、产品逻辑等都需要建立，铂爵旅拍还有很长一段路要走。那些成功的、有积淀的商业品牌，能与消费者进行长久的沟通，永远不是只靠争议。

资料来源：刘雨静《铂爵旅拍广告骂声一片，为何它们觉得自己成功了？》，https://baijiahao.baidu.com/s?id=1626147685208642898&wfr=spider&for=pc。

8.3.2 受众对信息的接触

受众接触信息主要通过各种媒介渠道,因此对受众接触信息的效果评估即是对传播媒介到达受众能力的评估,包括对报刊读者、广播听众、电视观众、网络用户接触媒介及品牌信息人数多寡的评估,受众对传播媒介的接触频率和信赖程度的评估等。研究团队和媒体专家通过研究,寻找并总结出了各种衡量传播媒介到达能力的测量方法和手段,这些测量方法通常被称为指标。综合媒介的不同形态,我们将对这些指标做详细分析。

1. 电子媒体信息接触的评估

电子媒体广告的基本形态主要有电视、广播、电影、电子显示屏等,常见的到达效果评估指标有收视(听)率、毛评点、到达率、覆盖面、媒介组合到达率等。

收视(听)率是指在一定时段内收看某节目的人数占观众总人数的百分比,通过收(视)听率的调查得到定量的高精度数据,可检测广告费用投放的效果。

毛评点是指受众接触媒介的机会总数,比如某电视节目的收视率是15%,而播放频次是4次,那么毛评点就是60%,即有60%的受众接触了广告。一般而言,毛评点越高,覆盖面越广,要求的资金投入也越多。毛评点可以衡量某个目标市场上一定的媒体所产生的总影响力。

到达率是指传播活动所传达的信息接受人群占所有传播对象的百分比。该指标为非重复性计算数值,指在特定期间内暴露一次或一次以上的人口或家庭占总数的比例。

覆盖面是指某一媒介发行或影响所及的范围,一般以媒介所涵盖的人数(或家庭)的百分比计算,又称涵盖地区。

媒介组合到达率用于计算运用多种媒介组合时的累积受众。计算公式为:

媒介组合到达率 = 第一种媒介到达率 + 第二种媒介到达率 − 两种媒介重叠部分的到达率。

2. 平面及户外媒体信息接触的评估

平面媒体的到达效果评估指标主要有以下几种:发行量、重复阅读率、读者构成、千人成本等。其中,发行量是指某印刷媒体每期实际发行到读者手中的份数。读者构成通常是指订阅者或阅读者的性别、年龄、职业、收入、家庭情况等人口统计学意义上的指标,此外还应该包含读者构成与传播的目标受众之间的匹配程度。平面媒体的广告**千人成本**(cost per mille,CPM) = 广告费 / 报刊阅读人数 × 1 000。

平面媒体广告的效果评估指标还包括注目率、精读率和记忆度。注目率是受众对视觉类广告投放的第一反应。它反映出有多少受众在阅读时确实接触了广告,并对广告形成认知、记忆,是评价广告传播效果的主要指标。精读率是指认真看过广告内容的受众人数的比率。记忆度是消费者在浏览广告后,对广告内容的记忆程度,包括品牌名、产品名、广告主题、性能、特点等。

户外媒体的主要形态有灯箱广告、单立柱广告、霓虹灯广告、地铁或公交广告、火车站或机场广告等。户外媒体主要通过发布地段人流量/车流量/每日的有效流量、千人成本、周边的环境干扰度等指标来评估传播效果,其中,周边的环境干扰度是指媒体周边的环境以及其他各种媒体形式所形成的干扰程度。

3. 网络媒体信息接触的评估

常见的网络媒体传播效果评估指标主要有:网站流量、网络用户构成、点击率、停留率等。网站流量通常是指网站的访问量,具体包括独立访问者数量、页面浏览数、每个访问者的页面浏览数、页面显示次数、文件下载次数等指标。网络用户构成主要是指用户的一些结构特征,主要包括性别、年龄、学历、职业、收入,以及地理区域分布等一些人口统计学的特征。网络用户构成可以用于评价用户结构与传播的目标受众之间的匹配程度。点击率所呈现的数字能够告诉我们有多少人点击收看了在线信息并访问了网站,它是测量网络互动传播效果的主要方法。停留率测量的是对品牌或产品信息产生印象的用户比例,表现为用户点击广告或者把鼠标指针停放在广告上的行为。

总的来看,对网络媒体信息接触的评估必须参照品牌整合传播的目标来考察网络传播效果,如果传播目标是建立品牌认知度或者是培育品牌忠诚度,那么对网络传播效果的评估就不能以销售额数据来衡量,网络广告可能带来品牌认知度,网络社区可以培育品牌忠诚度,但是都不一定能带来在线购买。最典型的行为是,消费者会使用互联网来搜集与品牌相关的信息,然后通过零售店或者其他网络渠道进行购买,在这种情况下,销售额数据变化就很难反映网络传播所产生的效果。

8.3.3 受众态度与行为的变化

从理论上讲,品牌营销传播效果应该以信息的接触、认知及态度的改变、劝服效果为主,而不应该以销售情况为标准来衡量。但从消费者行为过程来看,认知与态度的变化情况又直接影响着购买行为的发生。因此,受众态度的变化与受众行为的变化是密切相关的。

1. 受众态度的评估

受众在接触信息后对品牌认知产生的态度变化是品牌传播的一个重要目标,具体包括品牌知晓度、品牌美誉度与品牌偏好度等,同时这也是评估品牌资产的重要指标。

所有的品牌传播活动,无论其目标设定是什么,都暗含一个最基本的目的,那就是建立和扩大品牌知晓度。品牌知晓度可以通过品牌回忆度来测定,包括无辅助回忆度和辅助回忆度。例如,询问受试者在过去一周里看某个电视节目时,是否还记得插播过广告?如果记得,那么能记住的品牌广告有哪些?如果在受试的100人中,有50人提到了评估的品牌,则该品牌的知晓度为50%。将广告或者传播活动推出后测量得出的品牌知晓度与活动开展前的品牌知晓度进行对比,可以得出本次活动对品牌知晓度的提升有多少,从而评估传播目标的达成情况。

然而,知晓度高的品牌,受尊重的程度不一定高。因此品牌传播工作的目标不能局限于提升品牌知晓度,同时还应该增加品牌的美誉度。知晓度可以通过宣传手段快速提升，而美誉度则需要经过长期而细心的品牌经营。在对美誉度进行测量时，主要考察的是把该品牌作为理想品牌的人数占被调查者总人数的比率，即品牌美誉度＝把该品牌作为理想品牌的人数／被调查的总人数×100%。将传播活动执行后测量得出的品牌美誉度与传播活动开展前的品牌美誉度进行对比，可以得出本次活动对品牌美誉度的影响，从而评估传播效果的达成情况。

此外，消费者可能同时对某几种品牌都有着积极的态度和评价，品牌传播所要达到的目的就是让消费者更喜欢其中的某个品牌，即建立和增加品牌偏好，因为所有的购买活动大多会受消费者品牌偏好的影响。对品牌偏好的测量可以采用排队法，即要求被访问者根据对某种产品类别中的各种品牌的喜欢程度进行排队，然后根据该品牌在所有被测试品牌中的相对位置来计算其受偏好的程度。当竞争品牌较多时，也可以采用配对法，以两个品牌为一组，进行交叉的两两配对比较，分别找出喜欢其中哪一个品牌，对结果进行量化后计算该品牌受偏好的程度。同样地，将传播活动执行后得到的品牌偏好程度与传播活动执行之前的品牌偏好程度进行对比，就能得出本次传播活动的传播效果。

2. 受众行为的评估

受众态度的评估是感知层面的评估，而受众行为的评估则是确切地通过数据变化来进行的评估。除了消费者购买行为，消费者传播分享和活动参与也体现着品牌的传播效果，因此对受众行为的评估可以从三个层面进行。

首先是对消费者购买行为的评估。产品在某一时间段内的销售额数据对于企业来说是易获得的，销售额的明显提升能证明营销传播活动产生了积极的影响，但反过来则未必成立。因为广告通常具有滞后性，因此通过销售额数据的变化来衡量其效果的评估方式是有缺陷的。很多时候，虽然消费者被广告打动，但是要等到真正有需要时才会购买。而对于整合品牌传播来说，也很难通过销售额来判断到底是促销、广告还是其他传播方式带来的效果。不过在促销传播中使用销售额数据来评估是较为合理的，因为促销的本质就是通过提供利益刺激，在短期内促进消费者购买产品。在提供价格折扣、发放优惠券、举办竞赛或者进行销售点展示期间，测量实际销售额的变化来评估促销的效果，这种评估方式也容易操作。

其次是对消费者传播分享的评估。在事件传播、口碑传播、公共关系传播与数字化传播中，通过消费者的传播分享行为来判断传播效果是较为合理的。在现阶段流行的以微博和微信为代表的社交媒体营销传播中，消费者的传播分享被大多数企业用于评估营销传播的效果。微博传播效果的测量主要是对转发量、评论数、点赞量、关键词提及量、@好友数等进行统计；微信则主要测量粉丝数、互动量、朋友圈转发次数、朋友圈评论次数、好友推荐次数以及主动收藏次数等数据。

最后是对消费者活动参与的评估。大多数企业在制定整合品牌传播方案时都会将消费者活动参与纳入进来，因此在许多品牌传播中，消费者参与活动的程度决定了传播方案成功与否。在广受年轻人追捧的《偶像练习生》《创造101》等选秀综艺节目中，品牌方结合比赛投票的形式吸引目标消费者的参与。

不过，尽管消费者的积极参与可以使传播活动获得更好的效果，但在不同的市场环境中，消费者的参与意愿与程度也不一样，同时消费者参与也会受到信息内容本身、参与流程与规则设定等方面的影响。因此，在从消费者参与的角度来评估传播效果时需要综合考虑上述因素。

关键术语

品牌传播（brand communication）
品牌传播媒介（brand communication media）
品牌传播组合（brand communication mix）
事件传播（event communication）
赞助传播（sponsorship communication）
口碑传播（oral spreading）
公共关系（public relations）
基于位置服务（location based service，LBS）
客户关系管理（customer relationship management，CRM）
千人成本（cost per mille，CPM）

思考与练习

1. 如何理解品牌传播的受众？
2. 品牌传播的目标有哪些？
3. 列出常见的几种品牌传播组合并举例说明。
4. 品牌传播的数字化趋势为传播媒介与传播组合带来了哪些变化？
5. 如何对一个品牌传播方案进行效果评估？

思政融入点

品牌传播是讲好中国品牌故事的重要方式，是提升中国品牌影响力的强有力手段。我们可以通过组织学术案例撰写等方式讲好中国品牌故事，传播中国声音，推动"中国制造"向"中国品牌"的形象转变。

模拟实训

1. 选择一个品牌的单项传播方案，运用本章所学知识点分析其传播策略。
2. 选择一个品牌传播实例，从受众态度与行为的角度设计问卷，评估其传播效果。

案例分析

华为公关圣战

华为在全球的 5G 业务攻势凌厉，直戳美国的核心科技优势。美国政府开始以间谍风险，游说全球盟友放弃华为 5G，并以怀疑华为违反美国对伊朗的贸易制裁为由，让加拿大抓捕了过境的孟晚舟。2019 年，华为在全球的形象管理受到了震荡式的挑战。一改以往低调的作风，此次华为高调应战，任正非被公共关系团队推到了台前。

任正非先后接受了中国中央电视台、英国广播公司、哥伦比亚广播公司、美国有线电视新闻网、加拿大 CTV 新闻台等电视专访，并接受《华尔街日报》《金融时报》以及美联社、路透社和彭博社等国际媒体的联合采访。以央视采访为开端，华为这个史无前例的公关闪电组合拳还包括：请全球媒体到深圳总部考察，在 Facebook 和 Twitter 等全球社交媒体传播，在巴塞罗那世界移动通信大会上大声量覆盖，在深圳召开起诉美国新闻发布会等。

华为首先开设了 facts.huawei.com 网站，将 "Don't believe everything you hear. Come and see us." 作为此轮公关战主题，之后在美国发布致媒体的公开信："美国对于华为存在一些误解，华为的大门永远敞开，希望美国公众能更好地了解华为。"在新西兰，华为投放整版广告："没有华为的 5G，就像没有新西兰的橄榄球运动。"在德国，华为玩起"狗屎成为当地前五大投诉问题之一"的梗，投放广告："在柏林，还有什么会更普遍？5G 还是狗屎？"

另一边，美国政府通过政治施压盟国，禁用华为产品。5 月 15 日，时任总统特朗普以行政命令形式宣布国家进入紧急状态，要求美企不得使用对国家安全构成威胁的供货商提供的电信设备。当国人都在担心华为未来的时候，华为海思总裁"致全体员工的一封信"传遍网络，振奋人心。即便美国百般阻挠，过硬的技术在这场"公关圣战"的掩护下，使华为的 5G 订单也在各国不断增加。截至 2019 年 4 月 15 日，华为已签订来自世界各国的 40 份 5G 商用合同。

华为这次漂亮的公关反击是偶然与幸运吗？或许，这一切都是任正非及公关团队为企业预设好的一种形象管理。例如，华为一直以核心技术打造品牌形象，正是这十几年如一日的坚持，才有了"备胎——海思芯片"在极限而黑暗的时刻转正。此外，拓展海外市场会面临更加复杂的媒体关系，因此华为在架构设置上把公共与政府事务部归一。其海外公共事务部的人才招募范围更加广泛，包括各国的政府机构、使领馆、驻外记者、驻外企业代表工作人员等。

此前几年，相信不少海内外消费者对华为的两条广告印象深刻：一条是芭蕾舞者的脚——"我们的人生，痛，并快乐着"；另一条是向科学家李小文致敬——"华为坚持什么精神？就是真心向李小文学习"。我们看到华为的科技硬实力在全球所向披靡之时，很少看到国内有企业家能像任正非一样，对企业的公共形象管理软实力有这样的认知高度。

资料来源：赵灰灰. 华为公关圣战 [J]. 公关世界，2019（11）：72-79.

问题：

1. 本次公关圣战运用了哪些传播媒介与传播组合？
2. 你认为华为本次公关传播效果如何？请尝试从受众态度与行为的角度加以分析。

CHAPTER 9

第 9 章
品牌杠杆

学习目标

在竞争日益激烈和信息爆炸的时代,品牌要进入消费者心智并形成具有持续性的营销效应愈发困难。因此,许多品牌开始跨界以博得消费者关注、通过赞助提高知名度、选择代言人引爆"粉丝经济"……这些都是品牌借助另一个外部实体,以此为背书进行品牌营销的策略。有时候品牌仅凭一己之力难以实现理想的品牌效应,因此利用品牌杠杆来创建和强化本品牌成为很多企业的战略之选。品牌杠杆是通过借外部实体之势,以提升本品牌的知名度与信任度等,从而获得消费者认可、增加品牌资产。然而要实现理想的杠杆效应并非易事,从外部实体的选择到营销方案的实施等环节,都需要品牌谨慎决策和布局,否则一损俱损。

通过本章的学习,应达到如下要求:
1. 理解品牌杠杆的内涵;
2. 明确品牌杠杆的作用条件及可借力的外部实体;
3. 掌握四种典型的品牌杠杆,包括区域产业品牌、名人代言、赞助营销及品牌联合。

引导案例

王一博成百雀羚代言人,百年国潮品牌与顶级明星强强联手

2020年7月28日,国产护肤代表品牌百雀羚正式宣布王一博成为品牌代言人。随后,#王一博探秘帧颜国#、#百雀羚品牌代言人王一博#、#百雀羚帧颜霜#三大话题在社交平台总热度超过6.6亿。活动期间的相关数据表明了百雀羚此次的营销活动大获成功。品牌方与代言人双方共同借势,实现了双赢。

百雀羚在官宣之前,以品牌的名义连续5天参与"王一博公益"捐赠活动,借此令粉丝好感度爆棚。官宣当日,百雀羚又借助由王一博主演的微电影大片《帧颜传》的首次上线,吸引了众多高能粉丝二次创作,从而扩大了声量。在售卖机制设定上,百雀羚此次特地推出了28 569套A、B、C三款不同的王一博同款限量版礼盒。这些礼盒限定特殊数字制造了稀缺性,搭配创意赠品提升了价值感。粉丝可以通过购买这些礼盒拉近自己与偶像的距离,表达自己对偶像的支持。同时,明星的正面形象也随着礼盒的销售进一步被深化。

百雀羚之所以选择王一博为代言人，正是看中了他强大的带货能力。微博粉丝近4 000万的王一博可谓是当下顶级明星。而王一博的粉丝群体大多是"95后""00后"，这与百雀羚针对肌肤抗初老问题所研发的帧颜霜的目标用户的年龄层十分相符。活动期间的销售数据也验证了其影响力。例如，40 679套礼盒及单品官宣1小时内售罄，品牌销售额超过1 700万元，投资回报率（ROI）接近3。

总体来讲，这次百雀羚与王一博的合作实现了双赢。对于百雀羚而言，其设置的多重粉丝惊喜福利促进了粉丝向品牌自有沉淀流量的转化；这一次的成功营销也使其超越同期各大品牌关注指数，综合排名第一。对王一博来说，这次合作不仅使其再次拿下新的品牌代言，也深化了其在粉丝心中的正面形象，粉丝忠诚度得以增强；其超强的带货能力也说明了王一博的商业价值，从而吸引了其他品牌方的关注。

资料来源：虎啸数字商学汇《借势"流量"，明星营销助力品牌品效合一！》，https://www.163.com/dy/article/GHSBL9T20538A25Q.html。

9.1 品牌杠杆概述

对许多品牌而言，赢得消费者的信任是成功的关键要素，其中，利用背书打造品牌的信任体系是一种常用的品牌营销策略。品牌背书又称**品牌杠杆**（brand leverage），是一种新的品牌视野，通过在本品牌与外部实体间建立联系，将人们对外部实体的积极态度、印象、评价等转移至本品牌上，从而增强品牌实力、提升品牌资产，是一种典型的"借势"战略。借助外部实体，被背书的品牌在原有基础上强化了对消费者的承诺，并与消费者建立起一种可持续的、可信任的品牌关联，从而促进消费者购买产品。

9.1.1 品牌杠杆的内涵

在竞争日益激烈的商业背景下，企业仅通过营销方案很难使产品获得更多成就，而将企业的品牌与其他人物、地点、事件或其他品牌相结合、相联系并以此建设和强化品牌知识，是突破瓶颈的一条有效途径。这种借势发展品牌的方法就是品牌杠杆。传统的品牌资产创建模式依赖于公司内部资源，坚持内部导向，而品牌杠杆是指通过整合品牌的外部资源，以实现借力、省力地创建品牌资产的效果。它是品牌战略的新模式。对于品牌来说，如果能找到一个好的支点，有效地借助外部资源，就可以事半功倍地创建起强势品牌。因此，品牌杠杆可以通俗地称为"借势""借力"战略。

9.1.2 品牌杠杆的作用条件

品牌杠杆效应是如何产生的？外部实体的认知、感觉、想法、态度、体验等优质资产如何转移到本品牌上来？一般来说，这一转移需要具备三个条件：一是实体的知名度和影响力；二是实体与品牌的相关性和寓意性；三是实体知识的可转移性。这三个条件决定了外部实体对品牌产生杠杆作用的程度。

1. 实体的知名度和影响力

实体的知名度和影响力是产生杠杆作用的基本条件。这一因素决定了受众的数量和广度，进而影响了品牌的知名度和影响力。品牌在选择可借力的外部实体时，应首先考虑消费者熟悉的实体，如果消费者不熟悉或不了解该实体，该实体就没有什么资产可以转移到品牌上。只有具有较高知名度和影响力的实体，才能实现提高品牌知名度和影响力的目的，但与高知名度和影响力的实体合作往往意味着企业需要付出更高的成本。

2. 实体与品牌的相关性和寓意性

实体与品牌的相关性和寓意性是产生杠杆作用的核心条件。实体应该与品牌存在相关性，具体表现为实体档次与品牌档次相当、实体受众与品牌目标顾客群体接近、实体内涵与品牌文化接近。并且，实体要能启发消费者产生丰富、强烈、积极的联想、判断和感觉。只有当存在较强的相关性和寓意性时，才容易唤起受众，达到品牌联想的效果。人们对实体的一些联想、判断和感觉，对于品牌而言有很强的相关性和价值，而有些联想、判断和感觉对品牌而言却没有意义。最理想的状态是通过实体联想起品牌理念和品牌文化，唤起受众的心理诉求和思想诉求，从而提高品牌影响力。例如，作为讲究"知识"、强调文化感的网络问答社区，知乎一贯的风格是低调、务实、内敛。近年来由于用户体量的增大和进一步走向大众的需求，2018年上半年知乎选择刘昊然为首位代言人。一方面，刘昊然"青年演员"的路线规划和"学霸"特质等正面形象与知乎的气质相契合；另一方面，刘昊然所吸引的"95后""00后"群体正是知乎的潜在用户群体，获取这一群体的关注符合知乎的战略目的。

3. 实体知识的可转移性

实体知识的可转移性是必要条件，这种可转移性将影响品牌杠杆的作用程度。有些实体知识容易转移，有些则不容易转移。一般而言，抽象的实体知识容易转移，具体的实体知识不容易转移，这是因为具体的实体知识，如功能性的效用和属性，往往依附于实体本身，具有深刻的实体"烙印"，受众看到实体很难联想到其他。但是，抽象的实体知识，如象征性的联想、判断、感觉等往往属于意识层面，相较之下更容易转移。例如，霸王邀请毛不易做品牌代言人正是巧用了"毛不易"的名字梗，霸王在其官方微博戏称"毛不易"这一名字会产生"每一根毛发都不容易"的联想。其实，霸王最看重的还是毛不易背后的年轻消费群体，为顺应脱发人群年轻化的趋势，霸王也希望能塑造一个更年轻的品牌形象。而此举确实为霸王带来了不少流量，微博话题"霸王首席养发体验官毛不易"有565万阅读量，讨论达28万。

9.1.3 品牌杠杆的支点

图 9-1 标示了品牌可借力发挥杠杆作用的八种重要的外部实体，分别属于人物、事件、地点或其他品牌。这些外部实体又可根据是否体现品牌的源头信息进一步划分为以下两种类型。

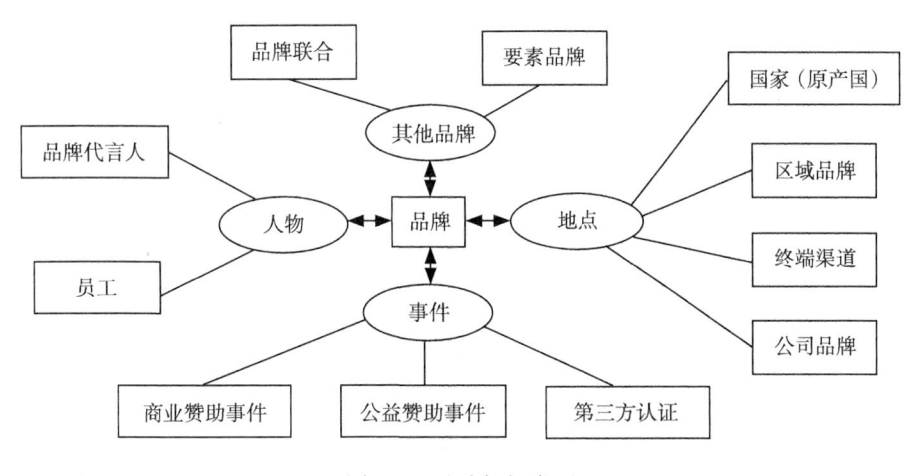

图 9-1 品牌杠杆类型

第一种类型是标示品牌之"源"的外部实体。属于地点的公司品牌、终端渠道、区域品牌、国家（原产国）四种外部实体表明了品牌的源头。这几种外部实体能够传达这样一些信息，即品牌由哪家公司创建？在哪里生产？在何处销售？这些"源头"信息会影响品牌，优质的"源头"可以提升品牌形象，使品牌从中"借力"。

第二种类型是由相关的人物、事件或其他品牌构成的外部实体。品牌在选取这类外部实体作为次级杠杆时，一般会考虑其所具有的较高知名度和较优形象，并且是与本品牌相契合的。通过与这些外部实体相关联，将消费者对外部实体的认知、联想等与本品牌相联结，以弥补或强化品牌自身在某些方面的不足。

在品牌杠杆的具体实施过程中，品牌可根据自身条件、营销目标、外部环境等因素，选择一种或多种外部实体，以达到增加品牌资产的目的。本章将结合当下的企业实践和热点，来详细介绍区域产业品牌、名人代言、赞助营销和品牌联合这四种较为典型的品牌杠杆类型。

9.2 区域产业品牌

区域品牌是某个行政或地理区域内某一优势产业的"产业集群"，是经过长期努力而形成或创建的、为该区域内企业所共同拥有的、在产业市场中具有较高市场份额和较大影响力的知名品牌。它体现了某区域内特色产业集聚而产生的市场声誉和影响力，是特定区域在众多产品品牌基础上形成整体产业形象，反映了消费者对该区域内特定产业的整体评价和印象。**区域产业品牌**（regional industrial brand）是一个识别系统，以区域（地名）+ 产业（产品）名称为核心，如"中国瓷都 – 景德镇""中国小商品城 – 浙江义乌""温州 – 皮鞋""西湖 – 龙井茶叶"等。从更广泛的视角看，区域产业品牌是一定区域范围内的社会、文化、经济中具有特色内容的总和，是区域信息的载体，是一张"区域名片"，是一种巨大的无形资产。

9.2.1　区域产业品牌的特征

区域产业品牌是企业品牌、产业集群和地方特色的复合体，是一定行政或地理区域范围内企业集群所共享的公共品牌。与产品品牌和公司品牌相同，区域产业品牌也代表着生产者为顾客提供的质量承诺和信誉保证，同样需要为目标顾客提供差异化价值。但区域产业品牌还具有一些特殊属性。

1. 非竞争性

一般而言，区域产业品牌的使用具有非竞争性。对于任意一个给定的区域产业品牌，增加一个使用该区域产业品牌的企业，并不会导致区域产业品牌成本的增加，即区域内使用区域产业品牌的企业数目的增加所引起的边际成本几乎为零。例如，"国货之光"烟台苹果于 2002 年正式成立的烟台市苹果协会，依托"国货之光"烟台苹果这一品牌，长期以来集中多方力量进行区域品牌的打造和强化。辖区内多地、多企业共同栽培苹果，共享品牌商标，在果品的栽培、质检、储存等过程中发挥着重要作用。在此过程中，辖区内任一企业的加入或退出并不会导致"烟台苹果"这一区域产业品牌成本的增加或减少。

2. 非排他性

区域产业品牌的非排他性是指要排除区域内任何一个企业使用区域产业品牌的成本很高或这种可能不存在。但区域产业品牌的非排他性也导致了区域产业品牌的使用将会存在"搭便车"现象，其行为表现为两种形式：一是企业搭政府的便车，地方政府为促进区域经济发展，出资打造区域产业品牌，区域内企业使用区域产业品牌不付费用，却享受区域产业品牌带来的利益；二是中小企业搭大企业的便车，在以一家大企业为轴心、众多中小企业拱卫环绕的轮轴式企业族群结构下，会出现中小企业搭大企业便车的现象。

3. 外部性

区域内企业使用区域产业品牌的行为具有外部性。当区域内的某个企业由于技术创新等发展壮大时，其企业品牌价值的提高将带动区域产业品牌价值的提高，而一个良好的区域产业品牌会转而惠及区域内的其他企业品牌，其他企业将因此受益。反之，当区域内的某个企业以劣充优、滥用区域产业品牌时，其败德行为将导致区域产业品牌价值下降，区域内的其他企业也会因此受到牵连。

4. 规模效益性

区域产业品牌具有规模效益特性。企业品牌只覆盖企业本身的产品，大企业生产规模大，市场份额高，对品牌进行投资时具有规模效益。而中小企业受生产规模限制，对产品品牌投资是不经济的，因此大量的中小企业的产品没有品牌或采取贴牌生产的方式销售产品。同时，无论规模大小，企业对打造品牌的投资都具有一定的商业风险。而区域产业品牌覆盖区域内企业族群的各种产品，由区域内企业族群、政府、行业协会等合力共同打造，具有成本分担、风险分散、收益分享的特点，因此，区域产业品牌投资具有显著的规模效益优势。

9.2.2 区域产业品牌的作用

区域产业品牌以产业集群为载体，其产生、成长和成熟是以在集群内部一定数量的优质企业品牌为基础的，而区域产业品牌的发展也会带动集群内企业品牌的发展。具体而言，区域产业品牌对区域内的企业品牌有如下几方面的作用。

1. 易于产品推新，实现整合效应

区域品牌作为集群中本产业所有企业的共同资产，构成了这些企业的"品牌伞"。一方面，集群内中小企业在区域产业品牌的荫蔽下推出新产品时，其市场开拓成本低、风险小；另一方面，以区域品牌为媒介可以实现对市场、客户、技术等资源的整合配置，推动企业结成营销联盟，形成柔性的品牌价值链，提升企业整体的市场竞争力。

2. 提供品质担保，创造品牌优势

区域产业品牌影响了购买者对区域产品的形象和价值的总体认知。这种认知的基本来源是该区域产品在行业竞争中的地位、特性，事实上是该区域产品为购买者创造的价值。当特定区域的某一产业获得较大的竞争优势和较高的市场声誉后，区域产业品牌就会成为某一产业的代名词。这时，区域产业品牌可以展示区域产业的专家形象，为区域内的企业提供品牌背书，成为企业产品的品质担保，赢得更多的市场认可，并为企业品牌的成长创造差异化优势。

3. 共享无形资产，深化品牌效应

区域产业品牌可产生正向的外部效应，集群内的所有企业都能从共同的品牌声誉和形象中分享到好处。一个区域产业品牌建立在该区域优势产业的基础之上，是该区域内的企业共同拥有的无形资产。它不仅是使本区域的产业与其他区域相同产业得以区别的识别性要素，而且是区域产业与企业在市场竞争中获取竞争优势的重要来源。某一区域产业拥有一个具有广泛知名度与美誉度的区域产业品牌，对于吸引产业发展的要素资源、扩大市场份额、提升产业竞争力意义重大。与企业品牌或产品品牌相比，区域产业品牌具有更广泛、更持久的品牌效应。

9.2.3 区域产业品牌的模式

区域产业品牌是区域产业集群内所有企业和产品的整体形象，是众多企业品牌精华的浓缩与提炼。企业品牌数量的多寡及其实力的强弱决定着区域品牌的基础是否牢固。因此，区域产业品牌与企业品牌是相互依赖、相互促进的。具体而言，区域产业品牌与企业品牌的互动主要有以下三种模式。

1. 依托型

如果区域产业品牌是由区域内的优势企业品牌转化而来的，可将区域产业品牌与企业品牌的关系称为"依托型"。此种模式下，区域产业品牌的创造主要依靠企业自身发展和技术创新，并以此带动区域内中小企业的发展，使该区域形成以该企业或行业为中心的产、供、销一体化网络，同时推动区域内服务行业的发展。该模式适用于经济比较发达且具有优势企业的地区，如以海尔与海信等家电品牌为核心，山东青岛正逐步打造一个融合了高技术和工业化的品牌城市。

2. 覆盖型

覆盖型区域产业品牌的特点是区域内存在大量规模较小的企业。区域内的企业品牌知名度低，甚至某些企业没有自主品牌，但是众多的小企业形成合力共同占据市场，在市场中众多小企业为区域产业品牌的建立做出了贡献。众多小企业在区域内的集聚，依托区域产业品牌的实力保证占据一定的市场份额。在这种区域产业品牌中难以看出企业品牌对其贡献的多少，企业品牌共同维护、共同享受区域产业品牌的福利。这种区域产业品牌模式的缺点在于众多区域内小企业自身品牌建设乏力，竞争力偏弱，严重依赖区域产业品牌所发挥的效力。区域内的众多小企业品牌的消费者认知率低，品牌所传达的含义往往是低价而质量一般。区域内一个品牌的产品出现质量问题时，很容易导致区域产业品牌的信誉受损。由于区域内聚集的多是小企业，自身研发创新能力比较低，生产效率低下，因此，一旦出现技术创新，区域内的企业将无力迅速跟进革新，市场竞争力会急剧下滑。在该情况下区域内的企业品牌很可能会在短期内大量消失，区域产业品牌的实力将大幅降低。

3. 混合型

第三种模式是由少数强势品牌与众多品牌实力较弱的同类产品的中小企业共同支撑而形成的，这种区域产业品牌与企业品牌的关系可以称为"混合型"，也是目前中国众多区域产业品牌的主要表现形态。

从区域产业品牌的影响力来看，由于不同类型的区域产业品牌形成的根基稳固性不同，所以品牌优势在时间和空间上的维持情况也不相同。"依托型"和"混合型"的区域产业品牌由于有强势的核心品牌做支撑，因此，其影响力相对更为持久；而"覆盖型"的区域产业品牌如果不能对区域内的企业进行有效整合，不能对企业的经营行为进行合理规范和引导，将很有可能产生"株连效应"，其最终结果是使区域产业品牌的市场声誉受到损害甚至衰落。

9.3 名人代言

对许多品牌而言，邀请名人为其代言是常用的营销手段之一。名人代言是一种借势的宣传营销策略，利用名人所具有的名气优势来推介产品或品牌，以快速提升产品或品牌的知名度，促进产品的销售或品牌形象的提升。尤其是在社会化媒体时代和粉丝经济时代，通过借助名人的"流量"和IP，品牌能够更好地触达和刺激消费者，若运用得当将有助于实现品牌与代言人的双赢。

9.3.1 名人代言的作用

在新媒体环境下，注意力即资源，塑造和传播品牌的核心就是吸引公众注意力并获得其认可。具备较高公众识别度的名人本身就是注意力的焦点，因此借助名人代言能对品牌产生重要作用。

1. 扩大公众认知，提高品牌知名度

利用代言人的知名度或好感度，可以迅速提高品牌的公众知名度和认可度，这对成长初期的品牌而言尤为明显。近年来，随着粉丝经济的盛行与女性消费权力的崛起，邀请新生代明星做代言人成为许多品牌的推广策略。例如，在2019年2月，时趣联手宝洁旗下洗护发产品Aussie的全球代言人蔡徐坤打造的Social Campaign：与KUN的蓬蓬时刻，发挥了积极的成效。粉丝们轻松把对蔡徐坤头发的讨论热度，转移到新代言的品牌Aussie上，让粉丝话题带着品牌一起引爆。此举促使Aussie在短短一个月内成功出圈，成为炙手可热的洗护发产品。

2. 提高品牌美誉度，增强公众信任感

邀请口碑好、公众认可度高的代言人为品牌代言，将更易于说服公众接纳和购买该品牌。一方面，消费者容易将名人的美誉度与具体的产品进行组合、嫁接和联系，进而产生对产品或者品牌的某种美好印象。另一方面，消费者对作为公众人物的代言人的信任度相对较高，代言人可以起到意见领袖的作用，他们的推荐会提升消费者对品牌的信任度并促进购买。

3. 提高产品销量，扩大市场份额

名人一般拥有广泛的粉丝群体，这一群体是名人的坚定支持者和拥护者。他们不仅支持名人在事业上的发展，对其代言的品牌也会尽力去支持。因此，名人代言可以直接带动产品的销量。与没有代言人的竞争对手相比，有名人代言的品牌在竞争上可以形成

相对优势，从而帮助品牌进一步扩大市场份额。

4. 强化品牌文化，提升品牌资产

品牌文化的宣传与推广需要"人格化"的支撑和推动。通过将代言人的人物形象、故事成就、独特个性等与品牌相联系，可以赋予品牌联想与内涵。选择合适的代言人，建立起品牌与代言人的相关联结，对于企业品牌资产的每一个方面——知名度、忠诚度、知觉品质、联想等都具有重要意义。例如，火星人选择黄磊作为品牌代言人正是看中他与品牌形象的契合，无论是工作、家庭还是生活，黄磊传递给受众的都是积极和正能量的形象。火星人通过与"黄小厨"强强联合，不仅向消费者传递了积极健康的生活方式，还向外界展现了火星人打造厨房潮流与品质生活的品牌形象。

9.3.2 名人代言的原则

品牌在名人代言的选择与实施过程中，应当综合考虑多方面因素，并遵循如下原则。

1. 可靠性原则

可靠性包含两个要素：一个是名人的信誉，包括是否诚实、客观、公正等品格特性；另一个是专业权威性，即名人对特定的问题是否有发言权。品牌应选择在公众领域有影响力、可信度高的人物，一般是某个领域的名人、专家、明星、科研人员等，他们作为目标受众群体的"意见领袖"能对目标受众群体产生重大的影响。品牌传播要取得良好效果，必须首先重视这些意见领袖的存在。

2. 匹配性原则

匹配性原则是指品牌代言人与品牌本身间的拟合程度，包括两层含义：一是代言人个人的名气与企业品牌的影响力和号召力相匹配；二是代言人的气质与品牌个性相匹配。代言人与品牌的匹配度越高，信息就越容易被内化，名人的名气与气质就越容易转移至品牌上，从而产生积极的代言效果。相反，如果代言人与品牌不匹配，则会导致代言人的相关信息与品牌所要传播的信息产生冲突，将不利于提升品牌形象，甚至会稀释和损害品牌资产。

3. 对接性原则

代言人对不同的消费者有不同的吸引力，品牌应根据目标市场的特征，如目标群体的喜好和消费习惯等选择代言人。针对不同消费者群体的消费观念、消费模式和经济文化背景等因素对代言人进行细分，找到目标市场与代言人间的最佳契合点。如华为手机考虑到代言人与消费者的形象重合度，为主打国内年轻人市场的华为 nova 手机选择的代言人是关晓彤、张艺兴，主打粉丝经济，而为开拓国际市场，则力邀国际足球巨星梅西

作为全球品牌大使，更注重高端人士的接受度和体验感。

4. 品牌为主原则

品牌为主原则是指在品牌代言中要突出品牌而不是代言人。为了达到好的传播效果，把代言人融入品牌之中才是上策。然而，许多企业在选择和使用名人代言时，往往放大代言人的地位而弱化品牌本身，导致消费者只记住了名人而不记得品牌。这样的代言对于品牌来说无疑是失败的。因此，在开展品牌代言时应分清品牌与代言人间的主次关系，把创意重点和营销方向引向产品和品牌。

5. 连贯性原则

连贯性原则是指品牌在不同时期所选择的代言人应该在形象、内涵、个性上保持连贯。代言人的形象连贯有助于品牌形象的前后连贯，强化品牌资产的积累。如可口可乐为了传递出活力、激情、创新等品牌个性，同时对标产品的目标消费人群，在中国代言人的选择上一贯以年轻顶流为主，在不同时期，分别起用张惠妹、谢霆锋、飞轮海、鹿晗、朱一龙等各阶段的"新人类"做广告代言人，始终走"年轻化"路线。

9.3.3 名人代言的管理

品牌代言对品牌资产有加法效应，也有减法效应，如何管理品牌代言人变得十分重要。

1. 树立正确的品牌代言意识

恰当的名人代言可以树立品牌形象，起到锦上添花的作用，不当的名人广告反而会加速企业的消亡，尤其是对自身基础较差的企业而言。因此，企业应树立正确的名人代言意识，不要盲目高估名人代言的效果。产品是企业生存发展的基石，关键是确保企业产品与品牌的质量，这是名人代言成功的前提。

2. 注重品牌代言的整合营销传播

很多代言人只在广告片中出现几秒钟时间，便再也没有为品牌做任何宣传推广活动，这样能够起到的效果是有限的。除广告之外，代言人还应该在品牌公关、事件营销、包装、促销甚至终端推广活动中发挥作用。在传统媒体与社会化媒体并存的时代，品牌在借助代言人营销时，更应整合线上线下、全方位布局，扩大品牌的影响范围和影响程度。

品牌案例 9-1

爱奇艺的代言人全方位营销

2019年1月15日，爱奇艺宣布张艺兴成为其新晋VIP会员代言人。数据显示，张艺兴微博粉丝中，"90后""95后"年轻群体占比超90%，与爱奇艺品质、青春、时尚的品牌特质十分契合。而身兼歌手、演员、青春制作人多重身份的张艺兴，近年来一直与爱奇艺保持紧密合作。由张艺兴出演的爱奇艺自制剧《老九门》成为全网首部播放破百亿的自制剧。2018年，张艺兴参与的《极限挑战》第四季、《中国音乐公告牌》《好戏一出》等优质综艺、电影内容在爱奇艺播出后，节目质量和张艺兴的表现均获得用户热议及好评。张艺兴也凭借在影视、综艺、音乐领域的出色表现，登上爱奇艺风云榜明星影响力周榜第三名。

此次张艺兴代言TVC，爱奇艺还进行了营销创新，用户可以通过与TVC互动获取张艺兴定制版VIP会员卡、《青春有你》录制门票、餐饮体验券等福利。同时，爱奇艺还整合爱奇艺主站、新浪微博、机场、地铁、商场、校园等线上线下优质渠道，陆续推出一系列用户可参与的互动活动，包括点赞创新广告、粉丝表白互动、粉丝互动短视频、2019张艺兴春节祝福等，选取幸运会员用户与张艺兴共同登上户外大屏。

资料来源：北国网《张艺兴成为爱奇艺VIP会员代言人 创新营销，整合资源打造"快乐要尽兴"生活态度》，http://science.china.com.cn/2019-01/15/content_40643695.htm。

3. 定期更新品牌代言人

为防止消费者"审美疲劳"，也防止代言人"老化"，公司需要适时为品牌更换或更新代言人。更换代言人时，需要坚持连贯性原则，新的代言人要在形象、气质上与原有代言人保持一致。一般而言，公司在推出新包装、新配方或新营销策略时，均需要考虑更新代言人。相对于品牌名、标识、标语等的更新，品牌代言人的更新会更为频繁。

4. 注重代言人的危机管理

一旦选择了代言人，那么其一举一动就与品牌息息相关，而当其出现了负面新闻时，如果处理不当，会严重影响企业的品牌形象。在品牌代言危机管理中，危机预控管理主要表现在制定系统的预警方案。危机发生后，要积极面对：首先，应及时有效地做出回应，通过媒体向公众传播企业态度，避免谣言；其次，转移公众注意力，及时宣传企业的其他产品或品牌以减小损失；最后，还应根据危机的严重性，考虑是否更换代言人。

9.4 赞助营销

赞助营销（sponsorship marketing）也是品牌运用杠杆效应时常采用的一种方式。根据品牌所赞助的事件性质，可分为商业事件赞助和公益事件赞助；根据赞助对象，则有体育赞助、娱乐赞助、教育赞助、社会公益赞助等。品牌赞助商们若能"押对宝"且"押得巧"，将会产生良好的品牌杠杆效应。

9.4.1 赞助营销的作用

尽管不同的品牌赞助会产生差异化的营销效果，但一般而言，开展赞助营销均会对品牌的利益相关者有所影响，对提升品牌资产有着重要作用。虽然赞助本身可能没有直接的利益回报，但品牌运用营销手段在赞助中树立了形象，从而激活市场、实现价值，能为企业带来更可观的实际经济效益。

1. 提升员工认同，强化企业忠诚

借助事件赞助，品牌可以向其员工传达一个积极的信号——自己所在的企业是负责任的、可以信赖的企业，由此可以增加员工的认同感。据美国Cone/Roper的企业公民调查，了解企业所参与的公益事业项目的员工中，超过88%的人对企业有着"强烈的忠诚"；53%的员工之所以选择为目前的企业工作，部分原因在于看重企业对各种公益事业的承诺。

2. 传递品牌形象，提升企业声誉

赞助营销是品牌创建过程中必要的途径和手段，借助社会事件的热度，品牌也会随之获得更多公众的关注，从而扩大知名度。对于已经具有较高知名度的品牌而言，赞助是巩固其在消费者心目中形象的有效方法，可以进一步提升品牌的知名度，强化品牌的美誉度。此外，对公益活动的投入和支持，一方面可以让大众看到企业的社会责任感，提升对企业的好感；另一方面对这些活动的参与，也会赋予品牌形象更多的正面意义。

3. 增强公众认可，促进产品销售

对于企业而言，能够赞助一项社会事业或者活动，本身就代表了品牌拥有一定的资本，能够承担社会责任。通过这一手段，公众可以看到企业的实力和格局，也会对其产品产生更多的信赖。一方面，随着消费者的公益意识不断提高，他们在决定购买或向其他人推荐某种产品时，会考虑选择那些对社会公益事业做出了贡献的企业。热心于社会公益事业的品牌，更能激发消费者对该品牌的好感和认可，从而更倾向于选择此品牌。另一方面，虽然赞助营销出于一定的商业目的，但这种形式往往会让受众在心理上更容易接受，能更有效地形成大众的消费偏好和购买欲望。因此，无论是公益赞助还是商业

赞助，都能通过影响消费者的认知，在一定程度上提高企业产品或服务的销售量。

9.4.2 赞助营销的原则

品牌在进行赞助营销时应遵循如下原则。

1. 价值匹配原则

在赞助对象的选择上，应注重其与公司或品牌的核心价值是否匹配。只有核心价值匹配，赞助才能强化品牌形象，增加品牌资产。为此，赞助对象需要满足三个条件：其一，要有足够高的品质或品位标准；其二，品牌要与赞助对象拥有相似的精神内核；其三，品牌与赞助对象之间的关系可以通过赞助得以强化。例如，作为国内乳业龙头，伊利连续12年为中国奥运代表团提供营养支持，具有丰富的顶级赛事服务保障经验，并始终坚持"伊利即品质"的企业信条，成为比肩奥运的世界级乳企。伊利牵手奥运十二载，并成为北京2022年冬奥会官方乳制品合作伙伴。伊利的"品质信条"与"奥运精神"已经融为一体，在这期间，"滋养生命活力"的品牌主张得到了持续释放。

2. 聚焦目标市场原则

企业在策划赞助营销时，应明确赞助对象的目标受众，同时也应考虑企业或品牌的目标受众，才能对赞助活动的开展进行客观定位。赞助活动的目标受众应当与企业自身的目标受众相契合，契合程度越高，赞助效果越好，越有利于品牌形象的树立。例如，乐虎通过赞助2019 FIBA篮球世界杯，精准触达了功能饮料的消费人群，同时也对品牌进行了年轻化和高端化的升级。通过捆绑篮球赛事IP，乐虎的品牌声量迅速提升，并将品牌从三、四线城市带入一、二线城市，将目标人群从工作疲劳人群拓展至参加竞技体育的年轻化人群，为品牌铺开更大的市场蓝图。

3. 整合营销原则

为了使赞助产生更大价值，企业必须充分利用赞助，开发出更多与消费者沟通和互动的机会。在围绕赞助活动开展的营销沟通中，应将各种促销工具与其他营销要素进行配合，注重协调企业的各职能部门，将各项活动纳入统一的营销计划中，以达到最佳的沟通效果。具体而言，赞助活动的整合营销需要实现四个目标：顾客广泛参与、员工积极参与、高强度媒体覆盖、促销落地，即既要让顾客和员工参与到赞助活动中，充分发挥其主观能动性，还应整合线上线下媒体资源，尽可能多且有效地覆盖目标消费者，最重要的是借助以上各种手段，切实促进产品与服务的销售，实现赞助的真正目的。

│品牌案例 9-2│

vivo 对《热血街舞团》的整合立体赞助

2018年4月，vivo手机赞助热门综艺《热血街舞团》，采用综艺IP与代言人的整合立体营销，开启冠名综艺营销的新形式。在定位上，vivo冠名《热血街舞团》正是考虑到节目受众群体与vivo的用户群体高度契合，并在综艺片头进行精准投放，打造鹿晗、王嘉尔系列街舞广告等，再次树立了vivo年轻市场的品牌形象。在互动形式上，节目中让选手通过舞蹈和肢体语言，"描绘"出vivo的Logo，以及发布王嘉尔解锁"神舞技"的视频，产生强大的吸睛效果，引爆社交网络。为了实现更广泛的全网互动，vivo还制作了"热血召集令"H5，让广大虽然不会跳舞，但是想参与进来的网友，可以通过动动手指、定制专属形象来提高参与度，解锁自己的"神舞技"。在代言人、冠名综艺、创意广告、创意视频、个性定制H5的营销"组合拳"统一发力下，vivo贴近年轻用户、走在时尚最前端、匠心制造精良产品的品牌形象更加深入人心。同时，其结合vivo线下实体店的相关活动，鼓励员工积极参与，盘活整个营销环节，并深植消费者心智模式中。

资料来源：梅花网《整合代言人+综艺IP vivo玩转"立体营销"》，https://www.sohu.com/a/229229861_119043。

4. 平衡效益原则

企业一方面有盈利的需求，另一方面作为社会主体，又要履行社会责任。理想的赞助活动通过资助某些公益性、慈善性、娱乐性、大众性、服务性的社会活动和文化活动来开展宣传，既能为企业创造经济价值，又能实现社会效益。因此，品牌在进行赞助营销时应始终服务于品牌的经营目标，同时兼顾赞助活动的社会影响，即使是公益赞助，也应充分考虑企业的利益。

│品牌案例 9-3│

快手人情味之"逆光行动"

在2019年春节前夕，快手发起"逆光行动"，活动旨在将春节期间不能离开岗位的工作者的家人送到他们身边过年，并在快手上邀请用户为这样的逆光家庭助力。用户每点击一次都将为逆光家庭的团聚拉近1公里的距离，累积点亮100万公里里程，即可送100个家庭幸福团圆。逆光里程点亮后，快手将承包这些家庭团聚的交通费用，还有逆光专车点对点接送，把家人送到不能回家的工作者身边，感受春节团圆的温暖。

在此次"逆光行动"中，快手与超过30家品牌联合，邀请用户共同分享故事。截至活动结束，逆光团圆短视频总播放量超6亿。其中在与200多位明星和网红共同发起"逆光行动"挑战赛中,有100万个故事被用户看到,点赞数超过1 000万,评论量超过530万。它真正激发了人与人之间情感的共鸣,拉近了人与人之间的关系。此外,快手还在北京地铁南锣鼓巷站举办了这次团圆盛事的影展,在北京公交的13 000台移动电视同步播放了逆光行动的故事短片,让超过5 000万的人看到了这些坚守者在快手分享的故事。在快手发起的微博话题"第一次这样过年""逆光行动"的讨论中,明星、网红、品牌纷纷助力,带动全民参与,使得活动话题阅读量超过2.1亿,讨论量突破2.8万。

此次"逆光行动"公益活动不仅成功地让快手商业品牌公益实现了从0到1的突破,还向每一位用户传递出快手积极而富有人情味的品牌态度。

资料来源:北国网《快手逆光行动即将暖心上线 看老铁们的反向春节》,http://www.cpwnews.com/content-26-35218-1.html。

9.5 品牌联合

品牌联合(co-branding)是在维持两个或两个以上消费者高度认可的品牌原有特性的条件下,将这些品牌组合在一起的一种商业合作形式。一般而言,品牌联合的本质是各方品牌声誉的相互背书和竞争力的合作,通过将各方优势结合在一起并创造一个新的产品或服务,实现1+1>2的效果。对于品牌联合的发起方来说,实施品牌联合的主要动机是希望借助其他品牌所拥有的品牌资产来影响消费者对新产品的态度,进而增加购买意愿,并借以改善本品牌的品牌形象或强化某种品牌特征。

9.5.1 品牌联合的类型

根据合作中共有价值的创造因素,品牌联合可以划分为四种类型。这四种类型在所创造的价值上由低到高分别为:接触或认知型品牌联合、价值认可型品牌联合、元素组成型品牌联合、能力互补型品牌联合,如图9-2所示。

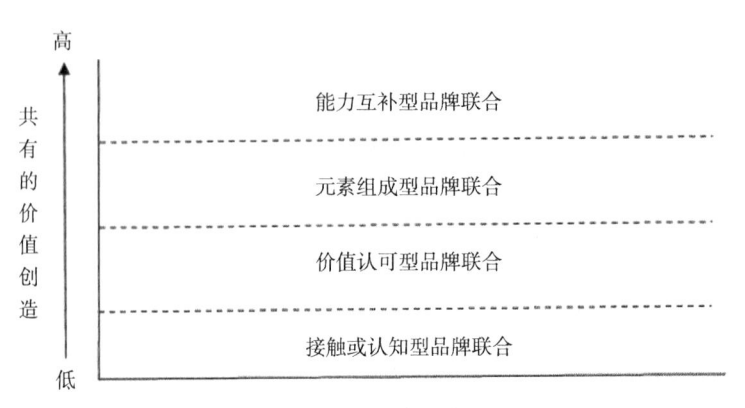

图9-2 品牌联合的类型

1. 接触或认知型品牌联合

接触或认知型品牌联合是通过在合作伙伴的消费群体中进行宣传，从而迅速提升公众对品牌的认知，这是共同参与和价值创造的最低水平。在这个共同价值创造的最低层次上，对合作伙伴的选择可以是非常广泛的，即使是没有太多共同的品牌特点（如战略、价值、定位等）的不相关品牌方之间也可以建立联系，并且实现相对低水平的联合投资等。通过这种合作，品牌联合的合作伙伴们可以从品牌联合关系中获得利益和收入，在更广泛的客户群中提高对品牌的认知。对于消费者而言，也需要确认有可以增加的利益，这样才会激发他们与品牌建立联合的关系。

2. 价值认可型品牌联合

价值认可是这一类型的品牌联合得以实现的原因。各方品牌间在核心特性和价值上有着紧密联系，具备或者想取得在用户心目中品牌价值的一致性。价值认可型品牌联合有三种：第一种是两个或两个以上互补型的专业品牌进行合作，强调的是品牌的专业性；第二种是某行业品牌与奥运会等强势品牌之间的合作，可借以提升自己的实力；第三种是某行业品牌与慈善、环保等公益事业品牌之间的合作，旨在提升品牌的公益形象，彰显企业的社会责任感。与第一个层次的品牌联合旨在获得品牌认知的目标相比，品牌价值的相互认可与一致性的要求对可开展品牌联合的潜在伙伴进行了筛选，但同时也提高了价值的创造潜力。

3. 元素组成型品牌联合

元素组成型品牌联合是指成分品牌与最终产品品牌之间的合作，目的是凭借对方的专业声望来提高自身品牌的品质和声誉，因此合作各方当中至少有一方是非常知名的品牌，如果各方的品牌声誉都很好，就可以实现相互的强化。例如，联想、惠普等个人计算机制造商和英特尔进行品牌联合，在包装、广告等加上"Intel Inside"的独特标志。总体来说，元素组合型品牌联合的精髓是：品牌联合的各方希望传递关于产品性能和品质等的特定信息，成分品牌本身的形象提升了最终产品品牌所期望的性能和品质，而其在保证销售额的同时，也因增强了产品的品牌效应而获益。

4. 能力互补型品牌联合

能力互补型品牌联合是指几个具有能力互补性的强势品牌，在联合中集中各自的核心技术和竞争优势共同提供一个产品或一种服务。这种形式是品牌联合的最高层次，共同价值创造的潜力最大。与仅为终端产品提供可分离的实体成分的成分品牌相比，能力互补型品牌联合的互补能力不仅包括有形的、可分离的实体成分，还包含无形的、不可分离的要素。例如，2018年鲜丰水果与罗森合作的便利店亮相杭州，此次合作中鲜丰水果强大的供应链体系为罗森在鲜果模块的品种、价格等方面创造了竞争优势；而罗森则帮助鲜丰水果增加了品牌曝光度，在不新增门店和人员等资产投入的情况下，鲜丰水果利用罗森门店拓展了销售渠道。

9.5.2 品牌联合的作用

品牌联合能给合作的品牌带来巨大利益，因而被广泛使用。具体而言，品牌联合具有以下作用。

1. 助力新市场开拓，降低品牌营运成本

通过与知名品牌合作，一个新进入的品牌能够产生"搭便车"的效果，降低进入市场的费用和风险。品牌联合能够打开新产品的市场，特别是对科技产品而言，品牌联合能够提升产品的专业技术水平和产品形象。与单纯的品牌延伸相比，品牌联合的优点是能使新产品由于联合中各品牌的作用而让消费者认识到产品的独特性，从而取得较高的市场地位。在开拓市场方面，由于促销费用由合作各方共担，加之各品牌早期的广告和促销活动对联合品牌又助了一臂之力，因此，各方的促销费用都大大降低。

2. 推动市场资源共享，实现品牌优势互补

品牌联合中的各个品牌要素可能在某些方面具有自己独特的优势，那么通过联合将进一步强化品牌的内涵和个性。此外，一个品牌所具有的某种优势可能恰好是另一个品牌缺乏并且是必需的。各方通过分享各自的客户资源，充分利用各自的品牌优势，联合开展一系列合作推广活动，可以谋求品牌建设和市场拓展的"双赢"。因此，进行品牌联合可以更好地实现各个品牌间的优势互补。

3. 促进消费者认可，提高品牌资产价值

品牌联合可以从两个方面提高各联合品牌的品牌资产。一方面，合理的品牌联合能够提升各联合品牌渗透对方品牌消费市场的能力，促进本品牌被对方品牌的消费者接受和认可。各联合品牌通过品牌认知度和好感度的转嫁，可以与对方市场的消费群体建立联系。另一方面，品牌联合可以扩展和改善合作品牌的联想，从而提高合作品牌的资产。一个品牌通过与另一个品牌的联合，使消费者对两个品牌的联合信息进行整合，他们对这两个品牌的联想内容会更加丰富。通过扩展品牌联想的内容，能够增强品牌的差异性和相关性：差异性能够使品牌独树一帜，提升品牌的竞争力；相关性能够使品牌联想渗透到更广阔的消费市场，这两点都能使品牌的资产价值发生质的飞跃。

但同时，品牌联合的各方也必须意识到，任何商业上的合伙关系都要承担一定程度的风险，而品牌联合涉及两个乃至多个品牌成员，其复杂程度自然非同一般。企业经营者在追求品牌联合的巨大利益的同时，必须警惕因联合不当而产生的重大风险：如果品牌联合运作得当，可以达到双赢的效果；但如果运作不当，合作的一方或者多方都会遭受挫折，甚至会无辜地受到对方过失的牵连。

9.5.3 品牌联合的原则

为充分发挥品牌联合的作用,在实施品牌联合时,应遵循如下几个原则。

1. 品牌匹配原则

品牌联合既是为了借助外来资源弥补自我品牌的缺陷,也是为了强化已有的优势资源。开展品牌联合的各方必须符合"品牌匹配"的前提条件。只有当各方具备高度的匹配性时,品牌联合才能最大限度地发挥效用,产生 1+1>2 的传播效果。品牌匹配具体包括以下三方面:一是品牌内涵匹配,需明确合作伙伴的品牌定位、品牌核心价值是什么,品牌个性、企业文化、价值观等是否与本品牌吻合;二是渠道资源匹配,需关注的问题包括对方渠道资源是否符合自身定位,对方渠道的优势能否为我所用或是能否加以整合,哪些渠道适合促销推广等;三是目标消费群体匹配,应明确各方的目标消费群体是否一致,能否有效地接触到目标消费群体。现如今,联名是许多品牌尤其是时尚品牌的一种常用营销手段。例如,2019 年 4 月底,安踏与可口可乐跨界联名,陆续推出了多款限量版跑鞋,在线上线下大受年轻人追捧。安踏与可口可乐的目标市场在很大程度上是重合的,多为追求时尚、充满活力、热爱运动的年轻消费者。此外,安踏氢跑鞋可口可乐联名款从各个设计细节将二者进行融合,满足轻运动爱好者进行无负担的运动体验和日常个性穿搭的需求。线下发售时,安踏还采用了透明气囊限量款联合包装,共同倡导"轻盈、无负担"的生活方式。

2. 利益一致原则

"利益一致"是品牌联合的动力,品牌之间开展联合也是为了聚合资源,并作用于市场,借以获取品牌利益。没有一致的利益作为推动力,品牌联合就难以持久。开展品牌联合的合作伙伴只有存在共同或接近的市场目的,才能够使品牌联合统一方向,才能够聚集资源形成市场能量,共同作用于同一渠道、同一市场、同一消费群体,从而实现品牌利益的最大化。

| 品牌案例 9-4 |

三重 IP 加持的 M·A·C 惊艳出道

作为雅诗兰黛集团旗下专业彩妆品牌,M·A·C 在 2019 年新春伊始就为美妆行业带来了一个全新案例:双 IP 联名(游戏 IP "王者荣耀"和明星 IP "火箭少女 101")叠加微信广告社交互动能力和小程序闭环转化能力。这次以"吻住,我们能赢"为主题的跨界合作取得了非常不俗的营销效果和销售成绩。

对于海外品牌而言,想要在中国市场进行深入到产品的联名合作,并在短时间内快速产出,在操作上往往会具有一定的困难。相较之下,口红是更易为大众所接受的品类,而且口红跟游戏人物的性格、特征更能匹配在一起,从而实现品牌调性、游戏精髓的真实还原。M·A·C、《王者荣耀》、火箭少女三方的受众,在某种程度上有很高的契合度,三者都拥有非常年轻的女性用户,平均年龄都在 18 岁到 24 岁之间。三重 IP 的叠加可一次触达美妆爱好者、游戏玩家、二次元人群及娱乐明星粉丝等多个人群。此外,M·A·C还在微信上推出了线上首发的小程序快闪店,开售仅一个小时就卖断货,几个色号补货后又迅速售空,而天猫店也在开售一个小时后售罄。

资料来源:华丽志《雅诗兰黛旗下专业彩妆 M·A·C×〈王者荣耀〉联名跨界背后的中国社交力量》,https://www.sohu.com/a/291295527_487885。

3. 机会均等原则

品牌联合各方必须获得均等机会。品牌选择进行联合,无论哪一方都希望能够"借东风",利用合作伙伴的资源获得更多的品牌利益。因此,品牌联合就存在一个博弈与制衡的问题,博弈的最终结局就是联合品牌间的立场逐渐回归本位,在合作中获得均等的机会。因此,"机会均等"是品牌的重要保障,是各个品牌开展合作的心理底线。例如,2019 年 6 月 11 日,网易云音乐与三枪进行战略合作,重磅推出"樂"系列内裤袜。"樂"系列产品以三枪最具竞争力的核心品类为主,包括两款男士内裤、两款女士内裤,以及长袜、短袜、船袜三种袜款,其中网易云音乐参与产品设计,三枪负责生产销售环节。在此次合作中,三枪首度开放核心品类 IP 授权,网易云音乐首次正式以 IP 授权的方式探索商业化道路。对三枪来说,选择与新潮且有趣的互联网品牌网易云音乐合作,能满足品牌年轻化的诉求,为经典国货品牌注入新鲜活力。对网易云音乐来说,与三枪的战略合作,一方面将音乐消费场景再度延伸,是"音乐生活王国"的又一进展,另一方面也为 IP 商业化开端提供了可靠的品质保证。

关键术语

品牌杠杆(brand leverage)   赞助营销(sponsorship marketing)
区域产业品牌(regional industrial brand)   品牌联合(co-branding)

思考与练习

1. 为产生理想的品牌杠杆效应,品牌所选取的外部实体应具备哪些条件?
2. 相比企业品牌和产品,区域产业品牌有何优势?
3. 邀请名人代言应遵循什么原则?此外,如何对名人代言进行有效管理?
4. 结合案例说明品牌在开展赞助营销时应遵循什么原则。
5. 举例谈谈品牌联合的不同形式。

思政融入点

区域品牌是品牌杠杆的重要形式。中国所有品牌在国际市场的地位和形象的建立都离不开中国作为负责任的大国形象的优势。通过格力、海信等企业的品牌国际化历史案例分析，可以增进学生理解中国在国际社会中良好形象的树立对企业品牌杠杆的效应，同时增强学生对于我国改革开放发展带来的国际地位提升成就的认同感和自豪感。

模拟实训

1. 选择一位你知晓的名人或明星，就其所代言的品牌进行分析，其所代言的品牌是否具有一致性？若出现各品牌风格不相符的情况，其会对品牌或代言人产生何种负面效应？
2. 以近期的某一事件或节目为例，试运用赞助营销的原则分析品牌赞助商们如何才能正确"押宝"，产生较好的营销效应。

案例分析

农夫山泉：被饮用水耽误的广告公司

农夫山泉的营销方式一直以来为人称道。无论是与网易云音乐联手推出限量款"乐瓶"、与故宫文化服务中心推出"故宫瓶"，还是独家冠名现象级综艺节目《中国有嘻哈》《偶像练习生》，与热门手游"阴阳师"合作，又或者是强势跨界推出大米、桦树汁面膜，借助产品核心创意包装的瓶身设计和因时制宜的广告投放，农夫山泉的营销无疑都是成功的。传统品牌农夫山泉将传统和新兴的两种品牌营销方式做到了极致。据浙江省百强企业排行榜显示，农夫山泉以141.39亿元的年销售额榜上有名。

在传统营销方式上，农夫山泉致力于打造自然、质朴的广告宣传片，大打情怀牌，有很大的情感张力。农夫山泉掌握了浙江千岛湖、吉林长白山、湖北丹江口、广东万绿湖、宝鸡太白山、新疆天山玛纳斯、四川峨眉山、贵州武陵山八大优质水源，并依靠这些实现饮品品牌的多样化和品质化。它们是农夫山泉品牌长盛不衰的关键武器。在邀请明星代言方面，农夫山泉一直不甘落后，将视线瞄准新生代消费群体所喜爱的当红偶像明星，拉近与新生代消费群体的距离，获得知名度。

在新兴营销方式上，农夫山泉更是表现出色。农夫山泉联合故宫文化服务中心，推出9款限量版的"故宫瓶"，将康熙、雍正、乾隆三代帝王以及嫔妃的历史人物画像作为瓶身背景，加上生动的故事话语与文案书写，使产品具有中国风、历史感、文化感。瓶身除了有人物画像、创意文案之外，还有故宫的简笔画，右上角有做成古代印章形状的二维码，与"宫廷前世，瓶水相逢"的文字搭配，用户识别二维码后会出现H5，将瓶身创意内容结合移动端更加生动形象地展现出来。除了故宫瓶，2017年农夫山泉联合网易云音乐推出"乐瓶"，其上印有网易云的乐评，这种暖心操作真正触动了用户的内心，内容触动情怀，一瓶水讲述一个故事。农夫山泉的瓶身除了有走心的乐评、简约的图案设计之外，还添加 AR 黑科技。扫描瓶身的黑胶片，可以体验定制化 AR，在出现的星空沉浸式的手机界面中，点击星球会弹出随机乐评，用户在此能够拍摄创意照片，并分享到社交平台，同时还能在线听歌，欣赏乐评，品味故事。农夫山泉通过品牌与品牌对话的方式，积累用户口碑，借助乐评实现农夫山泉品牌核心资产的另类演绎，带动产品销售。品牌跨界已经不是新鲜事，借助品牌本身的影响力和体系化营销方式，限量出售跨界产品，往往能够提升品牌调性和品牌吸引力。而农夫山泉不仅仅满足于饮用水行业，还已跨界橙子、苹果、大米等农产品行业，甚至推出了面膜。

资料来源：汇桔宝《农夫山泉如何营销创造 140 亿年销售额？》，https://www.sohu.com/a/248988516_100189041。

问题：

1. 作为传统品类、产品同质化大的饮用水品牌，农夫山泉在品牌营销时借助了哪些策略实现差异化？
2. 农夫山泉所赞助的节目多样化，现又开展各品类的跨界，这会不会对品牌的整体形象产生不利影响？
3. 结合农夫山泉的营销实践，谈谈在信息时代和社会化媒体时代，传统品牌如何才能同时玩转传统营销和新兴营销。

第10章 品牌组合

学习目标

品牌组合（brand portfolio）是指公司出售的每一特定品类所包含的所有品牌的集合。品牌组合管理是指公司采取一套系统方法，对多个品牌进行系统化思考和精细化管理的过程。品牌组合管理的意义在于，通过对品牌组合中品牌角色的合理分配，促进企业内外部资源的优化配置，从而促进企业管理效率的提升并推动业务的创新发展，使企业的资源利用达到1+1>2的效果，帮助企业在激烈的市场竞争中获得难以模仿的竞争优势。

通过本章的学习，应达到如下要求：
1. 理解品牌组合的内涵、意义；
2. 了解品牌架构中所包含的品牌层级以及品牌角色定位；
3. 掌握建立品牌组合和优化品牌组合的方式；
4. 能够运用本章所学知识，对企业品牌组合中存在的问题进行分析，并提出针对性的建议。

引导案例

"多品牌多产业"战略优势凸显，达利食品集团未来增长可期

达利食品集团诞生于历史文化名城、东亚文化之都泉州。自1989年创办至今，历经31年飞速发展，达利食品集团已成长为位列中国民营企业500强的综合性现代化食品企业集团。2020年3月31日，达利食品集团发布的业绩报告显示，2019年全年，达利食品集团共实现收入213.8亿元，净利38.4亿元，同比2018年，业绩持续稳健增长。

在30多年的发展中，达利食品集团一直秉承"多品牌多产业"的发展策略，目前已形成休闲食品、即饮饮料和家庭消费三大业务板块。其中，休闲食品、即饮饮料是业务较为成熟的两大板块。休闲食品产业中的达利园、可比克、好吃点以及即饮饮料板块的乐虎、和其正，均为耳熟能详的国民品牌，每个品牌的市场份额均保持在行业前三的位置。家庭消费板块是该集团于2017年开始布局的板块。最近两年，随着经济的发展和人们生活水平的提高，家庭

消费作为一片新的"蓝海"正在受到越来越多的关注。亚马逊的数据显示，家庭在消费决策中的角色在不断强化，"消费家庭化"的大趋势不断深化。鉴于家庭消费产业的趋势，达利食品集团相继进入植物蛋白以及短保面包领域，通过豆本豆、美焙辰两大品牌切入家庭消费市场。该业务板块增长迅速，销售收入由 2018 年的 18.76 亿元增加至 26.56 亿元，成为拉动业绩增长的重要引擎。

在全球市场环境变化、消费者需求快速转换、市场竞争日趋激烈的情况下，达利食品集团积极为成熟品牌注入新的增长动力。同时，未来随着家庭消费板块的发力，必将与原有品牌形成品类协同效应，带动达利食品集团的业绩持续增长。

资料来源：人民日报海外网《达利食品："中国雀巢"崛起的秘密》，http://m.haiwainet.cn/middle/3543422/2018/0828/content_31384967_1.html。

10.1 品牌组合概述

10.1.1 品牌组合的内涵

品牌组合（brand portfolio）是指公司出售的每一特定品类所包含的所有品牌的集合，其中 portfolio 一词原用于定义投资组合，后来被运用到品牌管理中。品牌组合管理（brand portfolio management）是指公司采取一套系统方法，对多个品牌进行系统化思考和精细化管理的过程。它既有利于公司解决现有的品牌问题，也便于公司抓住新出现的发展契机。品牌组合管理是公司品牌管理的核心内容之一。这一过程致力于通过有限资源在品牌间的合理分配，使得公司品牌合力产生的价值最大化。

品牌组合可分为狭义与广义两种。狭义的品牌组合阐述了公司多个自有品牌之间的内部关系，而从广义上来说，品牌组合还包括公司自有品牌与外部品牌（如授权品牌、租赁品牌、第三方品牌等）之间的关系。

10.1.2 品牌架构

在管理品牌组合时，我们通常会使用品牌架构这一图形工具。品牌架构是对品牌组合中品牌关系的规范描述，它回答了"一个企业有多少个品牌""各品牌之间是什么关系"以及"各品牌起到什么样的作用"等问题。通常在品牌架构中我们会定义企业的主品牌与其子品牌（即从主品牌中剥离出来的品牌）的关系，或者是企业的主品牌与其主要的产品和服务品牌之间的关系。

一个企业的品牌架构中存在品牌纵向关系和品牌横向关系。品牌纵向关系是指在品牌架构中品牌间的层级关系，回答了"品牌架构中有多少品牌层级"这一问题。品牌横向关系是指在同一品牌层级上不同品牌各自的身份和角色。

1. 品牌纵向关系

在一个企业中,从顶端到底部的最简单的品牌层级一般包括以下四个。

第一,**集团或公司品牌**(corporate/company brand)。集团或公司品牌位于品牌架构的最高层级,是代表一个集团或一个公司的品牌,通常会出现在产品或包装上面。如图 10-1 所示的通用汽车公司的品牌架构中,"通用汽车"即为公司品牌。

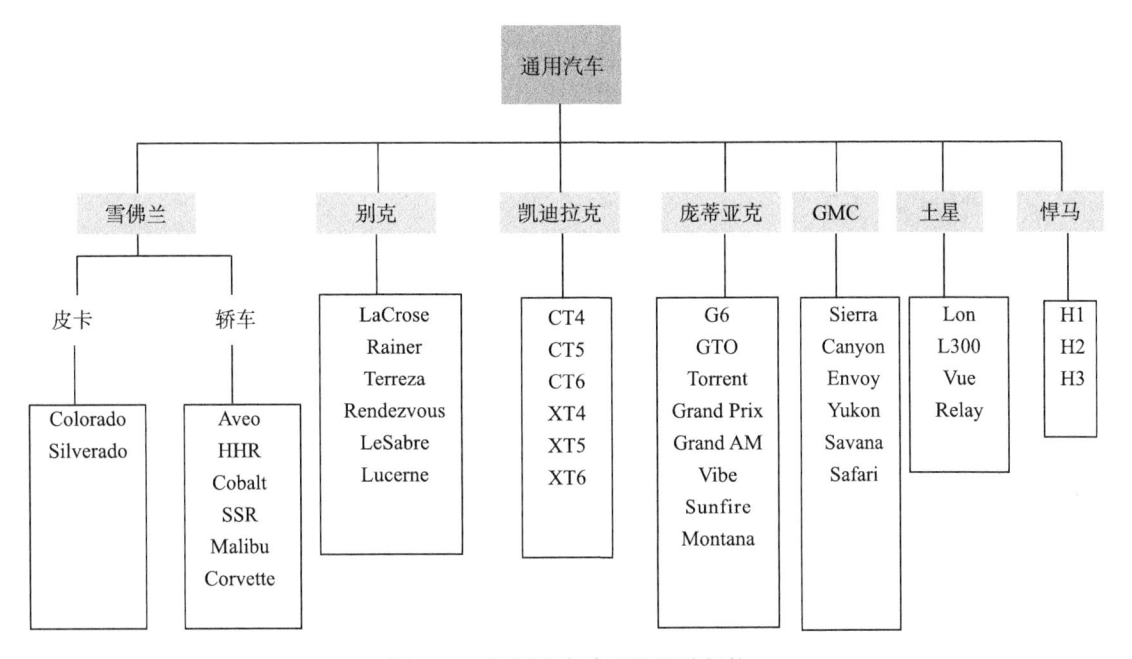

```
                            通用汽车
    ┌─────┬─────┬─────┬─────┬─────┬─────┐
   雪佛兰   别克  凯迪拉克  庞蒂亚克  GMC   土星   悍马

   皮卡 轿车  LaCrose  CT4    G6       Sierra   Lon    H1
              Rainer   CT5    GTO      Canyon   L300   H2
   Colorado   Terreza  CT6    Torrent  Envoy    Vue    H3
   Silverado  Rendezvous XT4  Grand Prix Yukon  Relay
              LeSabre  XT5    Grand AM  Savana
   Aveo       Lucerne  XT6    Vibe      Safari
   HHR                        Sunfire
   Cobalt                     Montana
   SSR
   Malibu
   Corvette
```

图 10-1 通用汽车公司的品牌架构

第二,**家族品牌**(family brand)。随着公司的规模扩张或业务发展,在公司品牌下有必要设置多一层的品牌,此时就诞生了家族品牌。家族品牌又称群体品牌,是公司决定将其部分产品都使用统一的品牌名称所形成的一个品牌系列。家族品牌与单个或多个品牌、业务相联系,是单个品牌的上一级品牌(母品牌)。例如,"别克""雪佛兰""凯迪拉克"等均为通用汽车的家族品牌。家族品牌是为多种相互独立的产品建立共同联想的有效方式。一方面,采用家族品牌作为新产品的品牌名称,可以降低新产品的市场导入成本,提高新产品被市场接受的可能性。另一方面,家族品牌也容易受到失败的子品牌的拖累。因此,公司必须仔细考虑使用量身定制的品牌战略。

第三,**单个品牌**(individual brand)。单个品牌多为产品品牌,是指单个产品层次的品牌塑造,包括品牌形象及品牌知名度,其特征是吸引消费者。单个品牌仅限于在一个产品品类中使用,但这个产品品类可以包含不同风格、不同型号或不同包装的多种产品。如凯迪拉克 CT4、CT5、CT6 都属于单个品牌,又如嘉陵摩托车有嘉陵 50、嘉陵 70、嘉陵 125 等不同型号,圣罗兰(Yves Saint Laurent)口红有方管、圆管等不同包装。公司使用单个品牌可以使品牌个性化,并使得所有营销活动都满足特定消费群体的需求。由于单个品牌一般都有特定的目标市场,因此当品牌失败时对其他品牌的负面影响最小,但其营销成本较高，设计过程也相对复杂。

第四，**品牌修饰层**（brand modifier）。品牌修饰层是对产品要素进行品牌化，多数情况下是标示某一具体产品的款式、产品配置、型号或特殊版本的方法。不管是否已经使用了公司、家族或单个品牌，都应该根据产品型号或款式的不同类型进一步对品牌进行区分，而增加一个修饰成分，往往能够达到表现品牌在某些方面有所区别的目的。如凯迪拉克 CT5 的 2020 新款有 28T 领先运动型和 28T 铂金运动型两种类型，代表了配置上的差异，Johnnie Walker 的红方、黑方、金方以及蓝方的苏格兰威士忌酒代表了质量上的差异，柯达的 100、200、400 以及 APS 胶卷代表了功能上的差异等。修饰品牌的作用就是在单个品牌或家族品牌中展现微小但有力的品牌差异。

2. 品牌横向关系

从品牌架构的横向来看，品牌角色通常分为以下几种。

第一，**旗舰品牌**（flagship brand）。旗舰品牌一般称为主品牌，其市场份额和市场增长率高，是长期发展的核心品牌。如贵州茅台以"飞天茅台"为主打，坚持高端定位。长期以来，"飞天茅台"的销量与售价均为中国白酒第一，为集团贡献了 85%～90% 的营业收入。旗舰品牌在每一个品牌层级中并非只有一个，有些公司内会出现"多辆马车并驾齐驱"的现象。各个旗舰品牌通常有着不同的战略定位，可能是行业不同，也可能是消费者细分市场有差异，如著名化妆品公司欧莱雅旗下的圣罗兰、薇姿、卡诗品牌分别对标彩妆、药妆、美发行业。又如小米公司旗下有着红米和小米两个手机品牌，分别满足低端和高端市场的顾客需求。

第二，**侧翼品牌**（flanker brand）。侧翼品牌通常为旗舰品牌保驾护航，常常具有与竞争品牌更多的相似之处，以使更容易盈利（或者更重要）的旗舰品牌能保持其理想地位。如果将侧翼品牌定位为低价位品牌，它就可以降低品牌认知的门槛，吸引新顾客；当侧翼品牌被定位为高端品牌时，它就能提高整体信誉度，更有利于开发旗舰品牌的宣传点。例如，五粮液集团推出针对中低端市场的五粮春，以满足不同层次用酒需求。同时，五粮春还肩负着保护主品牌"五粮液"的市场责任。当竞争对手以低价格进行市场渗透时，五粮春可以通过价格调整与竞争对手在中低端市场周旋，从而在侧面为五粮液做了掩护，稳住了主品牌的市场地位。

第三，**现金牛品牌**（cash cow brand）。虽然此类品牌的销售额可能停滞不前或缓慢下滑，但仍有一批忠实的顾客，能产生可观的现金流，保有顾客转化的机会。例如，尽管技术的进步使吉列的主打产品变成了新剃须刀锋速 3，但吉列仍销售其老款产品，如特拉克 2、阿特华和感应等，因为撤出这些品牌并不一定能使顾客转向吉列的新品牌，而保留这些老品牌也许能使吉列获得更多利润。

第四，**弱势品牌**（weak brand）。弱势品牌是指在发展过程中遗留下来的不受消费者青睐的品牌或问题产品。企业只有对此类型品牌做精简处理，才能提高整个品牌组合的效率。例如，五粮液旗下的"五粮 PTVIP""VVV"等高仿产品，对五粮液的销售贡献率不足3%，且严重透支了五粮液的品牌资源。2019年4月，五粮液对上述产品在公开渠道进行了下架处理，并停止相关产品宣传。

品牌架构可以分为四种主要类型，每种类型的品牌架构都有其特定的规则，而这些规则对品牌构建有很大的影响。

（1）单一制品牌架构。单一制品牌架构将品牌的效应发挥到极致，而产品和服务只是被简单地赋予品牌名称，像海尔、索尼、联想等都是这类架构的代表。因为每一个子品牌的策划都要与母品牌相符合，这就意味着品牌策划人员每次策划新的子品牌时都会被严格限制，如什么能做，什么不能做，因此策划会受到约束。

（2）重背书品牌架构。这是指一个强有力的子品牌伴随强有力的母品牌一同出现，子品牌与母品牌同时突出。重背书品牌是双品牌战略中"企业母品牌－独立品牌"的形式，如"奇瑞–QQ汽车"。重背书品牌的好处是：企业母品牌一般是有较长历史，有很高的知名度、威望及无形资产的大品牌，能够几乎不花费什么成本就让消费者对产品产生基本的认同、信任与安全感；独立品牌则张扬产品个性，锦上添花地使消费者更喜爱产品；企业母品牌与独立品牌之间的品牌核心价值在识别上不存在冲突。

当产品需要依赖独立品牌来张扬个性，但独立品牌的知名度、威望等不足以单独打动消费者，需要企业母品牌的帮助时，适合采用重背书品牌架构，如奇瑞、长安、比亚迪等。在设计新品牌时，品牌管理者必须要明白母品牌的重要性，但是在设计子品牌的"外观和感受"时，又不能使母品牌过于抢眼。例如，福特采用的也是重背书品牌架构。福特目前与各独立品牌全顺、蒙迪欧、福克斯、水星等结合十分紧密：在车身上，福特标志与字体会放在最显眼处，独立品牌反倒是放在不起眼处；广告宣传中，福特与独立品牌的分量不分伯仲，有时福特的分量会更重。

（3）轻背书品牌架构。在这种品牌架构中，母品牌所占的地位较轻，对于子品牌仅起担保、背书或支持的作用，所以轻背书品牌又称担保品牌。轻背书品牌的本质是担保品牌（母品牌）能提供品质、技术、信誉上的信任感，独立品牌则彰显产品的独特价值。担保品牌很少直接与独立品牌一起亮相，消费者一般只记住独立品牌，品牌的个性化空间比双品牌大，但无法像双品牌那样培育出一个高威望、高价值并能直接冲锋陷阵的企业母品牌。例如，通用汽车采用的就是轻背书品牌架构。通用汽车旗下有雪佛兰、别克、凯迪拉克等品牌，在产品上，独立品牌别克、凯迪拉克的标志与字样的面积大且十分醒目，而担保品牌通用只在车尾出现了小字眼。在广告宣传上，绝大部分的信息是在宣传别克、凯迪拉克，电视广告只会在快结束时打出字幕"别克来自上海通用"，甚至都不一定配音，报纸杂志、户外等平面广告上一般只会在右下角用很小的字标明"通用制造"，主要是用来告诉公众担保品牌是独立品牌的制造商、核心技术与元器件的供应商或投资者，给消费者以信任感。

（4）独立品牌架构。在这类品牌架构中，子品牌与母品牌之间并没有什么关系。独立品牌一般是与特定商品或商品的功能、属性等有很强的对应联想，或者是有很强的文化个性风格的品牌。这类品牌一般不宜进行品牌延伸，因为延伸时所赋予品牌的新的内涵很难得到消费者的认同，而且原来已经建立的品牌形象也会因为新的形象的"掺杂"而被消费者认为已经"贬值"，会让企业"赔了夫人又折兵"。如达利园及其旗下的可比克、好吃点等就属于独立品牌架构。

10.1.3 品牌组合管理的意义

为什么要进行品牌组合管理？因为品牌组合管理能够保证企业形成强大的竞争优势，使得竞争对手无从模仿。具体来说，一个成功的品牌组合管理能够产生更有利于公司整体发展（品牌组合发展）的三大优势。

1. 产生规模效应

全球经济的发展促进了品牌数量的增加，也对品牌管理质量提出了更高的要求。对于公司来说，统一的品牌组合管理可以在广告、销售及分销等方面获得规模经济效应。这既有利于在企业端增加公司内部的良性竞争，也有利于在零售端提高商场的货架铺货率，从而加强公司对零售商的吸引力并提升公司对零售商的议价能力。

2. 驱动市场发展

一个品牌如果在品牌组合中属于侧翼品牌（一般情况下是低价位的），则可以保护旗舰品牌甚至吸引新的消费者。而品牌组合中的旗舰品牌，又可以增强整个公司的知名度和信誉。因此，通过品牌组合管理对各品牌的角色进行合理分配，有利于发挥各品牌的优势，取长补短，促进各品牌之间的协同发展，使企业的资源利用达到1+1>2的效果，从而提升企业整体的市场竞争力。

3. 提升管理效率

企业将所有品牌作为一个组合整体来管理，可以及时发现组合中是否存在品牌过多或过少的情况，从而判断一些品牌是否可以合并、摒弃或者卖掉等，有利于解决品牌管理中的混乱和低效率问题，降低企业的管理成本。

10.1.4 品牌组合管理的实施

如图10-2所示，品牌组合的建立和品牌组合的优化是实施品牌组合管理的两大模块。首先，品牌组合管理的基础是多品牌的实现，品牌并购、内部进入和战略联盟是公司从单一品牌发展成多品牌的三种主要途径。其次，在品牌组合的发展过程中，需要对其进行动态优化，即根据具体情况扩大或精简品牌来维持品牌组合的有效性。

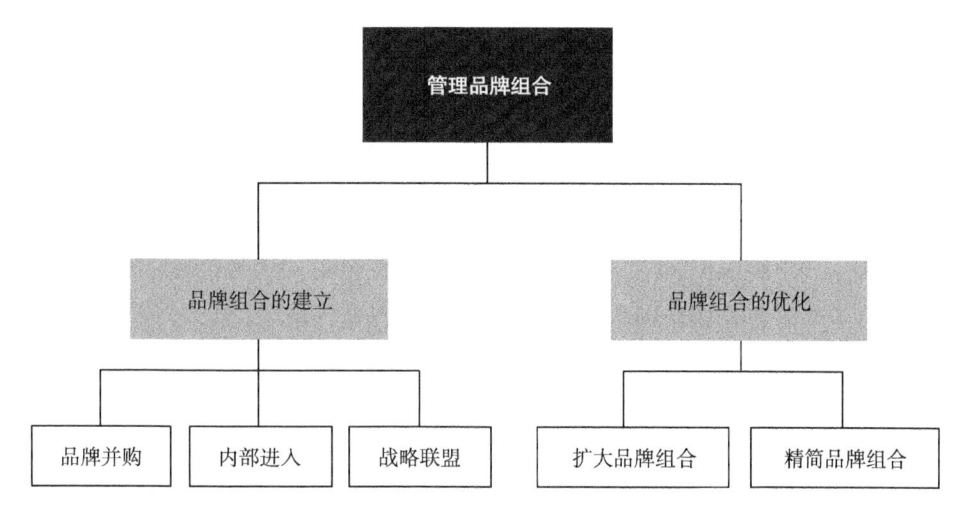

图 10-2　管理品牌组合

10.2　品牌组合的建立

单个品牌一般不需要实施品牌组合管理。而随着企业的发展，在不同产品类别之间或同一产品类别之内，会发展出多个品牌，从而形成品牌组合。企业建立品牌组合的途径或方式，主要有以下三种。

10.2.1　品牌并购进入

品牌并购是公司进入新的目标市场或新的产品类别的快捷途径，包括兼并和收购两种形式。品牌并购能直接获得该产品类别中的专有技术、营销渠道和管理经验，以及供应商网络、客户资源等资源与能力。如 2015 年 4 月，58 同城兼并赶集网，此举既有利于减少两家公司过度竞争所带来的不必要的营销投入，也有利于将赶集网在招聘和汽车方面的优势，与 58 同城在房产和生活服务领域的优势相结合，产生协同效应，提升整体的收入和利润水平。又如 2018 年 4 月，阿里巴巴集团全资收购"饿了么"，一方面，"饿了么"的即时配送体系将作为新零售重构"人货场"的基础设施，有效弥补阿里在这方面的短板；另一方面，"饿了么"领先的外卖服务将与"口碑"的到店服务一起，为阿里生态拓展全新的本地生活服务领域，助力阿里完成从新零售走向新消费的重要一步。品牌并购既可以在原有业务领域中增加市场份额，也可以在更多的产品或行业中获取新的市场增长点。

10.2.2　内部进入

内部进入是指公司通过自身努力，在同类别产品里或在新的产品类别中，开发和向市场投放新品牌。例如，华为公司旗下有华为和荣耀两个独立的手机品牌，两者定位不同,独立发展。华为手机(mate 系列、p 系列、nova 系列)主攻高端市场,对标国际,竞争对手主要是苹果和三星;而荣耀手机(note 系列、畅玩系列、play 系列)则和华为手机互为补充,主攻线上市场,走性价比路线,竞争对手主要是小米、魅族、一加等互联网品牌。又如,苹果公司在创立之初,主要开发和销售个人电脑 Macintosh,之后通过不断的研发与创新,推出了智能电子设备 iPod、智能手机 iPhone、平板电脑 iPad、无线耳机 AirPods、手表 iWatch 等新的产品类别,满足了不同的市场需求,获得了巨大成功。由此可见,内部进入这一途径有助于公司经营和控制旗下品牌,在对不同品牌进行区别定位的同时,也可以在同一领域把组织经营、市场营销和技术等职能发挥得淋漓尽致。

10.2.3 战略联盟进入

战略联盟进入可分为两种类型。第一种是合作,是指企业为了实现特定的战略目标,采取具有独立治理结构的共担风险、共享利益的相对长期的合作协议,且该协议并不涉及股权安排。例如,2019 年 5 月,在此前合作的基础上,京东与腾讯续签了为期三年的战略合作协议。在新一轮合作中,京东将利用微信一级入口及微信市场的海量用户等独特资源,打造区别于京东现有场景和模式的全新平台,加速下沉市场的开发。而合作的延续也有利于增强腾讯在实物电商领域的影响力,更好地发展各项电子商务服务业务,如支付、公众账号等,为腾讯平台上的所有电商业务提供支持。第二种是合资,企业各方共同投资兴建合资企业,涉及股权安排。例如,2018 年 10 月,长安汽车与腾讯公司签约成立合资公司——北京梧桐车联科技有限责任公司,双方将在车联网和数据云等领域开展深度合作,共同打造面向行业的智能车联开放平台。通过战略联盟,企业间可以有效协作,相互借势,从而提高新品牌的市场影响力与接受程度。

总的来说,决策者们在决定是以品牌并购进入、内部进入还是以战略联盟进入的方式建立品牌组合时,要考虑三个关键问题:速度、控制以及所需要的投资。理想的途径是以最低的投资、最快的速度占领市场,并能严格控制品牌,使之不受假冒伪劣产品的侵害。上述三种建立品牌组合的途径或方式在这三个关键问题上的优劣势,如表 10-1 所示。

表 10-1 建立品牌组合的三种方式的特点

战略	评价标准		
	速度	控制	投资
品牌并购进入	快	中	高
内部进入	慢	高	中
战略联盟进入	中	低	低

企业应根据这三种不同途径的特点,结合自身在品牌管理方面的能力、金融方面的实力、产品与市场的特点以及想要实现的战略目标,选择合适的方式建立品牌组合。

> 品牌案例 10-1

蚂蚁金服收购英国跨境支付公司 WorldFirst

2019年2月，英国跨境支付公司万里汇（WorldFirst）宣布完成所有权变更，成为蚂蚁金服集团全资子公司。WorldFirst 创始人兼 CEO 乔纳森·奎因（Jonathan Quin）当天通过电子邮件向客户宣布了这一消息，强调 WorldFirst 提供给全球用户的产品和服务保持不变，并期待与支付宝的强强携手，更好地服务全球小微企业。蚂蚁金服随后发表声明称，"支付宝与 WorldFirst 携手将让我们能够更好地服务小微企业，在全球推进普惠金融服务，促进全球经济可持续发展"。声明还表示，WorldFirst 将继续在创始人乔纳森·奎因的带领下开展业务。

截至目前，支付宝的全球金融机构合作伙伴数目已达到250余家。在过去的5年中，支付宝一方面连接全球54个国家和地区的数十万商家，服务出境游的中国用户；另一方面，在"一带一路"沿线国家和地区与当地伙伴打造9个本地版"支付宝"，包括巴基斯坦 Easypaisa、菲律宾 GCash、孟加拉国 bKash 等。随着 WorldFirst 的并入，包括蚂蚁金服在内的阿里经济体将继续完善全球布局。记者了解到，WorldFirst 已经与阿里巴巴旗下的 Lazada 合作，为印尼、马来西亚、菲律宾、新加坡和泰国的商户提供国际支付服务。而 WorldFirst 旗下的国际汇款业务，也会成为阿里巴巴推进全球汇的结构性组成部分。

资料来源：新浪财经《蚂蚁金服同意收购英国支付公司 WorldFirst》，http://finance.sina.com.cn/chanjing/gsnews/2019-02-14/doc-ihqfskcp5206274.shtml。

10.3 品牌组合的优化

品牌组合的建立并非一劳永逸，随着市场环境和企业自身战略的变化，还需要站在全局和长期的角度对其进行动态的管理和优化，即增加或减少品牌数量、层级，以实现品牌合力的最大化。

10.3.1 扩大品牌组合：品牌加法

1. 扩大品牌组合的意义

扩大品牌组合，即品牌加法，是指在原有的品牌组合中增加一个新的品牌、品牌层级或业务领域的方法，通常适合创新业务发展或者扩大公司规模，如品牌案例 10-2 内容所述。又如华为打造 mate 系列产品进军智能手机高端市场。进行品牌加法主要有以下三个原因。

第一，培植市场。通过增加品牌的方式可以形成品牌群落，营造良好的营销氛围，既能创造良好的消费环境，吸引那些寻求多样化的消费者，也能扩大自身品牌的影响力，形成有效的规模效应。如农夫山泉进军果汁类饮料市场，推出"农夫果园""水溶C100""100% NFC""17.5°橙汁"四个品牌，分别代表混合果蔬汁饮料、柠檬味复合果汁饮料、芒果混合汁、鲜果冷压榨橙汁四类果饮。这些品牌在满足消费者多元化需求的同时，也扩大了农夫山泉的业务领域，使之从单一的饮用水公司跨入综合饮料开发深加工企业的行列。

第二，覆盖新市场。根据细分市场的需求，企业可以开发出更多的品牌去覆盖新的消费市场。在20世纪80年代，丰田公司想要进军高档豪华车市场，但彼时丰田旗下各品牌如花冠、皇冠、凯美瑞等在消费者心目中的"低档、省油、廉价车"形象已根深蒂固。为改变消费者的固有观念，丰田专门推出了一款全新的高档车品牌——雷克萨斯。该品牌仅用了十几年的时间，在北美地区的销量便超过了奔驰、宝马，成功地帮助丰田打开了高端豪车市场。

第三，获得竞争优势。根据竞争对手的动态，在某一产品领域创造新品牌，通过市场操作等相关战术将有助于应对竞争对手，保证企业的市场地位。例如，为应对小米、OPPO、vivo在低价市场的竞争，华为推出主打性价比的"荣耀"系列手机，2019年，在中国整体市场下滑近10%的背景下，荣耀在中国的市场份额达到13%，成为总量第四、增长第二的手机品牌。

品牌案例 10-2

加码国内运动休闲市场，安踏推出新品牌 AntapluS

2018年7月26日，安踏公布了旗下第10个新品牌——AntapluS。AntapluS分为两条产品线，包括专业运动的AKOS和休闲运动的Sport Lounge。专业运动的AKOS满足瑜伽、慢跑、综合训练等多种不同类型的运动需求，而休闲运动的Sport Lounge，则更偏向于满足日常生活场合的搭配需求。

2009年，安踏集团收购了意大利体育品牌FILA。在安踏的重点打造下，2014年FILA转亏为盈。此后，安踏开始了多品牌的战略布局，不断通过收购或研发推出新品牌。至2018年7月，除了同名主品牌之外，安踏的品牌组合中还包括运动时装品牌FILA、高性能体育品牌DESCENTE、童装品牌KINGKOW、户外品牌KOLON SPORT、健步鞋品牌SPRANDI、儿童体育用品ANTA KIDS等。虽然品牌众多，但在时尚运动风方面略有欠缺。"基于我们对市场的分析，我们发现中国的市场情况独特，消费者对运动休闲时装的喜好程度增加"，安踏在其2017年财报中写道。此次推出AntapluS便是对原有品牌阵营的一种补充。

> 财报数据也证实了这一多品牌策略的正确性：在主品牌之外，FILA 和 DESCENTE 等非核心品牌继续成为集团增长动力。财报显示，安踏体育2019年全年收益突破了300亿元大关，逼近340亿元，同比增长超过40%，成为国内首个营收破300亿元的国际体育用品企业。其中，安踏主品牌营收为174.5亿元，同比增长21.8%，占总收入的51.4%；FILA 实现收入147.7亿元，增速达73.9%，营收占总收入的43.5%，DESCENTE 等其他品牌在2019年一共实现收入17.1亿元，增长33.3%，占总收入的5%。
>
> 资料来源：界面新闻《加码国内运动休闲市场，安踏推出新品牌 AntapluS》，https://baijiahao.baidu.com/s?id=1607477789128745627&wfr=spider&for=pc。

2. 扩大品牌组合的途径

公司在品牌组合中增加一个品牌时可以考虑以下四种情况。

第一，用和公司品牌或名称关联程度较高的品牌进入新的业务领域。企业可以将公司品牌或母品牌应用在一个新的业务领域，在实践中，更多的时候企业会用一个与母品牌关联程度较高的子品牌进军新市场。如2018年1月，高露洁宣布与苹果合作推出旗下首款人工智能牙刷，使用苹果公司的ResearchKit系统来丰富刷牙数据，并将其命名为"高露洁智能电子牙刷E1"；又如，2019年9月，京东正式上线"京喜"，作为其触及下沉市场，应对拼多多和聚划算的利器。"京喜"取名自"惊喜"的谐音，既表明了其与京东之间的关系，暗示了京喜平台的产品品质，也颇有给消费者和京东带来惊喜之意。

第二，用一个全新的独立品牌进入新的业务领域。采用这种方式的企业会单独为一个新的业务领域开发一个全新的品牌。如达利食品集团从2002年开始，分别以不同的品牌进入食品和饮料市场：糕点烘焙类食品品牌"达利园"、薯片类休闲膨化食品品牌"可比克"、饼干类烘焙食品品牌"好吃点"、凉茶品牌"和其正"、保健食品功能饮料品牌"乐虎"等，每个品牌都成功地在各自的市场上占据了重要位置。

第三，在原有的业务领域深耕细作或保持原有的品牌组合。将母品牌应用于原有的业务或领域，多指在原有市场深耕细作。如2019年年初，农夫山泉旗下品牌"尖叫"重磅推出青芒和白桃两种口味新品。时隔16年，"尖叫"系列推出的这两款新品不仅在口味上迎合了当代消费者的偏好，而且在包装上进行了创新。新包装一改旧版"尖叫"半透明塑封装的经典风格，大胆启用了更为迎合年轻人审美、运动感更强的设计路线。农夫山泉表示，这两款新品不会代替原有的经典版"尖叫"，而是一个新的系列。作为功能饮料中的经典品牌，"尖叫"新品的推出将强化其在运动饮料市场的优势。

第四，在原有业务领域或市场中使用全新品牌。这一全新品牌会与原品牌相区别，以便应对市场竞争。例如，在原有业务领域设置一个侧翼品牌，以达到保护旗舰品牌、打击竞争对手的目的。如2020年7月，滴滴瞄准下沉市场，推出新品牌"花小猪打车"。相关人员表示，互联网出行渗透率较低的三四线城市是花小猪的目标市场之一。同时，花小猪只对现有滴滴注册车辆和司机开放，且采取了和滴滴同样的安全标准。对于自家平台的竞争关系，花小猪表示，其与滴滴并非同质化竞争，核心差异点是产品体验的不同。滴滴希望通过差异化的产品体验为新业务带来增量。

这四种策略的关系可以总结为图10-3，其中，横轴代表新品牌与已有品牌的直接关联程度，纵轴代表业务领域或市场的新旧程度。

新业务	用公司品牌或名称关联程度较高的品牌进入新的业务领域	用一个全新的独立品牌进入新的业务领域
原业务	在原有的业务领域深耕细作或保持原有的品牌组合	在原业务领域或市场使用全新品牌
	与已有品牌的关联程度高	与已有品牌的关联程度低

图 10-3　品牌组合的加法坐标

10.3.2　精简品牌组合：品牌减法

1. 精简品牌组合的意义

当一家企业品牌组合中的品牌成员已经多到影响企业资源利用及绩效产出，超出其管理能力时，采取适当的品牌减法势在必行。精简品牌组合即品牌减法，通常称为砍掉品牌或者清理品牌，是一种"以退为进"的品牌策略，包括减少现有品牌数量、品牌层级、业务领域等，如品牌案例10-3内容所述。品牌组合的建立会给企业带来隐性成本，并会在达到某个临界点之后抵消品牌组合的收益，让企业无功而返，因此需要适时地进行品牌组合的缩减。

首先，过多的品牌可能会造成企业内部的恶性竞争。如果品牌之间没有足够的差异化，品牌定位没有独特内涵，则多个品牌容易在公司内部形成恶性竞争。例如，1908年通用汽车公司成立后，最初只有"别克"这一个品牌，随后的几十年间，通用又陆续将"凯迪拉克""奥兹莫比尔""雪佛兰""悍马""土星"等一系列品牌纳入麾下，品牌的逐渐增多在给通用带来效益的同时，也导致了企业内部的恶性竞争。由于与"别克"在品牌定位上存在一定重叠，"奥兹莫比尔"不得不在夹缝中生存。为及时止损，2003年通用汽车撤销了连续10年亏损的"奥兹莫比尔"。

其次，过多的品牌可能会导致企业整个品牌组合的效率低下。如果企业盲目追求对市场的全面覆盖，产生过多的小品牌，而其中的重要品牌又得不到有效管理，就会导致企业整个品牌组合的效率低下，品牌组合将无法产生应有的效果。维持数量众多的小品牌，比销售几个大品牌更费钱。这是因为，一方面，在生产环节，制造大量不同的产品会产生巨额的生产成本；另一方面，在营销终端，过多的小品牌也需要更多的营销投入。小品牌数量过多，不仅无法产生品牌组合的规模经济效应，还会分散企业的营销力量，使得效益较高的大品牌得不到应有的发展。

最后，过多的品牌可能会使得品牌组合的管理过于复杂。在品牌组合管理的过程中，需要综合考虑各品牌的业务开发、产品创新、变换包装和零售商促销等，品牌数量越多，这一过程越难以推进。而且，公司为品牌泛滥付出的最大代价在于失去了洞察未来的敏锐力，因为品牌经理们在经营众多品牌时很可能无暇顾及公司发展的前景和竞争对手的动向，从而使得公司战略与品牌组合不能及时地应对市场动态和竞争状况。

| 品牌案例 10-3 |

因销量"断腕"，Burberry 砍掉三大副线品牌

2015 年 11 月，英伦奢侈品牌 Burberry 的 CEO 兼首席创意官 Christopher Bailey 宣布，为突出品牌的英伦根基，将旗下三大副线品牌 Prorsum、Brit 和 London 并入主线品牌 Burberry，由同一个设计团队打造，统一更名为 Burberry。

实际上，这已经不是 Burberry 首次关闭副线品牌。此前 Burberry 已关闭了旗下的 Burberry sports。Christopher Bailey 表示，Burberry 初建时批发和零售销售额比例为 7∶3，如今这一比例变成 3∶7，零售占比越来越大，因此品牌的一致性显得尤为重要。将副线品牌并入主品牌有利于公司提高生产和管理效率，带给消费者更优质的购物体验。

Burberry 2015～2016 财年中报显示，截至 2015 年 9 月 30 日，上半财年公司零售额未达市场预期，同店销售在二季度甚至出现 4% 的下滑，股价也跌至近三年最低。一位资深奢侈品从业者透露，副线品牌往往在经济利益驱动下发生价格体系变化，偏离原有定位，再加上过度销售，品牌形象愈加模糊。2014 年以来 Burberry 面临着严峻的销售挑战，关闭副线品牌是基于长远发展的必然选择。

资料来源：新华网《Burberry 合并副牌盈利模式生变，奢侈品牌副线陨落》，http://m.cnr.cn/finance/20160106/t20160106_521042341.html。

2. 精简品牌组合的途径

当公司在进行品牌组合的精简时，需遵循以下步骤，如图 10-4 所示。

品牌审计 → 品牌撤销 → 品牌清理 → 品牌再塑

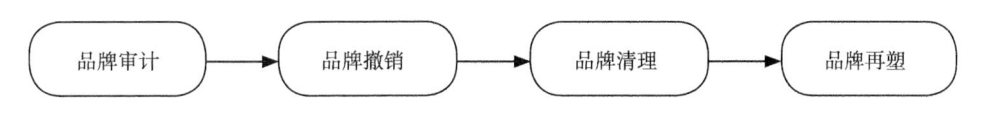

图 10-4　精简品牌组合的步骤

第一步，品牌审计。对现有品牌组合中的每个品牌进行审计，列出每个品牌的年销售额、市场份额等相关数据，确定各个品牌的赢利能力和市场定位，以便管理层达成精简品牌组合的决策共识。品牌审计主要包括两大步骤：品牌盘存和品牌测定。品牌盘存就是对所有相关的品牌要素及辅助营销计划进行分析，并为每一种现实产品或服务编制

清单。彻底的品牌盘存可以反映出品牌一致性的程度。品牌测定就是收集消费者方面的详细信息，用品牌研究的方法了解消费者对品牌的看法，尤其是品牌认知度和品牌力度、赞誉度以及品牌联想的独特性。

第二步，品牌撤销。品牌审计后，公司必须决定保留多少品牌。公司一般采用品牌组合法和市场细分法来解决这一问题。品牌组合法通常只保留那些达到某些主要指标的品牌，是一种自上而下的方法，往往能把品牌的数量减少很多。而采用市场细分法时，公司会根据市场中各个顾客细分群体的需求来决定品牌的去留。这两种方法可以先后使用，一开始公司可以运用市场细分法按照类别逐一进行品牌组合的精简。当品牌还是太多的时候，再使用品牌组合法来完成最后的工作。

第三步，品牌清理。在确定了要被撤销的品牌后，公司必须决定以怎样的形式来处理这些品牌。清理的形式包括放弃、榨取、出售和合并，实施的难易程度逐渐增加。如2019年4月，五粮液放弃了"五星级""富贵吉祥"等25个品牌、46个规格产品，对它们进行了下架处理。又如，在连续经历13年的亏损后，2014年茅台对旗下的茅台啤酒采取了出售的清理方式，将其托管给了华润雪花，后者投入2.7亿元对茅台啤酒进行重组。

第四步，品牌再塑。在撤销一些品牌的同时，公司必须对剩余的品牌进行投资，促进它们的成长。通过品牌减法从多个方面节约出来的资源，应重点投向几个大品牌上，这样能够使公司在市场、供应链和销售活动方面获得更大的规模经济效益。例如，由于生产线的精简和更大程度的库存优化，成本会随之下降；通过合并市场和销售队伍，公司可以削减行政管理费用和销售费用，且更为集中的市场宣传和广告还能以同样的支出获得更大的影响。

品牌案例 10-4

网易考拉被"断舍离"

2019年9月6日，网易以20亿美元的价格将旗下电商平台网易考拉出售给阿里巴巴，考拉海购正式加入阿里经济体，成为阿里动物园中的一员。网易考拉是网易旗下以跨境业务为主的综合型电商，于2015年1月9日公测，销售品类涵盖母婴、美容彩妆、家居生活、营养保健、环球美食、服饰箱包、数码家电等。

网易考拉曾是网易内部的战略级产品。2015年上线后，在阿里巴巴、京东等电商巨头的围剿下脱颖而出。2017年和2018年，电商业务在网易营收中的占比分别为21.6%和28.6%。2019年第二季度，该项占比为28%。电商业务也一度被视为网易的新增长引擎。短短几年时间，已经有来自全球约80个国家的超9 000多个品牌通过考拉海购进入千家万户。

高速增长之后，网易考拉在2018年开始面临增速困境。根据网易财报，电商年度增速从2017年的156.9%骤降至64.82%。从季度来看，趋势更明显，数据显示，从

2018年第二季度至2019年第三季度，网易电商业务季度增速为75.2%、67.2%、43.5%、28.3%、20.2%。20.2%，是网易电商业务过去几年来创新低的增速。相比于其他核心业务，电商的毛利率明显偏低，对网易整体来说已成为拖累。

网经社电子商务研究中心特约研究员、武汉江南北公司CEO高攀指出，跨境监管日益严格，网易考拉增速逐步放缓，同时仓储物流的短板和较低的毛利率，对于网易考拉都是不小的压力。"网易考拉被阿里20亿美元收购，对创始人丁磊而言，虽然有些许不甘心，但也是当下非常务实的决定。"高攀补充道。

资料来源：中国经济网《阿里巴巴20亿美元收购网易考拉，跨境电商"一家独大"影响几何》，https://baijiahao.baidu.com/s?id=1644160706791728859&wfr=spider&for=pc。

关键术语

集团或公司品牌（corporate/company brand）　　旗舰品牌（flagship brand）
家族品牌（family brand）　　侧翼品牌（flanker brand）
单个品牌（individual brand）　　现金牛品牌（cash cow brand）
品牌修饰层（brand modifier）　　弱势品牌（weak brand）

思考与练习

1. 品牌架构可以分为哪几个层级？
2. 从品牌架构的横向来看，品牌角色通常分为哪几种？
3. 品牌组合管理的意义是什么？
4. 公司建立品牌组合的方式有哪些？
5. 为什么要进行品牌加法或减法？

思政融入点

通过案例分析中国强势品牌企业的发展沿革进程，激发学生的责任感、使命感与荣誉感，引导学生不断提升专业素养，抓住国家快速发展的战略机遇期，积极寻找实现个人价值与才华抱负的成长舞台和发展机遇，提升学生树立远大理想与信念的可行性。

模拟实训

1. 选择一家企业，分析其现有的品牌层级和品牌数量，检验企业中是否存在品牌组合效率低下的问题，如果存在，请从品牌管理的角度谈一谈应该如何优化品牌组合。
2. 选择自己感兴趣的一家企业，找出该企业的旗舰品牌、侧翼品牌、现金牛品牌、弱势品牌。

案例分析

华为的 1+8+N 全场景战略

2019年6月27日下午，在MWC大会期间，华为消费者业务手机产品线总裁何刚公布了5G时代华为的全场景战略，即1+8+N。其中，"1"是指手机，"8"包括计算机、平板、智慧屏、音箱、眼镜、手表、车机、耳机八大业务，而"N"则包括移动办公、智能家居、运动健康、影音娱乐及智慧出行五大板块。何刚表示，华为在5G时代会持续围绕着端、管、云、芯构筑全场景智慧生态。

作为华为1+8+N全场景智慧生活战略的核心支柱产品，2019年华为手机市场表现超出预期，HUAWEI Mate 30手机上市60天，全球出货量已经超过700万台。在做到手机产品保持销量和技术领先于竞品的同时，华为也在加快对于"8"的产品布局。平板HUAWEI MatePad以32.9%的市场份额在中国平板市场中位居第二；手表HUAWEI WATCH GT 2上市45天，比上代产品提早3个月实现全球出货量超100万台；计算机HUAWEI MateBook已经拿下全球轻薄本市场第二名；2019年9月26日，VR眼镜HUAWEI VR Glass也与公众见面；2019年12月，华为正式发布了旗下首款旗舰智能音箱HUAWEI Sound X；2020年4月8日，在国内P40系列手机发布的同时，华为又扔出一枚炸弹——新一代的旗舰屏华为智慧屏。

以华为手机的知名度和销量，吸引消费者对于"8"的其他领域产品的关注，且每个产品又能切中该领域的痛点，最后以华为的全连接技术手段来打通产品之间的连接，给予消费者一个全场景的生活方式，这就是华为在做好硬件之后的下一布局。未来五到十年，华为将计划坚定不移地推动智慧全场景这个长期战略，依靠1+8+N战略，不断扩大公司的品牌组合，为消费者提供衣食住行无缝智慧生活体验。

资料来源：伊起租《华为未来发展战略公布：1+8+N是什么？》，https://www.sohu.com/a/319832531_100286715。

问题：

1. 华为布局1+8+N全场景战略的意义是什么？
2. 根据所学知识判断，华为1+8+N全场景战略是运用品牌组合中的哪一种组合？

第11章 品牌延伸

学习目标

近年来,随着市场竞争的加剧、营销费用的高涨、新产品导入失败风险的增大,越来越多的企业倾向于采用品牌延伸的方式推出新产品。品牌延伸是利用消费者熟悉的品牌推出新产品的做法。成功的品牌延伸不但可以使新产品受益,还可以降低企业的营销费用,在企业维护市场、拓宽市场、深化市场等方面都有积极作用。

通过本章的学习,应达到如下要求:
1. 理解品牌延伸的基本含义、相关概念;
2. 掌握公司品牌延伸策略的分类方法及相关策略;
3. 了解品牌延伸的作用及风险;
4. 掌握品牌延伸的步骤及方法。

引导案例

小米集团的品牌延伸

北京小米科技有限公司(简称小米公司)正式成立于2010年4月,是一家专注于智能硬件和电子产品研发的全球化移动互联网企业,也是一家专注于高端智能手机、互联网电视及智能家居生态链建设的创新型科技企业。2011年小米公司推出小米手机,小米手机以极具性价比的竞争优势打破了智能手机市场竞争格局,赢得了国内外大量米粉的喜爱,也为小米公司带来了源源不断的现金流。在智能手机市场站稳脚跟后,小米公司积极进行产品类别延伸,研发出小米电视、小爱音箱、米家电动牙刷等新产品,并通过自身研发的MIUI系统,将小米手机和这些产品联系在一起,建立了一个属于自己品牌的生态圈。小米在品类方面的延伸也取得了良好的收益。

2020年2月,中国两大权威调研机构奥维云网、中怡康的数据显示:2019年小米电视出货量、销量稳居年度中国第一,并且出货量达到1 046万台,成为首个中国市场年出货量破千万的电视品牌;自2017年7月至今,小米推出的小爱音箱系列产品累计销量已达到 1 130 万台，销量位列中国第三，它也是全球范围内在最短时间实现销量破千万的智能音箱品牌；2019 年新出的米家声波电动牙刷 T100 仅用时 27 小时 41 分 48 秒，其众筹销量就突破 25 万支……从 2019 年财报来看，小米集团 IoT 与生活消费品业务收入达人民币 621 亿元，同比增长 41.7%，占该年度集团总营收的 30.17%。

小米的品牌延伸案例让我们看到了成功的延伸给企业带来的收益。品牌延伸可以让企业充分利用已有品牌推出新产品，并通过延伸扩大企业的业务范围，帮助企业找到新的利润增长点。但要注意的是，品牌延伸需要遵循一定的原则，并不能随意延伸。小米的品牌延伸并不会使用户对"小米"的认知模糊，相反，这种延伸甚至会强化用户对小米的品牌认知。因为不论是小爱音箱、小米电视，还是米家电动牙刷，都符合小米作为科技公司的形象。并且，就产品本身而言，小米并没有违背其一直以来对性价比的承诺。因此，小米的品牌延伸获得了成功。品牌延伸是一把双刃剑，失败的品牌延伸不仅会导致公司在新产品方面的投入无法收回，更有可能使母品牌的形象受损，拖垮母品牌的销售。

资料来源：深圳顶呱呱《小米强势逆袭：洞察品牌延伸背后的秘密》，https://www.sohu.com/a/160197625_787843。

11.1 品牌延伸概述

11.1.1 品牌延伸的定义及相关概念

1. 品牌延伸的定义

品牌延伸（brand extension）是指企业利用已经建立的品牌推出新产品的做法。其中，利用已经建立的品牌包括使用与原品牌名有联系的新品牌名。

根据公司为新产品使用的品牌名和原品牌名的关系来区分，公司在推出新产品时一般采用以下三种策略：第一，公司单独为新产品开发一个新品牌，新品牌与原品牌相互独立，如丰田公司推出高端品牌"雷克萨斯"；第二，新产品使用原品牌名，如华为公司推出"华为智慧屏 X65"；第三，新产品具有相对独立的品牌名，但新品牌名与原品牌名有某种关联，如娃哈哈推出"哈哈宝贝营养酸奶"，两个品牌名称"娃哈哈"与"哈哈宝贝营养酸奶"同时呈现在产品上。公司通过第二、第三种策略推出新产品时，都不同程度地利用了已有的品牌，都可以称为品牌延伸。

2. 与品牌延伸相关的概念

母品牌（parent brand）是指实施品牌延伸的现有品牌，上述例子中的华为、娃哈哈都是母品牌。**延伸产品**（extension product）是通过品牌延伸（第二、第三种策略）推出的新产品。**子品牌**（sub-brand）是指如果公司通过第三种策略推出延伸产品，即延伸产品具有独立的品牌名称，但新的品牌与原品牌同时使用，则新的品牌名称被称为子品牌。此时新的品牌与母品牌之间并非独立关系，而是母子关系。

我们可以通过一个例子来理解三个概念之间的差别：2019 年 5 月，农夫山泉推出了一款碳酸咖啡新品，取名为"炭仌"（见图 11-1）。其中，"农夫山泉"即母品牌，碳酸咖啡即延伸产品，"炭仌"即子品牌。由于"炭仌"具有自己的品牌名称，且与"农夫山泉"的品牌名称同时呈现在产品上，因此，这可以看成是运用第三种策略推出新产品的做法。

图 11-1　农夫山泉炭仌咖啡

11.1.2　品牌延伸策略

根据不同的划分标准，品牌延伸可以有以下几种分类。

1. 根据延伸品牌的命名策略划分

第一，单一品牌延伸。单一品牌延伸是指延伸的产品与原产品的品牌名称完全一样，如金利来领带和金利来西服。采用这种策略不仅能加速新产品的市场导入，降低消费者在接受新产品时所遇到的阻力和风险，还可以节省大量的营业推广费用、广告费用和品牌设计费用。同时，采用单一品牌策略还能在顾客心目中形成企业不断发展、不断创新的好印象，提高企业的知名度。但采用这种策略也要承担很大的风险——当同一品牌下的几种产品在市场中经营失败时，可能影响企业其他产品的声誉，有可能导致消费者对品牌的"全盘否定"。另外，同一品牌下的产品种类增加，可能会使消费者感到品牌认知越来越模糊。例如，"娃哈哈"本来是儿童果奶的代名词，随着"娃哈哈"红豆沙、"娃哈哈"绿豆沙、"娃哈哈"纯净水的相继推出，"娃哈哈"在消费者心中的品牌形象也变得模糊。

第二，主副品牌延伸。主副品牌延伸也称为母子品牌延伸、复合品牌延伸，是指延伸产品与原产品的品牌名称采用两段式，前面的主品牌名称相同，后面的副品牌名称有差异，以突出不同产品的个性及形象。当企业产品种类较多时，主品牌不可能把每个产品大类的个性都充分显示出来，而副品牌正好可以弥补它的不足。例如，海尔家电品种繁多，有 69 个大类，10 800 多个品种。如果所有的家电都称"海尔"，不仅不便于消费者区别，也无法凸显不同产品的特色；如果直接另起一个名称来推广其他产品，风险、成本、代价等将会大大提高。因此，海尔采用副品牌策略来推广旗下的延伸产品：在冰箱产品上，海尔相继推出了"海尔——小王子""海尔——金王子"等；在空调产品上，海尔先后推出了"海尔——小超人"变频空调、"海尔——小状元"健康空调等，使消费者对海尔的产品种类一目了然，便于记忆，同时凸显了各个产品的个性。企业利用副品牌策略能最大限度地利用已有的成功品牌，使消费者对延伸的新品牌产生认可、信赖和忠诚。

第三，亲族品牌延伸。亲族品牌延伸是指延伸产品与原产品的品牌名称部分相同，部分不同，如麦当劳的麦乐鸡、麦香鱼、麦辣鸡等都有"麦"字。亲族品牌延伸是一种特殊形式的主副品牌延伸，适合于体现主品牌与副品牌之间若即若离的关系。比如，高档酒五粮液为了向中低端延伸，推出了五粮春、五粮醇、五粮特曲等亲族品牌，其中"五粮"二字表明了几个品牌之间的根源关系，而"春""醇""特曲"则避免了不同档次产品之间的冲突。

在这三种策略中，主副品牌延伸是使用最广泛的策略。因为它既能体现一类产品的共性，又能突出单个产品的个性，从而避免了直接延伸的风险，减少了对品牌的消极影响。

2. 根据延伸产品与原产品的关系划分

第一，产品线延伸。产品线延伸也称为线延伸，是指将母品牌作为原产品大类中针对新细分市场而开发的新产品的品牌，这是品牌延伸的主要形式。目前品牌延伸中有 80%～90% 属于产品线延伸。产品线延伸的方式有很多，如不同的口味（箭牌无糖口香糖有奔涌西瓜味、魅幻蓝莓味、激酷薄荷味等）、不同的成分（可口可乐和香草可乐）、不同的形式（农夫山泉的桶装水和瓶装水）、不同的用途（玉兰油有美白、嫩肤、防晒等不同功效的系列产品）、不同的档次（宝马 3 系的 320i 和 325i）等。

第二，产品类别延伸。产品类别延伸又称大类延伸，是指母品牌被用来从原产品大类进入另一个不同的产品大类。根据延伸产品类别与原产品类别之间的联系，产品类别延伸可分为两种类型：相关延伸（或称持续延伸）和间断延伸。相关延伸指借助技术上的共通性进行延伸，如索尼借助成像技术推出数码照相机、数码摄像机等，耐克借助运动产品的研发能力推出各类运动鞋、运动用品、运动装等。由于延伸产品与原产品在技术上很接近，因此母品牌覆盖的产品范围较窄。间断延伸则是将母品牌延伸到与原产品并无技术关联的新产品类别上，如食品企业旺旺以自家零食产品为创意基础制作家具，将旺仔小馒头做成沙发，旺仔牛奶做成坐墩，旺旺雪饼做成台灯，并巧妙打出"坐拥零食，快乐无穷"的标语，一语双关，趣味十足，如图 11-2 所示。这种远离原有产品领域的延伸使品牌覆盖到更宽广的产品范围。

a）旺仔小馒头沙发　　　　　　　　b）旺旺雪饼台灯

图 11-2　旺旺的产品类别延伸

图片来源：新京报《旺仔要出家具啦！网友直呼：小馒头沙发也太可爱了吧？》，https://baijiahao.baidu.com/s?id=1629668555567170467&wfr=spider&for=pc。

3. 根据延伸方向划分

根据品牌延伸方向，可将品牌延伸分为水平品牌延伸和垂直品牌延伸。水平品牌延伸是指将已有的品牌名称应用到与原品牌的产品类别完全不相关的新产品类别中，例如海尔将品牌由冰箱延伸至空调、洗衣机等家电。垂直品牌延伸是指在与原品牌的产品类别相关的领域中，推出与原产品的质量等级和价格水平完全不同的新产品。其中，垂直品牌延伸又可以进一步分为向上延伸和向下延伸，前者意指将品牌延伸至更高的质量等级和价格水平的产品中，后者意指将品牌延伸至更低的质量等级和价格水平的产品中。例如，廉价的"红星二锅头"延伸至"红星珍品"即为向上延伸；而高端品牌 Giorgio Armani 延伸至平民化品牌 Emporio Armani 则为向下延伸。在垂直品牌延伸的实践中，为了更好地区分延伸品牌与母品牌，企业一般会给延伸产品选用新的品牌名称。

┊品牌案例 11-1┊

美团版"花呗"来了

2020年5月29日，美团信用支付产品美团月付正式上线。据悉，满18周岁、完成实名认证的美团活跃用户均可申请开通。开通后，用户在美团系 App 消费时，购美食、点外卖、住酒店、骑车、打车、买菜等均可先用美团月付授予的信用额度完成支付，次月8日再统一还款，最长免息期为38天。只要按时还款，平台就不收取任何费用。除信用付功能外，美团月付还主打美团场景内的叠加优惠权益和先享后付体验。美团月付的出现，标志着美团将其场景生态水平延伸到了消费金融市场。

自2010年3月4日成立以来，美团一直努力为消费者提供本地服务电子商务。经过10年的发展，美团已经把餐饮、外卖、酒店、旅游、出行等消费场景都放在了体系内，打造了实实在在的"场景王国",这也为美团金服的全力出击做好了充分的沉淀。而信用支付产品与高频小额场景结合后,其黏性和转化率很可能比社交、出行、金融等都强。这一点也决定了美团完全可以通过全新的信用支付抓手贯通体系内的全部场景和巨量用户。有了信用支付,意味着美团金服拿到了一把属于自己的开往快车道的钥匙,正如花呗到借呗再到借呗+,白条到金条再到白条+或金条+。美团也可以从支付到信贷,从保险到财富,从流量运营到金融科技。

对美团而言,在自身流量池的基础上推出信用支付,不仅可以增强用户黏性,还能在一定程度上进一步作用于其生态。可以说,这也是美团实现生态闭环、打造超级平台的关键一环。

资料来源:TechWeb《美团版"花呗"来了:美团月付正式上线,外卖也能"赊账"》,https://t.cj.sina.com.cn/articles/view/1642471052/61e61e8c02000vrcn?from=tech。

11.2 品牌延伸的作用

11.2.1 品牌延伸对新产品的作用

1. 降低消费者的感知风险

采用一个新的品牌名称推出新产品通常会让消费者感到有风险,因为消费者对新产品的品质预期缺少判断依据。与此相对应,运用一个知名的和有正面形象的品牌名称推出新产品则不会产生这样的问题。消费者会根据对已有品牌的认识和产品知识来形成对新产品的品质预期。由于这种预期存在确切的依据,所以消费者对新产品的风险感知会降低。例如,奢侈品牌 LV 生产手表,采用相同的品牌名称显然比采用新的品牌名称会获得更好的市场反应。这种做法能够降低消费者的感知风险,提高产品的可接受程度。

2. 提高延伸产品的质量认知

知名品牌存在一个明显的优势,即消费者对其品质有一个较高水平的预期。对于延伸产品而言,消费者会根据他们对母品牌的了解,以及延伸产品与母品牌的相关程度,来形成对于延伸产品品质的预期。例如,云南白药以国家保护的"白药配方"为基础,先后延伸出云南白药创可贴、云南白药牙膏等产品。消费者会根据他们对于云南白药止血功效的认知,来推断云南白药创可贴和云南白药牙膏的质量。显然,与使用新的品牌名称相比,延伸的创可贴和牙膏沿用"云南白药"的品牌名称会取得更好的效果。

3. 提高企业营销活动的效率

通过采用相同的品牌名称、标签、包装,用于分销渠道和终端的各种传播媒体、事件营销等活动，企业能够更有效率地促进新产品的推广。从营销传播的角度来分析，品牌延伸的优势也很明显。在产品导入期，由于新产品以知名品牌冠名推广，所以营销传播只需在消费者心智中建立起延伸产品与母品牌之间的联系即可。因而，企业只需要通过较少的广告支持便可以达到相同的效果。在产品上市以后，由于延伸产品与母品牌旗下的其他产品可以看成是一个整体，因此广告效率会得到提高。

品牌案例 11-2

良品铺子推出儿童零食子品牌"良品小食仙"

2020年5月20日，良品铺子召开儿童零食新品发布会，正式对外发布首个儿童零食子品牌"良品小食仙"，目前该子品牌店铺已在天猫上线。据悉，"良品小食仙"天猫旗舰店将上架42款儿童零食产品。据良品铺子官方介绍，"良品小食仙"专注于3~12岁儿童零食，目前主要包括的品类有：饼干、糖果、海苔、鱼肠、肉松、牛奶等。

良品铺子创立于2006年，是一家通过数字化技术融合供应链管理及全渠道销售体系开展高品质休闲食品业务的品牌运营企业。目前，公司已形成覆盖肉类零食、坚果炒货、糖果糕点、果干果脯等多个品类、1 000余种的产品组合。2019年年初，良品铺子在零食行业率先启动战略变革，在行业内率先提出"高端零食"定位，并开始从品牌形象、产品研发、渠道运营和用户体验等各环节进行整体升级。儿童零食是2020年良品铺子高端战略进一步落地的重要领域，良品铺子采用品牌延伸的方式推出"良品小食仙"。由于母品牌良品铺子在食品领域深耕多年，是消费者熟知的品牌，此举将有效降低消费者对新产品的感知风险；由于母品牌已经在消费者心中树立起了优质的品牌形象，所以消费者会对"良品小食仙"有着更高的品牌预期；同时，鉴于良品铺子的高知名度，"良品小食仙"一经推出便受到众多消费者的关注，为企业节省了大量的广告成本。

资料来源：北京商报《中国发布儿童零食"团标" 良品铺子首设子品牌进军儿童零食市场》，https://baijiahao.baidu.com/s?id=1667284662261786103&wfr=spider&for=pc。

11.2.2　品牌延伸对母品牌的作用

1. 提升母品牌形象

如果延伸产品具备高品质，母品牌的形象也会得到提升。成功的品牌延伸有助于提升消费者对于母品牌所在企业的信誉感知，如企业的专业程度、吸引力、可信度等。例如，耐克从跑步鞋延伸至专业的篮球鞋、运动服、运动器材，这些延伸产品在品质上的优越性，使得耐克"卓越表现"与"运动时尚"的品牌形象得到强化。又如，初期的华为只做B端业务，为中国三大运营商和企业提供通信服务，并不直接面向C端用户。由于通信业务和手机息息相关，因此，2003 年华为成立了手机事业部，经过多年的发展和创新，2019 年华为手机销量排名中国第一、全球第二，仅次于三星，被评为中国最具价值品牌（Canalys 公司调查报告）。B 端和 C 端业务之间的相互协同促进，极大地丰富了华为的品牌内涵，提升了其科技、创新的品牌形象。

2. 拓宽母品牌的宽度

企业成立之初通常局限于某个细分市场，随着企业的扩张，狭窄的品牌定位使产品的使用范围受到限制，此时企业需要更为宽泛的品牌定位，因此，拓宽品牌内涵就变得至关重要。如果企业能够选择合适的品牌延伸，就能拓宽产品使用的边界。例如，美团起家于餐饮、电影票团购，后来扩展了酒店、旅游、出行、票务、短租、美发、家政、生鲜电商等各个业务方面，致力于通过吃喝玩乐的消费场景打造自身商业生态，一站式满足用户线下吃喝玩乐的需求，这使得美团 App 的使用范围不断扩大。又如，六神作为知名花露水品牌，一直以来主打"去痱止痒、提神醒脑"，逐渐在消费者心中建立了"凉爽、清新"的品牌定位。利用这一定位，六神从花露水延伸到沐浴露、香皂等领域，成功地在洗护用品市场占据一席之地。

3. 为母品牌培育新的利润增长点

当原产品进入生命周期的成熟期或衰退期时，企业需要考虑引进新的产品来延长母品牌的寿命。例如，随着我国凉茶行业进入缓慢发展的成熟阶段，凉茶老品牌王老吉也面临销量下降的市场困境。2019 年 4 月，凉茶品牌王老吉大胆突破产品品类边界，依托草本天然原料和营养配方的优势，直接对标网红茶品"喜茶"，通过旗下实体店"1828 王老吉"推出了两款奶茶：一款是可以"排毒减脂、清热降火"的"荷叶嘟嘟茶"，又称"喝不胖的奶茶"；另一款是能够"清热润燥，生津润喉"的"轻蔗脆脆鲜奶"。一直高喊"怕上火，喝王老吉"口号、主打凉茶品牌的王老吉，此次推出奶茶新品，目的是为王老吉寻找新的利润增长点。只有在利润增长点不断更新的过程中，品牌才能得以活化。

4. 帮助母品牌避开传播的法律禁令

品牌延伸的这种作用主要见于烟草行业。世界上有很多国家的法律都禁止利用电视、报刊、广播等媒体为烟草做广告。于是，万宝路等烟草品牌通过延伸到相关或互补产品的方式来宣传品牌。这时，虽然广告上播放的是允许做广告的一些产品，但观看广告的消费者会明白，这是变相在为香烟做广告，这种"打擦边球"的方式屡试不爽。比利时和法国禁止烟草广告后，万宝路牌打火机和火柴的广告就开始替代万宝路牌香烟的广告。有广告人士评论："人们并不愚蠢，他们很快就能通过打火机和火柴识别香烟品牌。"

11.2.3 品牌延伸对市场的作用

1. 维护市场

当消费者对已有产品系列感到厌倦时，通常希望更换它们。如果品牌能够在同一产品类别中提供多种具有差异化的产品供消费者选择，则消费者不需要转换到其他品牌也能解决购买问题。产品线延伸有助于品牌填补原有的产品线空白。例如，康师傅针对方便面这一产品类别，推出"面霸120""料珍多""新面族""巧玲珑""劲拉面""亚洲精选""福满多""好滋味"等多种系列产品，满足各类消费阶层的需求。通过这种方式，消费者的多样化需求得以满足，企业便可以维护好现有的市场。

2. 拓宽市场

品牌延伸可以带来新顾客，扩大市场覆盖面，从而使母品牌受益。例如，2019年3月，"一直不止于茶"的网红茶品"喜茶"高调推出四款新品咖啡，并率先在北上广深四家门店进行试点。此次推出的喜茶咖啡系列也被其称为"灵感咖啡"。喜茶表示，此次推出的咖啡系列是想将喜茶的特色茶饮与咖啡进行结合，创造出新口感。据了解，喜茶咖啡系列共有四种，即咖啡波波冰、咖啡波波双拼、芝芝美式和芝芝拿铁。其灵感分别来源于喜茶的招牌产品组合，即黑糖波波、波波与冻奶、波波与奥利奥，以及喜茶的独家芝士。喜茶咖啡品类的推出，补充了既有产品组合，满足了消费者的多样化需求。

3. 深化市场

品牌延伸还可以帮助企业将市场做深、做透，提高客户份额，即针对同一个消费者销售不同的产品，以此来占据该消费者支出总额更大的比例。提高客户份额的策略最初被应用于零售行业，如沃尔玛通过销售低价商品，来带动消费者对其他商品的消费，从而提高其客户份额。目前，许多商业银行也采用了这一策略，以相同的品牌名称，通过交叉销售（即向同一个消费者开展多种业务，如信用卡、理财产品、抵押贷款等）来提高客户份额。

11.3 品牌延伸原则

11.3.1 延伸的匹配性

延伸的匹配性是指延伸产品与母品牌之间的相似程度。匹配性被认为是决定品牌延伸成败的最重要因素。只有延伸产品与母品牌是匹配的，消费者才有可能将母品牌的资产转移给延伸产品。同时，延伸产品与母品牌越匹配，消费者越相信企业具有生产延伸产品的能力。由于消费者对于产品的认识是通过大脑中的记忆节点相互联系在一起的，如果大脑中两个记忆节点是紧密相连的，激活其中一个节点便会触及另一个节点。如果延伸产品与母品牌是匹配的,那么延伸产品与母品牌之间就具有紧密的联系,消费者对于母品牌的认知与联想(如高质量)就可以转移给延伸产品。然而,如果延伸产品与母品牌之间不具备匹配性,那么母品牌积极正面的品牌联想将难以转移给延伸产品。匹配性是一个复杂的概念,包含许多不同的维度,但总体来看,匹配性基本上可以分为"抽象"和"具体"两个维度。以品牌形象、使用情境为基础的匹配性被认为是更为抽象的匹配性,而以技术工艺为基础的匹配性被认为是更为具体的匹配性。

1. 基于品牌形象的匹配性

品牌形象反映了一种较为抽象的品牌联想(如较高的社会地位)。例如,LV 同时生产高档皮包、高档皮鞋、手表、皮带等,这些产品虽然在产品功能上并不相似,但同样具有表达身份地位的作用,因而具有共同的抽象形象或联想。又如,万宝路延伸到与香烟类别相去甚远的牛仔服、牛仔裤、鸭舌帽、腰带,获得了很大的成功,因为这些服饰与香烟一样都彰显着"勇敢、冒险、进取"的品牌精神。而万宝路没有延伸到西服,因为西服品牌代表的是"绅士风度",与万宝路的品牌形象是相背离的。

品牌案例 11-3

腾讯文档发布:可实现 QQ、微信双平台编辑

2018 年 4 月,腾讯宣布推出在线文档产品——腾讯文档,标志着腾讯正式进军文档办公领域。这是一款支持随时随地创建、编辑的多人协作式在线文档工具,拥有一键翻译、实时股票函数和浏览权限安全可控等智能化操作,具备打通 QQ、微信等多个平台编辑和分享的能力。

腾讯公司副总裁殷宇表示:"在线文档的核心是多端在线协同,协同的本质即社交,而社交恰恰是腾讯一直在做的和最擅长的事情。"根据腾讯方面给出的数据,目前 QQ 有将近 2 亿的文档活跃用户,日均文件传输量超过 1.8 亿次。另外,TIM 在线文档的用户规模已经超过 1 300 万。从 QQ、微信、TIM 到腾讯文档等一系列产品,都是为满足互联网用户沟通、传递资讯、办公所需而进行的延伸开发,依托腾讯天然的社交优势,以及与母品牌在品牌形象上的一致性,腾讯文档的延伸获得了用户的认可。

2020 年 3 月 2 日,腾讯文档正式宣布月活跃用户突破 1.6 亿。自 2018 年 4 月独立上线以来,其用户已累计创建超 5 亿份文档。

资料来源:界面新闻《腾讯文档发布:可实现 QQ 微信双平台编辑》,https://baijiahao.baidu.com/s?id=1598067747708997317&wfr=spider&for=pc。

2. 基于产品使用情境的匹配性

产品使用场合的一致性也可以作为品牌延伸的依据。消费者对于使用情境一致的品牌延伸一般会给予较高的评价，理解产品信息也较为容易。例如，大连万达集团将自己定位于"城市综合体"而非商业地产，现已形成商业地产、高级酒店、旅游投资、文化产业等四大产业。截至 2019 年 12 月 31 日，万达集团在全国范围内拥有 323 座万达广场、100 多家五星级酒店、656 家直营影院。万达集团自己的影院、酒店以及入驻万达广场的餐厅等，都具有使用情境的匹配性，共同构成了一个城市消费者的生活链。

3. 基于技术可转移性的匹配性

生产技术的可转移性可以作为品牌延伸的基础，许多企业将技术的可转移性看成是进行品牌延伸的重要依据。例如，五芳斋由粽子延伸到传统糕点、米制品等领域，推出"五芳小爱""五芳传香""五芳家月"等品牌。由于延伸产品与粽子在制作工艺上是相同的或相近的，且同属于饮食大类的范畴，所以五芳斋在这些方面的延伸获得了成功。又如，苏宁强势进入电商领域，高调推广"苏宁易购"，那么苏宁有哪些专有技术可供其延伸至电商领域呢？苏宁在电器零售领域积累的线下业务、相关网络、物流仓储系统等都是可以转移给电商的技术与能力。

大量研究表明，抽象的匹配性比具体的匹配性对于品牌延伸更为重要。比如，虽然万宝路香烟与万宝路服饰在生产工艺上完全没有联系，它们之间似乎难以建立具体的关联，但消费者同样能够在抽象的层面上建立起母品牌与延伸产品之间的关系。这些品牌延伸不仅使新产品在市场份额和销售上取得了成功，还进一步强化了母品牌已确立的品牌定位，使母品牌的形象更加突出。

> **品牌案例 11-4**
>
> ### 白酒巨头茅台失控于啤酒战略
>
> 茅台集团于 2000 年 11 月在贵州遵义斥资 2.4 亿元建成年产 10 万千升的啤酒生产线。投产 10 年来，这条生产线的产能一直处于半开工状态。有数据显示，茅台啤酒 2010 年的全年销量仅为 5 万～5.5 万千升。这一年销量仅相当于一个三线城市的小啤酒厂的产量。而在 2010 年，啤酒三巨头中产量最少的燕京也已经突破年产 500 万千升的大关。连续亏损 13 年后，2014 年茅台正式将啤酒公司托管给了华润雪花，后者投入 2.7 亿元对茅台啤酒进行重组，占股 70%。
>
> 茅台做啤酒业务失败的原因主要有两个。
>
> 其一，茅台品牌的高端定位并不能延伸到啤酒上。啤酒属于大众消费品，普通啤酒单价为 3 元左右，纯生啤酒定价也在 10 元以内。国内啤酒三巨头青岛、雪花、燕京最

高端的啤酒，终端售价也未超过20元，而茅台所生产的啤酒却卖到了58元一瓶。茅台啤酒的出厂价为6元，经过经销商的层层加价，卖到消费者手中时已经是出厂价的近10倍。仅仅因为"茅台"的名号就让消费者支付比普通啤酒高出很多的价格，很难打开市场。茅台啤酒终端价和出厂价的过高价差也不难让消费者发现其产品本身的价值并不高。

其二，从白酒到啤酒的延伸并不符合技术的匹配性要求。从原料上来说，茅台酒主要是靠高粱和小麦酿造，而啤酒的主要生产原料为大麦和啤酒花，两者之间有着巨大的差异。同时，白酒和啤酒在生产工艺上也完全不同。茅台白酒之所以品质高，与当地的水、气候、菌类等有关，而实践也证明，只有茅台镇能生产出高品质的茅台酒，而茅台的啤酒厂则在遵义。从生产工艺、原料、产地等方面分析，茅台啤酒除了有"茅台"的名号，基本跟"茅台"无关，消费者并不愿意为这样的啤酒买单。

资料来源：中国新闻网《华润雪花正式托管茅台啤酒》，http://www.chinanews.com/cj/2014/01-08/5714195.shtml。

11.3.2 品质的优越性

优质的品牌形象是进行品牌延伸的前提，如果不具备这一前提条件，消费者就不可能对延伸产品给予正面的评价。而且，母品牌的形象越优质，消费者对于延伸产品的评价就会越高。例如，五芳斋集团股份有限公司是国内粽业的龙头企业，全国餐饮行业、特许连锁经营、食品制造业纳税三个"百强"企业，从1921年创立至今已有近百年的悠久历史。公司立足食品行业，由母品牌产品的粽子延伸到米制品、农产品、卤味品等，形成了以粽子为主导，集传统糕点、卤味制品、米制品、肉食品、蛋制品、酒、调味品等于一体的系列产品群。由于五芳斋的产品质量上乘，且公司本身有着首批"中华老字号"的认定，其延伸产品受到消费者的认同和喜爱，公司也因此荣获了"长三角地区名优食品五芳斋糕点"（2018年）"长三角洲地区名优食品五芳斋粽子奖牌"（2017年）"金牌老字号"（2015年）等荣誉称号。

11.3.3 定位的抽象性

如果母品牌的定位是一个较为抽象、宽泛的概念，那就更有利于进行品牌延伸。一般来说，从个性、生活方式、用户形象进行定位的母品牌具有更为抽象的性质，更有利于品牌延伸。与此相对应，如果母品牌的定位是较为具体的、有物理性质的概念，如技术、工艺、功能等，就会减弱品牌进行延伸的能力。例如，强生品牌最初定位为适用于婴幼儿的护肤用品，显然进行品牌延伸的能力较弱。后来强生将自身的定位拓展为柔和的、无伤害的（更为抽象）之后，其品牌的延伸能力得到增强。所以，今天强生的成人护肤和清洁用品也取得不错的市场业绩。这一原则同样可以解释为何与功能品牌相比，奢侈品更容易进行品牌延伸。由于奢侈品并不定位于具体的功能属性，而定位于某种个性和生活方式，因此，这种宽泛的品牌定位有助于奢侈品进行品牌延伸。如果延伸产品同样具有奢侈的品牌定位，宣传奢侈的生活方式，就能够与母品牌建立起联系。例如，奢侈品牌 LV 成功地延伸到高档手表与高档皮鞋领域，而许多功能性品牌（如大众汽车）则不具备这样的能力。

11.3.4 产品的多样性

如果母品牌具备较为宽广的产品线，消费者便会相信该公司具备进行品牌延伸的能力。同样，如果延伸产品所覆盖的领域较为宽广，也可以使母品牌的内涵得以丰富和拓宽。例如，肯德基是在美国起步的快餐店，却在中国更火热，原因就在于肯德基根据中国消费者的饮食习惯，不断推出一系列适合中国消费者的美食，不仅有豆浆油条、小龙虾汉堡、盖饭等中式餐饮，在 2019 年 7 月，肯德基更是推出了夜宵系列，在每晚 9:15 到次日早晨 5:44 之间供应。根据消费者对辣味食品感兴趣的特点，肯德基将串串与卤味作为夜宵餐点的主要产品。这样，人们便不再将肯德基仅仅与西式快餐等同了，而是将其与更为宽广的餐饮概念等同起来。当然，这一原则需要以延伸产品的成功为基础，如果延伸产品与主打产品的品质存在较大差距，消费者便难以相信母品牌具备进行品牌延伸的能力。

11.3.5 环境的适应性

仅仅考虑延伸产品与母品牌的相似程度是不够的，品牌延伸还需要考虑目标品类的竞争强度。如果目标品类的竞争环境恶劣，进行品牌延伸显然是不明智的。有学者甚至认为这一原则比匹配性更为重要，不考虑这一因素，企业往往制定错误的战略决策。消费者在对产品进行评价时，也往往会考虑竞争因素。如果延伸品类中存在强有力的竞争对手，消费者便会将延伸产品与竞争产品相比较，从而弱化了匹配性的重要性。例如，相对于竞争激烈的智能手机行业，选择其他的产品品类进行品牌延伸更为明智。在此方面，较为典型的失败案例是格力手机。2015 年，格力推出了格力手机一代，此后三年内，相继推出了二代、三代手机。据官方商城数据显示，在格力手机面市的三年中，仅卖出 10 万余台，每月销量仅为 3 281 台。在手机行业的竞争已经达到白热化的状态下，缺乏核心科技、强大供应链支持的格力品牌延伸并未取得预期效果。

11.4 品牌延伸步骤

品牌延伸包括以下几个步骤（见图 11-3）。

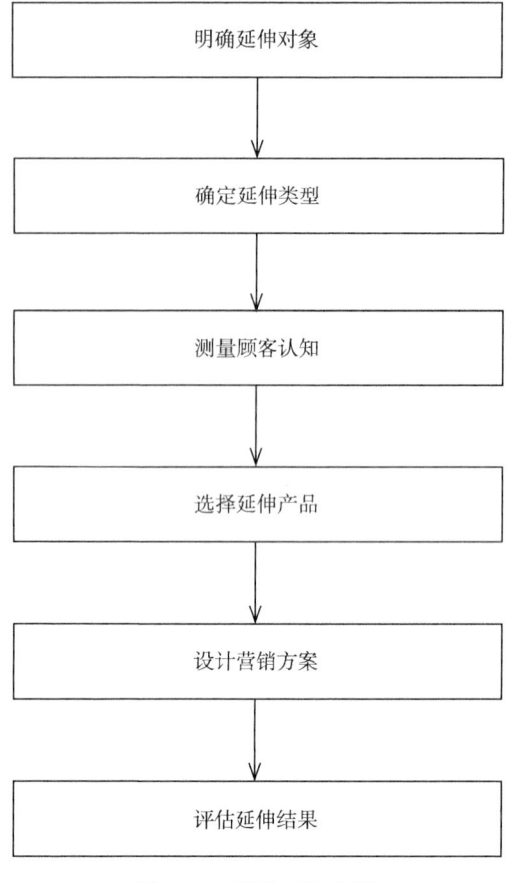

```
┌─────────────────┐
│  明确延伸对象   │
└────────┬────────┘
         ↓
┌─────────────────┐
│  确定延伸类型   │
└────────┬────────┘
         ↓
┌─────────────────┐
│  测量顾客认知   │
└────────┬────────┘
         ↓
┌─────────────────┐
│  选择延伸产品   │
└────────┬────────┘
         ↓
┌─────────────────┐
│  设计营销方案   │
└────────┬────────┘
         ↓
┌─────────────────┐
│  评估延伸结果   │
└─────────────────┘
```

图 11-3　品牌延伸步骤

11.4.1　明确延伸对象

一般来说，被延伸的品牌以公司品牌居多，如海尔、美的、小米等。但也有一些案例中，延伸的是单个品牌，如通用汽车在别克这一品牌下面推出了别克凯越、别克君威、别克君越等品牌的汽车。究竟选择公司品牌还是单个品牌进行延伸主要看企业的行业发展战略规划——如果企业计划进入新的行业，可以选择公司品牌进行延伸；如果企业只是希望丰富和填补原有的产品线，则选择单个品牌来延伸新产品更为明智。不管是选择公司品牌还是单个品牌，一个适合延伸的母品牌应该具有较高的知名度和良好的形象。从现有的成功经验来看，品牌延伸应"步步为营"。在没有建立品牌知名度和品牌形象之前就急于延伸，会分散品牌的力量。

11.4.2　确定延伸类型

品牌延伸类型将决定延伸产品的选择方向。选择品牌延伸类型时首先要考虑的是采用公司内延伸还是公司外延伸。虽然公司内延伸比公司外延伸的可控性更强，但对企业的财务、生产和营销压力也更大，选择前者还是后者，取决于公司对哪方面更加重视。

之后的决策问题是采用产品线延伸还是产品类别延伸。一般来说，先进行产品线延伸，在某一个产品领域做大做强之后，再凭借专业品牌优势进行产品类别延伸。进行产品线延伸并不困难，因为延伸产品与原产品同属于一个产品线，消费者容易形成一致性的认知。难的是产品类别延伸，由于各产品类别存在差异，所以延伸产品可能会与原产品产生冲突，不仅容易失败，还可能会损害母品牌形象。一般来说，只有当原产品类别的利润空间不大、竞争过于激烈的时候，延伸到新的产品类别才是明智之举。

11.4.3 测量顾客认知

母品牌如何延伸取决于消费者对该品牌的认知情况，而不是企业自身的看法，所以企业需要对消费者进行品牌认知调研。调研的方法包括定性和定量两类。常用的定性方法包括自由联想法和投射法。**自由联想法**（free association method）采用焦点小组法或深度访谈法进行，以此探索品牌在消费者头脑中有关品类、价位、特色、个性等方面的联想。**投射法**（projective technique）是一种心理学测试技术，它能使被访者在轻松的状态下回答某些不愿回答或者难以回答的问题，原因是用以测试的简单图片或问题背后对应着复杂的心理活动。定量方法则是采用李克特（Likert）量表来表述品牌认知和形象的问题，以便将消费者对品牌认知的程度进行量化。显然，通过定性调研可以获得更为深入的信息，而定量调研具有规模上的统计意义，二者结合可以取长补短。

11.4.4 选择延伸产品

对候选延伸产品进行评估需要考虑两个问题：第一，消费者对延伸产品的接受程度如何？第二，延伸产品对母品牌有何影响？第一个问题需要启动对消费者的抽样调查，让消费者对备选方案进行评分，分析母品牌延伸到哪些新产品上更容易被接受并解释原因。为了保证所列的延伸方案没有遗漏，还可以请被访者补充适合延伸的产品。通常会有多个延伸产品的备选方案，被访者被要求对最适合的对象进行排序。第二个问题的答案有三种可能：正面影响、负面影响、无明显影响。正面影响通常发生在延伸产品与原产品之间关系比较紧密时，如海尔延伸到洗衣机、空调、电热水器等产品之后强化了海尔"家电巨头"的形象；无明显影响通常因为一些跨度较大的延伸很难直接带给母品牌帮助，如海尔生物制药对海尔"家电"形象没有太大的促进作用；负面影响是管理者极力避免的。可能招致负面影响的原因包括：第一，行业冲突，如娃哈哈 AD 钙奶与娃哈哈关帝白酒，一个是奶，一个是酒，二者并不协调；第二，市场冲突，如梦特娇同时拥有男装、女装和童装三个完全不同的市场；第三，档次冲突，如高档的茅台酒延伸到茅台王子酒和茅台迎宾酒等中低档白酒上面，并没有获得很大的成功。一个好的延伸产品应该能够被消费者接受，同时也对母品牌具有正面的促进作用。

11.4.5 设计营销方案

明确延伸产品之后，管理者需要设计品牌营销计划对其进行推广。本质上，延伸产品营销的关键在于建立延伸产品与母品牌之间的共同点，使母品牌的资产能够部分转移到延伸产品上。其中最核心的一个问题是延伸产品的品牌命名问题，即究竟采用单一品牌延伸、主副品牌延伸还是亲族品牌延伸。如果延伸产品与原产品属于同一个类别，但企业希望突出产品的特色，可以采用主副品牌延伸，如马自达在中国合资公司推出的M6、M3、M2等不同风格的车型；如果延伸产品与原产品不属于同一个类别，并且类别之间不容易产生认知冲突，那么可以采用单一品牌延伸，如三菱空调和三菱电梯；如果延伸产品与原产品之间容易产生认知冲突（如档次差异大、行业之间易产生不良联想等）的话，则最好采用亲族品牌延伸。除了品牌命名，延伸产品的营销计划还包括：采用相同的或类似的品牌标志，如华伦天奴的"V"形标志在皮具、服饰上都稍有调整；采用相同的品牌口号，如飞利浦在所有产品的广告上都以"精于心，简于形"作为结尾；采用类似的产品特征或广告诉求，如飘柔洗发水讲"使头发柔顺"，而飘柔沐浴露和香皂讲"使肌肤润滑"。

11.4.6 评估延伸结果

管理者需要对品牌延伸的表现做出评价。这个评价基于两个标准：第一，延伸产品是否获得了良好业绩？第二，延伸产品对母品牌资产产生了什么影响？如果这两个标准上得分都很高，那么该品牌延伸就会非常成功，如耐克从篮球鞋延伸到运动用品和运动服装就非常成功；如果只是标准1得分很高，而标准2得分接近0（即没有什么影响），那么该品牌延伸效果尚可，如奥克斯空调延伸到奥克斯手机，后者对前者并无明显作用，延伸效果一般；如果标准2得分为负数（即延伸产品对母品牌产生了负面影响），那么无论标准1得分如何，该品牌延伸都是失败的，如Clorox漂白剂延伸到洗衣粉就很失败，因为人们总是担心使用了这种洗衣粉会使色彩鲜艳的衣服褪色。

11.5 品牌延伸风险

11.5.1 新产品延伸失败

1. 母品牌联想不能转嫁给延伸产品

如果延伸产品与母品牌的品牌联想存在较大差异，消费者便难以将母品牌的优质联想转移给延伸产品。企业进行品牌延伸的目的可能是希望借助母品牌的知名度与优质的联想来促进延伸产品的销售，但这能否使延伸产品受益还取决于延伸产品与母品牌的匹配性。例如，马应龙以痔疮膏闻名于世，被称为"痔疮膏中的爱马仕"，其产品的市场占有率超过 50%。当马应龙推出口红时，着实让消费者大跌眼镜，因为"马应龙＝痔疮膏"的印象已经深深植根于消费者脑海中，提到马应龙，消费者会立马联想到痔疮膏，母品牌在痔疮膏方面的优质联想并不能延伸到马应龙口红上。

2. 产生不合时宜的品质联想

如果母品牌的品牌联想根深蒂固，而品牌延伸目标品类的特点与母品牌又截然不同，消费者便可能产生对延伸产品不合适的品质联想。例如，三九集团以三九胃泰起家，在胃药领域建立起了较高的品牌知名度。当集团推出"三九"牌啤酒时，便会让消费者产生怪异的感觉，难以获得市场认同。首先，消费者在消费三九啤酒的时候容易联想到药的味道；其次，三九胃泰的功效在于保护胃，而饮酒过量会伤胃。三九是提醒消费者少喝酒保护胃，还是劝说消费者多喝酒刺激胃？这给消费者带来了认知冲突。由于经营不善，三九啤酒一度几乎停产。2004 年，三九集团资产重组时，将"石家庄三九啤酒有限责任公司"更名为"石家庄市嘉禾啤酒有限责任公司"，使用"嘉禾"作为啤酒品牌名。

3. 延伸产品挤占母品牌销售

延伸产品的成功（如销量很高），可能仅仅是由于消费者对母品牌旗下原有产品的购买转移给了延伸产品。也就是说，延伸产品实际上挤占了其他产品的销售。出现这一现象的原因可能是由于延伸产品与已有的产品过于相似。但如果母品牌原有的顾客本就可能流失，转而购买竞争品牌旗下的产品，这种挤占现象也可能不是一种坏事。例如，如果健怡可乐与原有的可口可乐在口味上很相似，那么，购买健怡可乐的一部分消费者就来自于可口可乐品牌原有的消费群体。

11.5.2 新产品对母品牌造成伤害

1. 模糊母品牌定位

如果延伸产品与母品牌难以找到共同点，就会模糊母品牌的定位。延伸产品与母品牌的差异不仅仅体现为产品类别与用途的不同，还可能表现为品牌形象的差异。如果延伸产品与母品牌的差异体现在品牌形象方面，与产品类别和用途方面的差异相比，更有可能模糊母品牌的定位。例如，七匹狼不仅生产衣服，还生产皮具和包，虽然皮具与服装属于不同的产品类别，但同样能够突出七匹狼品牌"勇往直前、百折不挠、精诚团结"的品牌形象，这就强化了母品牌七匹狼的定位，使七匹狼的形象更为清晰。

2. 损害母品牌形象

第一，失败的品牌延伸会损害母品牌的形象。品牌延伸失败不仅会导致延伸产品的失败，更有可能将延伸产品的负面效应溢出，进而损害母品牌的形象。在此情况下，母品牌旗下的产品与延伸产品越相似，母品牌就越有可能受到延伸产品的牵连。第二，过度向下延伸损害母品牌的形象。许多品牌期望通过向下延伸，借助已有的品牌知名度和美誉度，获取更大的市场份额。然而，这种操作可能会与消费者对该品牌固有的品质预期产生冲突，从而损害母品牌的形象。例如，著名白酒品牌"五粮液"从1994年开始在短短数年间延伸出上百个子品牌，大量的向下延伸模糊了五粮液高端的品牌形象，损害了五粮液的品牌资产。最终，五粮液集团于2002年12月决定取消其38个子品牌。

关键术语

品牌延伸（brand extension）　　　　子品牌（sub-brand）
母品牌（parent brand）　　　　　　自由联想法（free association method）
延伸产品（extension product）　　　投射法（projective technique）

思考与练习

1. 什么是品牌延伸？
2. 品牌延伸有哪些策略？
3. 企业为什么要进行品牌延伸？
4. 若品牌延伸失败，会对新产品及母品牌产生怎样的负面影响？
5. 企业在进行品牌延伸时，应遵循哪些原则？

思政融入点

强势品牌往往通过品牌延伸进一步提升品牌资产，实现品牌价值。大学生的个人品牌亦如此，但是过早进行延伸往往会失去焦点，分散精力和资源，导致得不偿失。通过案例分析和教学探讨，除了学习专业知识，还可以帮助大学生树立正确的职业观，进行科学的职业生涯规划。

模拟实训

1. 选定一个本土企业，通过网络、报纸等渠道收集有关信息，分析该企业推出新产品时是否采用了品牌延伸策略，如果是，采用了品牌延伸的哪一种策略，以及品牌延伸的效果如何。
2. 以近两年发生的品牌延伸失败案例为例，运用本章所学知识，分析其失败原因，并结合企业实际谈谈在品牌延伸时应遵循什么原则。

案例分析

发力中低端市场，喜茶上线"喜小茶"

2020年3月，喜茶子品牌"喜小茶"在深圳开业，这是喜茶首次推出子品牌。目前喜小茶官方微信公众号和小程序、官方微博账号均已上线。根据喜小茶官方微信公众号显示，喜小茶饮料厂为喜茶旗下全新子品牌，"在喜茶，我们希望用最高标准做出最好的茶饮，而在喜小茶，我们致力于提供合适、刚好的产品，在合格的标准上尽可能实惠。"其账号主体为喜茶母公司深圳美西西餐饮管理有限公司，是喜茶品牌所属公司，法定代表人为喜茶创始人聂云宸。

从喜小茶小程序上线的产品可以看到，子品牌的产品线与喜茶有一定的区分。主要产品品类分为奶茶、果茶、咖啡、冰激凌等类别，与主品牌喜茶的产品风格完全不同。在选址方面，喜茶90%的门店都位于购物中心内，选址思路以商圈覆盖为主；而首家喜小茶线下实体店在深圳福田华强广场，选址并非核心商圈，而是工业区域。从门店空间和装修风格可以看出，喜小茶的场景与喜茶不同，喜小茶门店面积相对较灵活，装修风格为复古风。通过对比可以发现，子品牌喜小茶与喜茶最大的区别在于定价上。根据喜小茶小程序显示，目前上线的产品价格主要在6～16元，这与喜茶的产品定价几乎相差1倍左右。

自开业以来，喜小茶一直生意兴隆，一度迎来"爆单"，并且吸引了大量同行前往观摩。依托喜茶原有的品牌基础，走平价路线的喜小茶自诞生起就不愁关注度。同时，平价奶茶覆盖受众更广，更加适合向低线级城市下沉，喜小茶的出现将吸引一波注重性价比的消费者，填补喜茶消费受众的空白。

资料来源：蓝鲸《发力中低端市场，喜茶推子品牌"喜小茶"》，https://new.qq.com/rain/a/20200401A088OT00。

问题：

1. 如何看待喜茶推出子品牌"喜小茶"？
2. 喜茶推出"喜小茶"采用了哪一种品牌延伸策略？
3. 运用所学知识，谈谈"喜小茶"的推出对喜茶的贡献以及可能面临的风险。

CHAPTER 12

第12章
品牌特许经营

学习目标

品牌特许经营起源于美国，是品牌联盟延伸的一种方式。企业通过品牌特许经营方式，既扩大了企业品牌的知名度，又可为企业品牌的成长获得资金支持，实现品牌资产的增值。以肯德基、麦当劳和星巴克等为代表的跨国企业，采用品牌特许经营的方式，迅速占领国际餐饮市场，成为品牌特许经营成功的典型范例。

通过本章的学习，应达到如下要求：
1. 了解品牌特许经营的含义、原则和授权结构；
2. 掌握品牌特许经营的三类典型模式；
3. 掌握品牌特许经营体系及运作原理；
4. 了解品牌特许经营的优势与劣势。

引导案例

如家酒店的品牌特许经营

如家酒店是国内知名的商旅型连锁酒店品牌，截至2018年，在全国361个城市拥有2 319家酒店，自创建以来，始终满足大众多元化的住宿需求和引领未来发展趋势，为宾客提供工作与旅途中温馨舒适的"家"。正如麦当劳的成功在于长期获得廉价商业地产物业使用权一样，如家酒店商业模式的核心也在于廉价的商业地产运作模式。酒店连锁业高度依赖商业地产，物业成本是决定单店投资回报周期的首要因素，而要取得成功，必须采取轻资产模式。对如家酒店来说，这便是变租赁直营为发展加盟店。如家酒店品牌特许经营制度的优点有如下几个方面。

1. 要求统一的设施

受许人需按照"如家"统一的硬件标准自行进行装修改造，拥有充足的改造资金（不少于600万元）、加盟资金和不低于50万元人民币的流动资金。酒店IT系统由总部统一部署，总部实时掌控加盟店运营情况、如家的中央客源系统和会员管理系统。对于这些加盟店，如家全面掌控，以确保服务品质不走样。

2. 提供多项指导

如家酒店总部为各加盟店提供工程现场施工指导、店柜装潢设计参考与酒店开业筹备协助，并对各加盟店进行酒店开业验收。与此同时，总部会对店主定期进行营业培训，主要包括商品知识讲解、营销理念研修等。此外，在开业筹备阶段，总部还会指导各加盟店的商品组合规划，协助各加盟店拟订促销方案，安排商品进货与商品陈列。

3. 提供人才支持

受许人可聘请如家进行管理（如家派遣酒店总经理），确保统一的管理服务标准。受许人需要认同如家酒店加盟文化、充分理解并支持如家精选酒店经营理念；忠实地履行特许合同，按期缴纳各项特许费用。加盟店长由如家总部任命和管理，薪酬由总部统一发放。此外，如家管理大学每年培养数以百计的店长，提供源源不断的人才支持。

资料来源：首旅如家官网 https://www.bthhotels.com/join/homeinn。

12.1 品牌特许经营概述

12.1.1 品牌特许经营的含义

这一节，我们通过介绍品牌特许经营的定义及本质，进一步阐述品牌特许经营的内容。

1. 品牌特许经营的定义

品牌特许经营（brand franchise）是指拥有注册商标、企业标志、专利、专有技术等经营资源的企业（特许人），以合同形式将其拥有的经营资源许可其他经营者（被特许人或受许人）使用，使得受许人按照合同约定在统一的经营模式下开展经营，并向特许人支付特许经营费用的经营活动。其中，**特许人**（franchiser）与**受许人**（franchisee）可以是自然人，也可以是法人。特许人与受许人之间不是雇佣关系，也不是从属关系，而是平等的伙伴关系。在品牌特许经营中，受许人的产权关系并不因特许经营而变化，受许人依然是自己企业的所有者。

2. 品牌特许经营的本质

第一，品牌特许经营是一种有效的企业营销模式。许多企业进行品牌特许经营的直接目的就是利用这种模式更多、更好地销售产品。从营销渠道来讲，企业销售产品的方式有两种：一种是自己亲自销售；另一种是借助外力销售。第一种销售方式是企业自己设立销售机构进行直销。第二种销售方式是企业利用外部的销售资源进行销售，采用的主要方式有经销、代理和品牌特许经营等。由此可见，品牌特许经营是一种资源外取方式，企业可通过这种营销模式来增加自己的市场资源，占领更多的市场，销售更多的产品。

对品牌特许经营而言，它具有资源外取的典型特征，而且，品牌特许经营本身还是一种综合式的资源外取。这是因为，特许人外取的受许人资源包括了受许人许多方面的资源。其可能包括的内容有受许人的人力资源、财务资源、物质资源、市场资源、技术资源、信息资源、关系资源、宏观环境资源、自然资源、组织管理资源、品牌资源、知识产权资源等。它使特许人充分地借助外在的广大资源为自己服务。

第二，品牌特许经营是一种实用的企业扩张模式。企业扩张需要大量资源，如人力、物力、财力、市场等资源，但并不是所有的企业在短期内都能靠自我积累而具备这些资源。尤其是在市场机会转瞬即逝的今天，企业如果依靠自我积累会因时间拖延而错失良机；企业如果采取贷款、上市融资或与他人合资开办公司的方式，也会由于市场的千变万化而产生不可预测的风险。然而，品牌特许经营的扩张模式解决了这些问题。品牌特许经营体系可以通过不断吸引不同的投资主体——受许人加入，借用受许人的资源在短期内成功地实现企业扩张。

在品牌特许经营体系中，特许人利用自己的品牌、专利或技术，通过签署特许协议转让特许权，让受许人利用这些无形资产从事经营活动，从而形成一种联合扩张的发展模式。特许人对受许人既要进行适当的控制，又要始终尊重对方的自主性。这样特许人可以通过特许权获取收益，并可以利用规模优势加强对无形资产的维护，同时，受许人则可利用无形资产扩大销售，提高收益。

第三，品牌特许经营是一种全新的商业经营模式。品牌特许经营是一种全新的经营模式。它是企业突破有形的组织形式，仅以优势的、有限的、关键的资源，将其他功能虚拟化，通过各种方式整合外部资源，为我所用，借助外力进行整体弥补，最大限度地发挥其有限资源的一种经营形式。品牌特许经营模式以其独特的方式，通过遍及各地的大大小小的加盟店与特许经营总部形成了一个规模庞大的虚拟企业。品牌特许经营作为一种全新的商业经营模式，其最大的好处就是可以实现企业流程的优化。节约流程的时间可以为客户带来更多的价值，提高企业的市场响应能力，从而强化企业的核心竞争力。

虽然各个加盟店相对于特许经营总部是一个个独立的法人实体，但所有受许人和加盟店是在特许人统一的品牌旗帜下从事经营活动的，执行原本应该由特许经营总部直接开设的直营店所执行的职能。特许经营总部与各个加盟店各司其职，团结协作，实现资源互补。

12.1.2　品牌特许经营的原则

品牌特许经营最基本的原则是"3S"原则，即简单化原则、标准化原则和专业化原则，能够指导品牌特许经营体系设计、构建以及运营管理等。"3S"原则是现代化生产流水线作业的基本思想在商业中的应用，是包括品牌特许经营在内的所有连锁模式运营的一般性原则。

1. 简单化原则

简单化原则在品牌特许经营中的应用主要是指单店经营模式、运用管理系统简单化及各岗位作业活动简单化。单店是授权经营活动得以实际开展的运作单位，如果单店的经营模式、岗位作业和管理流程过于复杂，一方面会增加受许人的学习成本、单店经营成本和日常运营管理成本，另一方面会导致单店在运营过程中的失误概率增加，不利于加盟推广和体系的统一管理。那些快速拓展的品牌特许经营体系在单店设计上均重视简单化原则。例如，麦当劳凭借这一点，自1999年至2003年创造了平均每年开设1 211家单店的纪录；赛百味以其更简单的单店经营模式（无后厨），在同时间段内创造了平均每年开设1 377家单店的奇迹。

2. 标准化原则

标准化原则在品牌特许经营中的应用主要指单店作业、组织形象、商品/服务和运营管理活动等实行统一的工作标准，是单店运营效率的保障。实行统一的工作标准，不仅可以消除员工在工作中的沟通障碍与协调障碍，提高工作效率，还能够增强工作的互换性，提高人力资源的使用效率。组织形象标准化有利于在顾客心中树立起鲜明的形象，在市场竞争中给顾客提供识别的便利。商品/服务标准化则给顾客以消费的信心，有利于促进顾客满意度和忠诚度的提高。运营管理活动标准化则有利于维持体系统一运作，使总部对各单店的督导活动更具效率。

3. 专业化原则

专业化原则在品牌特许经营中的应用主要是指在总部和单店之间，以及总部和单店各自的组织内部实行严格的专业分工，各司其职，保证体系整体的运作效率。总部作为后台要专注于保障工作的完善，单店作为前台应专注于经营活动开展和做好客户服务工作。通过这样的工作边界划分，总部和单店都能将有限的资源和精力集中到各自的核心活动上，体系效率也就得到了保障。专业化原则在世界许多著名品牌特许经营体系中得到了非常有效的贯彻，许多品牌特许经营体系中的直营店数量占比非常小，这就是总部专注于后台服务工作，将主要精力从授权经营活动的实际开展中收回来的结果。此外，除总部和单店之间实行严格的专业化分工外，总部内的各层次和职能部门间，以及单店内部的各岗位人员间，也应该实行专业化分工。其目的同样是划分工作边界，促进作业效率的提高。

12.1.3　品牌特许经营的授权结构

授权结构是基于特许权授权条件的差异，在特许人和受许人之间形成的不同关系结构。根据特许人专属权利要素中授权区域和授权性质等差异，品牌特许经营体系中的授权结构可以划分为单店授权、区域授权和区域主授权。

1. 单店授权

单店授权（unit franchise）中的特许权授权方式为：特许人授予受许人在一个非独占的市场区域内使用其许可的特许权，但受许人不得从事特许权的再授权活动。通常情况下，特许人对于同一个受许人开设单店的数量有所限制，受许人如需增开单店必须向特许人申请并取得其同意。此种授权方式下，受许人又被称为单店加盟商。

单店授权是一种相对比较简单的授权结构，特许权仅经由一次授权即投入到单店中。这种授权结构下，特许人对单店的影响比较直接，可供选择的受许人范围较大。在特许人的战略意图中，授权是在一个非独占的市场上完成的，这就意味着在同一个市场上，特许人必须要多次完成受许人的招募审核和授权工作，才能使体系扩张达到要求。因此，特许人的招募成本相对较高，体系扩张速度较慢。此外，该授权结构下，受许人仅对自身开设的单店运营负责，容易将注意力过于集中在自身业务上，从而对市场环境进行整体研究的主动性不够，导致经营能力的长远发展受到限制，这一点需要特许人通过各种方式加以引导。

2. 区域授权

区域授权（area franchise）中的特许权授权方式为：特许人许可受许人在一个独占的区域市场内使用其许可的特许权，并要求受许人在规定的时间内开设规定数量的加盟店，但加盟店不得进行特许权的再授权活动。

区域授权相对单店授权比较复杂。这种授权结构下，特许权虽然也是经由单次授权即投入到单店中，但由于特许人赋予受许人在一个区域市场上独家经营的权利，因此特许人专属权利的许可范围要大于单店授权。这样的授权方式使特许人无须在区域市场上频繁招募受许人，降低了招募成本，提高了体系扩张的速度。同时，由于区域市场的经营者单一，因此授权区域内不存在体系内部的竞争。但由于市场风险都寄托在受许人身上，且特许人相对较容易失去对受许人的控制，因而会导致体系运作时的整体风险增大。

3. 区域主授权

区域主授权（master franchise）中的特许权授权方式为：特许人授予受许人在一个较大的独占区域市场范围内（通常是一个国家或地区，或者是某个一级行政区划单位），不仅可以使用其许可的特许权，还可以在该区域内向第三方——次级受许人（sub-franchisee）再授权开设加盟店。在区域主授权体系结构中，受许人被称为区域主加盟商，在授权区域内是特许人的全权代表，扮演地区总部的角色；次级受许人被称为区域次加盟商，扮演单店加盟商或区域加盟商的角色。在该种授权方式形成的体系结构中，特许权经由两次授权才得以完成。特许人首先对区域主加盟商进行授权，再由区域主加盟商向次级加盟商授权。多数情况下，区域主加盟商直接与次级加盟商签署特许经营合同，特许人与次级加盟商不发生直接的契约关系，次级加盟商向区域主加盟商支付加盟费和特许权使用费，区域主加盟商再将其中的一部分上缴给特许人。

区域主授权中，特许人的专属权利许可范围很大，不仅能将产品的分销权作为特许权的一部分授权给区域主加盟商，而且能将某区域市场的开发管理权也通过授权方式交由区域主加盟商行使。这样的授权方式虽然便于特许人降低招募成本、快速扩张体系，但也意味着特许人对市场的影响控制能力大幅降低，体系失控的风险很高。

| 品牌案例 12-1 |

肯德基"不从零开始"的品牌特许经营

1987年11月12日，肯德基在北京前门的繁华地带建立了其在中国的第一家餐厅。截至2020年5月1日，经过33年的发展，肯德基已在中国1 200多个城镇开设了8 100余家连锁餐厅，遍及中国所有省、市、自治区，是中国规模最大、发展最快的快餐连锁企业之一。

2000年8月，第一家"不从零开始"的肯德基特许加盟店正式在江苏省溧阳市授权转交。随着加盟商的不断发展，肯德基的加盟店占比不断提升。自2001年开始，肯德基连续多年获得由中国连锁经营协会颁发的"优秀特许品牌"奖，并在2006年荣获特许行业最高荣誉——中国特许奖，2007～2010年，肯德基连续获得"中国特许奖蝉联品牌"称号。

目前，肯德基在中国的特许经营加盟政策如下。

（1）肯德基在中国采取"不从零开始"的特许经营模式。"不从零开始"的特许经营，是指将一家成熟的肯德基餐厅整体转让给通过了资格评估的加盟申请人，同时授权其使用肯德基品牌继续经营。也就是说，加盟商是接手一家已在营业的肯德基餐厅，而不是开设新餐厅，加盟商不需要从零开始筹建，避免了自行选址、筹备开店、招募及训练新员工的大量繁杂工作。选址往往是开店成功的关键，从中国百胜餐饮集团接手一家成熟的肯德基餐厅，加盟商的风险会大大降低。根据肯德基加盟发展规划，肯德基将从现有的餐厅中挑选合适的"备选加盟店"。针对通过了资格评估的加盟申请人，肯德基会在"备选加盟店"范围内推荐餐厅供其评估。加盟申请人不可指定某一家餐厅，或者某一个城市进行加盟。目前，北京、上海、无锡、苏州等市及浙江省、西藏自治区暂不开放加盟，即肯德基不会从上述区域中选择"备选加盟店"。

（2）肯德基采取单店加盟形式，所有的特许加盟商都不享有区域的或商圈的专有权。

（3）如果加盟申请人的资金不足，可以找合伙人一同申请，但自有资金比例须大于30%。在加盟成功后，主申请人需担当"主要经营者"的角色，即负责处理日常经营事宜及亲自管理餐厅，合伙人将不参与餐厅的日常经营管理。

资料来源：肖乾. 中国肯德基"不从零开始"特许经营模式研究[D]. 广州：中山大学，2010.

12.2 品牌特许经营模式

根据品牌特许经营知识产权（intellectual property）要素的不同组合，可以将品牌特许经营划分为生产特许、产品－商标特许和经营模式特许三个基本类型。

12.2.1 生产特许

生产特许（production franchise）是指受许人投资建厂或通过OEM（定牌或授权贴牌生产）的方式，使用特许人的商标或标志、专利、技术、设计和生产标准来加工或制造取得特许权的产品，然后向经销商或零售商出售，受许人不与产品的最终客户（消费者）直接交易的特许经营类型。典型的案例包括可口可乐灌装厂、耐克运动服装的生产等。

生产特许具有以下几个特征。

（1）授权的内容以商标、标志、专利、技术、特种工艺等知识产权为主，也包括产品的分销权和其他特许人认可的专属权利。

（2）特许人一般都是产品专利或强势品牌的拥有者，对受许人产品的生产组织、工艺流程以及产品的分销价格有着较高的统一要求。同时，特许人有权过问受许人对产品的广告宣传及推销方法。受许人有义务维护特许人的商标、标志、专利等不受侵犯。

（3）受许人获利主要依靠单件产品的生产利润和分销利润（向下游分销商或零售商取得的利润）。

12.2.2 产品－商标特许

产品－商标特许（product-trademark franchise）是指受许人使用特许人的商标、标志和销售方法来批发或零售特许人产品的特许经营类型。此类特许经营模式在汽车、电子产品、快速消费品、石油产品等商品流通领域中被普遍采用，如大众汽车、商务通、中国石油加油站等。

产品－商标特许的主要特征如下。

（1）授权的内容以产品商标和标志、产品销售方法和服务方法等知识产权为主，也包括产品的分销权和其他特许人认可的专属权利。

（2）特许人一般都是将成品或半成品销售给受许人的产品制造商，对受许人产品的分销价格以及内部经营管理一般没有严格要求。受许人或是一个批发商，或是一个零售商，在其运转过程中仍保持其原有的商号，单一地或在销售其他商品的同时销售特许人生产并取得商标或标志所有权的产品。作为特许人的分销商，受许人在销售产品的同时，还负责向客户提供售前和售后服务。此外，受许人有义务维护特许人的商标、标志等不受侵犯。

（3）此类品牌特许经营中维系特许人与受许人关系的重要纽带是产品供应和产品价格。受许人获利的主要来源是单件产品的进销差价。

12.2.3 经营模式特许

经营模式特许（business format franchise）是指特许人要求受许人（加盟店）按照特

许人经营总店的产品标准、服务标准、品牌进行运营，且要求受许人支付加盟费和后续的权利金。这些经费使得特许者能够为受许人提供培训、广告宣传、新产品研发等后续支持。经营模式特许是现阶段特许经营发展的最高形式，蕴含了特许人的大量知识和技术。当今社会习惯上理解的特许经营模式大多是指经营模式特许。

经营模式特许的主要特征如下。

（1）授权的主要内容是特许人设计好的一整套经营模式和产品的分销权，以及其他特许人许可的专属权利。

（2）特许人通常是那些拥有全面自主知识产权的企业，对受许人的内部运营管理、市场营销等方面实行统一管理，具有较高的控制力。受许人经营一家或多家单店，完全以特许人的形象在公众面前出现，并直接向消费者提供有形商品的零售服务或其他无形服务。受许人不仅有义务维护特许人的商标、标志等知识产权不受侵犯，还有义务服从特许人的统一管理。

（3）受许人获利虽与单件产品的进销差价有关，但更加依赖于特许人设计并提供的经营模式。

品牌特许经营的三个基本类型的特征对比，如表 12-1 所示。

表 12-1 品牌特许经营的三个基本类型的特征对比

项目	类型		
	生产特许	产品-商标特许	经营模式特许
授权的主要内容	商标或标志、专利、生产技术、产品生产权、产品分销权	商标或标志、产品分销权	经营模式、单店VIS系统、单店运营管理系统、产品分销权
特许人的特征	强势品牌、专利及专有技术持有者	品牌制造商	拥有全面自主知识产权的企业
特许人的战略控制手段	专利、专有技术、原材料等	货源、价格	全面统一管理：品牌、经营计划、选址、VIS、配送、促销、价格、管理制度、培训等
受许人的获利来源	生产利润、分销利润	分销或零售利润	服务利润、零售利润和财务利润
主要应用领域	生产制造	商品流通	服务、商品流通

12.3 品牌特许经营体系及运作

在这一节，我们将介绍品牌特许经营体系的概念，阐述品牌特许经营体系运作的原理，并概括品牌特许经营体系运作的特点。

12.3.1 品牌特许经营体系的概念

品牌特许经营体系（brand franchise system）是指在统一的品牌和经营模式下，由特许人和受许人共同经营的一个管理和运营系统。例如，百胜集团旗下有若干个特许经营体系，其中有肯德基、必胜客和塔可贝尔等。

品牌特许经营体系是一种建立在特许经营关系上的新型组织体系。其中，特许人和受许人之间以及他们各自的组织机构间并非行政隶属关系，双方各自保有对自身资产的所有权，体系内管理活动的建立基础也并非企业内的等级关系，而是特许经营关系。特许人和受许人只是本着共同的利益目标，经由特许权授权活动联系在一起，通过特许经营合同分配各自的权利和义务，双方共同完成一项授权经营活动的价值生产。具体来说，整个体系在运作过程中高度强调特许人的统一设计和总部管理，以统一的品牌形象、广告宣传、商品/服务标准在市场上出现，依靠特许人设计的经营模式和业务标准来规范体系内的一切运营方式和行为，特许人或总部通过提供持续的支持、督导活动参与到受许人的运作过程中，而受许人在特许人或总部的这种支持和督导下，通过授权经营活动运作为客户服务并获取利润。

12.3.2 品牌特许经营体系的运作原理

将品牌特许经营体系视为一个组织，特许经营总部和单店就是构成品牌特许经营体系的两大基本组织形态要素。品牌特许经营体系运作的基本原理，如图12-1所示。

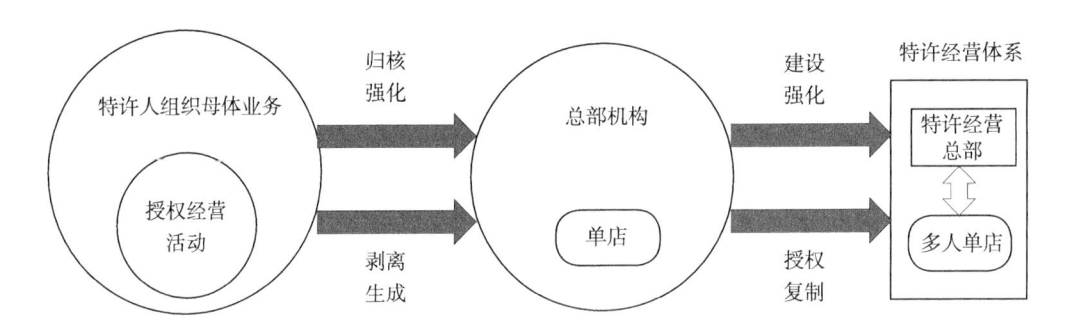

图 12-1 品牌特许经营体系运作的基本原理

品牌特许人在开展特许经营之前，首先需理顺组织内部的各种业务活动，综合考虑发展战略和市场竞争优势，然后选择自身最为适合的优质经营业务，通过专业化和产权明晰化，将其从组织母体中剥离出来成为相对独立的业务单元（即未来通过特许经营方式授权给受许人开展的特定商业活动），然后将该项业务单元通过流程整编、系统整合等步骤提炼出标准的经营模式，并将其作为特许权要素的核心内容。在此基础上，特许人应进一步考虑配合该项授权经营活动运作所需的各种资源和经营条件，设计出标准的单店系统（即样本店）。与此同时，特许人母体在剩余业务的基础上，通过实施业务归核生成一个总部机构，负责对授权经营活动的授权（即单店复制）以及对整个体系的后期持续管理，这个总部机构就是特许经营总部。这样，品牌特许经营体系就形成了。

以一家服饰企业为例，开展品牌特许经营体系运作的流程大致如下。

首先，在开展特许经营活动之前，该企业需要考察市场和自身情况，综合分析各方面因素后，判断其服饰品牌具有高度的市场独占性，深受消费者青睐，由此确定品牌就是该企业最具竞争优势的核心资源。该企业进一步判断，由于服饰销售需要投入大量资源且存在跨地区管理障碍，所以其并非自身核心竞争优势业务，于是该企业将该品牌服饰的销售业务作为授权的经营业务，然后将服饰销售从企业业务中剥离出来，形成独立的业务单元，并将其进行整体规范设计，提炼出简单化、标准化的经营模式和业务标准。与此同时，该企业还需要设计服饰销售所依托的各项基础条件，将单店外观设计、运营系统等整合到企业已经设计好的标准经营模式中。

其次，企业将该经营模式的使用权、品牌商标使用权和商品分销权作为特许权，准备启动品牌特许经营活动。由于启动品牌特许经营活动意味着企业母体增加了一个原本没有的业务，那么需要该企业再组建一个专门的总部机构，负责将特许权广泛地授权出去。获得授权的受许人便得以从事该品牌服饰的销售活动，同时接受服饰企业总部机构的管理。

在该企业的这一整套活动中，总部机构作为特许人的代表完成特许权的授权和后期受许人的管理工作；受许人按照服饰企业的预先设计，配合自身投入的资源，按照规范要求建设单店，并从事授权品牌服饰的统一销售活动。经过这样一系列的复杂过程，该企业的特许经营体系得以最终成型。

12.3.3 品牌特许经营体系的运作特点

作为一种全新的社会经济组织形态，与传统的经济组织相比，品牌特许经营体系的运作具有很多鲜明的特点，主要表现为以下两点。

1. 高度分散化经营与集中化管理相统一

传统的经济组织是在同一资本控制下的层级结构组织，其中，任何一个部门或机构与其上一层级的部门或机构间存在着严格的行政等级隶属关系。而在特许经营体系中，一方面特许人与受许人是在法律地位上平等且相互独立的民事主体，不存在任何行政等级隶属关系，双方仅因特许权的产权交易形成契约和经营上的相互关系。特许人通过不断授权，使体系规模逐步扩张，并覆盖到特许人打算进入的区域市场。受许人则直接运作加盟店，并承担在经营过程中发生的对第三方的民事责任。由于在特许经营体系中，授权经营活动的价值生产是在加盟店中完成的，总部并不直接从事该项活动，因此从这一点来看，品牌特许经营体系的经营是高度分散的。

另一方面，加盟店的分散经营活动也不完全取决于受许人的意愿，它必须要受到特许人的监督和控制。特许人或特许经营总部通过不断的培训和沟通，对受许人的态度、理念进行辅导，促使其与总部愿景保持一致，又通过特许经营合同和特许经营手册的规定对其运营过程进行监管，还通过一系列的方式对运营结果进行奖惩。在这样的监管方式下，加盟店在公众眼中以特许人的统一形象出现，这就是特许经营体系集中化管理的结果。

2. 分散化投资下的单店所有权和经营权合一

在传统的经济组织中，多个股东把分散的资本聚集起来形成同一资本，然后聘请管理人员来进行经营，从而形成所谓的所有权与经营权分离式的公司治理制度。在特许经营方式下，受许人享有加盟店资产的完整所有权，加盟店的投资主体和经营主体都是受许人，特许人只投资建设特许经营总部，所以整个体系的建立与扩张完全是通过分散化投资来实现的。

所有权与经营权分离的公司治理制度中，经营者的激励一直是一个重点问题。经营者常常因为企业资产所有权不归自身所有，而不能发挥其全部的主动性，且人员的稳定性也不高。为解决这个问题，企业所有者通常会加大对经营者的激励力度，如给予优厚的物质待遇、期权或股利上的分红等。这样的做法虽然能在一定程度上调动经营者的积极性，但会增加企业的负担，并引发企业内部的利益分配冲突等问题。在品牌特许经营方式下，总部与单店在职能上严格分工，单店的所有权和经营权都归受许人所有，受许人必须对自己的经营业绩和前途负责，必须投入全部精力认真经营，从而形成了特许经营方式下独特的受许人自我激励的特点。

12.4 品牌特许经营的优势与劣势

在理解了品牌特许经营的含义、原则、模式和体系运作的原理之后，我们还需要从特许人和受许人等方面系统地理解品牌特许经营的优势与劣势。

12.4.1 品牌特许经营的优势

美国盖洛普公司的调查结果显示：90%以上的受许人表示，他们的品牌特许经营可算成功或很成功，其中的18%超越了期望值，48%在很大程度上满足了期望值，24%基本满足了期望值。2/3的被调查者认为，如果他们独自开创相同的产业，就不会取得如此的成功。几乎2/3的人表示，如果再有这样的机会，他们还会购买或投资相同的特许经营，这均与特许经营所具备的独特的经营优势密不可分。

1. 品牌特许经营对特许人的优势

第一，特许人不受资金的限制，可以迅速扩张规模。一般来说，自营连锁发展速度相对较慢，所需资金较大，使总部的投资风险也相应增大，如果没有雄厚的资金做后盾，就不能尽快占领市场，从而实现规模效益，这样可能使一些总店发生严重的资金周转不灵或亏损，有些甚至不得不关门或出让。而特许经营恰好可以弥补自营连锁的这个缺陷，使特许人不受资金的限制而迅速扩张。受许人网络不断扩大而带来的财务资源的增加将大大有益于特许人。由于开设的每一家特许经营的分店都是由受许人提供资金的，因此，其负担了扩展特许业务的资金，从而分担了特许人的财务风险。此外，特许经营的初始费用和年金改善了特许人的现金流通，保证有更多的资金投入研发；特许经营体系采购的规模经济有助于保证产品质量、服务的一致性，并加强对所提供产品的控制，同时减少了分销费用和生产费用；集中公共宣传资源，减少了广告宣传费用；由于受许人对分店拥有所有权，因此，在降低管理欺骗风险的同时，员工招聘、挑选、培训及当地库存控制和人事管理的费用也会相应减少。上述优点使得特许人能以更快的速度发展业务而不受通常的资金限制，以最低限度的再投资就能在分店获得高回报；再投资资源的增长使业务效益和效率更高，且存在最终成功回购特许加盟分店的机会。

第二，受许人更加积极肯干，有利于特许人事业的发展。受许人是加盟店真正的主人，加盟店经营的好坏与自身利益密切相关。或许他们中间有许多人拿出自己大半辈子的积蓄，投入特许经营事业，一旦破产则会"血本无归"，即使有些人是从银行中贷款投资的，但若无法归还，贷款时的抵押物也不得不赔进去，这是他们所不愿看到的结果。因此，特许经营加盟者工作起来非常勤奋、有责任心，他们在将自己的加盟店经营得有声有色的同时，也使得总部的事业、信誉与声望蒸蒸日上，从而达到了双赢的效果。

这种由于加盟商的加入带来的优势，增加了特许经营总部专业技术的有效性，便于加强研究和开发，更集中精力于变动的市场需求，更快地探索和使用新的想法和模式。国外许多特许经营总部均要求投资者必须亲自参与实践和管理，并在合同中明文规定，一旦发现加盟店经理是投资者聘用的，则立即取消其特许权。一些加盟总部甚至要求受许人从最基本的扫地、清洗等工作学起，凡事不论大小，都要亲力亲为，以此希望受许人能了解加盟特许经营并不像投资股票、房地产一样等着它自然升值，若想坐享其成，只能就此止步。

第三，特许人可以降低经营费用，集中精力提高企业管理水平。特许经营方式可以使加盟总部得到更多的经营优势。例如，随着加盟者的不断增多，集中采购商品的数量也增多，可以从供应商那里获得较多的折扣和优惠条件，付款期限也可以延长，从而降低了进货成本，进而可以降低商品售价，增强企业的竞争能力。另外，在特许经营中，加盟总部负责广告策划和实施，广告费用则由各加盟店分担，这实际上降低了加盟总部的广告宣传成本。而加盟总部给予加盟商的各项援助，包括监察费用等，都可以从各加盟店的营业额中抽取一定比例作为补偿，这实际上将一些管理费用分散给各加盟店来承担，相应降低了加盟总部的经营成本。

由于加盟总部无须处理各分店在日常经营中可能出现的各种问题，也无须处理每个分店可能出现的人事纠纷问题，因而可以集中精力改善经营管理，开发新产品，挖掘新货源，做好后勤工作。加盟总部可以从各分店获得市场需要的信息，及时对新产品外观、质量、性能等方面做出改进，反过来再将其推向市场，加快畅销产品的培养；加盟总部可以发现更加物美价廉的进货渠道，进一步降低进货成本；加盟总部可以研究改进商店设计、广告策划、商品陈列、操作规程、技术管理等一系列问题，使各分店保持统一形象，形成新特色，更好地吸引消费者。

第四，特许人可以获得政府支持，加快推行国际化发展战略。随着世界各国连锁业的不断发展，商业集中和垄断趋势逐渐加强，这种集中结果被各国政府视作有破坏自由竞争之嫌。例如，美国小企业管理局的一份报告指出：就零售业而言，其集中程度的提高，正是由于零售业中的不少行业（如餐饮业、食品业、百货业等）大力发展连锁商店所导致的。造成这种集中的基础是规模经济的提高，这又使零售业中 1～4 人的最小企业在竞争中大量倒闭、歇业或被兼并。

在这种情况下，许多政府已意识到保护中小企业的重要性，制定一系列措施，支持、鼓励自营连锁组织和特许加盟连锁组织的发展。特许经营比自营连锁更容易打开他国国门，实施国际化战略。在许多国家，尤其是发展中国家，其市场是逐渐向外开放的，往往对零售业、服务业等第三产业更为谨慎，外国资金要进入这些行业非常困难。而特许经营因为是一种无形资产的许可，并不涉及外资的进入，因而可以绕过壁垒，大张旗鼓地将事业发展到世界各地。如今，特许经营已经成为优秀企业在全球扩张的重要方式，而我国也已成为最受关注和最具发展潜力的目标市场。

第五，特许人可获得整体竞争优势。公众已经习惯了品牌店的质量水平和一致性。所谓的品牌店，指的是具有相同名字和装修风格的被公众认为是连锁店的企业。无论企业产品是优质还是一般，如果它能获得成功，那么成功的秘密可能在于它的一致性。因为，无论顾客在哪里，他们都会相信其在品牌店购物所获得的质量水平是一致的。这给新受许人打下了一个稳固的顾客基础。品牌化使其更易于同独立经营者甚至是其他特许店和非特许店竞争。此外，品牌认知的优势还延伸到全国范围。顾客看到拥有店铺网络的系统并且相信，每一家都会以相同水平的一致性承诺经营，即无论特许经营体系在哪里，所有分店都能提供相同的服务。

2. 品牌特许经营对受许人的优势

第一，受许人以较少的资本就能开展事业活动。在当今日趋激烈的竞争环境里，市场机会对一个小资本的独立创业者来说已越来越稀少。一个资金有限、缺乏经验的投资者要在高度饱和的市场环境中独立开创一份自己的事业是相当困难的。但投资者若选择一家实力雄厚、信誉度高的特许经营企业，并加盟其中，其成功的机会将大大增加。小投资者加盟特许经营网络后，可以从总部那里获得专家技术等方面的援助，这对于缺乏经验的创业者来说，是一条通往成功的捷径。

第二，受许人可以获得技术与管理的支持。对受许人的第二大优势是特许人提供的技术或管理支持。即使是一个没有在某一商业领域运作经验的人也可成为受许人，因为特许人会提供必要的指导来帮助其经营特许分店，包括在样板店进行现场培训。一旦受许人经营自己的特许经营分店，他就会得到后续的日常管理支持与协助，以及在经营过程中产生危机时的处理建议。

第三，受许人可以享受低成本的进货优势，并保证货源和质量。特许经营最大的优势主要体现在集中进货与配送上，由于加盟总部将众多分散的小零售商组织成一体，从总体上加大了规模，这就使得进货成本和库存成本的降低成为可能。加盟总部在集中进货时，由于进货批量大，与供应商谈判的周旋余地也大，因此可以获得较低的进货价格，从而降低进货成本，取得价格竞争优势。同时，由于各加盟店是有组织的，在进货上克服了独立商店那样的盲目性，加上总部配送快捷，所以加盟商能将商品库存降到最低限度，从而使得库存成本相应降低。

第四，受许人可以利用总部著名的商标或服务实现通赢。对于一个初涉商界的创业者来说，最头疼的问题就是不知如何提高自己的声誉，以吸引消费者，即所谓的"打响招牌"。在绝大多数情况下，加盟总部已经建立了良好的公众形象和高品质的商品服务，个体经营者若加盟了这些特许组织，就可以分享这些无形资产，使自己的知名度和信誉度随之提高。从消费者的角度来说，一般也会把加盟者的分店看成是某大集团下属的企业，从而增加信赖感。利用这种优势，受许人可以迅速巩固市场地位。

第五，受许人可以减少广告宣传费用，达到良好的宣传效果。个体经营者加盟特许组织后，广告宣传是由总部统一来做的，每个加盟店按一定比例向总部交纳一定的费用。总部经过策划后，采取联合行动，发布全国性广告，内容一致，影响力颇大，对广告商也有一定吸引力，有利于降低广告成本，各加盟店成员都能从中受益。事实上，特许经营网络的分店少则几十，多则成千上万，这些散落在全国各地甚至世界各地的分店就是最好的"活广告"，它们每天都在提醒着消费者其招牌的存在，各加盟店在无形中已经享受了这种宣传优势。

第六，受许人可获得特许人提供的质量控制标准。适当的管理和控制，能够帮助受许人在整个特许经营体系中保证产品或服务标准，从而取得建设性的积极成果。通过制定和保持高标准，特许人提供给受许人高质量的服务。质量控制标准对于展现一致形象、保证业务收益、维持雇员对工作的士气和自豪感，以及培养雇员的团队精神至关重要。

总之，品牌特许经营是一种智能型的商业组织形式。特许经营使特许人能够最充分地组合和利用自身的优势，并最大限度地吸纳广泛的社会资源，受许人则降低了创业风险与时间、资金等创业成本。

12.4.2 品牌特许经营的劣势

作为一种商业模式，品牌特许经营并不是解决营销难题的万灵药。使用他人资金进行业务扩张，毫无疑问是个非常好的主意，然而这个想法的实施有时也会困难重重。

1. 品牌特许经营对特许人的劣势

第一，受许人的独立性有时难以控制。受许人开展特许经营一段时间后，往往会产生两种情绪：一种是营业额较高，利润达到或超过预期，使受许人认为完全是自己的功劳，从而产生一种独立感；另一种就是受许人感到利润增长不如原来期望的那么高，因失望而产生不满情绪，进而不想继续做下去。对这两种情绪，总部都要谨慎处理，尽可能保持对受许人有效的控制和帮助。在这种情况下，良好的沟通是解决问题的重要途径。

第二，企业声誉和形象会受个别经营不好的加盟店的影响。在特许经营中，加盟总部与加盟店之间是互相依赖、互相影响的关系。总部的决策错误会使加盟店的利润和前途受损；同样，加盟店经营失败也会降低整个特许经营体系的声誉。若个别加盟店不按总部指导办事，随意更改总部的样板经营程序，或不倾其全力来经营这一事业，导致经营失败，这不仅使自己的经济受损，更重要的是损害总部声誉和形象。

第三，当发现加盟店店主不能胜任时，无法更换。加盟总部在挑选加盟者时一般是十分谨慎的，国外的特许组织总部往往愿意找产权明确、资金力量不雄厚、学历不太高、需要通过努力才能维持生意的中小生意人。然而，这种店主并不好找，一旦存在"滥竽充数"的现象，经营一段时间后发现店主不能胜任工作，总部无法更换，不能像直营店一样可以辞退后重新换人，这将影响事业的顺利发展。

2. 品牌特许经营对受许人的劣势

第一，品牌特许经营体系的无弹性。受许人加入特许经营组织后，其付出的最大代价是自由度受到限制，这可能会使投资者失去应变能力。同时，过分标准化的产品和服务既呆板且缺少新意，又不一定适合当地的情况。一般来说，受许人只能按照特许人已制定的程序来做，想要临时改变一些商品的售价或经营策略都很难，更不用说创新花样了。与此同时，加盟店所有的商品、设备、原料、加工品都是由总部分配的，几年如一日地提供同一种商品和服务，可能会对顾客越来越失去吸引力。

第二，容易受到特许人决策失误的牵连。虽然加入特许经营组织可以降低受许人的经营风险，但这并不意味着没有风险，因总部决策失误，导致特许经营失败的例子也有很多。由于加盟店的一切事务均由总部安排，所以一旦总部出现问题，或者支援上突然出现阻滞，加盟店便会大受牵连，无法应变。如果总部在制定有关企业革新的决策上出现失误，就会使整个特许经营体系遭受损失，甚至全盘失败，任何加盟店都无法独自逃脱。

第三，受到其他受许人不良表现的影响。如果特许人放松对特许经营体系的管理，体系中某些受许人的不良表现就会影响到其他受许人。受许人不仅受到对自己表现的评判，还受到根据其他受许人的表现做出的评判，表现不好的受许人也会损害其他受许人的形象。通常，对于拥有多家分店的特许经营企业，其顾客在遇到服务差或质量差的问题时，会责怪整个特许经营体系，而并非仅仅指责提供劣质服务或产品的分店。

第四，受许人要退出或转让将受到合同限制。在与特许人签订合同后，如果经营不太理想，或出于其他原因，受许人想中止合同，一般总部出于自身利益考虑不会轻易同意。如果受许人想将生意转卖给第三者，或者迁移他地，即使该店的土地和建筑物等都归受许人所有，也必须经过总部的批准。即使在契约终止后，如果受许人从事类似的商业活动，仍然会有若干的限制。

尽管品牌特许经营有诸多弊端，但它的好处依然是显而易见的，作为一个小资本的投资者，选择加盟特许经营组织仍不失为一个明智之举。然而，投资者必须充分认识到，任何事物都不是只有百利而无一害的，每一个投资者从进入特许经营组织的那一刻起，就走进了一个存在风险的世界。

关键术语

品牌特许经营（brand franchise）　　　　生产特许（production franchise）
特许人（franchiser）　　　　　　　　　　产品-商标特许（product-trademark franchise）
受许人（franchisee）　　　　　　　　　　经营模式特许（business format franchise）
知识产权（intellectual property）　　　　品牌特许经营体系（franchise system）

思考与练习

1. 品牌特许经营的一般原则有哪些？
2. 根据特许知识产权要素的不同组合，可以将特许经营划分为哪三种基本类型？这三种类型的特征分别是什么？
3. 详细说明品牌特许经营体系的运作原理，并举例介绍。
4. 介绍品牌特许经营体系的运作特点。
5. 论述品牌特许经营的优劣势。

思政融入点

品牌特许经营中的知识产权意识是当代大学生践行社会主义核心价值观的重要体现。本章通过介绍品牌的知识产权相关理论，并结合案例讨论，让学生能够重视知识产权保护，并从身边小事做起。例如，从小论文到毕业论文，从资料复印到日常生活，都要有版权意识，明白论文抄袭等行为不仅仅涉及学术道德，同时也涉嫌侵犯他人权利。

模拟实训

1. 找一个特许经营体系的实际案例，分析并总结该体系的特许经营类型及运营管理的基本情况和特点，并做出相应的评价。
2. 寻找一个动漫形象的具体实例，说明品牌特许经营是如何促进该动漫形象形成产业发展的。

案例分析

名创优品："投资型加盟"模式

在新零售和消费升级的大趋势下，名创优品的创始人叶国富敏锐地观察到，很多消费者无论是在线上还是在线下购物时，面对琳琅满目的产品经常不知道如何选择。因为品牌商和消费者之间存在天然的信息不对称性，加上线上的"竞价排名"和线下销售人员主推等"潜规则"，给消费者选择产品带来了巨大的"搜索阻力"。寻找一个新的场景让消费者不用思索可以进店直接购买，甚至是"闭着眼睛买"，这是叶国富的目标。经过对零售的观察和反思，最终他找到属于自己的答案——做"爆品"和好口碑的连锁门店。

在连锁政策上，名创优品采用直营、合作与加盟三种形式。其中，合作店双方1:1出资，共同开拓市场，共担风险，共享收益。而加盟店则采取"品牌使用费＋货品保证金制度＋次日分账"的形式，这样的合作方式既保证了店铺的统一高效运营，发挥加盟商在当地的资源优势，又让其作为投资人不用耗费心力经营，可以快速且明确地享受收益。与其他加盟方式不同，名创优品加盟模式的最大特点在于，加盟商除了首笔货款需要打给名创优品总部之外，之后的商品均由名创优品提供，加盟商不但不需要支付货款，还能收取前一天销售额的38%作为收益。也就是说，加盟名创优品，加盟商除了支付品牌使用费、租金、装修、首笔货款以及办理一些工商执照之外，剩下的店铺运营、人员招聘、商品供应均由名创优品提供。零售业都是"人""货""场"的优化组合，从这个层面理解名创优品的加盟模式，其实是借别人投资的"场"，用自己的"人"，卖自己的"货"，并将卖货产生的所有的毛利额都给了加盟商。这使得名创优品总部能够轻资产运作，蜕化为一家供应链公司，负责产品设计、系统开发和人员培训。名创优品的"投资型加盟"使其能够在短期内迅速做大规模，从而能够进一步集中采购和打造集约化供应链，这比大创生活馆的传统加盟策略要更为符合当前的中国国情。

任何一个连锁成功的核心在于效率和标准化，它能让消费者在任何一个门店享受到同样好的服务。在这方面，名创优品耗资3 000万元建设IT系统，通过在全国建设七大仓储设施来提高物流配送效率，依托系统这一强大后台，通过对资金流、物流、商品流、信息流的精准把控，大幅提升运营效率。此外，名创优品采用标准化的店铺运营模式，因为其产品本身"三高三低"的特质就自带流量，不需要过多的销售推荐，所以一线人员培训主要围绕迎宾、陈列、收银、清洁和防盗等职责来开展。同时，名创优品还特意成立了名创大学，制定便于复制的门店操作手册，比如先进先出、丰富饱满和"二指原则"（商品之间的缝隙容得下两根手指，既便于拿商品，又不会显得空旷），以及批量高效的复制人才，从而确保门店的服务和口碑。

在名创优品"速度和整合"的理念指导下，其通过一套新的合作商模式，通过代运营让加盟商省去经营的烦恼，且获取稳定的收益。同时，名创优品通过品牌背书，利用高效的商业模式整合供应商、合作商及消费者，实现快速扩张，并以战略视野开展全球化经营。由于商业模式的可复制性和全世界人民对优质低价产品的共同需求，加之产品的属性简单，名创优品快速开启国际化战略，目前已经遍布全球50多个国家，海外店铺在600家以上，成为中国企业全球化的典范。

资料来源：韩乾源《名创优品扩张背后：将"单店运营"思维转为"单客运营"思维》，https://www.pintu360.com/a56004.html。

问题：

1. 名创优品加盟模式的优点有哪些？
2. 请你以名创优品特许人的身份，撰写一份品牌特许经营操作手册大纲。
3. 试为名创优品及中国品牌特许经营实践提出你的建议。

第13章
品牌国际化

学习目标

在经济全球化加速推进的背景下，诸多跨国企业纷纷通过创建国际化品牌以获得全球市场竞争的主动权。然而，各国市场运作模式差异、国际市场竞争主体较多等诸多因素，会影响企业全球资源配置和利润分配。因此，企业应选择合适的品牌国际化模式，制定科学的品牌国际化决策。

通过本章的学习，应达到如下要求：
1. 了解品牌国际化的特征；
2. 掌握品牌国际化的意义；
3. 理解品牌国际化的模式选择和影响因素；
4. 辨析品牌国际化的实施战略和策略要领。

引导案例

小米：成为真正的全球化企业

2020年3月31日，小米集团公布了2019年全年业绩公告，各项业务逆势增长，超出市场预期，全年总收入突破2 000亿元，达到人民币2 058亿元，同比增长17.7%。经调整后净利润达到人民币115亿元，同比增长34.8%。境外市场收入突破百亿美元，达到人民币912亿元，并进入全球90多个国家和地区的市场，成为真正的全球化企业。

根据"2020年BrandZ中国全球化品牌50强"数据显示，小米的品牌国际化程度排名第五，在2020年《财富》世界500强企业榜中，小米位列全球422位，这个名次可能让不少人觉得意外，毕竟在国内手机市场，小米手机的销量还不如华为、OPPO和vivo，但近两年小米手机的国际化业务是国内企业中相对较成功的。实际上，小米的国际化最早可以追溯到2014年。时任小米全球副总裁的Hugo Barra担任国际化负责人，将首站设在新加坡。随后小米全球化分为几个阶段，先拿印度试点，然后进入东南亚，再到俄罗斯等国家，最后是欧洲。小米在不同地区的市场采取了迥异的市场策略，具体而言，在印度，小米复刻性价比的模式，毕竟"性价比"与新兴市场不谋而合。手机可以在当地进行组装，组装完成后直接在线销售。小米在财报中引用 IDC 的数据，2019 年第 4 季度，小米智能手机在印度连续十个季度保持出货量第一，当季市场份额约为 28.7%。在西欧，则采用完全不同的市场策略。小米手机采取直接进口的方式，并与长江和记实业组成全球策略联盟，将欧洲地区作为一个强运营商和强渠道的市场。Canalys 数据显示，2019 年第 4 季度，小米智能手机出货量在西欧市场同比增长 115.4%。其中，西班牙市场同比增长 65.7%，法国和意大利市场同比增长 69.9% 和 206.2%。国外硬件出货量提升，直接带动了 MIUI 用户数据的增长。2019 年第 4 季度末，MIUI 月活跃用户高达 3.1 亿人，同比增长 28%。其中有接近 2 亿人次来自非中国市场。而国外 MIUI 用户增长的同时也带动了互联网服务收入的增加。"包括我们提供的小米音乐、小米浏览器和小米信息流，每一个国家都在稳健拓展。"小米集团 CFO 周受资称。

资料来源：崔江《小米成为一家全球化企业，但还需在这三件事上持续发力》，https://new.qq.com/rain/a/20200331A0TLYB00。

13.1 品牌国际化概述

经过多年发展，为应对国际跨国公司的竞争，凭借卓越的品牌形象、优良的产品和服务，我国涌现了小米、华为、阿里巴巴、福耀玻璃等诸多著名国际性品牌。历史和现实都已经证明，世界市场竞争的核心是国际化品牌的竞争，国际化品牌的状况也是决定一个国家国际竞争力的重要因素。近些年，我国企业品牌得到了长足的发展，《全球最具价值品牌 500 强》显示，我国企业占了可观的席位，但值得注意的是，榜上有名的大多是国有企业，而民营企业较少，要想最终战胜跨国巨头，我国企业必须在产品质量和生产技术等方面，进一步保证卓越的品牌形象、优良的产品和服务，强化服务观念，巩固国际化品牌的发展。基于此，本章将介绍品牌国际化的内涵和意义、品牌国际化的基本模式，并阐述品牌国际化的战略和策略要领，以及应注意的相关问题。

13.1.1 品牌国际化的定义

品牌国际化（brand globalization），又称为品牌的国际化经营，是指将同一品牌以相同的名称（标志）、相同的包装、相同的广告策划等向不同的国家和区域进行延伸扩张，以此通过品牌的统一化和标准化经营来获取规模经济效益的一种品牌经营策略。

品牌国际化有不同的形式，最低级形式是产品的销售，即品牌商品的输出；较高级形式是资本的输出，即通过在品牌延伸国投资建厂达到品牌扩张的目的；最高级形式是通过无形资产输出，即签订商标使用许可合同等，实现品牌扩张的目的。另外，从全球经济发展趋势看，发达国家企业已经基本上完成了由商品输出到资本输出，再到品牌输出的过渡，而从国外品牌在我国的发展历程也可以清晰地看出这一趋势。首先，商品输出盛于改革开放初期，国外品牌在中国的发展主要采取直接销售方式，典型的如人头马、皮尔·卡丹等品牌。20 世纪 80 年代以后，其国际化方式逐步向投资建厂等资本输出的形式发展，而 20 世纪 90 年代中期以后，国外品牌在中国则更多地采取了品牌输出方式，典型的如可口可乐、索尼和雀巢等品牌，品牌输出方式是风险最小、回报高、最理想的方式。再者，从世界著名品牌的发展过程看，往往是企业在本国国内竞争趋于激烈且无法获得持续性发展时，转向开拓国际市场，寻求新的发展空间。参与国际竞争的企业在国际市场中，遇到新的竞争对手和新的消费者，会逐渐有意识地注意到自身品牌形象，并且展开品牌国际化的实施策略。如从 20 世纪 70 年代开始，随着日本企业在其国内市场竞争的加剧，日本企业不断向国外发展，各类品牌也不断渗透到欧美发达国家乃至世界各地。经过日本企业的不懈努力，一大批日本品牌出现在世界各地，消费者逐步认识并接受日本品牌，在汽车、电子、家电等行业，日本的丰田、本田、索尼、松下、东芝等都已经成了家喻户晓的全球品牌。

13.1.2 品牌国际化程度的度量

品牌国际化是一个历史过程，不可能一蹴而就。在品牌国际化程度的衡量方面，有学者提出以下几点主要内容。

1. 以企业产品外销的比重度量

国外销售额占全部销售额的比重越高，该品牌的国际化程度就越高，反之，国外销售额占全部销售额的比重越低，该品牌的国际化程度就越低。据知名调研机构 Canalys 发布的数据显示，2019 年度我国国产手机品牌国外市场份额提升最多的是 vivo，其所占市场份额虽然仅有 4%，但是同比增长幅度却达到 1 190%，相比 2018 年同期翻了 12 倍。仅从增长的数据可知，vivo 如今在国外市场的表现较为出色，并深受国外用户的青睐，vivo 的品牌国际化程度也得到较大深化。

2. 以品牌在全球的知名度度量

作为衡量品牌在消费者心中认识程度的一个重要指标，品牌认知度的高低在一定程度上反映了企业品牌的国际化程度。有些公司虽然在国外的销售额较大，但其品牌的全球知名度却较低。例如，2019 年，世界品牌实验室（World Brand Lab）编制的《世界最具影响力的 100 个品牌》显示，谷歌荣登榜首，亚马逊退居第二，美国电话电报名列第五，麦当劳名列第六。麦当劳虽然在国外的销售额占总销售额的比重低于美国电话电报，但其知名度和认知率却远远超过了后者，由此可知，麦当劳的品牌国际化程度较高。

3. 以品牌国际化的区域分布度量

有些国际化品牌虽然具有较高的国外销售额，但是其销售分布却相当有限。例如，中国有很多企业虽然每年的产品出口量很大，但绝大部分局限在第三世界国家，而面向欧美地区的出口额却很少，因此这类品牌也只是处于国际化的初级阶段。例如，奥维云网（AVC）的《2017年大陆手机出口月度数据报告》数据显示，传音手机的第一季度出口量达 2 740 万台，在国产手机中位列首位，但是其绝大多数国外市场位于非洲地区，在欧美地区市场却难觅身影。由此看来，品牌的国际化发展不仅要求走出国门，还要求在国际市场上广泛地参与竞争。

4. 以资源的国际化程度度量

品牌国际化随着进程的深入，必须逐步向资源尤其是人力资源国际化方向迈进。资源的国际化主要指品牌运营所需的资本、劳动力和原材料等资源实现本土化的程度。随着全球经济一体化进程的不断深入，各国之间的经济技术联系不断加强，品牌本土化运营几乎成为所有跨国公司的必然选择。典型的如雀巢公司，其品牌本土化运营的情况非常突出。在许多国家，雀巢连一美元的投资也没有，其所投入的只是雀巢这个品牌的使用许可权，以及雀巢的管理和经营经验，而资本和厂房设备等投入全部由所在国的合资方解决。与此同时，人力资源国际化是品牌国际化的最高层次，企业雇员尤其是高层雇员中外籍人员的比例越大，外籍人员的来源分布越广，该品牌的国际化程度越高；相反，该品牌的国际化程度就越低。华为创始人任正非指出，外国科学家是华为成功必不可少的部分，华为要学习美国以吸引全世界的科学家到公司。

13.1.3　品牌国际化的意义

1. 促进生产与流通的规模经济

从供应方面来看，品牌国际化传播能继续产生大量生产和大量流通的规模效应，降低成本，提高生产效率。由经验曲线可知，随着累计产量的增加，生产制造成本会有所下降，品牌国际化能促进产品的生产和销售，带来生产和流通的规模经济。

2. 降低营销成本

品牌全球化的实施可以体现为在产品包装、广告宣传、促销以及其他营销活动方面开展统一的活动，从而降低营销成本。如果在各国实施统一的品牌化行为，降低营销成本的潜力则更大。实施全球品牌战略是降低营销成本最有效的一种手段。

3. 扩大市场影响范围

国际化品牌无疑在向世界各地的消费者传达一种有关可靠性的信息：品牌产品能在全球畅销本身就说明该品牌具有强大的技术能力或专业能力，质量可靠、服务完善，并能给顾客带来便利。

4. 促进知识的迅速传播

无论是在企业的研发、制造还是营销方面，品牌国际化过程能够促使品牌在一个国家产生的良好构想，并迅速且广泛地被其他国家吸收或利用。因此，品牌国际化可以通过在全球范围内新知识的繁衍，最大限度地利用企业现有资源，不断促进品牌的改进，从而提高企业整体的竞争力。

13.2 品牌国际化的模式选择

标准化的全球营销方案会导致品牌营销活动缺乏创意、效率低下；而本土化定制的营销策略又使得品牌营销成本急剧上升，面临更大的经营风险。由于在不同国家将营销方案标准化到何种程度会对营销的结果和流程产生深远影响，因此，在许多情况下，其是品牌国际化开展全球营销的根本问题。

13.2.1 品牌国际化的基本模式

1. 标准国际化

标准国际化（standard internationalization）的特点是，在所有的营销组合要素中除了必要的战术调整外，对产品、包装、广告策划等其余要素均实行统一化和标准化。这种模式强调一致性和统筹规划，以便于企业的集中管理和操作，有利于保持营销战略实施上的全球连续性，并给世界各地的消费者以稳定安全的形象认知，增强品牌定位的准确性和品牌的凝聚力。然而，需要注意的是，因全球需求存在区域差异性，故其营销组合的制定与实施相对困难，有时甚至会出现与当地文化相冲突的情况。实践表明，标准国际化营销只适用于某些产品品牌，例如，高档耐用消费品宝马、奔驰等，具有较好形象的非耐用品可口可乐等，高层次的全球服务项目美国运通金卡等。另外，实行标准国际化应具有充分的根据：首先，交通、通信工具的现代化使各国之间在地理和文化上的差距逐步缩小；其次，经济全球化使跨国公司逐步消除国别色彩；最后，国际市场的统一化形成了全球消费品市场的趋同倾向，生活在不同国家的居民更乐于接受相同的产品和生活方式。这类品牌约占品牌总数的25%。

2. 标准本土化

标准本土化（standard localization）是全球化程度最低的品牌国际化策略。在国际化策略实施的过程中，所有营销组合要素的出台都要充分考虑所在国的文化习俗，并根据当地市场情况加以适当的调整。这类策略主要适用于食品和日化行业。例如，在欧洲市场上销售得非常好的Playtex内衣品牌，在意大利的产品设计实施标准化，即产品的含棉量要高于其他国家的产品。另外，其品牌名称在不同的国家也不相同，在法国称为Coeur Croise，在西班牙则是Crusa-doMagico。这家公司生产的另外一种无钢圈内衣同样如此，在美国的品牌名称是Wow，到了法国则变成了Armagigues。这类品牌约占品牌总数的16%。

3. 模拟国际化

模拟国际化（simulation internationalization）是指除了品牌形象和品牌定位等实行全球统一化以外，产品、包装、广告策划等其他要素都要根据当地市场的具体情况加以调整，以提高品牌对该市场的适应性。从行业来看，比较典型的是汽车行业。例如，欧宝汽车在欧洲的销售量很大，但是除了品牌标志、品牌个性等至关重要的要素以外，其从产品的设计到价格的制定，基本都实行本土化策略。换而言之，生产什么款式、出售什么价格等事务则全部由通用汽车公司设在欧洲的子公司决定，总公司不予干预。模拟国际化是介于标准国际化和标准本土化中间的模式类型，采用这类模式的品牌约占品牌总数的27%。

4. 体制决定型

体制决定型（system determined）的国际化品牌策略，是指受制度因素的影响，产品的设计、传播沟通、销售服务等营销相关活动必须遵守所在地的规章制度要求，企业只能在规章制度约束的框架下制定品牌营销策略。根据制度理论，体制决定型的品牌全球化策略受三个方面因素的影响。第一，所在地产品相关的法律及规章制度。如在信仰伊斯兰教的国家，食品经营企业严禁销售猪肉制品和酒精饮品，跨国食品公司在从事品牌经营时必须遵守相关法律。第二，所在地产品经营的行业规范，这是除法律规定外所有经营企业对于产品标准形成的共识或约定俗成。如对于奶粉产品，除达到国家层面的标准要求外，还要达到行业标准，且一些国家的行业标准甚至高于国家标准，这样可以起到提高进入壁垒的作用。对于外来品牌进入者而言，品牌策略需要遵守行业规范。第三，所在地的文化价值观。它对于消费决策有着重要影响，如在消费者环保意识较强的地区，产品的过度包装有可能引起消费者的抵制，因此品牌国际化策略需要遵循当地消费者的文化价值观。这类品牌约占品牌总数的32%。

13.2.2 品牌国际化模式选择的影响因素

企业进行品牌国际化模式选择时，既要考虑企业本身的资源状况，还要分析企业的市场环境状况，这些因素对企业的品牌国际化模式选择有重要的影响。品牌国际化模式选择面临诸多方面的挑战，应主要考虑以下影响因素。

1. 企业所在行业的特征

在品牌全球化过程中，企业所属行业的行业特征对企业品牌全球化模式的选择有重要的影响。产品消费受文化差异影响比较大的行业不宜采用"标准"全球化模式；相反，产品消费受文化差异影响相对较小的行业，其品牌全球化模式就更倾向于采用"标准"全球化模式。让·诺尔·卡菲勒对欧洲企业的品牌全球化模式进行了实证研究，发现企业所在行业对品牌的全球化模式有明显的影响（见表13-1）。

表 13-1　企业所在行业与全球品牌标准化程度调查

行业	欧洲市场（%）	本地市场（%）	本国市场（%）
奢侈品	64	28	8
化妆品	61	30.3	8.7
洗涤剂	53.8	30.8	15.4
饮料	40	30	30
轻纺	39.1	39.1	21.8
汽车	35	35	30
服务	28.6	21.4	50
食品	23.5	50	26.5
咨询	25	16.7	58.3
总计	40	34	26

在所有被调查的欧洲品牌中，有40%的企业在欧洲使用共同的营销组合，34%的企业根据欧洲不同地区的环境状况调整营销组合，26%的企业在不同国家采用不同的营销组合。从调查所涉及的行业情况来看，食品行业品牌在全球化过程中采用标准化的最少，只有23.5%，其原因是食品行业需要根据不同地区的消费习惯来实施品牌国际化战略。相反，奢侈品、化妆品最容易实施标准化策略，其根本原因是世界各国对该种类型产品的需求动机基本一致，如在全球范围内，人们购买化妆品的动机不外乎抗衰老、防晒、治疗痤疮、保湿等。

2. 企业所在国家的经营传统

让·诺尔·卡菲勒对210名欧洲品牌经理的访问结果表明，欧洲企业品牌的国际化战略类型与企业所在国有密切关系（见表13-2），如拉美国家与盎格鲁－撒克逊国家（如德国、英国）企业的品牌国际化战略有明显差别，意大利、法国企业在实施品牌国际化的过程中更倾向于采用本土化战略。

表 13-2　国家对品牌国际化的影响

国家	本土化（%）	标准化（%）	没反应（%）
德国	4.5	95.5	—
英国	5.3	94.7	—
日本	—	85.7	14.3
瑞士	20	80	—
美国	5.7	77.2	17.1
法国	24	69	7
意大利	30	60	10
总计	12.9	81	6.1

3. 本国与目标市场国的市场环境差异程度

本国与目标市场国的市场环境，如国家法律、行政法规和市场竞争环境等差别越大，不同文化背景下的消费者的消费习惯、生活方式、能力素质、购买力等差距越大，企业进行营销策略调整的必要性就越大。让·诺尔·卡菲勒通过研究发现，不同的市场因素对品牌国际化模式的影响不同（见表13-3），如55%的品牌经理认为，在品牌国际化过程中应根据不同国家的法律对品牌策略进行适当的调整。对于市场竞争环境而言，这一比例为47%；而对于消费者的年龄差异来说，这一比例仅为12%。

表 13-3 市场环境因素对品牌国际化战略的影响

差异类别	必要调节（%）	差异类别	必要调节（%）
法律差异	55	市场竞争环境	47
消费习惯	41	消费结构	39
品牌意识	38	品牌销售水平	37
媒体观众	37	市场营销成功率	34
消费者需求	33	媒体	32
品牌形象	30.5	产品生产模式	27.5
品牌历史	25.2	消费者的年龄差异	12

4. 企业本身的品牌管理能力

由于品牌本身包含诸多构成要素，不同要素的国际化难度存在较大差别，因此，具有较高的品牌管理能力和较丰富的国际市场开拓经验的企业，可以尝试从企业形象标识体系建设、产品质量和服务质量提升等具有较大国际化难度的品牌构成要素入手，打造一流的企业文化，培育良好的国际形象，以开拓国际市场。相反，具有较低的品牌管理能力和较少的国际市场开拓经验的企业，可以采用先突破某个国外市场等较为容易的品牌国际化模式，以便分阶段地开拓国际市场。

13.3 品牌国际化策略与战略

著名学者凯文·莱恩·凯勒指出，品牌的国际化经营状况是由一系列决策决定的，包括进入哪些市场，如何进入市场，确定什么营销活动等方面，以实现跨越区域和文化的隔阂，为消费者建立统一的品牌形象。基于此，本节从品牌命名和沟通等品牌国际化策略，以及国际市场进入路径与进入方案等品牌国际化战略的角度，剖析品牌国际化的实施要领。

13.3.1 品牌国际化策略要领

品牌国际化策略主要体现在品牌进驻国际市场的微观层面，其主要目的在于树立品牌的良好形象和扩大品牌影响力，品牌国际化策略实施效果的好坏将直接影响其品牌国际化道路的总体布局。品牌国际化策略要领包含以下两方面。

1. 品牌命名策略

一个良好的品牌名称是品牌国际化成功的先决条件之一。在品牌命名的过程中，既要注重保留原品牌名称的精华，又要符合本土消费者对品牌的期望，融入当地的审美情趣和文化习惯。因此，品牌名称在步入全球市场，翻译成外文时，必须兼顾外国消费者的文化背景、生活习惯和审美心理，注意当地的民族禁忌。按照国际惯例，出口商品包装上的文字说明应该使用目标市场国家的语言，以期被广大消费者理解和接受。例如，我国生产的芳芳牌爽身粉，出口时用汉语拼音"FangFang"做商标名，却不知道英文"Fang"一词的意思是"毒蛇牙、狗牙"，这使得英语国家的消费者对这种儿童爽身粉感到恐惧。又如，我国某企业曾向意大利市场出口了一批"White Elephant"（白象）牌电池，结果久销不动。后来经咨询才了解到白象虽然在泰国、印度等国被当作神物看待，但"白象"在西欧却代表累赘而无用的东西。一些要求严格的国家甚至对包装上应使用的文字都做出了法律规定。因此，在品牌名称翻译的过程中，我们应选择音译和意译等多种翻译方式相结合的方法，而不能简单地翻译了事。例如，我国生产的蓝天牌牙膏在东南亚地区很受欢迎，但是在美国市场却碰了钉子，这是因为"蓝天"被译成"Blue Sky"，是"不能兑现的证券"的意思，很不讨美国人的喜欢。又如，我国的"帆船"地毯，起初被译为"Junk"，产品在国外市场却无人问津，原因是"Junk"除了有"帆船"的意思外，还有"垃圾、破烂"的意思，后来改名为"Junco"才渐有起色。因此，无论使用哪一种翻译方法，都要充分考虑目标市场消费者的语言习惯，以消除沟通障碍、传达原品牌核心价值观，这样才能实现最优效果。

品牌案例 13-1

从"麦当劳"到"金拱门"：本土化换标策略

麦当劳（中国）有限公司已于 2017 年 10 月 12 日，正式更名为金拱门（中国）有限公司。全国各个地区的麦当劳分公司也已经陆续用"金拱门"替代原来名字中的"麦当劳"。更名一事，与麦当劳在华的业务变更有关。2017 年 1 月，中信、凯雷以 20.8 亿美元收购了麦当劳在中国内地和中国香港的业务，同年 8 月正式完成业务交割，并成立了新的中国麦当劳。

品牌改名是一个重要的公关事件，正式宣布之后，应该迅速通过"公关＋广告"的传播方式增加新名字的曝光度，让消费者重新认识品牌，再重新认可你的业务，这虽然是一个漫长的过程，但必须要快速行动，向消费者进行充分和多次的解释。例如，麦当劳在社交媒体上开始大张旗鼓地"寻亲"——那些名字里带金的人。2018 年 12 月 26 日，凡

> 是名字里有"金"或是有"金"字偏旁的人，带上身份证购买它的新产品"金拱门桶"，就能得到同样产品的兑换券——买一送一。为此麦当劳还专门制作了一个《1226 黄金桶》视频："金桶在你身边，金桶因你而动。近日，北京、上海、南京、武汉等城市报纸上的一张特殊寻亲启示引发了全社会高度关注，以此推广全新产品金拱门桶。"对于麦当劳来说，无论是金拱门、巨无霸和薯条，还是黄色 M 的 Logo，都是它极具辨识度的商业符号，也是在营销中可以利用的品牌资产。
>
> 资料来源：马越《麦当劳开了间理发店，只能剪"金拱门"造型》，https://www.jiemian.com/article/5407320.html。

2. 品牌沟通策略

品牌沟通策略即品牌传播策略，是连接品牌与消费者的桥梁。品牌沟通的切入点是通过企业信息的传播，从而影响消费者对品牌的意识观念，建立消费者对企业品牌的情感偏好。企业通过传播媒介传递品牌价值理念、企业文化等相关信息，以本土消费者所能接受的方式进行品牌传播，是品牌国际化拓展成功的关键因素。一个品牌能否在国际市场上赢得竞争优势，很重要的一个方面就是企业能否进行有效的品牌传播。从具体操作层面看，品牌实施本土化的沟通模式主要有以下几种。

第一，广告沟通。广告在生活中无处不在，是品牌与全球消费者进行沟通的基本方式之一。由于简短易记，所以广告能被广泛运用于电视、广播、户外路牌等各种媒介，并深入渗透到消费者生活中的每个环节，是品牌进行国际化扩张必不可少的沟通方式。例如，可口可乐公司在广告营销中体现了强烈的本土化倾向，"家庭""集体"等典型的中国传统文化价值观在中国广告中频频出现，而在美国广告中则极少出现，在以年轻人恋爱为主题的广告中，美国广告侧重于对性感模特的描写，而中国广告则重点渲染浪漫的爱情意境。此外，在广告中以本土知名人士作为品牌代言人，有助于企业在当地树立品牌领导作用，激发消费群体的购买欲望。

第二，事件传播。在品牌国际化的过程中，通过借助某些有利时机开展有积极影响力的公关活动，如通过主办和赞助本土赛事，可以树立该品牌的旗帜作用、提升品牌价值。例如，2003 年，在中国"第一宇航员"杨利伟返回地球的同时，蒙牛牛奶配合着身穿宇航服的人物模型和其他各种醒目的航天宣传标志，以"中国航天员专用牛奶"的标语引起了众多消费者的关注。一时之间，蒙牛利用中国载人飞船成功返航这一喜人事件在全球范围内进行了新闻事件营销。

第三，文化渗透。品牌未到，文化渗透先行，这是许多品牌进行国际化传播的方式。比如在影视作品中输出本国的文化，以引起目标市场国消费者的共鸣，进而追逐该国的品牌。例如，韩国电视剧《大长今》《加油！金顺》《人鱼小姐》等悄然影响着国人的消费心理，许多商家乘机搭上"韩流"快车，推出各种"哈韩"商品。随着《大长今》的热播，在中国各地引发了"食疗热"，特别是北京、上海、广州、深圳等大中城市的韩式料理餐馆，犹如雨后春笋般涌现；韩式美容更是受到中国女性的青睐，百货商场纷纷引进韩国化妆品。据了解，韩国兰芝化妆品在某城市各化妆品销售排名中位列第七位，日均销售额过万元；为跟"韩流"搭边，某市区一美容院特意邀请了曾为韩国影星河莉秀整容过的大夫做院长，营业两个月来已为 50 多位客户提供了"变脸"服务。各种韩国元素通过韩剧潜移默化地影响了中国消费者的消费习惯，使得韩国品牌在我国长驱直入。

13.3.2 品牌国际化战略要领

品牌国际化战略是继实施品牌命名和沟通策略后，开展国际市场进入路径和方式战略的重要步骤，主要包含如下要领。

1. 品牌国际化进入路径战略

品牌全球化首先应将国家发展程度和品牌相对优势作为两个维度，以此决定品牌进入哪些国家和地区。国家发展程度可以分为三个层次：第一个层次以欧、美、日等发达国家和地区为代表；第二个层次以东欧、南亚与南非等发展中国家和地区为代表；第三个层次以第三世界等欠发达国家和地区为代表。而将品牌推入国际市场有三个路径选择。

第一，先进入发达国家。一方面，先进入发达国家的路径存在不可忽略的难度。发达国家市场的国际性品牌众多且实力强，有些品牌已经营几十年甚至上百年，其在市场与消费者心目中的地位非常稳固。另外，发达国家的消费者对于服务的品质与产品的质量要求也是最高的，且消费行为与心态都相对成熟，可选择的品牌较多，需求也都能得到满足。因此，外来品牌先进入发达国家的门槛相对较高。但是，另一方面，先进入发达国家的路径也具有独特优势。发达国家市场往往规模庞大，已有一定的竞争规则且消费习惯成熟，能促使品牌顺势把产品推向全世界，品牌信誉和形象能较快地被全世界接受，产生可观的全球经济利益。

第二，先进入发展中国家。发展中国家大都没有较多的本土国际化品牌，跨国公司大都经营的是大型的外来品牌，发展中国家消费者的消费水平和忠诚度也普遍较低。例如，海尔为积累国外生产经验，选择先在亚洲发展中国家（如印度尼西亚、菲律宾、巴基斯坦等国）办厂，然后进攻成熟的美国市场。海尔集团 CEO 张瑞敏指出，在亚洲投资都是为进入欧美市场而练兵。尤其是菲律宾作为英语国家，受美国文化影响较深，在菲律宾市场积累的许多经验都可用于美国市场。因此，选择先进入发展中国家市场，在建立信心后再进攻发达国家，该路径的市场经营风险和投入成本较小。

第三，先进入欠发达国家。由于欠发达国家的市场竞争程度较低，进入门槛相对较低，消费者的消费行为模式与品牌概念较弱，对产品质量的要求也相对较低，因此品牌相对投资有限。然而欠发达国家的市场体制不完善，政治、社会、经济等风险较高，且经济欠发达，因此市场规模有限。若选择先进入欠发达国家，则市场比较容易进入，代价较低，费时也较短。然而在欠发达国家建立的品牌信誉与形象很难扩散到其他发达国家，因此先进入欠发达国家市场的战略只可累积品牌国际化的经验与信心。

2. 品牌国际化进入方式战略

品牌国际化是随着企业经营的国际化向全球市场扩张，企业国际经营市场化有几个不同的阶段与方式，一般是指从间接性的产品出口、直接性的产品出口、许可合同、合资经营到直接投资等几个阶段。而品牌进入国际市场的方式也有多个选择。

第一，随产品或服务向国际市场输出。品牌在国际市场中最初级和最普遍的出现方式是随着产品的国际贸易出口而进入国际市场。然而，由于仅通过国际贸易的方式来实现品牌输出只是品牌国际化阶段性的初级形式，企业无法掌控品牌在消费者心目中的形象与认知价值，因此这对品牌的长远发展是危险的。较典型的如中国电机，虽然我国电动工具出口量已占世界电动工具销售的70%，但利润仅为销售收入的10%。其主要症结在于品牌输出、销售渠道和售后服务网络均没有实现自主掌握，而自主的品牌输出又没有终极市场。因此，要使品牌获得高度的认同，建立品牌信心、品牌忠诚甚至品牌依赖，就必须扎根于目标市场。

第二，收购及兼并东道国现有品牌。首先，有利于企业迅速地进入国外市场，建立国外产销据点，以帮助企业迅速获得现成的管理人员、技术人员和营销人员。其次，有利于企业扩大产品种类和获得专业技术，尤其是收购发达国家的品牌可以获得先进的营销技术和专利权，同时拥有优良的品牌形象与品牌资产。最后，能够利用被收购方在目标市场上的销售渠道，在当地市场上迅速占有一席之地。与单纯输出自创品牌相比，运用资本力量收购拓展品牌不仅减少了财力和精力的投入，还能免受当地市场中各种竞争力量的排挤。采用这种方式最成功的例子是联合利华，在其全球的4 000多个品牌中，大部分是通过并购本地品牌且推广到世界各地，从而提升为国际品牌的。通过并购，企业可以实现业务全球化，达到多元化经营的目标，进而有效地降低经营风险，同时帮助企业寻找较合适的切入点，增加经营成功的机会。当然这也要看被收购品牌的品牌文化是否能融入收购企业的企业文化。若不能融入，就会造成管理上的困境。文化改造也不是一蹴而就的，因此收购品牌失败的概率通常较大。

第三，品牌联合。品牌联合能促进品牌所有者迅速打入新的市场。新的市场可能是品牌所有者察觉自身没有能力进入的新区域，即使是大品牌所有者，也有可能发现进入不熟悉的市场所面临的挑战令人生畏，也会谋求一个当地知名品牌的支持以使成功机会最大化。通过达成品牌联合协议，企业可以实现进入一个新市场或领域所需要的花费最小化。例如，安踏与美国国家航空航天局NASA联名的御空之作和漫威系列联名潮鞋，以及与可口可乐品牌联合推出的氢跑鞋，助力安踏进一步地打开了国外市场。另外，品牌联合还提供了一种方法来克服进入新国家的非财物性障碍，例如，在法律限制经营者注册数量的地方，或是进行特种商业活动需要计划许可的地方等。品牌联合最主要的吸引力是降低了企业进入新市场的风险，且不一定降低回报。但是，品牌联合存在一些缺点，例如，相互合作的品牌企业文化不兼容、合作伙伴品牌的重新定位困难、合作伙伴的财务状况多变、丧失品牌特征独有性等问题。

第四，品牌特许使用。品牌特许使用是指通过对品牌的特许使用，即通过签订商标使用许可合同等方式，获取品牌收益。许可合同交易是介入国际营销的最简单的形式。许可方与国外受许可方达成协议，向受许可方提供生产制造技术的使用权、商标权、专利使用权、商业秘密或其他有价值的项目，从而获取费用收入或提成。采用这种方式的许可方不用冒太大风险即可打入国外市场，受许可方也能获得成熟的生产技术、生产名牌的产品或使用名牌的商标。公司许可合同交易有管理合同、合同制造与特许经营等多种方法。其中，**特许经营**（franchise）是一种较完整的许可形式，许可方向受许可方提供一个完整的品牌观念和操作系统，而受许可方参与投资和支付费用给许可方作为回报，如麦当劳、肯德基等都是通过特许经营的方式将品牌推向国际市场的。但是，品牌特许经营的方式也存在一些潜在的不利因素，即企业对受许可方的控制较少，有可能影响品牌的形象与声誉。另外，如果受许可方经营得很成功，许可方就会丧失唾手可得的利润，一旦合同期满或终止，也可能直接与这些被自己培养且熟知自身品牌操作模式的受许可方在市场上展开竞争。

第五，直接投资。直接投资指企业通过股份控制，例如全股子公司、分公司、合营子公司等方式，对东道国直接投资，直接参与东道国市场的产品生产，并对企业的经营管理、品牌运作拥有直接控制权，以达到品牌创建或扩展的目的。直接在东道国进行品牌投资是国际经营活动的高级形式，也是企业品牌国际化成熟的标志，因为企业可以直接贴近当地市场的环境、文化与消费者，将品牌深度植入消费者的心智中。但是，由于国内外环境存在差异，因此，直接投资的风险也不可忽视。例如，福耀玻璃工业集团在美国俄亥俄州成立了全球最大的汽车玻璃单体工厂，由于美国制造业的产业链不完备、人力成本过高、安全规范繁多等因素，因此，其在2017年上半年的净利润亏损为1 044.10万美元，距之前设定的2亿美元目标相去甚远。

| 品牌案例 13-2 |

TikTok：抖音的国际化之路

在2020年的"新冠肺炎"疫情中，抖音的海外版TikTok一跃成为最受瞩目的应用程序之一，TikTok是中国北京字节跳动科技公司（以下简称"字节跳动"）针对海外市场推出的短视频分享应用程序。在抖音探索中国市场时，中国市场和全球市场的短视频竞争变得越来越激烈，抖音在中国的最大竞争对手快手（国际版名称为Kwai）已经开始向海外市场扩张，Musical.ly在获得北美和欧洲的统治地位后，开始进入中国市场。在此背景下，抖音于2017年8月推出了抖音国际版"TikTok"。

字节跳动创始人张一鸣表示，国际化战略符合字节跳动的使命：构建全球创造和互动平台。TikTok在不同市场中保留了抖音的基本功能，又根据具体市场的不同风格增加了一些独有的特点,例如,TikTok 在临近当地节日时推出与节日有关的话题挑战,并为当地用户提供有当地特色的贴纸和效果。其中,东南亚市场前景最为广阔,东南亚人民的平均年龄为 28.8 岁,愿意在社交媒体上花费大量时间,并且渴望表达自己,乐意与家人、朋友分享。然而,截至 2017 年,大多数东南亚国家仍没有流行的短视频应用,Kwai 在 2016 年的市场进入并没有获得成功。从 2017 年 7 月开始,TikTok 在东南亚市场利用名人效应和切合当地习俗的策略进行全面推广。2018 年 3 月,其下载量已经遥遥领先其他短视频程序。

在日本,短视频市场大部分被 Facebook、Snapchat 和 Youtube 等网络巨头瓜分,然而,这些巨头并没有专注于短视频市场,这为 TikTok 提供了难得的机会。但是,在具有独特文化且经常戴着"有色眼镜"看待中国公司的日本市场,TikTok 面临巨大挑战。在最初的六个月里,其运营团队的每位成员都承担着拉拢具有网络影响力的名人的任务,其中,木下优树菜是 TikTok 签约的第一位名人,双方进行了多达七轮的讨论才最终达成协议。此外,针对日本强大的校园文化和尊重相似性文化,TikTok 推出了各种系列话题,并成功打开日本市场。

在 TikTok 进入北美之前,Musical.ly 已经成为美国最受欢迎的短视频应用。这个由中国企业家朱骏和阳陆育在中国上海推出的短视频应用,自 2014 年 8 月推出以来就在美国青少年中尤其受欢迎,之后,Musical.ly 决定主要专注于美国市场。2017 年,Musical.ly 尝试使用"Muse"的名字进入亚洲市场但并未取得成功。之后,字节跳动决定以收购 Musical.ly 的方式进军美国市场,此次收购于 2017 年 11 月以 10 亿美元达成协议,收购完成后,Musical.ly 继续作为独立平台运营。

资料来源:毅伟商学院案例分析《TikTok:抖音的国际化之路》。

关键术语

品牌国际化(brand globalization)　　　模拟国际化(simulation internationalization)
标准国际化(standard internationalization)　　体制决定型(system determined)
标准本土化(standard localization)　　　特许经营(franchise)

思考与练习

1. 品牌国际化有哪些重要意义?
2. 根据品牌国际化程度,有哪几种度量方式?这些方式各有哪些特点?

3. 基于标准国际化，其品牌国际化模式有哪些优缺点？
4. 体制决定型的品牌国际化策略受哪三个方面因素的影响？
5. 分别介绍品牌国际化进入路径战略和进入方式战略的主要内容。
6. 国际化品牌命名策略有哪些注意事项？

思政融入点

习近平总书记多次强调，要讲好中国故事、传播好中国声音。讲故事是国际传播的最佳方式之一。品牌国际化是讲好中国故事，传播中国文化的重要载体。通过国内品牌国际化的案例撰写和分析，可以强化学生对中国品牌的文化认同和文化自信。

模拟实训

1. 选择一个本土国际化品牌，以其品牌命名或其他关键性事件等品牌国际化战略为例，结合本章所介绍的知识，分析其品牌国际化发展过程中的成功经验或者失败教训。
2. 选取2~3个本土国际化品牌，分别从品牌国际化模式、国际化战略等方面，对比分析各自品牌国际化进程的特征，并为各自的发展提出有针对性的建议。

案例分析

破茧成蝶："中国李宁"登上国际舞台

在之前很长的时间里，"李宁"一直被消费者公认为运动品牌里较为平价的品牌。虽然不是指李宁的东西不好，但就是觉得差了点什么，没有高大上的气场。尤其是对于年轻消费者而言，相比于阿迪达斯、耐克等国际大牌，国产运动鞋一般会显得"很廉价、很low"。但是，2018年的李宁却完完全全蜕变了！"李宁"在将名字改为"中国李宁"而登上国际舞台后，对品牌打造有了全新的概念，在风格上添加了诸多时尚的元素，也更加的青春潮流，一跃成为新的"中国潮牌"。

2018年2月，李宁以"悟道"为主题，带着自家的鞋服产品，出现在纽约时装周2018秋冬秀场，成为国内第一家亮相纽约时装周的运动品牌。每一套运动款式和中国文化造型都让网友惊呼"李宁变了"，瞬间成为国内各大社交网络的焦点，与此同时，李宁在其电商平台上线发售的T台同款产品，也瞬间被一抢而空。自纽约时装周之后，李宁的股价便开始一路上涨，短短40天里，市值暴增近60亿港币。3月16日，李宁股票市值创下5年来新高——183亿港币。随后，李宁品牌在2018年6月的巴黎时装周春夏秀场上，以"中国李宁"为主题，以李宁的运动员生涯为灵感，从未来的视角讲述20世纪90年代的复古经典运动潮流的大秀着实吸引了不少目光。相比于纽约的简体字，繁体版的"中國李寧"更具设计感，同时还表现出中国传统文化的独特魅力，红加黄国旗配色的奥运队服款也作为发声设计继续出现在秀场上。这一次，网友们更愿意叫"国潮李宁"

了，它不再单单是运动品牌。

李宁在采访中曾表示，"国际市场始终是李宁公司重视的领域"。2018年，李宁公司通过拓展海外专营店数量、加强跨境电商合作、开展重点市场投入和拓展等方式，继续大力推广李宁品牌、开辟更多的销售渠道。但2017年上半年财报显示，李宁品牌的国际市场销售额不过占据其整体销售额的2.3%，且较之2016年同期，并没有任何的增长。由此，我们应看到李宁国际化策略的目的并不主要是增加国际市场的销售额，或许更合理的解释是借助更成熟、更有信誉的市场来推广自己的品牌，提升国内消费者对于品牌的认可与渴望，进而促进自己在国内市场的销售增长。

从"李宁"这个关键词的微信指数和百度指数可以看出，近两三年来，李宁热度的最高峰都出现在2018年2月，即李宁首次亮相纽约时装周的时间，并且在之后热度平均值有了提高，在同年6月巴黎时装周时间再次出现小高峰，"番茄炒蛋"（形容服装的红、黄配色）"中国有潮牌""国货之光"等词也火遍全国。

资料来源：北京商报《李宁：国货潮变》，https://www.sohu.com/a/338771653_115865。

问题：

1. 李宁国际化策略的特点有哪些？其中有何优点和不足？
2. 李宁的国际化经验对国内其他运动品牌有哪些启示？

第14章
品牌评估

学习目标

品牌作为企业重要的无形资产，其价值既反映了产品和服务被消费者认可的程度，又折射出企业的经营现状与未来发展方向。品牌评估是指通过对各类指标的核定，理解品牌在消费者心智中的位置，量化品牌的市场价值。它日渐成为品牌管理领域的热门话题。

通过本章的学习，应达到如下要求：
1. 理解品牌评估的基本含义和重要意义；
2. 运用所学方法测试消费者对品牌营销活动的反应；
3. 了解常见的品牌评估模型及其优缺点；
4. 了解如何通过股价走势和未来收益对品牌价值进行评估。

引导案例

瑞幸咖啡品牌价值几何

2020年4月2日，瑞幸咖啡发布公告承认自己存在巨额财务造假，引发市场震动。当天，瑞幸股价下跌超过75%，市值缩水至16亿美元。一个星光闪耀的品牌从诞生到火爆市场，再到因自曝曾存在22亿元人民币的造假交易而引爆股票市场，用了不到两年时间。瑞幸也从"独角兽"变为不诚信的"毒角兽"，受到众多投资者的指责。针对此次瑞幸事件，知名投资人朱啸虎表示，"要赢得好的声誉需要20年，而要毁掉它5分钟就足够！且行且珍惜！"

梳理瑞幸咖啡的发展历程，瑞幸做到了快速崛起并成为一个"现象级"品牌。在资本力量的助推下，借着"新零售"的风口，瑞幸的互联网模式得以迅速扩张，品牌影响力同步提升，"小蓝杯"的风头大有盖过星巴克的态势。与此同时，瑞幸咖啡的价格、口感和产品质量成为媒体争论的焦点，"低价低质""不可持续"的负面评价从未间断。但根据时趣互动针对瑞幸咖啡的舆情监测，谈及瑞幸咖啡的正面口碑与负面口碑的消费者占比分别为超过30%和不足1%。此外，通过分析正负面评论的关键词还可以发现，正面的品牌评价更加具体实在，例如"醇香""浓郁""暖胃"等，而负面的品牌评价则更加情绪化。

随着造假事件的爆发，瑞幸的商业模式已被证明失败，但瑞幸未来究竟会走到哪一步，则取决于瑞幸咖啡在消费者心智中的位置。就目前来看，尽管在资本市场上遭到沉重打击，但消费者对瑞幸咖啡的评价仍然较为积极。此外，这种积极评价在多大程度上是建立在瑞幸对消费者的大额补贴基础上的，也需引起关注。

资料来源：NBS新品略《瑞幸崩塌的不仅是股价，还有品牌形象》，https://xueqiu.com/8170974719/146420137。

14.1 品牌评估概述

品牌评估（brand evalmation）是指通过定性、定量的方法，对品牌资产及其财务价值进行评价和估算，并综合判断品牌的盈利能力和持续经营能力的市场营销行为。在"互联网+"背景下，消费者个性化需求日益增加，这提高了对企业营销效率的要求，使得企业认识到需要对现有品牌的价值进行更好的评估和管理。通过品牌评估，企业一方面可以了解品牌在消费者心目中的地位，从而更有针对性地实施品牌发展计划，另一方面还可以更好地了解品牌的市场价值，并向员工、消费者、投资人和其他利益相关者传达企业价值的相关信息。资本市场也可以通过品牌评估判断企业的品牌价值，并反映在企业的股价之中。

14.1.1 品牌评估的内容

为全面理解品牌价值的构成，品牌评估需要将消费者调查、市场竞争和财务预测结合在一起，综合考虑品牌的各个方面。如表14-1所示，一项系统的品牌评估包括品牌名称、品牌个性、品牌产品（服务）的市场表现、品牌寿命、消费者态度、品牌忠诚度、品牌媒体支持等十多项内容。其中，品牌个性、品牌产品（服务）的质量、品牌寿命、消费者态度、品牌认知度、品牌忠诚度、品牌联想度都是品牌评估的重点。

表14-1 品牌评估的主要内容

1. 品牌名称	11. 消费者态度
2. 品牌个性	12. 品牌认知度
3. 品牌产品（服务）的类别	13. 品牌忠诚度
4. 品牌产品（服务）的功能	14. 品牌联想度
5. 品牌产品（服务）的质量	15. 消费者购买意向
6. 品牌产品的服务	16. 品牌媒体支持
7. 品牌产品（服务）的市场表现	17. 品牌政策支持
8. 品牌寿命	18. 品牌行业领导力
9. 品牌发展趋势	19. 品牌更新程度
10. 品牌保护程度	⋮

1. 品牌个性

强势品牌一般都具有较强的品牌个性，许多强势品牌甚至成为产品类别的代名词，消费者仅通过品牌名称就可以识别它们的产品或服务，而不需要其他任何提示。它们也是企业对产品拥有的一系列权利的综合代表。

2. 品牌产品（服务）的质量

产品（服务）的质量和可靠性是每个品牌建立大众信誉的基础。无论品牌或产品意味着什么，它首先必须满足消费者的需要，成为"如它所被希望的样子"。这就要考虑产品或服务的质量如何、产品的耐用性如何等因素。

3. 品牌寿命

品牌存续时间长短反映了品牌的稳定性水平，是评估品牌价值的重要指标。一般来说，历史悠久的品牌价值更高。许多著名品牌在特定市场领域内已存在数十年甚至上百年，品牌资产如经济上的资产，是随时间逐渐累积的。

4. 消费者态度

对消费者态度的评估主要包括消费者在使用产品过程中的情绪体验，产品给消费者带来的心理上的满足程度，产品对群体心理的适应性，售后服务对消费者主张的满足程度，还包括消费者对该品牌产品在性价比、技术水平等方面的产品认识等。

5. 品牌认知度

对品牌认知度的评估主要包括消费者在不同环境下辨识与回忆起品牌的可能性，消费者获取品牌相关信息的渠道，竞争品牌的品牌认知度如何等。企业尤其需要对消费者是否理解品牌在建立其认知度过程中所倡导和表达的内容进行评估。

6. 品牌忠诚度

对品牌忠诚度的评估主要包括品牌的忠诚消费群体、品牌忠诚消费者的分布区域、品牌为忠诚消费者提供的差异性附加值、品牌的转换成本以及是否有转换惰性、品牌忠诚度的建设时长、竞争品牌的忠诚度如何等。

7. 品牌联想度

对品牌联想度的评估主要包括品牌最初会使消费者产生何种联想，消费者联想到的产品的价格、使用方式、使用场景等。对品牌的联想往往是由一两点拓展出去的，可以促使消费者展开想象的翅膀，联想到更多的方面，进而丰富品牌的内涵。

14.1.2 品牌评估的意义

品牌评估不但可以量化具体品牌所具有的价值，还可以通过多个品牌价值的比较，揭示出品牌所处的市场地位及其变动，并且为企业实现以品牌为资本的企业战略创造良好的经济基础和社会基础。具体而言，品牌评估有如下几方面的重要意义。

（1）品牌评估有助于了解品牌在消费者心目中的位置。由品牌价值链可知，消费者对于品牌的看法和态度是品牌价值的根本来源。只有了解品牌在消费者心目中处于什么样的位置，企业才能找出目前所存在的品牌问题，从而改进营销活动和管理行为。

（2）品牌评估有助于考察品牌建设的具体成效。通过对品牌的消费者态度和资产价值的评估，管理者可以直观地了解现有品牌的优势和不足，尤其是品牌资产价值，这关乎品牌未来几年的现金流折现问题，体现了品牌对企业收益的贡献。

（3）品牌评估有助于了解现有品牌的延伸能力。企业为了充分利用品牌资源，必然要延伸产品。产品延伸能否成功，在很大程度上取决于母品牌是否具有强大的品牌资产。品牌的认知度和忠诚度越高，品牌的延伸能力就越强，反之，延伸能力就越弱。

（4）品牌评估有助于企业获得利益相关方的支持。企业要想吸引股东、员工、上下游企业、消费者、金融机构等利益相关方与其进行合作，就需要展现自己的实力。通过品牌评估将品牌价值量化，能够增强股东的投资信心、吸引更多优秀的人才、吸引更多的消费者、得到更多的融资渠道等。

（5）品牌评估便于企业之间的并购交易。由于不符合现行会计制度关于无形资产的确认条件，所以品牌不能直接作为资产负债表上的无形资产。然而，如果品牌资产得不到确认，企业价值就极易被低估。品牌评估是对品牌账面价值的有效补充，使企业资产得到全面反映，促使企业之间兼并、收购的顺利进行。

14.1.3　品牌评估的视角

依据品牌价值链模型，品牌可以从消费者心智视角、商品市场视角与资本市场视角进行评估。

1. 消费者心智视角

一项明智的营销活动的投入能够使品牌在消费者心智中产生积极影响。作为营销活动的结果，品牌在消费者心智中会出现哪些变化，这些变化又如何体现，这是学界和业界都在关注的话题。品牌对消费者的影响力是其在消费者心智中涌现出的所有事物的组合，包括人们对品牌的体验、形象、感知、信念、态度等。

2. 商品市场视角

如果品牌对消费者心智的影响力能顺利转化为商品市场的产出，那么品牌就会在品牌溢价、价格弹性、市场份额、品牌延伸率和成本结构等五个方面产生积极影响。尤其是品牌溢价、价格弹性和市场份额，将决定品牌的直接收入。品牌价值会由于更高的市场份额、品牌溢价以及对价格下降更富有弹性和对价格上升更缺乏弹性而被创造。

3. 资本市场视角

基于品牌的可利用性、可预测信息以及其他众多因素，资本市场能够形成意见并做出对品牌价值有直接财务含义的各种评估。如果品牌所处行业健全，且品牌对企业收入的贡献率很大、品牌发展前景很好，品牌在商品市场上的表现力就能够顺利地转换为资本市场上的增值部分。如果资本市场疲软、行业面临高风险、行业或企业成长速度缓慢，或者品牌对企业整体贡献不大，品牌在商品市场上的表现力就无法在资本市场上充分反映出来。

品牌评估的三种视角在逻辑上是一脉相承的。然而，当营销活动的影响传递到商品市场和资本市场（尤其是资本市场）上时，品牌的市场营销活动的作用力会逐渐减弱。品牌在商品市场和资本市场上的表现，更多地受到营销活动之外的因素影响，例如，竞争者的营销活动、行业发展动态、投资者情绪等。

品牌案例 14-1

美的集团并购小天鹅

2018 年 9 月 9 日，美的集团与小天鹅双双发布公告，两家上市公司将于 9 月 10 日停牌。美的集团表示，公司正在筹划与控股子公司小天鹅相关的重大资产重组事项。截至停牌前，美的集团市值达 2 670.65 亿元，小天鹅市值达 294.11 亿元，两家上市公司的重大资产重组立即引起资本市场的强烈关注。

早在 2008 年，美的电器就在与四川长虹的竞争中获胜，以 16.8 亿元收购小天鹅 24.01% 的股权，成为小天鹅的大股东。当时，小天鹅在国内洗衣机行业排名第二。2013 年，美的集团以吸收合并美的电器的方式实现整体上市，小天鹅的大股东也转变为美的集团。此后，美的集团又通过部分要约收购的方式，使其持有小天鹅股权的比例上升至 52.67%，即握有绝对控股权。

对于此次重大资产重组，投资者众说纷纭。有投资者认为可能是美的集团收购小天鹅，也有投资者认为是美的集团向小天鹅注入旗下其他洗衣机资产，将其打造成国内最大的洗衣机生产企业。家电行业的业内人士则表示，此次交易中，美的集团不是收购、私有化小天鹅，而是将相关洗衣机资产注入小天鹅，避免内部竞争，从而与海尔、西门子等冰箱品牌竞争。按照上述标准，美的集团注入的资产应与小天鹅目前的体量相当。

资料来源：环球老虎财经《美的小天鹅 3 000 亿大重组，未披露先涨停？》，https://www.163.com/dy/article/DRCACN6E0519B3D7.html。

14.2 消费者视角的品牌评估

企业的营销活动必须先在消费者心中留下清晰且美好的品牌印象，只有使消费者对品牌产生积极态度，才能促成消费者购买。定性研究方法是探索消费者品牌感知的第一步，对于识别品牌联想的范围、强度、偏好性和独特性很有帮助。联想法、投射法、民族志与经验法都是常见的定性研究方法。同时，为制定更加可信、稳健的品牌战略，企业还需要借助量表法、电通模型等定量研究方法对消费者的品牌知识结构进行量化评估。

14.2.1 联想法

自由联想（free association）是描绘品牌联想最简单、有效的方法。它让消费者回答当他们想到某一品牌时头脑中会出现什么形象，例如，问消费者"当你想到光明牛奶时，脑海中会浮现出什么？"词语联想是联想法中经常使用的一种方法。有学者采用联想法，研究并勾画出中国消费者的品牌知识图，发现中国消费者常通过品质（尤其是"安全性"）、公司、来源地、社会形象或"面子"等信息节点构筑品牌联想。

在调查过程中，研究人员先列出品牌名称，然后让消费者给出首先想到的任何词语。不要让消费者过多思考和判断，而要让他们一旦联想到了某个词语，就马上说出来。研究人员通过分析词语联想中某些词语出现的顺序、频次，就能粗略估计品牌的联想强度。例如，在评估海底捞火锅时，很多消费者的第一联想是"服务"，那么"服务"很可能就是最强有力的联想。在开展联想法研究时要考虑两个主要问题：一是怎样从测试对象接受测试的类型方面设计问题；二是怎样分析并解释所得数据。为了不使结果带有任何偏见，最好先从总体性的问题入手，然后进入具体的问题。因此，首先应当在没有任何特别的产品提示的情况下，向消费者询问他们对品牌的总体印象，接着问有关产品或品牌形象某个方面的具体问题。

心理学家认为，影响人类行为和语言的绝大多数因素位于意识层以下，因而自由联想可能无法获取隐藏在消费者脑海深处的品牌知识。哈佛大学的杰拉尔德·萨尔特曼（Gerald Zaltman）为此开发了一种结合图片与文字语言的**萨尔特曼隐喻启发技术**（zaltman metaphor elicitation technique, ZMET）。该方法假设消费者的购买行为是基于某种下意识的动机，因此，通过"隐喻"的手法，让消费者将其对某一特定对象隐藏的思想和感觉表达出来。典型的 ZMET 研究是让消费者从自己的资料库中挑选出最能表达其对研究对象的想法和感觉的图片，然后，消费者带着图片与研究人员进行一对一的深入交谈。研究人员运用高超的谈话技巧与消费者共同研究图片，并且运用"导向式访谈"来挖掘图片背后隐藏的含义。

14.2.2 投射法

在一些场合中，消费者认为自己的真实感受是不被社会认可的，尤其是在面对陌生的调查人员时，消费者更容易做出"中规中矩"的回答。**投射法**（projective method）的主要思路是绕过直接提问这一环节，给出一个不完整的刺激物，让消费者补充完整；或者给出一个含义模糊的刺激物，让消费者解释它的含义。该方法认为，消费者在面对刺激物时会不自觉地流露出真实观点或感受，因此在调查深层动机或敏感问题时特别有效。在开展投射法研究时要注意以下两点：一是研究人员往往需要提出模糊的问题，消除消费者的戒备心理，使之自由表达自己的态度和感受；二是研究人员与消费者讨论的重点不是品牌本身，而是消费者对品牌的使用经历或购买决策过程。

任务比较（task comparison）是一种常见的投射法，它要求消费者将品牌比作人、动物、活动、杂志等，从而表达出他们对品牌的实际感受。营销心理学家欧内斯特·迪希特（Ernest Dichter）经常采用心理剧的方法，要求消费者扮演产品，例如，"你是一块肥皂，你多大了？是男是女？性格怎么样？"还可以要求消费者将品牌与其他事物联系起来，例如，问消费者"假如联想计算机是辆汽车，它会是辆什么车？图片上的这些人中，哪一个最有可能使用联想计算机？"通过分析消费者对品牌各种比拟的回答，营销人员可以借鉴其他事物或产品已有的形象或定位，更好地对目标品牌进行管理。

品牌案例 14-2

速溶咖啡为何不受消费者欢迎

速溶咖啡刚上市时，销售状况并不令人满意，主妇们对其反应尤为冷淡。加州大学的梅森·海尔（Mason Haire）受委托探究了其中的原因。初步调查结果显示，消费者不喜欢速溶咖啡的味道。然而，在进一步的口味测试中，大多数人无法区分磨制咖啡和速溶咖啡味道的好坏。由于怀疑消费者没有讲出真实感受，Haire 设计了两张购物清单，唯一不同的是清单 1 中列入了磨制咖啡，清单 2 中列入了速溶咖啡。数量相等的两组消费者都拿到了一张购物清单，并被要求"尽可能地设想自己处在这个环境中，描述购买这些东西的主妇的个性和特征"。在将消费者描述的特征分类进行统计后，两个截然不同的形象出现了。

	购物清单 1	购物清单 2
懒惰	4%	48%
不会计划购物	12%	48%
节俭	16%	4%
不是个好妻子	0%	16%

Haire 的解释是，这些统计结果表明速溶咖啡与关爱家庭的传统不相符。因此，在直接询问消费者时，他们不愿承认这个事实，而用投射法触及其他人时，就说出了真实的感受。这一发现的战略启示非常明显。速溶咖啡与磨制咖啡相比，最初的定位是在"便捷"上建立差异点，在"口味"上建立共同点。投射实验结果表明，还有必要在消费者形象上确定共同点，因而一则广告顺势而出：饮用速溶咖啡节约出的时间可以被投入到更重要的家庭事务中。

资料来源：Haire M. Projective Techniques in Marketing Research[J]. Journal of Marketing，1950，14(5): 649—656.

14.2.3 民族志与经验法

无论研究内容设计得多么完美，消费者都无法完全按照研究的要求展示自我。为了提高定性研究方法的有效性，营销人员尝试在自然环境中对消费者进行研究，通过进一步了解消费者的实际家庭情况、工作情况或者购买行为，更好地发掘富有价值的消费者反应。学者们注意到这种类型的研究最初来源于社会学家和人类学家常用的**民族志与经验法**（ethnographic and experiential method）。

在营销学领域，民族志研究通过消费者沉浸、网站访问、店面调研和嵌入式研究等多种研究技术，提炼、解释事件和活动深层的文化内涵。经验法则倡导研究人员深入到消费者家中，从早晨开始观察他们如何安排一天的活动。例如，日化品牌在得到消费者允许后，可以观察消费者在家中如何使用和体验产品；移动运营商则可以观察人们上下班途中，在不同交通工具上使用手机的情况。以客户拜访为例，圣克拉拉大学的爱德华·麦奎里（Edward McQuarrie）总结出将民族志方法应用于B2B企业客户拜访成功的关键，如表14-2所示。

表14-2　实施客户拜访的工作要点

1. 提前发送确认函并附上访谈议程
2. 派遣跨职能团队
3. 根据计划挑选客户，至少拜访十几个客户
4. 不要总是拜访偏爱的少数几个客户
5. 拜访能够代表不同购买决策阶段的客户
6. 获得本地客户管理部门的支持
7. 使用2～3页大纲形式的讨论指南
8. 明确主持者、倾听者和记录者等角色
9. 使用开放式问题
10. 让客户识别问题而不是给出解决方案
11. 自己不要说得太多，不要炫耀专业知识
12. 通过追问的方式深入探讨
13. 立即汇报
14. 在汇报中逐字标出引用的原话
15. 总结报告应强调新发现，并按主题组织
16. 与其他市场研究和情报一起进行数字化归档

在民族志研究结果的呈现上，书面报告和视频录像都是可接受的，但各有利弊。虽然调研报告可以对消费者行为做系统性的梳理，但研究人员的主观看法则可能对消费者行为产生系统性的误解。摄像机虽然可以捕捉到更多的细节，但消费者在摄像机面前可能更加拘谨。

14.2.4 量表法

通过设计量表并及时对消费者做跟踪调查，研究人员可以更好地对品牌认知、品牌形象等因素进行评估。品牌认知具体表现在品牌识别和品牌回忆两方面。最基本的品牌识别流程是给定一些视觉、听觉、触觉、味觉等感官刺激物，然后询问消费者以前是否接触或经历过。为了得到更可信的测试结果，在被选对象中还要掺杂一些"错误"，用以测试消费者对一些根本就没有接触或经历的刺激物的评判，例如，将品牌的某些元素进行篡改后测试消费者对品牌的识别能力，如图14-1所示。

图 14-1　试识别出正确的微信、QQ 标识

在进行品牌回忆测量时，需要给调查对象与此相关的提示或线索，要求其必须从记忆中检索出实际的品牌元素。因此，与品牌识别相比，品牌回忆要求更多的记忆任务，此时不只是简单地给消费者一个品牌元素，然后问其之前是否见过。有提示的品牌回忆可以采取逐渐收缩的提示顺序，从而洞察消费者的品牌知识结构，最先回忆起的品牌，在消费者心智中占有最优地位。例如，就李宁体育对消费者进行回忆测试而言，提示从"服装品牌"开始，将范围逐步缩小到"运动服装品牌""国产运动服装品牌"，以至于"中高档国产运动服装品牌"。

品牌联想的特征主要通过开放式评估和反应时间技术两种方法进行评估。开放式评估可以通过以下三种方法对品牌联想的强度、偏好性、独特性进行评分。①自由选择法。研究人员先提出各种可能的相关属性，让消费者逐条指出所给品牌具有哪些属性。②等级法。让消费者从"非常不同意"到"非常同意"的若干个等级中选择一个，指出某个品牌与提到的各种属性之间的相关程度。③排序法。让消费者根据不同品牌与某属性联系的密切程度进行排序。

为解决开放式评估法精确性较低的问题，研究人员采用反应时间技术测量品牌联想，先将由两个汉字组成的词语作为刺激材料，然后计算出消费者在品牌与词语之间产生关联所需要的时间。以测量"安踏"的品牌联想为例，研究人员要求消费者对呈现在计算机屏幕上的品牌名进行回忆，然后，屏幕上会依次呈现"运动""休闲""复古""潮流"等词语，消费者要尽快判断这些词语能否用来描述或评价安踏，消费者的反应时间长短表明了词语与品牌名关联的紧密程度。

14.2.5　电通模型

电通模型，也称品牌资产评估系统（brand asset valuator），由扬·罗比凯广告公司

（Young & Rubicam）提出。自1993年以来，电通模型对50多个国家的近80万名消费者进行了调查，约2.5万个品牌的消费者感知数据被收集在72个维度中。调查用四个方面的指标对品牌的表现进行评估：①品牌差异性（differentiation），用以衡量品牌在市场上的独特性；②品牌相关性（relevance），用以衡量品牌个性与消费者相匹配的程度；③品牌尊重（esteem），用以衡量品牌在消费者心目中受尊重和受欢迎的程度；④品牌认知（knowledge），用以衡量消费者对品牌内涵理解的程度。品牌差异性与品牌相关性相乘得到品牌强度（brand strength），品牌尊重与品牌认知相乘得到品牌地位（brand stature）。在得到品牌强度和品牌地位这两个因子后，通过构建品牌力矩阵（见图14-2），电通模型将所有品牌划分为新进入品牌、潜在利基品牌、领导者品牌和衰退品牌，并指出品牌发展四阶段的演变路径，因而有利于品牌诊断和品牌战略管理。同时，电通模型摆脱了传统的认知-回忆模型，因而可以覆盖较广的品牌范围及产品种类，具有良好的通用性。

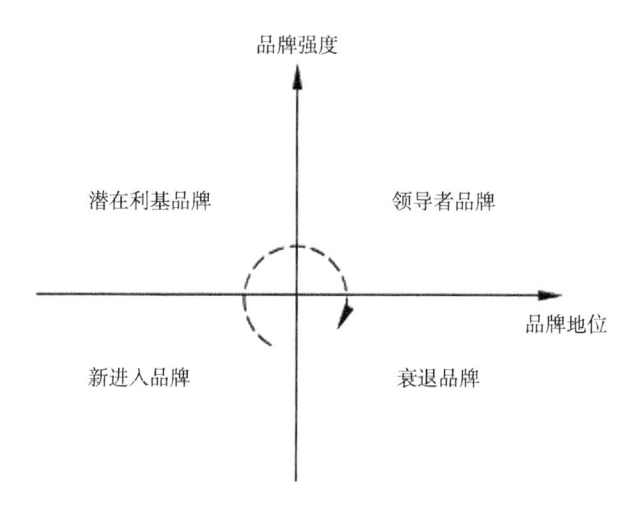

图 14-2　电通模型品牌力矩阵

　　消费者视角的品牌评估理论基础较为丰富，覆盖面也非常广泛，而且可以揭示消费者的内在心理感知，从源头上解释了品牌影响力是如何形成的。因此，该视角的品牌评估对营销的诊断力较强。但是，消费者视角的品牌评估多是建立在消费者调查基础上的，其测量结果不易计算，更无法对品牌业绩给出一个简洁、客观的财务值，因而在管理实践中对公司高层缺少吸引力，也无法引起资本市场的关注。

14.3　商品市场视角的品牌评估

　　商品市场视角的品牌评估一般要运用品牌溢价、品牌价格弹性、品牌市场占有率、品牌延伸力、品牌成本结构以及品牌盈利能力等指标。为了更加清晰、准确地预测品牌在市场上的业绩表现，必须综合上述指标对特定品牌进行评估。

14.3.1 比较法

比较法（comparative method）主要用于测试消费者对于某一品牌的态度和行为，用于评估品牌资产的具体收益，又可分为品牌比较法（brand-based comparative method）和营销比较法（marketing-based comparative method）。品牌比较法通过测量消费者对不同品牌的相同营销活动的反应来评估品牌在市场上的作用或影响力。品牌溢价是品牌比较法最常用的指标。品牌溢价主要有以下两种测量方式：一是比较市场上不同品牌的价格水平相差多少；二是通过消费者调查来衡量，如询问消费者愿意花多少钱购买某一产品的各项功能和特征。例如，研究人员可以对服装的品牌价值进行测量，首先将无品牌标识的服装展示给消费者，并询问消费者愿意支付的最高价格，接着向消费者展示贴有不同品牌标识的运动服装，并再次询问消费者愿意支付的价格。一般而言，消费者对有无品牌标识的服装的最高出价并不相同，有的品牌甚至降低了消费者的最高出价。

营销比较法的本质是通过调整营销活动或营销项目来测量消费者对不同品牌的反应，由此测量出消费者对品牌营销项目变化所做出的反应。有学者将转换品牌选择的消费者比例看作价格上涨的函数，以反映品牌转换和忠诚度的类型，并开发了一种测试品牌忠诚度的价格测量法。例如，农夫山泉是消费者最常购买的饮用水品牌，但通过提价后，它与百岁山之间的价格差距变小，同时，两个品牌的其他营销项目没有发生改变，如果有很多消费者从农夫山泉转移到百岁山，那么就可以推断，消费者对农夫山泉的忠诚度并不高。相反，如果消费者仍然坚持购买农夫山泉，则可以认为消费者对农夫山泉的品牌忠诚度较高。

> **品牌案例 14-3**
>
> ### 网易严选的"大牌低价"策略
>
> 网易严选是个神奇的平台。在这个2016年上线的网站，可以看到很多时尚和快消品大牌。但奇怪的是，这些商品并没有打上大牌的标签，而是以"大品牌制造商"的名义进行宣传销售。这些号称出自大品牌制造商的商品，价格却比大品牌低得多——UGG经典款雪地靴的售价为1 080元，网易严选上同样材质和款式的雪地靴却是299元。一条MUJI（无印良品）羽绒被的售价为3 900元，网易严选上的售价为1 999元，材质、做工几乎一致，填充物还进行了升级。网易这种大牌低价的策略，吸引了不少消费者。
>
> 对于网易严选向大品牌借势、依靠消费者对于品牌的认知和信任来促进销售的行为，品牌方们不介意吗？事实上，网易严选推崇备至的ODM（原始设计制造商）模式自上线以来就争议不断。问题的核心在于网易严选从大品牌制造商那里拿货后不贴牌售卖，而在宣传中突出与知名品牌采用相同制造商和材质，有"山寨"之嫌。
>
> 上海内野有限公司主要经营高档毛巾和纺织品，其母公司是日本内野株式会社。网易严选就有不少"内野制造商"生产的毛巾，而且多是畅销产品。上海内野相关负责人

称，出于对自身品牌价值的维护，内野要求其代工厂确认不再和网易严选合作，今后也不再签订新的订单。上海内野作为产品专利的拥有者，一直采取 OEM（俗称"代工"）模式，制造商仅负责最末端的制造、品控等少数环节，相关知识产权属于品牌方。如此一来，网易严选是否完全遵循 ODM 模式值得怀疑。至少在涉及内野制造商的商品方面，网易看中的仅仅是"内野"品牌的影响力，ODM 模式只是一个噱头。

资料来源：陆涵之. 网易严选，赝选？[J]. 财经国家周刊，2017（9）.

14.3.2 联合分析法

联合分析法（conjoint analysis）是品牌比较法和营销比较法的综合应用，是基于调查的多元变量分析方法。传统的分析方法假定消费者在评价产品时，对产品的不同属性评价是分开进行的。但是，消费者在进行真实购买决策时，并不是将一个个属性分开进行考虑，而是对产品的多个属性进行综合考虑。这就要在满足一些要求的前提下牺牲一部分其他属性。联合分析法是对消费者购买决策的一种现实模拟。通过联合分析法，可以了解消费者对产品各个特征的重视程度，并利用这些信息开发出具有竞争力的产品。

具体而言，营销人员通过询问消费者的偏好，或者让其在很多精心设计的产品中做出选择，可以了解消费者在不同品牌的属性之间做出的权衡，从而得出消费者对这些属性的重视程度。向消费者展示的每种产品，都是由一组不同的属性标准组成的。任何一种产品选择的属性标准，都是由实验设计的原则决定的，符合一定的数学性质。联合分析法一般由以下步骤完成。①确定产品或服务的特征与特征水平。联合分析法首先对产品或服务的特征进行识别，这些特征与特征水平必须是显著影响消费者购买行为的因素。特征与特征水平的个数决定了分析过程中要进行估计的参数的个数。②产品模拟。联合分析法将产品的所有特征与特征水平通盘考虑，并采用正交设计的方法将这些特征与特征水平进行组合，生成一系列虚拟产品。在应用中，通常每一种虚拟产品被分别描述在一张卡片上。③数据收集。请受访者对虚拟产品进行评价，通过打分、排序等方法调查受访者对虚拟产品的喜好、购买的可能性等。④计算特征的权重。从收集的信息中分离出消费者对每一特征以及特征水平的偏好值，这些偏好值也就是该特征的权重。⑤市场预测。利用权重来预测消费者将如何在不同产品中进行选择，从而决定应该采取哪种措施。

联合分析法的一大优点是，能够同时研究不同品牌以及产品或者营销项目的不同方面，因而可以获得消费者对目标品牌和竞争品牌的不同营销活动的反应信息。此外，联合分析法也可以更好地模拟消费者的决策过程。但是，正因为联合分析法是从呈现产品特征开始的，被测试者学习、疲劳、自我认知上的偏差和任务呈现顺序的偏差会影响测量结果。而且在真实的市场环境中，产品特征往往也不是同时呈现在消费者面前的，对于一部分消费者而言，产品的有些特征甚至会被忽略。此外，向消费者介绍的营销方案概况也许违背了消费者自己对品牌认知的期望。因此，如果采用联合分析法，就应该注意不要让消费者对非现实的产品概况或者情境进行评价。

14.3.3 品牌价值评估国际标准

与将比较法用于评估品牌的具体收益不同，**估价法**（valuation method）为品牌资产赋予经济价值，以满足会计、并购、投资或其他要求。2010年9月，国际标准化组织首次颁布了《**品牌价值评估**》（ISO 10668）**国际标准**（*Brand Valuation —Requirements for Monetary Brand Valuation*，ISO 10668），并对**收入法**（income method）、**市场法**（market method）和**成本法**（cost method）的操作细节予以规定。①收入法可通过参考品牌剩余有效经济寿命期间预计产生的经济利益的现值来测算品牌的价值。其遵循的步骤包括估计归属于品牌剩余有效经济寿命期间的期望税后现金流，并通过适宜的折现率将税后现金流折现。②应用市场法时应收集可比品牌成交价格的相关数据，并根据被评估品牌和可比品牌之间的差异进行调整及修正。作为可比对象的品牌应当和被评估品牌具有相似的特征（如品牌强度、商品和服务、经济和法律状况）。③成本法通常建立在历史数据的基础之上，不能反映企业未来的盈利潜力。当其他评估方法无法应用，且存在成本估计所需的可靠数据时，可以应用成本法。此外，成本法可用于评价其他评估价值的方法的一致性和合理性。

综合来看，收入法认为品牌资产是品牌未来收入中所得的现金流的贴现值，其计算最为复杂。在市场法中，品牌资产是资产所有者能够取得的未来经济收益的现值。该方法的主要问题是，缺乏品牌名称资产的公开市场交易，而且品牌具有独特性，无法从一个市场的交易推断另一个市场的交易，即常说的"有价无市"。在成本法中，品牌资产是重新创建品牌或者替代现有品牌所需的费用（包括研发、试销、广告等所有费用），对该方法采用历史或者替代成本的主要批评是，过去的业绩与未来的获利能力没有很大的关系。比如，许多品牌花了大价钱进入市场，但最终失败了；另外，像宝洁、雀巢之类的老品牌，几乎不可能找出对品牌开发的投资有哪些。

利用估价法进行品牌资产评估始于国外的新闻出版行业。在出版业收购的过程中，由于品牌名称本身拥有很高的价值，因此可以将其列入资产负债表，以便让企业获得更多现金开展进一步的收购。根据我国会计准则，无形资产的取得必须有实际成本，且要有知识产权证书作为确认无形资产的前提。由于品牌不符合会计制度关于无形资产的确认条件，因而在会计实务中，品牌不能作为无形资产。会计准则还规定，商誉不能自创，只有企业收购或兼并中产生的差额才能确认为商誉（含负商誉）。因此，除非在收购中产生，品牌价值也不能作为商誉。

> 品牌案例 14-4

品牌并购溢价过高，濮耐股份业绩"变脸"

2017 年 2 月，一则业绩预亏的修正公告让原本以为濮耐股份会盈利的投资者的心情跌入谷底。《濮阳濮耐高温材料（集团）股份有限公司 2016 年度业绩预告修正公告》称："2016 年度归属于公司股东的净利润大幅下降，公司预计亏损 1.6 亿～2 亿元。"公司解释巨亏原因为：受制于 2016 年度水泥行业大范围限产、停产等不利的外部因素影响，公司拟因收购郑州华威而产生的 2.31 亿元商誉全额计提减值准备。

自从濮耐股份发布业绩预亏的修改公告后，公司股价出现直线下跌，同时也引起了深圳证券交易所的高度关注，要求濮耐股份详细说明郑州华威 2016 年营业收入、净利润较预测值大幅下降的原因，以及因收购郑州华威而形成的商誉全额减值的计提依据及合理性。有了解郑州华威的知情人士向记者透露："郑州华威就是个民企，从规模和品牌效应来讲很难相信其商誉值会超过 2 亿元。"而按照分析人士的说法，商誉也可能来自收购方支付的溢价部分。这就在账面上形成了商誉，并作为非流动资产计入上市公司资产。郑州华威之所以会有 2.31 亿元的商誉，其根源就是濮耐股份收购郑州华威时的高评估溢价。

资料来源：娇月. 濮耐股份业绩预亏源于高溢价收购 并购标的商誉减值 2.3 亿元 [N]. 证券日报，2017-2-16.

14.3.4 英特品牌评估模型

英特公司（Interbrand）因其每年发布的全球最佳品牌（best global brands）而出名。英特公司认为，品牌价值在于品牌可以为所有者带来的未来收益，而不在于品牌为产品或服务所带来的溢价，或品牌塑造过程中所付出的成本。因此，英特品牌评估模型主要通过分析品牌的市场占有率、利润以及销量来估算品牌价值，计算公式为 $V = I \times G$。其中，V 为品牌价值，I 为品牌作用指数，G 为品牌强度。对于 I 的估算，首先应估算出品牌产品或服务的超额收益，然后扣除其中非品牌无形资产的比例，最后得到品牌本身带来的利润。G 的估算则需要综合分析品牌所在行业壁垒、品牌寿命、品牌地位、品牌业务范围、品牌发展趋势、品牌支持力度、品牌保护等多方面因素，其取值在 6～20 之间，即预期获利年限最短为 6 年，最长为 20 年。

对于身处成熟且稳定市场的品牌，英特品牌评估模型表现出良好的效果，然而该方法也存在一些局限性。首先，对于品牌价值如何从其他无形资产中分离出来，英特品牌评估模型主要依靠专家的主观评价，因而并不能令人信服。其次，对未来销售和利润情况的预测存在较大的不确定性，英特品牌评估模型未能就其预测的可靠性和精确度给出令人满意的解释。

14.3.5 市场结构模型

市场结构模型的基本假定是，品牌价值通过市场竞争得以体现，不同品牌的价值与该品牌的市场占有率、获利能力和发展潜力密切相关。因此，在已知相同或相近行业其他参照品牌价值的前提下，可以通过横向比较估算出特定品牌的市场价值。首先，测算已知价值品牌和被评估品牌的市场占有率、获利能力和发展潜力。其中，市场占有率＝企业销售收入/行业销售总收入，获利能力＝净资产收益率－行业平均净资产收益率，发展潜力＝销售增长额/去年销售额。其次，计算被评估品牌的各项指标与已知价值品牌相应指标的比值，并根据行业特征对各项指标的权重进行调整，再进行加权平均计算。最后，将参照品牌的价值与调整后的加权平均百分比相乘，得到被评估品牌的市场价值。此外，还要考虑其他不确定因素对品牌价值的影响，对品牌估值做进一步调整。

市场结构模型综合考虑了品牌的市场占有能力、盈利能力和成长潜力，因而对品牌价值形成了较为客观全面的评估。但由于该方法的使用前提是已知参照品牌的价值，所以这使得该方法的实操性较差。同时，参照品牌价值评估的错误也会导致该方法的系统性偏差。

基于商品市场的品牌评估对企业高层和资本市场很有吸引力，因为这类指标代表了品牌的货币值，可以用于财务报告和金融交易。但这种视角的品牌评估也有其不足之处。首先，该视角多依赖于假设情境下消费者购买品牌的意向，而非实际购买数据。其次，该视角的研究认为只有通过复杂的统计建模才能对品牌做出恰当评估，但实际上最终结果并没有更精确。最后，基于该视角的品牌评估欠缺品牌诊断力，它聚焦于品牌产出而非源头，因而难以为改进品牌提供战略借鉴。

14.4 资本市场视角的品牌评估

品牌评估与股市信息、企业业绩之间的关系是一个非常重要的话题。品牌价值与股票建立关联可以为企业兼并、收购、品牌授权以及品牌管理决策提供指导。下面介绍资本市场视角下两种常见的品牌评估方法。

14.4.1 股价走势估算法

根据股票价格评估品牌价值的方法源于金融领域。这一方法的理论依据在于股票市场价格会伴随企业经营活动的变动而变动，股票价格反映了资本市场对企业品牌的未来前景的看法。采用这一方法时，要用企业的资本市场价值减去有形资产（如厂房、设备、库存、现金等）的重置成本，再将得到的差额（即无形资产）按比例一分为三——品牌的价值、非品牌因素（如研发、专利等）的价值和行业因素（如法律法规、产业集中度等）的价值。品牌的价值应为品牌年龄及上市次序（上市越早，价值越高）、广告积累（广告创造价值）、当前广告在行业中的份额（当前广告份额与定位优势相关）等变量的函数。为了估算这一模型，在用股票市场对企业进行价值评估时，必须与三类无形资产的指标建立关联。有了模型的估算结果，即可估算各个公司的品牌资产。该模型的适用范围是公开交易的公司，因此对于拥有主流品牌的公司，该模型是有效和有用的。

品牌案例 14-5

从贾跃亭"下周回国"到乐视网退市

2020年7月，乐视网正式退市。乐视网巅峰时期的市值超1 700亿元人民币，并以28.05亿美元的品牌价值达到国内互联网企业的顶级水平，而现在一切终于走到了尽头。有网友戏称，贾跃亭"下周回国"与A股回到5 214点一样遥远。

2010年上市时，乐视网还是以视频第一股的概念上市的，随着在资本市场有了起色，贾跃亭正式开始了"生态化反"的行动。2011年，乐视影业成立；2012年，主打乐视超级电视的乐视致新成立；2014年，乐视云、乐视体育、乐视移动、乐视汽车先后成立；2015年，乐视进军智能手机市场，并于次年收购酷派。至此，贾跃亭打造了一个"平台+内容+终端+应用"的超级乐视大生态，给投资人和消费者画了一张"超级大饼"。

然而，每项业务的扩张，都是巨额资金的消耗。到了2016年，这种资本游戏进行不下去了，乐视网的所有业务迅速陷入停顿状态。2017年，"白衣骑士"孙宏斌入局，将乐视网更名为新乐视。外界普遍认为，这是为了区分贾跃亭时代的乐视网，将上市公司体系与乐视控股的非上市体系彻底切割。然而乐视网经历了一系列风波之后，再也回不到辉煌时期了，2017~2019年累计亏损近300亿元人民币。随着乐视网退市，贾跃亭的"黄粱一梦"正式终结。

资料来源：王媛《贾跃亭跑路700天：从"下周回国"到不问归期》，http://www.time-weekly.com/post/258363。

14.4.2 未来收益估算法

根据未来收益评估品牌价值时，常用的指标是品牌资产未来收益的贴现值。企业通常采用如下估算方法。第一，通过对预期利润进行贴现，使用品牌的长期规划进行估算。品牌的长期规划应当把品牌的优势及其对竞争环境的影响考虑在内。假如企业利用品牌规划估算品牌的价值，就需要校准成本，使其反映行业的平均成本，而非实际成本。原因在于任何高于（或低于）平均效率的成本都应算作生产成本，而非品牌资产。第二，估算当前收益，并乘以收益倍数。收益估算可以采用扣除特别费用的当前收益。如果当前收益反映的是上升或下降的周期，那将不具有代表性，最好是从过去几年的收益数值中取几个平均值。如果收益因为可校正问题而出现较低值或负值，那么可以根据行业利润标准以销量百分比进行估算。收益倍数是估算和衡量未来收益价值的一种方法。要想得到收益倍数的正常范围，必须查看本行业或临近行业企业的历史价格收益比率（即市盈率 P/E）。确定收益倍数范围之后，需要确定实际的倍数值，那么就需要对品牌的竞争优势进行评估。

资本市场视角的品牌评估反映的是品牌的未来潜力。与其他两种视角的品牌评估方法相比，这种评估方法的优势是能够为高层管理者和投资者提供一个总括性的品牌价值，便于传播和理解。然而，基于资本市场的品牌评估方法存在如下弊端。首先，品牌的未来价值存在诸多不稳定性，而这一评估方法又不能涵盖太多因素，因此其结果的可信度受到怀疑。其次，这一评估方法与市场营销的关联性不强。营销活动之外的很多复杂事件都会影响股价波动，进而影响测量结果，这也就限制了该评估方法在营销战略上的借鉴价值。

关键术语

品牌评估（brand evaluation）
自由联想（free association）
萨尔特曼隐喻启发技术（zaltman metaphor elicitation technique，ZMET）
投射法（projective method）
民族志与经验法
（ethnographic and experiential method）
电通模型（brand asset valuator）
比较法（comparative method）
联合分析法（conjoint analysis）

估价法（valuation method）
《品牌价值评估》（ISO 10668）国际标准
（brand valuation—requirements for monetary brand valuation，ISO 10668）
收入法（income method）
市场法（market method）
成本法（cost method）
英特品牌评估模型（the brand evaluation model of interbrand）

思考与练习

1. 品牌评估有哪些重要意义？
2. 根据品牌价值链模型，品牌评估有哪三种视角？这些视角各有哪些优缺点？
3. 从消费者视角出发，常见的品牌评估的定性方法有哪些？
4. 说明联合分析法的操作步骤，并列出其主要优点。
5. 分别介绍品牌评估的电通模型、英特品牌评估模型、市场结构模型的主要内容。
6. 估价法分为哪三类方法？试说明各自的主要特点及不足。

思政融入点

品牌管理既是一门艺术，也是一门科学。通过科学的品牌评估方法的学习和模拟训练，可以让学生学到科学的思维方式和方法，提升学生对社会科学类科学方法的实操技能。

模拟实训

1. 选择一个品牌,以其标识或产品包装的迭代更新为例,运用本章所介绍的方法,从消费者心智视角分析新标识(包装)是否有助于品牌价值提升。
2. 选定一个本地品牌,通过网络、报纸、地方志、访谈等方式收集有关信息,利用流行的品牌评估模型评估其品牌价值,并为其发展提出有针对性的建议。

案例分析

2019胡润品牌榜发布,贵州茅台蝉联榜首

2019年12月,胡润研究院连续第14年发布"胡润品牌榜"。榜单显示,贵州茅台以6 400亿元人民币的品牌价值再次夺冠,中华和天猫分别以3 500亿元人民币、3 200亿元人民币的品牌价值位列第二名、第三名。中国工商银行、微信、平安、腾讯、中国建设银行和中国移动也进入前十。

过去20年,"胡润百富榜"以及相关系列榜单成为见证中国市场经济发展轨迹的"风向标"之一。"2019中国品牌榜"的发布,也被认为是中国商业社会发展的"透视镜",将为新时期中国新经济的发展提供重要的参考依据。对此,胡润表示,"在新经济时代,大家都关注互联网品牌,但中国最值钱的前两大品牌来自实体经济——茅台和中华"。

不止一家国际品牌评估机构对茅台打出高分。英国权威品牌评估机构Brand Finance发布的"2019中国最有价值的500强品牌"排行榜中,茅台以304.70亿美元的品牌价值位列第14位,蝉联全球50大最有价值烈酒品牌第一。2018年,WPP旗下BrandZ发布的"最具价值中国品牌100强"中,茅台名列第七,获"最高端中国品牌"称号。

"冠军拿到手软"的茅台,这两年迈出了高质量发展步伐,取得了不凡的成绩。2019年,贵州茅台股价首次超过1 000元人民币,总市值超过1万亿元人民币,最高时一度接近1.56万亿元人民币,跃居沪深两市第一,风光一时无两。同时,茅台集团做精做强实业,全年完成营收1 000亿元人民币的目标,提前一年完成"十三五"规划。此外,贵州茅台积极响应"一带一路"倡议,将文化茅台"一带一路"行的足迹遍布几大洲的重要城市,通过海外市场延伸至67个国家和地区。

有研究指出,茅台市值和品牌价值的提升得益于中国白酒销售连续多年的增长,消费者在高端酒类和私人宴请上花费得更多,直接推动了销售上升。这表明在2018年茅台放弃"国酒"商标申请,并在2019年正式启动"去国酒化"程序后,市场对茅台仍然具有信心。对此,茅台集团前董事长李保芳表示,在消费越发多元、理性、成熟的今天,茅台的品牌力量不靠"国酒"加持,而要尊重并契合广大消费者和社会公众发自内心的认同与接受。

从数百年前的小作坊,到如今成长为世界蒸馏酒第一品牌,茅台的品牌建设始终毫

不懈怠，并通过经年累月围绕品质与文化进行推广和塑造，以攻坚克难的精神达到了一流水平。

资料来源：《2019胡润品牌榜：贵州茅台品牌价值6 400亿蝉联榜首》，http://industry.caijing.com.cn/20191213/4633124.shtml。

问题：

1. 商业机构主要运用哪类方法对品牌价值进行评估？该方法有何优点和不足？
2. 茅台品牌价值变动与其股价变动之间有何内在关联？
3. 从消费者心智视角评估"去国酒化"行动对茅台品牌价值的影响。

第15章
品牌危机管理

学习目标

企业品牌处于复杂多变的市场环境中，不可避免地会受到内外部环境的影响，使其在形象方面、产品方面和市场方面遇到诸多品牌危机。面对突然爆发的品牌危机，有些企业遭受重创，一蹶不起，而有些企业则经受住了考验，化危机为商机。因此，企业需要对品牌危机进行系统科学的管理，明确品牌危机管理的基本思路和工作环节。

通过本章的学习，应达到如下要求：
1. 理解品牌危机的基本含义；
2. 理解品牌危机的成因；
3. 了解品牌危机的防范措施；
4. 了解品牌危机处理的原则和策略。

引导案例

双汇瘦肉精事件

2011年3月15日，央视新闻频道播出的《每周质检报告》特别节目中，披露了"健美猪"的真相。节目指出，河南一些地方的养猪场会将瘦肉精加入猪饲料中，食用瘦肉精的猪能够在较短时间内达到市场售卖标准，给饲养者带来巨大的利润。但是，在生猪养殖环节中添加瘦肉精是违法的，这些猪也因此成为"问题猪"摆在百姓的餐桌上。令人意想不到的是，大名鼎鼎的双汇也使用了"问题猪"作为原料。

在因"瘦肉精"事件下架的短短20多天之后，双汇熟肉制品在重庆市各大卖场重新上架。在双汇产品货架上，除了各种宣传资料和检测报告外，还放着满满两盘火腿肠切片。盘子里备有牙签，双汇集团重庆区域的马经理带着几名促销人员不停地招呼来往顾客品尝。见到有人观看，促销人员就挑起火腿肠切片往自己嘴里塞，没过多久马经理就吞下了近半根火腿肠。

尽管促销人员在现场大嚼火腿肠，但是商场顾客始终冷眼旁观，不为所动。对此，有顾客认为，双汇集团的试吃促销活动不过是作秀，企图掩耳盗铃，蒙骗消费者。还有顾客发出"早知今日，何必当初"的感慨，质疑双汇集团当初为何使用瘦肉精，为何不严格把控食品安全这一关。双汇集团区域经理现场大吃火腿肠的视频一经上传就引发了大量讨论。有网友评论："让促销人员不停地吃火腿肠以证明产品清白，吃坏了胃口是小，真要撑坏了肚子，怕是还得算工伤，那岂不会又有新的麻烦？"此外，网友们纷纷质疑双汇集团这一危机公关策略，认为偌大的集团居然没有丝毫的危机处理能力。双汇集团对待食品安全的草率态度，不仅伤害了消费者，还使得双汇集团承受了巨大的损失。

资料来源：《双汇陷"瘦肉精"事件》，http://money.163.com/special/shsrj/。

15.1 品牌危机概述

15.1.1 危机的内涵

1. 危机的定义

罗伯特·罗森塔尔（Robert Rosenthal）将危机定义为对一个社会系统的基本价值和行为准则架构产生严重威胁，并且在时间压力和不确定性极高的情况下，必须对其做出关键决策的事件。

根据查尔斯·赫尔曼（Charles F. Hermann）的定义，危机是一种形势，在这种形势下，决策者的根本目标受到威胁，做出反应的时间有限，形势的发展出乎决策者的意料。

约翰·贝拉米·福斯特（John Bellamy Foster）认为，危机具有四个显著特征：急需快速决策，严重缺乏训练有素的员工，严重缺乏物质资源，时间极其有限。

劳伦斯·巴顿（Laurence Barton）提出，危机是一个造成潜在负面影响且具有不确定性的大事件，可能对组织及其员工、产品、服务、资产和声誉造成巨大损害。此外，巴顿明确将危机的影响扩大到组织及其员工的声誉和信用层面，认为组织在危机中的形象管理是非常必要的。

弗恩·班克思（Fern Banks）对危机的定义与巴顿有相似之处，他认为危机是对一个组织、企业及其产品或名声等产生潜在负面影响的事故。

奥图·勒兵杰（Otto Lerbinger）将危机界定为对企业未来的获利性、成长乃至生存发生潜在威胁的事件。他认为，一个事件发展为危机，必须具备如下三个特征：一是该事件对企业造成威胁且管理者确信威胁会阻碍企业目标的实现；二是如果企业没有采取行动，局面会恶化且无法挽回；三是该事件具有突发性。虽然勒兵杰的定义是针对企业提出的，但是实际上对各类社会组织都具有借鉴意义。

西格（Seeger）等人认为，危机是一种能够带来高度不确定性和高度威胁的、特殊的、不可预测的、非常规的事件或一系列事件。

危机（crisis）往往是由特定事件引发的，其表现形式主要是威胁性事件，人们能够在危机中理出一条或几条事件线索。但是，当人们透过现象研究本质时就会发现，危机是社会组织内部与外部的构成要素、运作规则和发展环境由常态异化、裂变为威胁性系统的过程。

组织面临的危机不单是一个（或多个）威胁性事件，而是一种涉及内外部多重利害关系的复杂情境。同时，危机管理不单纯是事件处理，而是组织对威胁性生存环境、运行规则和价值系统的修复和改造。因此，危机本质上是一种威胁性的形势、情境或者状态。

将危机定义为一种状态，更准确地反映了危机的本质，有利于人们加深对危机的理解，明确危机管理的方向，即从异化状态向正常状态的转换；拓展了危机管理范畴，认为危机是一种非事件的状态，危机管理也不单是处理突发事件，这有利于组织树立危机意识，建立危机应对机制，形成战略性的危机发展观。

2. 危机管理的 4R 模式

罗伯特·希斯（Robert Heath）提出了危机管理的 4R 模式。4R 是指缩减（reduction）、预备（readiness）、反应（response）、恢复（recovery），它涵盖了危机管理的全过程。

缩减，是指减少危机的成本和损失，这个工作应该在危机发生之前进行，是整个危机管理的初始阶段。减少危机成本的一个重要工作就是对组织内可能存在风险的项目进行评估，利用科学的方法，列出组织中可能存在的风险，根据可能产生危害的大小进行分级，通过风险管理减少甚至避免危机发生。

预备，是指组织通过建立预警系统对可能产生的风险进行监视和控制，组织培训、进行情景演习，加强员工应对危机的能力，将损失控制在最小范围之内。

反应，是指对于危机的发生要迅速做出反应，快速分析危机的类型和影响程度，选择应对危机的方法，制订应对危机的计划，评估计划的可行性，最后付诸实施。这一系列的工作要在极短的时间内完成，否则就会错过处理危机的最佳时机，扩大危机的影响范围，造成更大的伤害。

恢复，是指在危机消除后，评估危机对组织的影响程度，应该汲取的教训以及在处理危机中值得借鉴的地方，然后制订恢复计划，尽快恢复组织的正常运转状态，稳定员工情绪，将组织内的各个系统尽可能恢复到危机发生之前的状态。

15.1.2　品牌危机的内涵

1. 品牌危机的定义

目前，对**品牌危机**（brand crisis）的定义尚未形成统一结论。例如，Dawar 和 Lei（2009）从品牌主张的角度出发将品牌危机定义为因毫无根据或者虚假的品牌主张给品牌带来严重伤害的广为人知的事件。而 Dutta 和 Pulling（2011）从经济效益的角度出发认为品牌危机是威胁品牌实现预期收益的能力并削弱品牌资产的意外事件。此外，郭益盈（2006）从媒介和公众情绪的角度出发，认为品牌危机是品牌所代表的产品（或服务）及其组织的自身缺失或外部不利因素以信息的形式传播于公众，从而引发公众对该品牌的怀疑，降低好感甚至拒绝与敌视，并且付诸相应的行动，使得该品牌面临严重损失威胁的突发性状态。顾志星（2019）以新媒体为时代背景，认为品牌危机是指出现一些真实的或虚假的品牌负面消息，这些信息会影响品牌形象，降低消费者对品牌的信任，最终对品牌造成伤害。与此同时，顾志星指出，在新媒体背景下，品牌危机蔓延速度更快，也更加难以控制。综合以往的文献，本书认为，品牌危机是指在企业发展过程中，由于企业自身的失误，或者内部管理工作中出现缺漏等，引发品牌突发性地被市场吞噬、毁掉直至销声匿迹，公众对该品牌的不信任感增加，销售量急剧下降，品牌美誉度遭受严重打击等现象，最终出现品牌联想发生改变、品牌关系迅速恶化的状态。品牌危机的形式多种多样，主要有形象危机、产品危机、信任危机、公关危机和市场危机。

品牌危机是形象危机。在品牌危机这个名词出现之前，广为人知的是形象危机和声誉危机。形象危机和声誉危机频繁地被当作品牌危机或者是品牌危机的补充，毕竟很多人不是十分理解品牌，甚至有些人以为企业名称和品牌是截然不同的。因此，人们在企业形象受到损害时，更多地使用形象危机，而不是品牌危机。事实上，品牌危机的出现是因为品牌联想发生了改变，所以品牌危机在一定程度上也是形象危机。

品牌危机是产品危机。产品是品牌的核心，品牌危机常常表现为产品危机。产品危机不仅会威胁企业的运转和信誉，而且会影响到企业的生存。产品危机分为两类：一类是企业因产品质量或功能上的缺陷造成消费者损失，与消费者产生纠纷而被要求巨额赔偿，甚至被责令停产的破坏性事件，是品牌危机中最为常见的一种；另一类是企业因生产经营决策对产品的品种、包装、结构、生产经营的程序、技术、布局、规范等方面的规划与市场需求无法匹配，而导致企业的产品在短时间内大量积压，从而影响企业正常的运转。

品牌危机是信任危机。品牌形象的负面影响使消费者对品牌失去了信任。一方面，消费者认为品牌所代表的产品失去了以往的内涵，因而不再信任该品牌所提供的产品，甚至认为该品牌的产品是质量有问题的、不安全的或者是有害的；另一方面，消费者认为企业并没有按照之前品牌宣传的内容正确地对待消费者和社会，认为企业不够诚信，从而引发信任危机。

品牌危机是公关危机。品牌个性这一概念的提出是把品牌拟人化，即品牌作为一个人性化的个体与公众发生关系。品牌的公众关系包括：品牌与顾客的关系，品牌与社会的关系，品牌与政府的关系，品牌与员工的关系，等等。如前所述，品牌危机是信任危机，消费者对品牌的不信任、不依赖会慢慢引发整个社会公众对品牌的不信任，进而影响到品牌的公众关系，造成公关危机。

品牌危机是市场危机。品牌危机既是信任危机，也是公关危机。危机发生后消费者不再信任品牌，公共关系恶化，导致市场发生剧烈的波动，企业失去大量的市场份额，利润率降低，情况严重时甚至威胁到企业的生存，引发市场危机。

综上所述，品牌危机与其他类型的危机并不是互不相容的，它们的区别就在于研究角度不同，强调对象不同。通常情况下，虽然品牌危机并不直接来源于品牌联想的改变，但是品牌联想的变化却会引起品牌危机的产生和发展。因此，品牌联想可以是品牌成长的发动机，也可以是品牌危机的加速器。

2. 品牌危机的特征

品牌危机会导致品牌关系断裂，引发消费者质疑，使消费者丧失品牌忠诚，给企业带来巨大的危害。因此，根据品牌危机的特征判别企业是否发生品牌危机就显得至关重要。具体来说，品牌危机表现出以下特征。

（1）低预见性。品牌危机的低预见性主要表现为品牌危机发生的时间、形式、强度和规模等都是难以确定的。品牌管理过程中的每一个薄弱环节都有可能因某种偶然性因素发生失衡和崩溃而形成危机。与此同时，品牌危机一旦爆发便会造成巨大影响，使企业成为社会和舆论关注的焦点，成为新闻媒体争相报道的热点，成为竞争对手发起进攻的最佳时点，成为主管部门排查、监督的重点。总而言之，企业的品牌危机就像一根牵动社会的"神经"，可以迅速引发社会各界的不同反应和密切关注。

（2）严重危害性。品牌危机的严重危害性主要体现在品牌危机会导致企业的系列产品在市场上遭受全面的抵制，销量急剧下降，甚至使企业陷入法律纠纷，面临巨额索赔。品牌危机的严重危害性是品牌危机的本质属性，在一定程度上会损害到顾客、社会公众的利益，使公众陷入恐慌与焦虑之中，对社会环境造成极大的破坏。如果某一事件没有危害性，不会带来不利的影响，我们很难称之为危机，也就不必对其进行管理了。

（3）舆论关注性。品牌危机的舆论关注性体现在品牌危机爆发时引发了超乎企业自身知名度的关注。舆论的广泛关注，媒体大张旗鼓地报道也成为品牌危机处理中最棘手的问题，而媒体的舆论偏向会直接影响到品牌的形象。例如，2018年，碧桂园的工地坍塌、项目起火、员工伤亡、劳资冲突等事件一发生就引起了媒体的广泛关注，使得碧桂园的信誉和口碑迅速下降。

（4）机遇性。通常情况下，人们会单一地认为危机只会给企业带来不好的影响，是恐怖的陷阱，是被竞争对手打败或超越的机会。但是，在蓝海策略里，危机不但不是真正的危险，反而是发展的机遇。事实上，当品牌危机爆发时，会引起舆论的广泛关注，这会给企业带来很大的曝光度，只要企业能很好地利用此次机会，积极地进行转化，就可以将品牌危机事件转变成进行企业宣传的良机。

3. 品牌危机的类型

根据不同的划分标准，品牌危机可以分为多种类型。本书按照引发危机的直接主导因素，将品牌危机划分为产品质量危机、品牌战略危机、品牌延伸危机、品牌环境危机和法律权益危机。

（1）产品质量危机是指由于产品质量出现问题而引发了品牌危机。企业因产品质量或功能与消费者产生纠纷甚至造成消费者的重大损失，而被提出巨额赔偿甚至被责令停产。产品质量与人们的日常生活密切相关，甚至很可能直接关系到消费者的身体健康和生命安全。因此，产品质量危机一旦发生，就会引发消费者的不信任心理和不购买行为，进而导致销售量大幅度下降，引发企业经营危机。例如，2017年，三星手机发生爆炸事件，使其销量急剧下降，三星在中国市场陷入困境。

（2）品牌战略危机是指由于品牌战略的制定和执行失误而引发了品牌危机。从狭义上讲，品牌战略制定失误是指品牌战略本身的失误。从广义上讲，品牌战略制定失误不仅包括品牌战略展望提出的失误，而且包括品牌战略目标体系建立的失误。品牌战略危机并非一朝一夕形成的，而是逐步累积的产物。企业对品牌战略危机的防控越早，危机就越容易避免，因此，要尽量做到防微杜渐、超前决策、争取主动，将品牌战略危机消除在萌芽状态。

（3）**品牌延伸危机**（brand extension crisis）是指由于品牌延伸策略失误而引发了品牌危机。恰当的品牌延伸不仅能使新产品迅速进入市场，而且可以利用品牌优势扩大生产线，壮大品牌的支持体系。但是，在品牌延伸的过程中，企业尤其要注意品牌延伸安全，否则就会进入品牌延伸误区，产生品牌危机。品牌延伸危机主要表现为三种情况：一是在品牌本身还未被大众广泛认识的情况下就急于推广新产品，最终导致新、老产品一起灭亡；二是品牌延伸后生产的新产品形象与原有的品牌形象矛盾，冲击了消费者对以往品牌形象的认知，引发品牌形象危机；三是品牌延伸的速度超过了品牌支持力增长的速度，对企业原有的品牌形象造成负面影响。

（4）品牌环境危机是指由于企业品牌内部和外部环境恶化而引发了品牌危机。品牌的内部环境指持有品牌的企业的内部状况，包括企业的新产品开发情况、人力资源匹配情况、企业文化和营销观念等。品牌的外部环境包括消费者、竞争对手、分销商、市场秩序、舆论和宏观环境等。企业的内外部环境状况是品牌发展的重要影响因素，如果没有一个良好的环境，品牌就无法健全地成长。

（5）法律权益危机是指由于品牌的法律权益受到侵害而引发了品牌危机。品牌的法律权益是品牌资产的重要组成部分，一旦品牌商标（或者品牌名称、品牌标志）被假冒或盗用，就会引发严重的品牌危机，甚至会被假冒者、盗用者拖垮。因此，企业应该加快建立商标安全监控系统，搜集各种损害和可能损害品牌商标安全的行为，在实际损害发生前消除威胁品牌商标安全的诱因，做好品牌商标安全的防御工作。

有学者将以上的第二类至第五类危机归为一类，称为非产品质量危机，与产品质量危机对应。相比较而言，非产品质量危机大多是由于企业外部或企业内部非产品原因导致的，比如决策失误、资金问题、法律诉讼、人事变动、公共关系和广告等。非产品质量危机因为不直接关联大众消费者，其影响只存在于一部分群体中，所以广大消费者对它的关注程度与产品质量危机相比要低得多。

15.2 品牌危机的影响和成因

15.2.1 品牌危机的影响

品牌危机不可避免地会对企业的生存与发展产生威胁，对管理者构成巨大的挑战。事实上，如果品牌危机非常容易解决，并且对企业本身危害不大，那么品牌危机也就不必称为危机。

首先，品牌危机最直接、最明显的影响便是产品销量减少。品牌危机发生之后，在众多媒体高强度的负面报道下，消费者容易停止使用与购买该品牌的产品，从而导致企业非计划性的销量下降、市场占有率下降、销售地域收缩等，严重影响品牌产品的销售。

其次，企业声誉会被损害，品牌价值将降低。众多的负面报道不仅会降低该品牌的美誉度，损害企业声誉，而且会降低消费者对品牌的感知价值。消费者原有的感知价值下降会导致购买欲望降低，消费者会减少甚至停止购买行为，导致品牌的市场份额降低。与此同时，品牌价值还体现在企业股票价格的波动上。当品牌价值降低时，产品市值会下降，最终导致企业股票价格降低。

再次，品牌危机会降低企业内部员工的信任感。企业发生品牌危机时，内部员工是最直接的感受者，员工的情绪会受到危机的影响，对企业产生包括不信任在内的一些负面情绪。此外，如果管理层对危机处理不当，会加深危机的影响程度，使得更多媒体对品牌进行负面报道，使得公众对品牌的信任度下降，同时企业员工也会对管理层失去信任，导致其对企业的忠诚度下降，最终造成企业内部的人员流失，影响工作队伍的稳定性。

最后，品牌危机会降低外部利益相关人的信任感。品牌危机的发生会降低经销商、供应商以及股东等利益相关人对企业及品牌的信任感，使得他们采取不利于企业的行为以保护自身利益。与此同时，银行也会趁机停止发放贷款并催收已有贷款。而以上利益相关人的一系列行为又会进一步加深品牌危机的严重性，扰乱企业正常的生产经营秩序，影响企业对创新研发、生产技术以及设备的投入。

15.2.2 品牌危机的成因

企业要正确地开展品牌危机管理就要深刻认识到危机产生的原因。一般来说，危机产生的原因可以从组织外部与内部两方面进行分析。

1. 内部原因

（1）企业的文化与价值观。品牌方面的权威学者凯勒（2006）指出，品牌是一种象征性手段，它让消费者形成了对品牌的印象，某种品牌与某些使用该品牌的人联系在一起，就反映了不同的价值观念或特点。品牌的价值主张与企业文化并不是两个相互独立的概念。例如，海尔的"真诚到永远"、三一重工的"品质改变世界"、诺基亚的"科技以人为本"等这些为大众所知悉的宣传口号，无不反映在企业员工的行为及产品或服务上，体现着一个组织的价值观和文化。品牌危机可以验证企业核心价值观念的稳固性，有些企业凭借其传承的价值理念克服了一些事件的困扰，在危机发生之前就果断采取措施化险为夷。企业发生品牌危机的一种情况是企业自身的价值观出现了问题，或者企业的价值观已然成了摆设，缺乏号召力；另外一种情况是企业变更了一贯倡导和秉承的价值观，动摇了员工的思想，导致军心不稳，最终引发品牌危机。日本汽车评论家黑泽纯一认为丰田在2007年开始取代通用成为世界最大的汽车公司后，随之而来的是傲慢和官僚体制。尤其是在通用汽车破产重组后，丰田更是稳坐世界霸主的位子，随之出现了目空一切的恶劣意识，将丰田原来的精细服务精神抛诸脑后，最终导致品牌危机的出现。

（2）人力资源。企业内部的人会从两个方面引发品牌危机：一是高层人事变动；二是员工能力和素质欠缺。首先，高管的变更会给组织带来潜在的危机。企业的领导风格、决策方式、行为习惯以及价值观都会随着高层的变动而变动。高层变更的信息会影响企业员工的行为方式，会引发外界对企业的猜测，从而影响品牌的稳定性。典型的事例是苹果公司在乔布斯离开前后具有不同的品牌表现。甚至，有些企业会由于高层的分裂而解体，品牌也随之消失。其次，员工能力和素质的欠缺可能会引起媒体的负面报道，造成品牌危机。企业的员工不仅包括普通员工，也包括管理人员。普通员工的偶然失误也有可能会殃及整个企业，导致品牌形象受损。与此同时，管理人员在处理突发事件时的决策判断能力、指挥协调能力至关重要。在很多情况下，品牌危机并不是事件本身，而是管理人员能否认识到这些事件的本质。一些管理人员会想当然地认为自己应该为企业的利益着想，而把消费者或媒体放到了对立面，如图15-1所示。

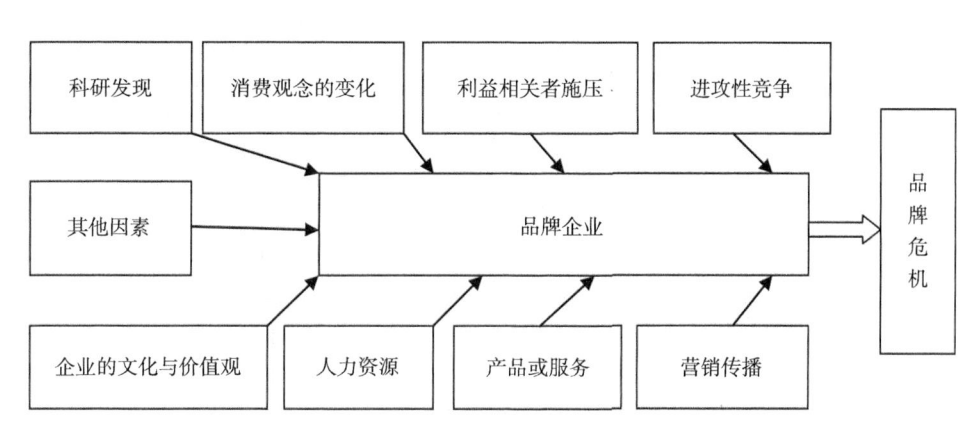

图15-1　品牌危机的成因

（3）产品或服务。虽然品牌具有帮助消费者简化购买决策、降低风险的重要作用，但是一旦产品或服务出现了问题，消费者就会对品牌丧失信任。大多数品牌危机的发生与产品质量或服务过程等要素有着千丝万缕的联系。Siomkos等学者（1992）指出，产品伤害引发的危机以及企业应对的方式会影响消费者对发生危机的企业及其产品的认知。此外，早期学者们还研究了产品责任、产品召回、商业谣言等焦点问题。Dawar和

Pillutla（2000）研究了消费者预期与企业响应的相互作用对危机后品牌资产的影响，反映出缺陷产品或服务不仅会危及广大消费者的身心健康，而且会重创企业长期累积的品牌资产。Heerde 等学者（2007）认为产品出现问题会给企业带来四重危机：一是一线销售损失；二是营销手段失效；三是对竞争对手营销组合的横向灵敏度攀升；四是降低营销组合工具对各品牌的交叉影响。尽管质量管理在全球范围内都得到了运用，但产品和服务的质量仍然是消费者和企业最为关注的。在产品设计、运输仓储、原料采购、加工制造等各个环节都不容出现纰漏和差错。

（4）营销传播。跨国公司需要具备"全球化思考，本土化行动"的理念，在广告创意、言语表达、活动推广等营销传播中必须考虑本地的民族文化和风俗习惯，尤其是在多民族聚集、宗教信仰盛行的区域。在没有任何主观故意的情况下，企业也会因为忽略了一些细节，而给品牌在当地的发展带来灭顶之灾。此外，本地企业也需要在营销传播上小心谨慎，因为营销传播的对象是广大的目标受众及利益相关群体，如果企业的营销传播出了问题，不仅会引发品牌危机，而且会加快危机扩散速度，扩大危机影响范围。与此同时，不论是跨国公司还是本地企业，在营销传播方面不仅要注意空间上的融合性，还要保持时间上的连续性。如果营销传播前后不一致，消费者和其他利益相关者对品牌的认知就会发生混乱。此外，品牌危机出现后，企业需要选择权威的媒体，在最短的时间内将企业发言人的信息传播出去。如果企业负责人的意见不统一，或者在媒体面前发表了任何不恰当的言论，都会加重品牌危机的影响。

2. 外部原因

（1）科技进步。知识局限使人们难以识别全部潜在的危害，因此，无论是有形的产品还是无形的服务，它们所采用的原材料、辅料、工具等都会面临技术进步或科研发现带来的挑战。比如，人们依据某个科学实验的结果，会将原来并不构成威胁或损害的一些化学成分、生物菌种等列为有害物质；或者认为某些成分的含量必须再降低才不会危害人体健康。药品或化妆品对不同体质或肤色的人群产生的影响也会截然不同。这些都会对现有的品牌及其产品或服务产生冲击，尤其是与人类生命和健康密切相关的行业。尽管这种情况并不经常发生，但要知道危机具有突发性，它们不会按预定计划出现。科研成果中，有些来自公共性质的科研机构，有些来自企业自身的研发部门。这类企业大多是行业中的领导者，具备强大的科研实力，它们一方面从品牌影响力上带给竞争对手品牌危机感，另一方面会通过改写行业标准淘汰竞争对手。科研发现更多的是为了人类进步作贡献，然而对一般的企业而言，新的发现确实会给企业及其品牌带来不小的冲击，尤其是当这种压力来自竞争对手时。

（2）消费观念的变化。消费者持有的一系列对品牌的看法、感觉和态度，对他们选择并坚持使用合适的品牌至关重要（Gnrdner 和 Levy, 1955）。凯勒（2006）进一步指出，品牌资产来源于顾客思维。品牌的作用体现在其能赋予产品及服务独特的联想，能够为企业带来竞争优势和财务回报。这就意味着，消费者的消费观念及其对品牌的态度决定了品牌的价值及企业的无形资产。当消费者的生活方式、消费观念发生变化，但是企业却忽视了这种变化或者企业难以做出调整时，品牌危机就无法避免。例如，引导生活潮流的青年人经常会发起"观念革命"，对此服装、时尚用品等行业总是顺势而动，不断为品牌注入新元素，否则就会面临老化、衰退的危险。通常情况下，消费者的生活方式或消费观念在短期内不会发生明显的变化，有时候企业会误以为消费者的偏好或观念发生了变化，错误解读了某些反馈信息，对品牌的调整过于超前，这同样会给品牌带来灾难。

（3）竞争对手的不正当行为。一种情况是品牌企业的不当行为被竞争对手当作弱点或缺陷进行猛烈的攻击；另一种情况是竞争对手的不当行为给企业带来了严重威胁。企业在经营过程中不可避免地会产生失误，产品的研发销售、资金的进出流转、新战略的颁布实施等都会面临暂时的困难或障碍。在激烈的市场竞争中，以上行为无疑暴露了企业自身的弱点，此时竞争对手借此发力就会加剧品牌企业当前的困境。例如，百事可乐的"口味测试"营销就给可口可乐带来了空前的压力，可口可乐采用新配方来应对这场挑战，结果却因消费者不买账而使得百事可乐在短期内获取了竞争优势，扩大了影响范围。此外，竞争对手有时会采用一些有失偏颇或极端的办法与品牌企业抗衡，面对竞争对手的做法，品牌企业如果不应对，自然会蒙受不白之冤，任其发展后果会不堪设想；如果应对，则不管是诉诸法律还是协商调停，都会耗费一定的资源并可能会给品牌形象带来负面影响。

（4）其他相关者施压。供应商、分销商、政府、媒体、社会团体等利益相关者，都有可能会为了维护自己的利益而向企业施加压力，甚至会公开对某一品牌及其所有者提出抗议、发起抵制。当市场价格发生波动时，供应商或分销商会为了维护其经济利益，将不稳定因素传导给品牌企业。在供求严重不平衡时，这种情况尤为突出，甚至不惜诉诸法律。但有时却是供应商或分销商因自身管理不善而殃及品牌企业，尤其是知名品牌会遭受重大损失，即使该知名品牌企业在供应链中的地位没有动摇，也不会被顾客接纳。此外，政府制定的政策、法规对品牌企业的影响也非常明显。例如，提高当地的最低工资标准或对某种原材料实施配额供应，就会给品牌企业的经营带来困难。媒体有时是企业的得力助手，有时是品牌危机的"引爆器"。企业对于小事件如果处理不当，一旦被媒体渲染并公开传播的话，就会被推向风口浪尖。另外，环保组织、宗教人士、行业协会等社会团体同样会对品牌企业的不当行为或活动进行抗议，最终将局部的、小范围的事件演变成品牌危机。

15.3　品牌危机的防范

15.3.1　对品牌危机进行有效的监督

品牌危机防范工作涉及采购、生产、营销、物流和售后服务等各个方面，企业需要对以上各个方面进行有效的监督，以避免品牌危机的发生。采购和生产主要包括原材料的采购渠道、产品的质量保障以及产品的合格性，其中产品的质量保障尤为重要。产品的质量保障是指企业应该按照国家有关质量、安全、环保等法规和技术标准的规定，经过事前、事中、事后的监督和检查，采用各种统计技术，严格把控产品的质量、安全和环保等环节，杜绝质量问题的发生。一旦发现产品存在质量问题，企业应及时有效地处理，把品牌危机扼杀于萌芽状态。营销主要包括产品定位、产品定价、销售渠道和产品促销等。产品的价格不仅关系到企业利润，而且会对企业的品牌形象产生影响，因为品牌是与价格水平相联系的。企业应尽可能地将价格控制权掌握在手中，保持市场价格的统一性和相对稳定性，以维护产品品牌的声誉。此外，除了部分直销企业外，多数企业的产品都要经过一个或几个中间环节才能最后送达目标市场的顾客手中，这就存在渠道与中间商的选择问题。对名牌企业来说，渠道选择不仅关系到产品的流通效率与利益分割，而且关系到品牌声誉。因此，对拥有良好品牌的企业而言，应该注重中间商的实力、地位与声望。例如，名牌服饰只会出现在大型百货公司与厂商特许的专卖店，而日用品则出现在一些接近大众、方便大众购买的商超和便利店。物流和售后主要涉及产品的运输、装卸、服务响应时间以及消费者的满意度。在现代生活中，物流和售后服务有时甚至比产品品质本身更重要。对许多商品而言，特别是对那些价值较高的机器设备和耐用消费品而言，人们的购买选择往往取决于企业提供的物流和售后服务，因为在较成熟的产业市场上，各厂商提供的产品品质并无太大区别，品牌往往是人们购买时的首选因素。销售保证首要的内容是退货自由，向消费者免费或优惠提供的送货、安装、维修、培训、零配件供应等服务也都非常重要。

15.3.2　建立品牌危机管理的组织机构

品牌危机管理的组织机构为品牌危机管理提供了组织保障。企业可以根据自身的规模和实际情况决定是否设立专门的品牌危机管理委员会。品牌危机管理委员会独立负责品牌危机的管理，是主要的决策部门。如图 15-2 所示，它的成员主要包括企业高层管理人员、有关专业人员和法律顾问等。品牌危机管理委员会下设事务管理部和危机监察部。事务管理部的主要职责是制订品牌危机防范计划，做好品牌危机日常事务管理，一旦发生品牌危机，应积极配合品牌危机管理委员会的危机处理工作。危机监察部的主要职责是监督和检查品牌危机管理的工作，及时发现问题并预防品牌危机的发生。

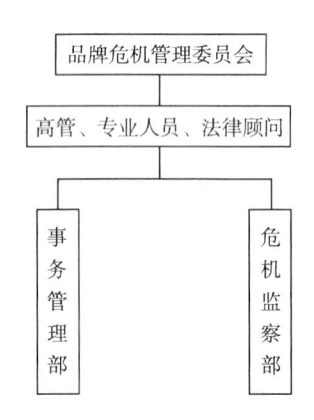

图 15-2　危机管理的组织结构

15.3.3　建立有效的品牌危机预警系统

企业应建立危机预警系统，及时察觉企业危机征兆，并为各种危机提供切实有利的应对措施。一方面，企业应该建立信息监测系统。企业应建立高度灵敏、准确的信息监测系统，及时搜集相关信息，并加以分析、研究和处理，全面、清晰地预测各种危机情况，捕捉危机征兆，为处理各项潜在危机制定对策方案，尽可能确保危机不发生。危机信息监测系统要便于对外交流，适于内部沟通，其信息内存要突出"优"，信息传递速度要强调"快捷"，信息的质量要求"再确认"。经分析后的紧急信息或事项要实施"紧急报告制度"，也就是将危机影响及时报告主管领导，以便及时采取有效的应对措施。另一方面，企业应该建立品牌自我诊断制度。通过建立这一制度，从不同层面、不同角度进行检查、剖析和评价，找出薄弱环节，及时采取必要措施予以纠正，从根本上减少乃至消除发生危机的诱因。这种自检、自诊不是有了问题才检查，而是通过检查以防止问题的发生。一个有效的办法就是调查研究品牌危机的历史，其目的有两个：一是以自己或他人的历史为前车之鉴，避免再犯类似错误；二是从以往的危机处理中吸取经验、教训，找出有效的解决危机的方法。

15.4 品牌危机的处理

15.4.1 品牌危机处理的原则

快捷原则。对品牌危机迅速做出反应就意味着企业不论是对受害者、消费者、社会公众，还是对新闻媒介都应当成为首先到位者，以便在第一时间快速消除公众对品牌的质疑。因为危机发生的最初 24 小时至关重要，如果失去危机处理的最佳时机，即使事后再努力，也于事无补。

全员原则。每一位员工都是企业信誉与品牌的创建者、保护者和巩固者，当品牌危机来临时，他们不是旁观者，而是参与者。企业需要提高危机的透明度，让全体员工都了解品牌危机的处理方法并参与品牌危机的处理过程。这不仅可以发挥整体宣传的作用，减轻企业震荡和内外部压力，而且可以通过全员参与重新树立员工对企业及品牌的信心。

诚意原则。消费者的权益高于一切，维护消费者的利益，降低受害者的损失，是品牌危机处理的第一要务。因此，企业在采取措施阻断及控制危机的蔓延、扩散速度和范围的同时，应向消费者和受害者表示歉意，必要时还需要通过新闻媒介向社会公众发布公告，告知事情的全部真相，主动承担责任，显示企业对消费者和受害者的真诚，赢得消费者、受害者以及社会公众和舆论的理解与同情，不可一味地关心自身的品牌形象，伪造证据，甚至忽略和攻击受害者。

系统原则。品牌危机发生的时间、规模、态势和深度是难以预测的，并且会在短时间内对企业或品牌产生恶劣影响。因此，企业内部应该有制度化、系统化的危机管理和灾难恢复的业务流程与组织机构。这些流程和组织机构在业务正常时不起作用，但是在危机发生时会即刻启动并运转。专门的流程和组织机构使企业在面对品牌危机时可以保持指挥协调统一、宣传解释统一、行动步骤统一，高效地向市场澄清事实。事实上，国际上的一些大公司在危机发生时应付自如的关键就是建立了制度化的危机处理机制，在发生危机时快速启动,全面且井然有序地开展危机管理工作。

> **品牌案例 15-1**
>
> ## 最生活毛巾 VS 网易严选
>
> 2017年5月23日,微信公众号"最生活毛巾"发布了一篇名叫《致丁磊:能给创业者一条活路吗?》的公关檄文,内容是创始人"毛巾哥"控诉网易严选的一款毛巾侵权。"毛巾哥"表示,网易严选因使用"G20专供"字眼描述产品而构成侵权。第二天,网易严选发文做出回应,阐述了ODM模式并表示自己与最生活毛巾使用了相同的毛巾原料和制造商,因此并不存在侵权行为。与此同时,网易严选在推送中扒了最生活毛巾的抄袭黑历史以及接受雷军投资的现状,避免了舆论抨击网易严选以大欺小。回应之后,网易严选开始了毛巾超级大促销活动,把毛巾的价格从原来的29元一条降到了12元一条,毛巾立马脱销。最令人意外的是,事后,网易严选以自嘲的态度发布了一首全新单曲——《网易严选退钱了》。网易严选充满创意的危机处理方法,不仅使其顺利渡过了此次难关,而且赢得了大众的好感。
>
> 资料来源:一号线索《网易严选手撕最生活毛巾,谁的套路更胜一筹?》,https://m.sohu.com/a/143451445_701770/?pvid=000115_3w_a。

15.4.2 品牌危机处理策略

1. 品牌危机管理的事中处理

首先,迅速组成处理危机的应变总部。危机爆发后,最重要的是能够冷静地辨别危机的性质,并且有计划、有组织地处理危机。因此,迅速成立处理危机的应变总部,承担危机的协调和指挥工作是必不可少的。处理危机的应变总部主要包括调查组、联络组、处理组、报道组等,并且要清楚地划分每个工作小组的职责。一旦发生危机事件,调查组应立即对危机进行详细的调查,做出初步报告。调查内容应该包括危机的现状、造成的影响、是否已被控制、控制的措施是什么、企业与有关人员应负的责任等。联络组要尽快开展联络工作,如确定约见人员、接待约见人员、告知协助需求等。如果是灾难性事故,联络组还应该及时向伤亡人员家属通报最新的进展情况。处理组应该马上进行抢救、现场保护、死亡人员的善后和伤员的治疗、出现次等货品时商品的回收和处理、发生环境污染时的治理工作等。报道组需要马上统一组织的对外传播、沟通工作。一般来说,以传播信息、报道新闻为主要责任的机构是公关部门。

其次,迅速启动产品召回制度。产品质量问题导致的危机是最为常见的危机,一旦出现产品质量危机,企业就要建立产品召回管理机构,迅速启动产品召回制度,收回所有在市场上流通的不合格产品。产品召回管理机构的成员应该包括物流、生产、质量、客户服务、财务、法律、公共关系、产品研发、营销和信息系统等部门的负责人，特殊情况下公司的一把手也需要参与。产品召回管理机构应该指定一名召回协调员作为负责人，明确召回行动中各部门员工的任务和职责。其中，规模较大的企业还需确定产品召回管理机构是采用集权、分权还是二者相结合的组织形式。此外，企业需要利用大众媒体告知社会公众退回不合格产品的方法。在产品召回过程中，企业需要与最终消费者、中间商、维修站和客户服务部门建立和保持有效的沟通渠道，这样一方面能够及时地与他们联系；另一方面可以通过沟通获得产品使用、产品维修、产品退回、消费者意见等方面的信息。启动产品召回制度，回收不合格产品，表明企业始终是以消费者的利益为第一位的，为此不惜承担任何损失。这种做法首先就从心理上打动了公众。如果放任这些产品继续流通，就有可能使危机涉及的范围进一步扩大，引起公众和媒体群起而攻之，最终达到不可收拾的地步。

最后，进行积极真诚的内外部沟通。一方面，要做好企业的内部公关，取得内部公众的理解。面对突发的品牌危机，企业要做到处变不惊、沉着冷静，正确把握危机事态的发展方向，有条不紊地开展**危机公关**（crisis management）工作，处理好内部公众关系，避免出现人心涣散、自顾不暇、各奔前程的局面。企业应告知内部成员危机真相和处理进展，号召全体内部成员团结一致、同舟共济、共渡难关；告知经销商、供应商及所在社区等利益相关组织或群体危机的实际情况，使他们在第一时间得到消息而不是被动地从媒体处接收信息，争取他们的协作和理解，避免危机的连锁反应，尽量保持企业正常的经营，使危机公关小组的工作和经营管理人员不被干扰。另一方面，要进行外部沟通，沟通对象包括消费者和公众。品牌是一种承诺，根植于消费者心中。当重大责任事故导致消费者和公众利益受损时，企业应该首先关注消费者的利益，以最快的速度直接和受害者进行坦诚的沟通，尽量满足他们的要求，与消费者达成和解，引导危机向有利于企业的方向发展。企业应该通过媒体向所有消费者及公众表达歉意，公布改正措施，承担应负的责任，最大限度地争取公众的谅解。即使责任不在企业，企业也应该给予消费者人道主义关怀，为受害者提供帮助，避免消费者因产生不满，而将关注点转移到事件之外，使企业危机升级。总之，企业只有表现出诚恳和对公众负责的态度，才能在公众心中树立良好的形象，甚至抓住机遇，将危机转化为宣传机会。特别要注意的是，无论面对何种危机，企业都不能为了短期利益，一味地为自己辩解、推脱责任，这会使品牌丧失信誉，损害企业原有的形象。

媒体不仅是舆论的工具，还是企业和公众沟通的桥梁，是解决危机的重要外部力量。因此，企业应该坦诚地对待媒体，主动地让媒体了解真相，争取新闻界的合作，引导其客观公正地报道。因此，品牌危机一旦发生，企业需要在最短的时间内通过媒体发布说明，通过新闻发布会等形式通报全部事实以及处理危机的具体行动，要避免向媒体提供虚假信息，因为一旦外界通过其他渠道了解到事实真相，危机的杀伤力会更大，品牌也会在危机中越陷越深。此外，面对危机，企业绝不能采取沉默态度，用"无可奉告"的方式回避媒体的采访。因为沉默不仅延误了最佳时机，而且辜负了公众期盼真相、期盼解释的热情，导致小道消息盛行，企业陷入被动局面，从而加大企业损失及后期解决问题的难度。

2. 品牌危机管理的事后处理

企业在平息品牌危机事件后，即进入事后管理阶段，管理者需要着手开展企业品牌形象的恢复工作。一方面，尽力消除品牌危机造成的负面影响，将企业的财产、设备、工艺流程和人力资源恢复到正常状态；另一方面，重新塑造和强化企业品牌形象，化"危"为"机"。具体善后工作包括两个方面。

一方面，恢复和调整企业内部运营情况。其一，要教育员工并修正、补充危机管理的内容。虽然危机事件的妥善处理会使企业绝处逢生、化险为夷，但是在危机中暴露出来的企业管理、员工素质、公共状态等方面的问题却不可忽视。企业应该把此次危机作为典型事例和生动的教材，对员工进行深入的公共关系教育和培训，使每个员工都能从中找到存在的问题，自觉地将自己的行为、形象与企业的命运、形象联系在一起，让"我是企业形象代表"的观念深入人心，作为指导行为的指南；其二，要吸取教训，制订危机管理计划。危机是任何企业都不愿面对的，无论是处理危机还是重新获得公众好感、恢复形象，都需要大量的时间和精力，花费巨大。特别是那些临阵磨枪、仓促上阵的企业，必须吸取教训，在危机过后立即制订危机管理计划，必要时请专家和公关公司进行指导，如此才不会犯同样的错误。

另一方面，对企业外部品牌的恢复和重振。企业外部品牌的恢复与重振工作，需要企业根据不同对象、程度来开展，比较常见的方式有以下两种。一是实事求是地兑现企业对公众做出的承诺。这不仅体现了企业恪守诚信的原则，也反映了企业对品牌形象和企业信誉的一贯追求。承诺意味着信心和决心。企业通过品牌承诺，将信心和决心展现给顾客以及社会公众，表示企业将以更大的努力和诚意换取顾客及社会公众对品牌和企业的重新信任，这是企业坚决维护品牌形象与企业信誉的体现。此外，承诺也意味着责任。企业通过品牌承诺，使社会公众对品牌的未来有了更高的期待。若企业在消除危机后不能兑现承诺或者不能足额兑现承诺，企业将面临顾客及社会公众的信任危机。二是继续传播企业信息，举办富有影响力的公关活动，提高企业美誉度。企业与公众之间的信息交流是企业获取公众了解与信任、争取公众支持与合作的有利手段。在发生危机期间，品牌形象和企业信誉受到极大的损害。在消除品牌危机之后，企业更需要加强对外部的信息传播，消除公众心理和情感上的阴影，让顾客及社会公众感知品牌新形象，体会企业的真诚与可信。可以说，危机后的继续传播是品牌重获新生并有所提升的必备条件。

因此，品牌危机管理是一个复杂的系统工程，企业只有重视它，不断探索品牌经营过程中处理危机的好办法，才能逐步增强企业对品牌危机处理的能力。中国品牌的危机管理更是一个复杂的系统工程，主要的原因有两个：一是国内企业的生存环境与客观条件，如道歉先行，调查后行；二是国内媒体垄断的话语权，媒体坚决曝光客观上对人们生命造成危害、肆意欺骗消费者的行为。

关键术语

危机（crisis）
品牌危机（brand crisis）
品牌延伸危机（brand extension crisis）
危机公关（crisis management）

思考与练习

1. 品牌危机的定义是什么？
2. 品牌危机的划分标准有哪些？根据这些划分标准，品牌危机可以分为哪些类型？
3. 引起品牌危机的因素有哪些？请举例说明。
4. 请列举品牌危机的防范措施。
5. 品牌危机处理应该遵循哪些原则？具体的处理策略是什么？

思政融入点

通过本章的学习，学生应树立危机意识，对社会发展、企业经营和个人生活中的风险有足够的敏感度，并时刻保持足够的警惕性。环境是在不断变化的，只有时刻保持居安思危的心态，正视缺点、不断创新、永不放弃，才有可能使企业基业长青、个人发展顺利。

模拟实训

1. 选择一个成功的品牌危机管理案例，结合本章的内容分析品牌危机产生的危害，解决品牌危机的过程中体现的原则。
2. 选择一个失败的品牌危机管理案例，试根据本章所学内容提出合适的危机解决方法。

案例分析

星巴克致癌事件

2018年3月29日，一个名为"澳洲Mirror"的公众号撰写了一篇题为《星巴克最大丑闻曝光，全球媒体刷屏！我们喝进嘴里的咖啡，竟然都是这种东西》的文章，文章中宣称"喝星巴克咖啡致癌，是被隐瞒了8年的真相……""美国洛杉矶法院的一纸裁定，宣布星巴克公司必须在90天内，强制执行一条法律命令，这条法律命令，可以说是直接判了星巴克死刑"等对星巴克不利的内容。一时间人们议论纷纷，这篇文章也在31日达到了阅读量的高峰——超过10万。

事实上，3月29日，洛杉矶高等法院法官裁定星巴克公司和其他咖啡公司必须在加州销售的咖啡产品上贴上癌症警告标签，因为其在焙烧过程中产生的化学物质会致癌。

法官 Elihu Berle 在 3 月 28 日表示，"原告提供的证据表明，咖啡的消费增加了对胎儿、婴儿、儿童和成人的伤害风险"，而"被告咖啡制造商没有在审判中提出适当的理由来占据上风"。据悉，这场诉讼由非营利组织毒理学教育和研究委员会根据州法律提出，已经历时八年。该场诉讼的被起诉方除星巴克外还包括其他 90 家公司，其中包括 7-Eleven 和十几家大型咖啡公司。

对此，星巴克中国告知采访媒体该裁决并不针对星巴克一家，而是整个咖啡行业，且星巴克始终坚持为顾客提供高品质及安全可靠的食品与饮料，并致力于让顾客感受优质的星巴克体验。此外，星巴克还专门发布了一篇声明称，关于该项加州法律诉讼，建议参考美国国家咖啡协会的公告，并提供了公告内容的中文翻译。美国国家咖啡协会在 3 月 29 日发布公告称，他们正在考虑采取措施，可能会上诉或采取其他法律行动，因为在咖啡上标注"致癌警告"，可能会误导公众。公告进一步指出，根据美国政府的饮食指南，咖啡是健康生活的一部分，同时，世界卫生组织（WHO）也曾表示咖啡不会致癌，非但如此，经过研究之后，WHO 还认为咖啡有益于人体健康。美国国家咖啡协会总裁 William Murray 称，"经过反复验证，咖啡早已被证明是一种健康饮品。这起诉讼不但会误导消费者，而且对保障公众健康毫无帮助"。至此，在多个权威信息源支持的背景下，星巴克的正面舆论很快就占了上风，而星巴克也借此成功渡过了此次危机。

资料来源：米烙指南《星巴克咖啡致癌事件，人民日报的发文亮了！》，https://m.sohu.com/a/227395533_100141949/?pvid=000115_3w_a。

问题：

1. 星巴克在处理咖啡致癌的品牌危机中体现了哪些原则？
2. 星巴克处理品牌危机的步骤有哪些？
3. 星巴克处理品牌危机的渠道有哪些？

第16章 品牌更新

学习目标

经济社会不断发展变化,市场竞争日益激烈,消费者需求特征趋向多样化,技术创新不断发展,使得每个品牌都会面临老化的危机。品牌更新作为品牌预防或应对品牌老化、配合企业战略布局和调整、实现品牌可持续发展的必然选项,其重要性日益凸显。

通过本章的学习,应达到如下要求:

1. 了解品牌生命周期理论及各阶段特征;
2. 理解品牌更新的内涵;
3. 了解品牌更新的背景和动因;
4. 掌握品牌更新的主要策略;
5. 掌握品牌更新的基本步骤与困难。

引导案例

老牌书店浴火重生

新华书店作为我国图书文化事业中的老字号品牌,截至2020年,已走过83年的发展历程。但互联网技术的发展,市场竞争的日趋激烈,网上书店的兴起,苏州诚品书店、南京先锋书店等品牌的崛起,都给予新华书店沉重的打击,其在全国范围内的网点萎缩严重,从业人员大幅缩减、市场份额下降、产品单一、服务落后,新华书店这一曾经的"金字招牌",呈现出高知名度、低认可度的发展态势,面临品牌老化危机。

由此可见,时代不断地发展变化,要求品牌的内涵和形式也随之发生变化。该如何完成品牌更新,浴火重生,再创辉煌?新华图书人的探索实践,也许能够给我们一些启示。

(1)形象更新。各地新华书店针对阅读客群的差异,在门店设计装修、内部空间构架、书籍展示陈列方面,打造各具特色的城市文化空间。如云南新华书店的"乡愁书院",以云南传统村落和本土文化为特色,通过传统建筑风格、格局和老物件再现云南本土农耕文明,在设计上力图让人们"望得见山,看得见水,记得住乡愁"。

（2）技术更新。由新华书店总店发起，全国新华书店、出版机构和图书馆联合创办新华书店网上商城，以互联网技术为支撑，以全国新华书店门店为会员服务网点，以图书出版为中心，打造全产业链文化商务平台，努力在馆配服务、会员增值服务、互联网金融服务、新华发行网O2O生态系统等方面实现增值，形成新的盈利模式。

（3）管理机制更新。建立专业的品牌管理团队，解决新华书店在体制、机制上的历史遗留问题，使全国2 700多家企业共有的"新华书店"品牌有专人负责、专业管理，并借鉴国际品牌管理的经验，根据新华书店的体制特点，构建有效的品牌维护、价值共享模式。

资料来源：李思屈. 老牌书店何以浴火重生[J]. 人民论坛，2019（08）：125-127.

16.1 品牌生命周期

对于任何企业而言，都希望自己的品牌能够长盛不衰，但在实践中，实现永续经营的品牌十分鲜见。不过越来越多的学者和企业管理者认为，与企业生命周期、产品生命周期相似，品牌也有其生命历程，会经历一个从无到有、由盛到衰的过程。

16.1.1 品牌生命周期理论

曼弗雷德·布鲁恩（Manfred Bruhn）于20世纪60年代初首先提出**品牌生命周期**（brand life cycle）理论，将品牌生命周期划分为品牌的创立、稳固、差异化、模仿、分化和两极分化等六个阶段。在此之后，学者们对品牌生命周期进行了多角度、多方面的深入探讨。菲利普·科特勒（Philip Kotler）(1997) 认为品牌隶属于产品，品牌生命周期可以用产品生命周期的概念加以分析，将产品生命周期划分为产品种类生命周期、产品形式生命周期和产品品牌生命周期，并认为绝大多数品牌会像产品一样经历一个从出生、成长、成熟到衰退并消失的过程。约翰·菲利普·琼斯（John Philip Jones）(1999) 提出品牌发展过程不一定在成熟之后走向衰退，因此将品牌生命周期分为孕育形成阶段、初始成长阶段和再循环阶段。

我国学者对于品牌生命周期的相关研究起步较晚。潘成云（2000）最早做了系统阐述，提出完整的品牌生命周期包括品牌导入期、品牌知晓期、品牌知名期、品牌维护与完善期、品牌衰退期等五个阶段。黄嘉涛等（2004）提出品牌生命周期依据消费者对品牌态度的不同呈现不同的特点，随着时间的推移，依次经历品牌认知期、品牌美誉期、品牌忠诚期、品牌转移期等四个阶段。施鹏丽等（2006）以约翰·菲利普·琼斯的再循环理论为基础，提出品牌扇形生命周期理论，同样认为品牌发展过程不一定在成熟之后走向衰退。丁士海等（2008）引入创新扩散理论，用以解释快消品的品牌生命周期，将品牌生命周期分为导入期、成长期、成熟期和衰退期四个阶段。

16.1.2 品牌生命周期阶段的特征

基于以上研究，本章将品牌生命周期划分为四个阶段，即品牌初创期、品牌成长期、品牌成熟期和品牌衰退期。但这四个阶段并非一定依次经历，如品牌可从品牌成长期直接进入衰退期，也可能从衰退期重新回到成熟期，即品牌生命周期历程可以逆转。品牌生命周期的每个阶段都有不同的品牌特征和表现。

1. 品牌初创期

品牌初创期是一个新品牌从无到有的过程，有待被消费者认识。这一时期品牌往往随产品进入市场，应尽快明确目标市场，抓住品牌核心定位，构建品牌识别系统，借助产品使消费者关注并了解品牌，从而提高品牌的认知度，扩大生存空间。

2. 品牌成长期

随着消费者对品牌认同感和信任感的提升，品牌逐渐进入成长期，开始脱离产品并具备一定的附加值，影响力逐渐加强。该时期市场竞争激烈，品牌要快速成长、突围而出，其战略重点在于提升消费者满意度，吸引消费者重复购买，培养消费者对品牌的忠诚度。品牌应实施差异化战略，不仅要保持核心特色，还要加大新技术、新产品的开发投入，推广品牌价值，提升销售水平，进而占据更多的市场份额。

3. 品牌成熟期

品牌进入成熟期后，各方面都得到了充分的发展，技术成熟，市场稳定，品牌知名度及顾客忠诚度都达到了较高水平，旗下产品市场销量和市场份额优势明显，品牌附加价值进一步提升，盈利能力达到高峰。但在成熟期也应居安思危，品牌要随着内外部环境的变化，不断维护和完善品牌形象和价值，扩大品牌与消费者的接触面，以免陷入被动的僵局。

4. 品牌衰退期

一些品牌在成熟期的后期发展缓慢，逐渐丧失竞争优势，出现低落状态，进入衰退期，主要表现为品牌老化（本章16.2节详细阐述）和品牌退出。品牌老化是可逆的，通过有效的品牌更新和科学的运营管理，品牌可能会焕发新的生机；而品牌退出是指品牌直接退出市场，原因是多方面的，既有企业经营管理不善、品牌老化、无力自救等原因造成的被动退出，也有为适应环境变化、打造新的品牌而选择的主动放弃。

16.2 品牌更新概述

16.2.1 品牌更新的内涵

所谓**品牌更新**（brand updating），是指随着内部或外部经营环境的变化，为维护和提升品牌资产，企业针对品牌形象、定位、产品及管理所实施的一系列新品牌营销战略和策略，以加强品牌效应，赋予品牌新的生命力和活力。内部或外部经营环境的重大改变主要包括：市场竞争的加剧、产业转型升级、客户需求和偏好的变化、革命性新技术的出现、企业战略调整、品牌兼并、企业上市、品牌忠诚度下降和市场占有率大幅度降低等。

市场变幻莫测，竞争云谲波诡，为了应对竞争威胁，企业应具备主动"应变"能力，将战略思维注入品牌更新之中，不是一味被动地应对，而是将品牌更新作为一项主动性、常态化的工作，嵌入品牌生命周期全过程，定期评估品牌现状、决策是否开展品牌更新、选择品牌更新策略、实施品牌更新、评估品牌更新效果等。

16.2.2 品牌更新的背景

1. 市场竞争态势加剧

随着信息技术和经济全球化的发展，市场更加开放、更加成熟，竞争态势明显加剧。市场环境的高度不确定性，导致竞争环境更加复杂和激烈，企业也面临获得竞争优势的巨大压力。在如此复杂多变的动态环境中，企业的发展必然会面临差异化困难、部分产品类别的品牌忠诚度降低、市场需求发生改变、竞争范围广泛化、竞争同质化等。而品牌作为让消费者记住和识别某企业产品的有效载体，集中体现了企业的竞争力和市场地位。当现有品牌已经无法应对当前市场的竞争环境时，需要赋予其更多的品牌内涵，进行品牌更新，以应对市场挑战，把握市场机会，提高品牌的美誉度和忠诚度，保持生命力，这样才能在市场中占据一席之地。

2. 科技创新动能加速

科学技术是第一生产力，科技创新作为内生动力，一直源源不断地为品牌注入能量和营养，同时也推动品牌的激活与更新。技术进步带来的改变是巨大的，品牌如果不能顺应技术发展的趋势，现有产品技术含量低，创新效能不足，品牌价值将会贬值，甚至品牌会被市场吞噬。如诺基亚的衰败就是源于没有重视创新，随着科技的进步，安卓的诞生，智能手机的兴起，这个曾经占据全球手机市场近一半市场份额的品牌走向了没落。

3. 消费者需求和偏好改变

随着经济发展和生活水平的提高，消费生活和消费环境在悄然发生改变，人们更敢于尝新，敢于换新，消费观念更加开放，更加重视对商品的软性需求，更注重品质生活和品牌保障，对品质的要求更明确，同时也更重视品牌所象征的商品特性，个性化品牌偏好逐步建立；信息的公开透明、移动互联网技术的应用，令消费者掌握更多的决策主动权；互联网重塑了消费链条，优化了消费链条上的各个环节，改善了人们的购物体验，从而影响了人们的消费方式和消费理念，改变了人们的消费习惯。这正是消费者需求和偏好改变为商家带来的机遇和考验，它既是商家打开消费市场的机遇，也是检验品牌是否需要更新的试金石。

16.2.3 品牌更新的动因

1. 预防或应对品牌老化

根据马斯洛的研究，人对消费资料的需求是存在层次的，从低到高分别为生理的需要、安全的需要、归属与爱的需要、尊重的需要和自我实现的需要。消费者的需求会随着社会环境与经济水平的发展不断变化和升级。相应地，作为消费资料的品牌必须跟随消费者需求的变化而不断发育，由低到高分为功能性品牌、规模性品牌、技术性品牌、情感性品牌和精神性品牌五个基本层次。当消费者的需求层次超过品牌所能提供给消费者的满足感时，品牌就会逐渐老化，并最终被消费者抛弃。

> **理论聚焦**
>
> **马斯洛的需求层次理论与品牌发育**
>
> 马斯洛（1968）提出，人的需要由生理的需要、安全的需要、归属与爱的需要、尊重的需要和自我实现的需要五个等级构成。人对消费资料的需要客观上存在着层次性，根据马斯洛的需求层次理论，消费者必须首先满足生理需要和安全需要，然后逐步向社会需要、受尊敬的需要和自我实现的需要演进。马斯洛的需求层次理论不仅是动机理论，而且是一种价值论。
>
> 品牌发育是指消费者的需求和欲望决定了品牌的发展，品牌的核心是消费者消费意识与需求在市场上的集中。它的发展具有如下五个由低到高的基本层次：功能性品牌、规模性品牌、技术性品牌、情感性品牌和精神性品牌。其中，功能性品牌是为满足消费者最底层的生理需要而产生的，其品牌价值主要用于界定产品的功能；规模性品牌源于同类产品的出现而导致的竞争，消费者在众多同类产品的面前取得了挑选权利后，其需求出现了第一次升级，即要求产品物美价廉；技术性品牌是规模经济发展到一定程度后，导致社会生产力过剩，同时，同类企业的迅速增多使企业间产品的市场竞争愈演愈烈，消费者因为需求的提升，将不仅仅满足于产品物美价廉，更要求产品在基本功能上有所创新；情感性品牌是当消费者对品牌的需求不再局限于产品功能本身的时候，围绕品牌而产生的附属价值成为消费者购买品牌的主要理由；精神性品牌是品牌发育的最高层次，只有极少部分的品牌能够达到这个层次。精神性品牌已远远地超出了产品的实物功能需求，能给消费者带来精神需求上的极大满足，即自我实现的快感，在这类品牌的价值构成中，附加价值要远远超出实物价值。
>
> 消费者的消费活动受消费者的需求和欲望控制，是一个不断演化、进步的过程。消

> 费需求是消费的先导，品牌作为消费资料在市场上的一种载体，它的发育直接体现了消费者需求的进步。当消费者的需求超过品牌所能提供的满足感时，品牌若不能在战略上及时调整，创造新的消费诱因，则会很快老化。
>
> 资料来源：梅江. 马斯洛需求层次理论与品牌发育[J]. 品牌, 2006（06）：29-34.

所谓**品牌老化**（brand aging），即企业品牌在市场竞争中呈现品牌形象僵化、产品缺乏创新、顾客满意度降低、品牌认可度和美誉度下降、产品销量减少、市场份额萎缩等现象。在现代社会，技术进步越来越快，同时，社会消费意识、消费观念的变化频率也逐渐加快，这些都会影响到品牌的生命力和活力。品牌专家大卫·爱格说过："品牌老化如同进入墓地，在这个境地的品牌，虽然有一定的知名度，但是并不在消费者考虑购买之列。"品牌老化已成为品牌发展的宿敌，许多缺乏创新的老字号品牌已不再被消费者关注和认可，逐渐归于沉寂，而一些充满活力的"后起之秀"，满足了消费者的需求和偏好，成为消费者追捧的"新宠"。品牌老化究其主要原因，可以从两方面探查：一是消费者层面，即消费者需求的复杂性和多变性；二是企业内部，即品牌建设欠缺科学的战略规划，目标市场没有及时更新，品牌维护缺乏创新等。

| 品牌案例 16-1 |

达芙妮的品牌老化与自救

达芙妮公布的 2019 年财报显示，期内营业额同比下滑 48%，至 21.26 亿港币；经营亏损同比增加 30%，扩大至 10.19 亿港币。这是达芙妮自 2012 年起营业额连续下滑的第 7 年。但达芙妮也曾有辉煌的过去。从 2002 年起，达芙妮以每年百家专营店的速度快速扩张，这让达芙妮迅速占领大街小巷，成为消费者逛街不可或缺的站点之一。然而传统大众"鞋王"也未能逃脱传统鞋帽服装行业不景气的影响。追溯达芙妮等传统女鞋品牌渐入下行的原因，在很大程度上是由于达芙妮等传统品牌创新能力、设计能力较弱，无法跟上如今主流消费者更新换代的速度。达芙妮此前在财报中对销售额持续低迷做出的解释中提到，消费者的习惯、观念以及消费行为随着科技进步而快速转变，近年来兴起的运动时尚潮流对传统女鞋的发展造成了重大影响。如今消费者更重视个性化的产品，因此，过于同质化的东西缺乏竞争力，且从价格、式样上看，电商给传统大众品牌带来的冲击很大，所以达芙妮积累了多年的品牌优势现在逐渐丧失。

针对品牌老化的困局，达芙妮也开展了一系列自救行为：从形象、产品和渠道上，让品牌看上去更年轻、时尚一点，以吸引现在最有消费潜力的"90 后"群体；关闭了亏损和形象不佳的店面，向购物中心布局；更改产品系列，增加运动鞋、板鞋等更受年轻人

> 喜欢的品类，以及提升真皮鞋的比例；甚至已经放缓打折力度，希望提升产品的形象；更重要的是，他们终于打算重新重视电商了。但目前来看，品牌老化问题还未得到有效缓解，自救之路漫长。没有品牌更新的战略意识，没能及时预防品牌老化，品牌更新策略选择不当，也是造成如今品牌困境的原因。
>
> 资料来源：阎睿悦. 达芙妮的浮沉与自救 [J]. 中国品牌，2018（05）：83-85.

品牌更新是预防和应对品牌老化的必然选择。首先，品牌更新有助于预防品牌老化的产生。许多百年品牌，虽历经岁月洗礼，但至今仍保持着旺盛的活力和生命力，其品牌永续发展的关键在于将品牌更新放于战略高度上，贯穿于整个品牌生命周期，定期追踪品牌的成长轨迹，修正品牌发展方向。其次，品牌更新是老化品牌振兴和复苏的有效手段。通过为品牌赋予新的内涵、注入新的价值和能量，可以不断提升品牌价值，获得新的生命力。

2. 配合企业战略的布局和调整

企业战略调整是指企业经营方向和经营理念的重大改变。为了落实战略调整，企业要进行市场、品牌、产品等多方面的规划。因此，品牌的每一次更新都事关企业未来的战略布局，能给企业带来全新的发展机遇，也要求企业对品牌战略重新进行考量和调整。当企业进入新的领域和市场，或企业从原有的多元化市场战略转向聚焦性战略时，品牌战略顶层架构设计和品牌更新策略应及时配合跟进。如伊利在2018年年底进行了品牌更新的大动作，包括更换全新的品牌Logo、品牌视觉系统、产品包装等，这与伊利的战略升级是密不可分的。在坚持"伊利即品质"的品牌初心的前提下，伊利利用Logo中的新元素传达了全新发展战略："全球创新+智慧未来""天然营养+共享健康""品质初心+活力梦想"。

可见，企业战略与品牌更新策略是相辅相成的，其中企业战略是根本，是企业从使命、愿景、核心价值观出发要实现的目标，战略调整为企业品牌更新提供了条件和契机；品牌更新策略是手段，是企业赢得市场、实现战略决胜的推动器。

16.3　品牌更新策略

16.3.1　品牌定位更新

精准的品牌定位可以加强品牌的合理性及独特性，帮助企业赢得更多消费者，赢得竞争优势。从时代发展的角度看，要求品牌的内涵和形式不断变化，品牌定位也会因时代特征、竞争形势、社会文化的变化而有所调整。所谓**品牌定位更新**（brand positioning update），是指品牌重新提炼核心价值，寻找品牌特征与消费者需求间的平衡点，以修正原品牌定位不充分、定位模糊等问题。如香飘飘品牌 2018 年的定位为"小饿小困",通过定位更新,往"享受型"的方向转变,2019 年香飘飘提出的口号为"够有料,更享受"。更新后的"休闲享受型"这一品牌定位,将有助于扩大香飘飘的消费人群覆盖范围和市场空间,也更符合当下及未来的消费趋势和消费心理。

当现有品牌定位已经无法满足当前市场的竞争环境时,需要在之前已有知名度的基础上赋予更多的品牌内涵,以提升品牌美誉度和忠诚度。如天猫在品牌更新前,其定位为"天猫的东西种类繁多,能够满足所有需求",旨在重点强调天猫的产品种类繁多,能够满足用户不同的需求,希望告诉用户,当他们想要购物的时候,第一反应就是联想到天猫,这是一种偏重功能性的品牌定位。天猫启动品牌更新后,其定位为"天猫传递的是一种理想生活的生活方式,具体来说,这种理想生活是这样的:乐活绿动、独乐自在、人设自由、无微不智、玩物立志"。此时,单说天猫的东西种类多已经不能在用户心中形成强烈的、具有吸引力的认知,需要赋予天猫不一样的品牌内涵,而理想生活正是向用户传递一种生活方式。

16.3.2 品牌形象更新

品牌形象体现了消费者对品牌的总体感知和想象,是品牌表现出来的特征。所谓**品牌形象更新**(brand image update),就是品牌根据企业发展态势,通过品牌名称、标识、slogan、包装、代言人等形象元素的改良和创新,使之更有利于承载企业文化理念,有效建立品牌与竞争者的差异化,为目标顾客带来良好的心理满足感,并且通过不断地强化,在消费者心中形成新的印象的过程。品牌形象的改变不仅是为了变得更好看,还是因为背后包含的企业商业策略,即更好地吸引目标顾客,促进顾客重复购买。

1. 更改品牌名称

品牌名称是企业最基本的形象识别要素,改变品牌名称属于品牌形象更新中比较具有颠覆性的做法,因此,要谨慎考虑原有品牌名称在消费者心目中的地位和形象,在更新过程中尽量不要破坏品牌的传承性和一致性。以滴滴为例,2015 年 9 月,随着业务的拓展,滴滴的业务逐渐涵盖了出租车、专车、快车、顺风车、代驾及大巴等出行方式,从而进行了正式的战略升级、品牌更新,在成立三周年之际由"滴滴打车"改名为"滴滴出行",以此表达自己从一个单一的出租车叫车平台向综合移动出行平台的跃升,既配合了品牌的战略布局,也保持了品牌核心价值的传承性和一致性。

2. 变换品牌标识

品牌标识(brand logo)是品牌视觉管理的核心部分,在承载企业精神、传递企业文化方面发挥着重要作用,包括符号、图案或明显的色彩和字体等要素,能够使消费者对相关产品属性产生联想,进而对产品产生好感。变换品牌标识是指品牌为了适应时代进步和文化潮流,在继承的基础上创新出符合消费者偏好的新的品牌标识要素，拉近与消费者之间的距离，使新品牌标识既能保持消费者对品牌的忠诚度，又能给人以新鲜感。但应注意的是，品牌标识无论怎么变换都不能背离品牌的精髓，即品牌核心价值。

> **品牌案例 16-2**
>
> **安卓品牌形象更新，启用全新 Logo 设计**
>
> 2019 年 8 月，谷歌对操作系统 Android 的品牌设计进行了重大升级，启用全新的品牌 Logo，包括全新设计的 Android 机器人和黑色的"android"字体。Android 品牌 Logo 从机器人的全身像变成只留头部的图像，更加有品牌表现力和拟人化的趣味性。安卓将机器人头部的眼睛和天线进行了适当的优化，使整体的高宽比例与"android"字母相匹配，如图 16-1 所示。Logo 变得更加简洁了，识别度更高，这说明谷歌也开始化繁为简，追求极简的设计。
>
> 更新前　　　　　　　　　　　更新后
>
> 图 16-1　安卓品牌形象更新
>
> 在字体方面，字母 a、d、o 都使用了相同大小的内圆，字母 a 和 d 的外圆统一设计变化，字母 a、n、d、r、i 中的竖线元素都统一为左下角使用相同大小的圆角。精心设计的字体体现了重复性和多样性的原则，这是此次品牌形象更新的一大亮点。此外，全新版本的 Android 品牌字体颜色也从绿色变成了黑色，以方便阅读。
>
> 安卓此次品牌形象更新的原因如下。①让包容性更多一点。对于安卓来说，用户覆盖全球，各地文化差异非常大，品牌形象一定要有足够的包容性。②让人性化设计更多一点。字的颜色由绿色改为黑色，是因为绿色的字体对于有视力障碍的人来说阅读较困难。③让可读性更多一点。最新的这一版形象在原来的基础上优化了字形，使整体更清晰、均匀。
>
> 资料来源：《除了支付宝，这些顶尖品牌更新案例你了解多少？》，https://www.sohu.com/a/388081753_769195。

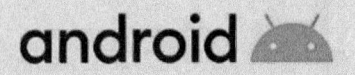

3. 更换产品包装

包装是产品品质的外部表现形态，也是消费者识别品牌、与企业进行沟通的重要媒介，因此，改进包装是改变品牌产品形象老化的最直接手段，也是最常用的手段之一。更换产品包装时应当遵循的基本思路是：现代化的设计，表现时代感；人性化的设计，贴近消费者；配合产品升级换代，体现品牌的多层次性；加入新元素，传播品牌新理念等。如乳业品牌三元在2019年推出的全新包装设计，以具有独特含义的圆形为视觉符号，象征着企业由良心、责任心、爱心凝结的品质之"圆"，传递了"新鲜"的理念。

16.3.3　品牌产品更新

实施品牌更新，最为基础的是要从产品入手。所谓**品牌产品更新**（brand product update），是指品牌紧随时代步伐，结合市场消费者的需求，提高产品质量，提升服务水平，寻求市场产品的差异化，以增强品牌的市场核心竞争力。品牌产品更新一般有两种方式，一是挖掘现有产品的潜质，二是开发新品或者拓展新品类，采用何种品牌产品更新方式要视市场机会和自身资源情况而定。但无论选择哪种品牌产品更新方式，其共性都是要以提升目标消费者所关注的品质（产品质量）为核心，因为品质是支撑品牌产品更新的重要基点。

1. 挖掘现有产品的潜质

（1）识别新用途。新用途的本质可以通过对消费者的市场调研来获得，如了解消费者如何使用现有产品，在产品使用过程中有什么原来被忽视的效用，或者在原来产品的基础上是否可以增加新的功能。现在产品的同质化趋势越来越严重，只有找出不同于竞争对手的新功能、新用途，才能使产品更具有竞争力，使品牌焕发出新的活力。

（2）增加服务。随着市场竞争的加剧，品牌想在众多的竞争产品中脱颖而出，可以考虑向消费者提供附加的服务或特色。增加的服务应与原有产品有充分的联系，在能产生实际利益的方面进行扩展。

（3）进入新细分市场。如果某种品牌的产品已经很成熟，技术相对完善，再开发出新的产品比较困难，则可以考虑利用原有品牌的无形资产进入新的细分市场，赋予品牌产品更丰富的内容，以获取新的市场份额。

2. 推出新的产品

在现代社会，科学技术是第一生产力，技术领先是保持品牌核心竞争优势的重要基础，是品牌永葆青春的基本保障。企业的品牌想要在竞争中立于不败之地，就必须保持技术创新，不断地进行产品的更新换代。此外，从新产品研发到新产品生产，再到新产品上市和推广，整个过程都应注意要与企业发展战略相符，与品牌核心价值匹配，并要做好市场深度调研，契合消费者的需求和偏好。

| 品牌案例 16-3 |

哈弗以"技术创新"为核心驱动力，彰显中国品牌绝对实力

当下，随着中国经济进入深度转型期，中国品牌全球化已经成为一个必然趋势。而在实现全球化战略的道路上，哈弗始终将技术创新作为品牌可持续发展的根本，打造出一座坚不可摧的"品质堡垒"。正如长城汽车总裁王凤英在"哈弗全球500万盛典"上所说的："科技创新，我们一直都是在投资的路上，一直都是无止境的研发投入。"

哈弗是这么说的，也是这么做的。自品牌诞生以来，哈弗在技术研发上一直坚持"过度投入"战略。在该战略指引下，哈弗在发动机、变速器、整车造型、整车设计等关键核心技术方面均取得了突破性的成果。尤其在决定车辆品质最核心的动力总成技术上，哈弗的"双十佳"动力总成技术已达到了国际一流水准，占据了绝对领先优势，树立了中国自主品牌技术创新的典范。其中，1.5GDIT发动机一举斩获"中国心"年度十佳发动机称号，拥有91项专利。与之相匹配的7DCT湿式双离合变速器更是彻底填补了中国品牌在7速湿式双离合变速器研发方面的空白，是中国自主品牌在技术革新上的一次质的飞跃。该变速器荣获了"世界十佳变速器"的殊荣。不仅如此，在安全方面，哈弗在不断创新中摸索出了一套独特的全方位智能化安全体系，建立了同类SUV产品中安全性能方面的绝对领先优势。不谋万世者，不足谋一时；不谋全局者，不足谋一域。事实证明，哈弗成功做到了。在自主创新引领下，哈弗以定义者的身份开辟了SUV市场，以创变者的姿态持续引领着SUV市场。

资料来源：《以"技术创新"为核心驱动力，成就哈弗全球500万，彰显中国品牌绝对实力！》，https://www.sohu.com/a/291605426_120001733。

16.3.4 品牌管理更新

品牌与企业是紧密结合在一起的，企业的兴盛必将推动品牌的成长与成熟。品牌的维系，从根本上说也是企业管理的一项重要内容。许多知名品牌由于缺少精心的品牌管理和维护，失去了原有的光彩。所谓**品牌管理更新**（brand management update），是指由企业管理创新的核心内容来指导品牌的维护，包括与品牌有关的管理理念创新、管理制度创新、管理过程创新等，并在企业内部打造一支成熟的品牌管理团队，保障品牌价值提升。其中，管理理念创新重在使用新的策划、新的技巧、新的形式打破陈旧观念，敢于标新立异，平衡社会效益、近期利益和长远利益，形成管理特色；管理制度创新是保障，品牌特色发展必须通过制度创新才能获得有效支撑；管理过程创新是指在品牌定位、形象、产品的更新过程中做好流程管理和组织管理。

16.4 品牌更新的步骤与困难

16.4.1 品牌更新的步骤

品牌不同，发展阶段不同，面临的竞争状况也千差万别，品牌更新的方式必然要依据品牌特点顺势而为，但品牌更新作为一个系统战略工程，需要科学合理的操作程序，通过总结可遵循、借鉴的规律，将品牌更新的步骤划分为调查、决策、实施和评估四个阶段。这四个阶段相互联系、相互衔接并相互影响。

1. 调查阶段

品牌经营者在实施品牌更新之前，必须进行调查分析，做好全面的市场诊断，以便了解该品牌自身情况、消费者和竞争对手及宏观政策等，为准确进行品牌更新打下有利的基础。

这一阶段要完成以下主要任务：洞察国内外市场的变化，关注因促进内需所引起的消费升级趋势，以及消费观念演变后的新时尚潮流追逐趋向；收集相关资料，了解品牌目前的运行现状，运用科学的方法找出关键因素和关键信息；结合自身品牌所处的竞争态势、目标人群与品牌的关系，分析品牌的成长状态，诊断其在竞争中产生劣势和弊端的症结所在。

2. 决策阶段

通过调查分析，诊断品牌在竞争中的症结所在，在此基础上确定是否需要更新、何时更新，以及如何更新。具体步骤如下。第一步，判断是否需要进行品牌更新。基于调查分析的结果，对品牌更新与否做出决策，并确定品牌更新的目标。第二步，明确何时开展品牌更新。选择合适的契机，如新产品的发布、公司上市、企业重组、技术革新、进入新的市场、战略调整等。第三步，确定如何进行品牌更新。即确定品牌更新的目标，为品牌选取有效的更新策略，这里可以是单个策略，也可以是组合策略，应依据诊断阶段的调查分析结果，对应品牌所处的生命周期，有针对性地选择。

3. 实施阶段

在确定了品牌更新目标和策略后，下一步便是实现目标、实施策略。实施阶段是最复杂、最困难的一环，实施的好坏关系到品牌更新的最终效果，也关系品牌的未来命运。

这一阶段要完成以下主要任务：成立品牌更新工作实施小组；制订品牌更新策略具体实施计划，确定具体方案，各部门分工合作，注重过程管理；品牌更新作为系统战略工程，在实施过程中，企业上游的产品生产管理和下游的市场营销网络，以及企业自身的组织管理结构等都应实现升级更新，实现联动。

4. 评估阶段

品牌更新为企业的发展提供持续性的动力。企业不应有一劳永逸的思想，而应根据外部和内部经营环境的变化随时开展此项工作，及时评估效果，总结经验。

这一阶段要完成以下主要任务：对照品牌更新的目标，评估更新效果；总结整个品牌的更新过程，找出成功的经验和存在的问题，为以后再次进行品牌更新提供参考依据。

16.4.2 品牌更新的困难

对处于品牌老化困境或急需寻求更大发展空间的企业来说，品牌更新是破釜沉舟之举，若应用不当，无异于走向毁灭；相反，如果应用得当，能使处于危难中的品牌重获新生。当企业充分认识到品牌更新的困难，并确信有能力克服困难和承担风险时，才能更好地进行品牌更新决策和策略执行工作。影响品牌更新效用发挥的困难主要体现在以下几个方面。

1. 企业内部难以达成共识

品牌更新是一个系统工作，需要多部门合作，不是营销部门或几个执行人员所能独立完成的。企业内部上下级之间、各部门之间应就品牌更新的意义、目标、路径等达成共识，齐心协力、分工合作、共担风险来完成。但很多时候，企业的某些部门甚至一些高层管理者，没有意识到品牌更新对于企业的利害关系，甘于现状，不愿改变。而且品牌更新往往意味着推翻过去的决策或常规做法，因此，在实施过程中必定会遇到企业内部的阻力，这就需要高层领导者作为推动者，统一思想，以保证品牌更新顺利有效地进行。

2. 消费者认同的困难

原品牌的形象、定位、产品在市场上已出现一段时间，不管它是否成功，都会在消费者心目中形成了一定的印象。而且如果原来的品牌曾经很成功，消费者对它的印象就会更加根深蒂固。这种先入为主的原因，使品牌更新不容易进行。以品牌定位为例，在原有定位成功的情况下，新的品牌会在较长一段时间内不被消费者接受。如果重新定位执行的方法不当、力度不够，甚至会导致这样的后果：新的品牌定位给消费者的印象不够清晰，而原有的定位又受到了损害，消费者对该品牌定位的认识反而变得更加模糊。

3. 资金投入的压力

企业品牌更新是一个系统工程，往往需要大量资金投入。如企业要通过加大营销力度，消除原有定位给消费者的印象，同时让新的品牌内涵获得消费者的认同，这些都需要资金的支持。因此，资金投入也是企业执行品牌更新工作中的一大制约因素。

关键术语

品牌生命周期（brand life cycle）
品牌更新（brand updating）
品牌老化（brand aging）
品牌定位更新（brand positioning update）
品牌形象更新（brand image update）
品牌产品更新（brand product update）
品牌管理更新（brand management update）

思考与练习

1. 简述品牌生命周期的阶段和特征。
2. 简述品牌更新的内涵和动因。
3. 品牌更新应遵循怎样的步骤？
4. 在品牌更新过程中会遇到哪些困难？
5. 品牌更新策略主要有哪些？试举例说明。

思政融入点

品牌更新是由于品牌外部竞争、科技和需求等环境的变化而造成的。大学生亦面临着社会、竞争等环境变化，只有不断地通过终身学习，提升自我、完善自我，进行个人品牌更新，才不会被社会淘汰。本章可以帮助学生树立正确的职业观、价值观，激发学生自主学习的内在动力。

模拟实训

1. 搜寻一个品牌更新的成功案例，分析其品牌更新的动因，辨析其使用的品牌更新策略，分析品牌更新效果。
2. 选定一个熟悉的品牌，通过网络、报纸、访谈等方式收集有关信息，分析其品牌发展现状，判断其是否需要进行品牌更新，并提出有针对性的建议。

案例分析

百事可乐更新品牌定位，刷新品牌年轻化程度

百事可乐是日常生活中十分常见的碳酸饮料。随着越来越多的人开始关注饮食健康，选择碳酸饮料的消费者越来越少，百事可乐面临着很大的挑战。于是，百事可乐决定做出改变，对品牌进行重新定位。

2019年开年不久，百事可乐就推出了一个全新的品牌主张——For the love of it，这也是近几年来百事可乐最大的一次改革，其新定位聚焦于激情，对生活和产品的激情，取代品牌使用了7年的Live for Now，新品牌定位想向消费者表达百事可乐这一产品带给人们的流行感知和气泡呈现出的激爽感受。

此次百事可乐在发布新定位后，百事公司营销部高级副总裁 Roberto Rios 评论道："经此变化，我们非常自信地宣称，我们是一个充满着娱乐与流行基因的品牌，同时我们在全世界拥有无数的可乐爱好者伙伴，For the love of it 会切实成为我们的一句口号，其表达出了我们为了自己的热爱，展现出的激情与兴趣，同这种激情情感一致的便是我们要在生活中放肆地去享受我们最爱的可乐。"

虽然后续百事可乐具体会做出怎样的品牌营销手段尚未公布，但我们可以知道的是百事可乐将用 2019 年一整年在全球推广以 For the love of it 为主题的包装、广告歌、户外艺术装置、数字内容等。由此我们可以看出百事可乐这次真的下定决心要大变革，重新进行品牌定位。

第一，更新定位，引发情感共鸣。百事可乐发现，当前随着时代的发展，本身的品牌定位已经不足以去吸引消费者，无法促进消费者的购买欲望，尽管之前采取了许多措施。于是百事可乐及时地做出相应的战略改变，就字面意思来说，使用了 7 年的 Live for Now（渴望就现在），现在已经变成了很普通的一句话，似乎很难吸引消费者，不能在日常生活中触碰消费者的情感，而现在新推出的品牌定位——For the love of it，更好地加深了情感，表达了一种对于生活积极向上的态度，并带有一种正能量的感觉，很有效地激发消费者的情感共鸣，表达了百事可乐想要表达的品牌理念，有效地刷新了品牌形象。

第二，更换包装，表达品牌新理念。通过这一次重新进行品牌定位，顺势将包装也做了改变，相比之前的包装，新的包装看上去更有创意，独特的心形标志与重新塑造的口号融合在一起，看上去更能表达百事可乐想要表达的品牌新理念。

第三，采取音乐营销，增加品牌差异化。百事可乐此次进行大改革，重新塑造品牌新定位，无疑是想在众多知名饮料品牌中重新形成品牌差异化，增加消费者对于百事可乐这个品牌的忠诚度。此次的新口号将在 100 多个国家进行传播和宣传，一个名为 Now United 的组合出现在百事可乐的广告宣传中，这个流行组合由来自包括德国、巴西、菲律宾、中国、美国、韩国、俄罗斯在内的 14 个国家的 14 个年轻人组成，年龄从 16 岁到 20 岁不等。百事可乐坚持一贯的流行音乐营销风格，请各国知名音乐人作为自己的代言人，由此不难看出百事可乐、Now United 和流行音乐的结合，就是想强调百事可乐够"年轻"。百事可乐希望能够刷新消费者心中固有的品牌形象，跟上时代的发展，使得品牌形象进一步年轻化。

因此，对于品牌来说，不能一味地坚持品牌原本的定位，品牌定位也需要针对不同时间段的需求，针对不同的目标消费群体做出改变，这样才能与竞争对手形成品牌差异化，做行业中的领军品牌。

资料来源：《更新品牌定位，刷新品牌年轻化》，https://www.sohu.com/a/301141357_100279358。

问题：

1. 影响百事可乐更新品牌定位的因素有哪些？针对这些因素，百事可乐分别采取了哪些举措？
2. 假如你是可口可乐的营销部经理，你将如何应对变化中的消费者市场，又将对百事可乐的营销行为作何回应？

参 考 文 献

[1] Aaker, Keller. Consumer evaluations of brand extensions[J]. Journal of Marketing, 1990, 54（1）: 27-41.

[2] Aaker. Dimensions of brand personality[J]. Journal of Marketing Research, 1997, 34（3）: 347-356.

[3] Rad, Benyoucef. A Model for Understanding Social Commerce[J]. Journal of Information Systems Applied Research, 2011, 4（2）: 63-73.

[4] Barton. Crisis in organization: Managing and communicating in the heat of chaos[M]. South-Western, Publishing CO. Cincinati. 1993.

[5] Belk. Handbook of qualitative research methods in marketing[M]. Northampton, MA: Edward Elgar Publishing, 2006.

[6] 布莱思. 营销传播精要[M]. 王慧敏, 陈雪松, 译. 北京: 电子工业出版社, 2003.

[7] Chailan, Claude. Brands portfolios and competitive advantage: an empirical study[J]. Journal of Product & Brand Management, 2008, 17（4）: 254-264.

[8] 艾雷. 超越LOGO设计[M]. 黄如露, 杨庆康, 译. 北京: 人民邮电出版社, 2010.

[9] 奥格威. 奥格威谈广告[M]. 曾晶, 译. 北京: 机械工业出版社, 2003.

[10] Chernatony. From brand vision to brand evaluation: The strategic process of growing and strengthening brands[M]. Burlington, MA: Butterworth Heinemann, 2010.

[11] Keller, Aaker. The effects of sequential introduction of brand extensions[J]. Journal of Marketing Research, 1992, 29（1）: 35-50.

[12] Keller. Conceptualizing, measuring, and managing customer-based brand equity[J]. Journal of Marketing, 1993, 57（1）: 1-22.

[13] Keller. Strategic brand management: Building, measuring, and managing brand equity[M]. Harlow, Essex: Pearson, 2012.

[14] Kwun, Haemoon. Consumers' evaluation of brand portfolios[J]. International Journal of Hospitality Management, 2007, 26（1）: 81-97.

[15] Mao, Krishnan. Effects of protype and exemplar fit on brand extension evaluations: A two-process contingency model[J]. Journal of Consumer Research: An Interdisciplinary Quarterly, 2006, 33（1）: 41-49.

[16] Mckenna, Regis. Relationship marketing: Successful strategies for the age of the customer (Ind ed.) [M]. Tennessee: Perseus Book Group, 1991.

[17] Bland. Communicating out of crisis[J]. Britain, Journal of the Academy of Marketing Science, 1998.

[18] Milberg, Sinn, Goodstein, et al. Consumer reactions to brand extensions in a competitive context: Does fit still matter?[J]. Journal of Consumer Research, 2010, 37 (3): 543-553.

[19] Montanari, Giraldi, Galina. Relationship between country brand and internationalization: a literature review[J]. Benchmarking An International Journal, 2019 (1).

[20] Hollis. The global brand[M]. New York: Palgrave Macmillan, 2010.

[21] Lerbingerr. The crisis manager: Facing risk and responsibility[M]. New Jersey: Lawrence Erlubaum Associates, 1997.

[22] Park, Milberg, Lawson. Evaluation of brand extensions: The role of product feature similarity and brand concept consistency[J]. Journal of Consumer Research, 1991, 18 (2): 185-193.

[23] Rao, Qu, Ruekert. Signaling unobservable product quality through a brand ally[J]. Journal of Marketing Research, 1999, 36 (2): 258-268.

[24] Sheinin, Schmitt. Extending brands with new product concepts: The role of category attribute congruity, brand affect, and brand breadth [J]. Journal of Business Research, 1994, 31 (1): 1-10.

[25] Shine, Park, Wyer, et al. Brand synergy effects in multiple brand extensions[J]. Journal of Marketing Research, 2007, 44 (4): 663-670.

[26] Booth. Crisis management strategy[M]. London: Routledge, 1993.

[27] Sullivan. Measuring image spillovers in umbrella-branded products[J]. Journal of Business, 1990, 63 (3): 309-329.

[28] Franziska, Volckner, Sattler, et al. Drivers of brand extension success[J]. Journal of Marketing, 2006, 70 (2): 18-34.

[29] Wright. Consumer choice strategies: Simplifying vs. optimizing[J]. Journal of Marketing Research, 1975, 12 (1): 60-67.

[30] 里斯, 特劳特. 定位 [M]. 谢伟山, 苑爱冬, 译. 北京: 机械工业出版社, 2017.

[31] 泰伯特, 卡尔金斯. 凯洛格品牌论 [M]. 刘凤瑜, 译. 北京: 人民邮电出版社, 2006.

[32] 科兰, 安德森, 斯特恩, 等. 营销渠道 [M]. 蒋青云, 王彦雯, 顾浩东, 等译. 北京: 中国人民大学出版社, 2008.

[33] 程宇宁. 品牌策划与管理 [M]. 北京: 中国人民大学出版社, 2011.

[34] 爱格. 品牌经营法则 [M]. 沈云骢, 汤宗勋, 译. 呼和浩特: 内蒙古人民出版社, 1998.

[35] 阿克. 创建强势品牌 [M]. 李兆丰, 译. 北京: 机械工业出版社, 2012.
[36] 阿克. 品牌组合战略 [M]. 周晓萱, 译. 北京: 机械工业出版社, 2020.
[37] 丁桂兰. 品牌管理 [M]. 武汉: 华中科技大学出版社, 2008.
[38] 杜国清, 陈怡, 等. 品牌传播理论与实务 [M]. 北京: 中国传媒大学出版社, 2018.
[39] 范鹏. 新零售: 吹响第四次零售革命的号角 [M]. 北京: 电子工业出版社, 2018.
[40] 方韵诗. ODM 模式下供应链管理探索: 以网易严选为例 [J]. 现代经济信息, 2019 (15): 348.
[41] 科特勒, 凯勒. 营销管理 [M]. 王永贵, 于洪彦, 陈荣, 等译. 上海: 格致出版社, 2012.
[42] 科特勒, 凯勒. 营销管理 [M]. 何佳讯, 于洪彦, 牛永革, 等译. 上海: 格致出版社, 2016.
[43] 韩昆, 靳俊喜. 微利时代的销售渠道创新 [J]. 商场现代化, 2006 (34): 213-214.
[44] 何佳讯, 李耀. 品牌活化原理与决策方法探窥: 兼谈我国老字号品牌的振兴 [J]. 中国品牌, 2007 (02): 90-93.
[45] 何佳讯, 秦翕嫣, 杨清云, 等. 创新还是怀旧? 长期品牌管理"悖论"与老品牌市场细分取向: 一项来自中国三城市的实证研究 [J]. 管理世界, 2007 (11): 96-107.
[46] 侯吉建. 特许经营概论 [M]. 北京: 中国人民大学出版社, 2014.
[47] 华杉, 华楠. 超级符号就是超级创意 [M]. 天津: 天津人民出版社, 2014.
[48] 黄静. 品牌管理 [M]. 武汉: 武汉大学出版社, 2015.
[49] 黄静. 品牌营销 [M]. 北京: 北京大学出版社, 2008.
[50] 黄胜兵, 卢泰宏. 品牌个性维度的本土化研究 [J]. 南开管理评论, 2003 (01): 4-9.
[51] 黄永春, 杨晨. 企业自主知识产权名牌成长机理与路径的研究 [M]. 北京: 北京交通大学出版社, 2010.
[52] 特劳特, 里斯. 22 条商规: 美国 CEO 最怕竞争对手读到的商界奇书 [M]. 寿雯, 译. 北京: 机械工业出版社, 2013.
[53] 凯勒. 战略品牌管理 [M]. 吴水龙, 何云, 译. 北京: 中国人民大学出版社, 2014.
[54] 彻纳东尼. 品牌制胜: 从品牌展望到品牌评估 [M]. 蔡晓煦, 等译. 北京: 中信出版社, 2002.
[55] 黎建新. 品牌管理 [M]. 北京: 机械工业出版社, 2012.
[56] 李光明. 《品牌价值评估》(ISO 10668) 介绍 [J]. 中国资产评估, 2013 (11): 29-32.
[57] 李维华, 陆颖蕊, 侯吉建. 特许经营概论 [M]. 北京: 机械工业出版社, 2003.
[58] 李先国, 杨晶. 渠道管理 [M]. 北京: 清华大学出版社, 2014.
[59] 莱兹伯斯. 品牌管理 [M]. 李家强, 译. 北京: 机械工业出版社, 2004.
[60] 刘常宝. 品牌管理 [M]. 北京: 机械工业出版社, 2018.

[61] 卢泰宏，高辉. 品牌老化与品牌激活研究述评 [J]. 外国经济与管理，2007（02）：17-23.
[62] 卢泰宏. 品牌资产评估的模型与方法 [J]. 中山大学学报（社会科学版），2002（3）：88-96.
[63] 罗建幸. 浅论经销商培训的三个层次 [J]. 商业时代，2006（08）：42-43.
[64] 吕瑛. 品牌管理 [M]. 北京：北京邮电大学出版社，2011.
[65] 科塔比，赫尔森. 全球营销管理 [M]. 刘宝成，译. 3 版. 北京：中国人民大学出版社，2005.
[66] 潘成云. 品牌生命周期论 [J]. 商业经济与管理，2000（09）：19-21.
[67] 冉陆荣，李宝库. 消费者行为学 [M]. 北京：北京理工大学出版社，2016.
[68] McKenna. Relationship marketing: Successful strategies for the age of the customer[M]. New Jersey: Pearson, 2003.
[69] 沈珺. 特许经营管理概论 [M]. 北京：清华大学出版社，北京交通大学出版社，2009.
[70] 舒咏平，郑伶俐. 品牌传播与管理 [M]. 北京：首都经济贸易大学出版社，2008.
[71] 宋秩铭，庄淑芬，白崇亮，等. 奥美的观点 [M]. 北京：中国经济出版社，1997.
[72] 苏勇，史健勇，何智美. 品牌管理 [M]. 北京：机械工业出版社，2017.
[73] 布莱科特，博德. 品牌联合 [M]. 于琦，译. 北京：中国铁道出版社，2006.
[74] 王成荣. 品牌价值评价与管理 [M]. 北京：中国人民大学出版社，2011.
[75] 王海忠. 品牌杠杆：赢得品牌领导的资源整合战略 [M]. 北京：人民邮电出版社，2009.
[76] 王海忠. 品牌管理 [M]. 北京：清华大学出版社，2014.
[77] 王海忠. 多品牌病症：以科龙为例 [J]. 北大商业评论，2008（5）：23-24.
[78] 王良燕，韩冰. 品牌的危机消弭与重塑 [M]. 上海：上海交通大学出版社，2019.
[79] 席佳蓓. 品牌管理 [M]. 南京：东南大学出版社，2017.
[80] 胥琳佳. 品牌形象的国际化传播：基于受众的态度和行为的视角 [M]. 北京：人民日报出版社，2016.
[81] 徐适. 品牌设计法则 [M]. 北京：人民邮电出版社，2019.
[82] 许安心. 企业品牌危机管理研究 [M]. 北京：中国广播电视出版社，2017.
[83] Biel. Grundlagen zum Markenwertaufbau[A]. In: Esch FR.（eds）Moderne Markenführung[C]. Berlin: Gabler Verlag, 2001: 61-90.
[84] 杨晨. 品牌管理理论与实务 [M]. 北京：清华大学出版社，2009.
[85] 余可发. 品牌管理 [M]. 上海：复旦大学出版社，2016.
[86] 余阳明，杨芳平. 品牌学教程 [M]. 上海：复旦大学出版社，2011.
[87] 张翠玲. 品牌传播 [M]. 北京：清华大学出版社，2016.
[88] 张军. 电商直播平台的现状及发展策略研究 [D]. 长春工业大学，2018.

[89] 张明立，冯宁. 品牌管理 [M]. 北京：清华大学出版社，北京交通大学出版社，2010.
[90] 张明立，任淑霞. 品牌管理 [M]. 2 版. 北京：清华大学出版社，北京交通大学出版社，2014.
[91] 张明立，任淑霞. 品牌管理 [M]. 北京：清华大学出版社，北京交通大学出版社，2018.
[92] 张荣. 品牌管理实务 [M]. 苏州：苏州大学出版社，2016.
[93] 张世贤，计保平. 品牌国际化管理 [M]. 2 版. 北京：经济管理出版社，2017.
[94] 张延斌. 品牌管理 [M]. 天津：南开大学出版社，2016.
[95] 郑伶俐. 营销渠道在品牌传播与建设中的作用 [J]. 新闻传播，2010（11）：43-44.
[96] 周云，姚歆，徐成响. 品牌管理 [M]. 北京：经济管理出版社，2013.
[97] 周志民. 品牌管理 [M]. 2 版. 天津：南开大学出版社，2015.
[98] 朱小栋，陈洁. 我国社交化电子商务研究综述 [J]. 现代情报，2016，36（01）：172-177.